Das nemo tenetur-Prinzip: Grenze körperlicher Untersuchungen beim Beschuldigten

Frankfurter kriminalwissenschaftliche Studien

Bd./Vol. 99

PETER LANG
Frankfurt am Main · Berlin · Bern · Bruxelles · New York · Oxford · Wien

Urte Eisenhardt

Das nemo tenetur-Prinzip: Grenze körperlicher Untersuchungen beim Beschuldigten

Am Beispiel des § 81a StPO

PETER LANG
Internationaler Verlag der Wissenschaften

Bibliografische Information der Deutschen Nationalbibliothek
Die Deutsche Nationalbibliothek verzeichnet diese Publikation in der Deutschen Nationalbibliografie; detaillierte bibliografische Daten sind im Internet über <http://www.d-nb.de> abrufbar.

Zugl.: Frankfurt (Main), Univ., Diss., 2006

D 30
ISSN 0170-6918
ISBN 978-3-631-55983-3

www.peterlang.de

Meinem Großvater

Dr. med. Gottfried Bauer

Vorwort

Diese Arbeit wurde im Sommersemester 2006 der Johann Wolfgang Goethe-Universität als Dissertation vorgelegt. Die Entscheidung des EGMR vom 11.07.06 zum Brechmitteleinsatz (*Jalloh vs. Germany;* application no. 54810/00) wurde nachträglich berücksichtigt, übrige Literatur und Rechtsprechung vereinzelt bis zum Sommer 2006 nachgetragen.

Mein herzlicher Dank gebührt vor allem Herrn Prof. Dr. Wolfgang Naucke für die hervorragende Betreuung der Arbeit. Danken möchte ich auch Herrn Prof. Dr. Peter-Alexis Albrecht für die zügige Erstattung des Zweitgutachtens. Herr Prof. Dr. Ulfrid Neumann und Herr Prof. Dr. Winfried Hassemer gaben mir wertvolle Anregungen während meiner Lehrstuhltätigkeit. Den Teilnehmern des Dienstagsseminars am Frankfurter Institut für Kriminalwissenschaften danke ich für die Gelegenheit, meine Thesen zur Diskussion zu stellen. Der Graduiertenförderung der Johann Wolfgang Goethe-Universität gebührt Dank für die Förderung meines Promotionsvorhabens.

Von meinen Kollegen haben mich besonders Michaela Apel, Dr. Michael Jasch und Moritz von Schenck in vielen Gesprächen unterstützt, mir aber vor allem den Spaß an der Arbeit erhalten. Danke für die schöne Zeit.

Ganz besonders danken möchte ich abschließend meinen Eltern Erdmute und Norbert Eisenhardt. Sie haben nicht nur den Fortgang dieser Arbeit durch unermüdliches Korrekturlesen und regelmäßige Wartungsarbeiten an meinem Computer unterstützt, sondern mich auf vielfältige Weise liebevoll gefördert und begleitet.

U. E.

Inhaltsverzeichnis

Abkürzungsverzeichnis

a.A.	anderer Ansicht
a.a.O.	am angegebenen Ort
a.E.	am Ende
a.F.	alte Fassung
Abg.	Abgeordneter
Abs.	Absatz
Abt.	Abteilung
AcP	Archiv für die civilistische Praxis
AGGewVerbrG	Ausführungsgesetz zum Gesetz gegen gefährliche Gewohnheitsverbrecher und über die Maßregeln der Besserung und Sicherung
AK-GG	Alternativkommentar zum Grundgesetz
AK-StPO	Alternativkommentar zur Strafprozeßordnung
Anl.	Anlage
AöR	Archiv für öffentliches Recht
ArchKrim	Archiv für Kriminologie
Art.	Artikel
BAK	Blutalkoholkonzentration
Aufl.	Auflage
BayObLGSt	Entscheidungen des Bayrischen Obersten Landgerichts in Strafsachen
BayVBl.	Bayrische Verwaltungsblätter
Bd.	Band
BGBl.	Bundesgesetzblatt
BGH	Bundesgerichtshof
BGHSt	amtliche Sammlung der Entscheidungen des Bundesgerichtshofs in Strafsachen
BK	Bonner Kommentar zum Grundgesetz
BT-Drs.	Drucksachen des Deutschen Bundestages
BVerfG	Bundesverfassungsgericht
BVerfGE	amtliche Sammlung der Entscheidungen des Bundesverfassungsgerichts
B-VG	Bundesverfassungsgesetz (Österreich)
bzw.	beziehungsweise
CDU	Christliche Demokratische Union
d.h.	das heißt
DNA	deoxyribonucleic acid (deutsch: Desoxyribonucleinsäure)
DAR	Deutsches Autorecht
ders.	derselbe

dies.	dieselbe
DJZ	Deutsche Juristenzeitung
DÖV	Die öffentliche Verwaltung
DRiZ	Deutsche Richterzeitung
Drs.	Drucksache
DStrZ	Deutsche Strafrechts-Zeitung
EGMR	Europäischer Gerichtshof für Menschenrechte
EMRK	Europäische Menschenrechtskonvention
EuGH	Europäischer Gerichtshof
EuGRZ	Europäische Grundrechte-Zeitung
f.	folgende/ folgender
FamRZ	Zeitschrift für das gesamte Familienrecht
FAZ	Frankfurter Allgemeine Zeitung
FDP	Freie Demokratische Partei
ff.	fortfolgende
Fn.	Fußnote
FR	Frankfurter Rundschau
FS	Festschrift
GA	Goltdammer's Archiv für Strafrecht
GewVerbrG	Gesetz gegen gefährliche Gewohnheitsverbrecher und über die Maßregeln der Besserung und Sicherung
GG	Grundgesetz
GS	Gedächtnisschrift
HdbStR	Handbuch des Staatsrechts
HdbVR	Handbuch des Verfassungsrechts
HGR	Handbuch der Grundrechte
HK	Heidelberger Kommentar zur Strafprozeßordnung
Hrsg.	Herausgeber
hrsg.	herausgegeben
i.Erg.	im Ergebnis
i.S.d.	im Sinne des/der
i.ü.	im übrigen
i.V.m.	in Verbindung mit
IK-EMRK	Internationaler Kommentar zur Europäischen Menschenrechtskonvention
insbes.	insbesondere
IPBPR	Internationaler Pakt über bürgerliche und politische Rechte
JA	Juristische Arbeitsblätter
JöR	Jahrbuch des öffentlichen Rechts der Gegenwart
JR	Juristische Rundschau
JURA	Juristische Ausbildung

JuS	Juristische Schulung
JW	Juristische Wochenschrift
JZ	Juristenzeitung
KG	Kammergericht
KK	Karlsruher Kommentar zur Strafprozeßordnung
KritV	Kritische Vierteljahresschrift für Gesetzgebung und Rechtswissenschaft
LG	Landgericht
lit.	litera
LK	Leipziger Kommentar zum Strafgesetzbuch
LR	Löwe-Rosenberg
LZ	Leipziger Zeitschrift für Deutsches Recht
m.N.	mit Nachweisen
m.w.N.	mit weiteren Nachweisen
MDR	Monatsschrift für Deutsches Recht
MedR	Medizinrecht
MK	Münchner Kommentar zum Strafgesetzbuch
n.F.	neue Fassung
NJW	Neue Juristische Wochenschrift
NK	Nomos Kommentar zum Strafgesetzbuch
Nr.	Nummer
NStZ	Neue Zeitschrift für Strafrecht
NStZ-RR	Neue Zeitschrift für Strafrecht, Rechtsprechungs-Report
NVwZ	Neue Zeitschrift für Verwaltungsrecht
ÖJZ	Österreichische Juristenzeitung
OLG	Oberlandesgericht
ÖStVO	österreichische Straßenverkehrsordnung
ÖVfGH	österreichischer Verfassungsgerichtshof
RG	Reichsgericht
RGBl.	Reichsgesetzblatt
RGSt	amtliche Sammlung der Entscheidungen des Reichsgerichts in Strafsachen
Rn.	Randnummer
RT	Reichstag
S.	Seite
s.o.	siehe oben
s.u.	siehe unten
s.v.	Sub verbum
SJZ	Süddeutsche Juristenzeitung
SK-StGB	Systematischer Kommentar zum Strafgesetzbuch
SK-StPO	Systematischer Kommentar zur Strafprozeßordnung
SPD	Sozialdemokratische Partei Deutschlands

StA	Staatsanwaltschaft
StGB	Strafgesetzbuch
StPO	Strafprozeßordnung
StraFo	Strafverteidiger Forum
StV	Strafverteidiger
teilw.	teilweise
u.a.	und andere oder unter anderem
Urt.	Urteil
u.U.	unter Umständen
v.	von oder vom
VersR	Versicherungsrecht
vgl.	vergleiche
VRS	Verkehrsrechts-Sammlung
WRV	Verfassung des Deutschen Reichs vom 11. August 1919 (Weimarer Reichsverfassung)
Z.	Ziffer
z.B.	zum Beispiel
ZaöRV	Zeitschrift für ausländisches öffentliches Recht und Völkerrecht
ZPO	Zivilprozeßordnung
ZRP	Zeitschrift für Rechtspolitik
ZStW	Zeitschrift für die gesamte Strafrechtswissenschaft

Einleitung

Das Verständnis einer Gesellschaft über das Verhältnis des einzelnen zum Staat ist ausschlaggebend für die Verfahrensstellung, die dem Beschuldigten im Strafverfahren zugewiesen wird.[1] Ein an rechtsstaatlichen Grundsätzen orientiertes Strafverfahren wird wesentlich durch zwei meist widerstreitende Interessen geprägt, das staatliche Strafverfolgungsinteresse und die Anerkennung der Persönlichkeitsrechte des beschuldigten Bürgers. Das Verfahrensrecht muß einen Ausgleich zwischen den Individualinteressen des Beschuldigten und dem Strafverfolgungsinteresse des Staates und der Allgemeinheit erzielen sowie eine Antwort auf die Frage geben, in welchem Umfang der staatlichen Strafgewalt zum Schutze des Individuums eine absolute Grenze gesetzt ist. Ihm kommt zugleich die Aufgabe zu, verfassungsrechtliche Vorgaben umzusetzen und gegebenenfalls zu präzisieren.

Das Grundgesetz formuliert als Leitsatz für das Verhältnis von Bürger und Staat in Art. 1 I GG die Anerkennung der Unantastbarkeit der Menschenwürde und beauftragt die staatliche Gewalt, diese zu achten und zu schützen. Hieraus folgt für die Gestaltung des Strafverfahrens zwingend die Behandlung des Beschuldigten als ein mit eigenen Rechten ausgestattetes Prozeßsubjekt.[2] Dieser Status vermag jedoch nichts an der Tatsache zu ändern, daß der Beschuldigte zugleich diejenige Person ist, gegen die sich das Strafverfahren richtet. Er muß die Durchführung des Verfahrens sowie Eingriffe in seine Persönlichkeitsrechte zum Zwecke der Wahrheitserforschung dulden und kann auf verschiedene Weise als Beweismittel herangezogen werden. Diese Rolle kann technisch als Objektstatus beschrieben werden.[3] Durch die Zuweisung der beiden ambivalenten Rollen hat der Beschuldigte eine im Verfahrensrecht einzigartige Zwitterstellung inne.

I. Problemstellung

Die Ambivalenz, mit der das Verfahrensrecht dem Beschuldigten gegenübertritt, wird durch die Regelungen über strafprozessuale Zwangsmaßnahmen besonders deutlich. Aus ihnen lassen sich Rückschlüsse auf den Status des Verfahrensobjekts ziehen.[4] Durch mehrere medial spektakulär aufbereitete Einzelfälle ist in jüngster Zeit besonders die Frage nach der Zulässigkeit von zwangsweisen Eingriffen in die körperliche Integrität des Beschuldigten in den Mittelpunkt des Interesses gerückt. Zum einen ging es um die im Entführungsfall Jakob v. Metzler vom damaligen Frankfurter Polizeivizepräsidenten Daschner gegenüber dem Beschuldigten Magnus Gäfgen angedrohte Gewaltanwendung, um den Aufent-

---

[1] LR-*Rieß*, Einl. Abschn. I Rn. 65; *Müller-Dietz*, ZStW 93 (1981), 1177 (1181 ff.); *Roxin*, Strafverfahrensrecht, § 2.

[2] Dazu ausführlich unten Kapitel 3 II 1.

[3] Der vielfach gebräuchliche Terminus des *Passivbeteiligten* bleibt insgesamt zu unklar, vgl. auch SK-StPO-*Rogall*, Vor § 133 Rn. 62.

[4] LR-*Rieß*, Einl. Abschn. I Rn. 69.

haltsort des entführten Kindes zu erfahren. Zum anderen um die Zulässigkeit der Verabreichung brechreizerzeugender Mittel bei mutmaßlichen Drogendealern, nachdem inzwischen bei der zwangsweisen Durchführung der Maßnahme zwei Beschuldigte zu Tode kamen.[5]

In der Gesamtschau verdeutlichen die genannten Beispiele die besondere Problematik des erzwungenen Zugriffs auf den menschlichen Körper zum Zwecke der Erlangung verfahrenserheblicher Informationen:

Die Frage nach der Zulässigkeit einer Verletzung der körperlichen Integrität gegen den Willen des Beschuldigten hängt nach geltendem Prozeßrecht nicht von dem gewählten Zwangsmittel (körperlicher Eingriff) oder dem Zweck des Eingriffs (Informationserlangung) ab, sondern von der Qualität des Beweismittels, auf das die Maßnahme abzielt. Die Erlangung eines Geständnisses durch körperliche Eingriffe wird in § 136a I StPO ausdrücklich als verbotene Vernehmungsmethode genannt. Zur Feststellung verfahrenserheblicher Tatsachen werden diese in § 81a I 2 StPO in weitem Umfang für zulässig erklärt.[6] Weigert sich der Beschuldigte, an der Wahrheitsermittlung im Strafverfahren mitzuwirken, scheint nur sein Wissen dem unmittelbaren staatlichen Zugriff vollständig entzogen, der Schutz vor Verletzungen seiner Körpersphäre bleibt partiell. Während die Beweismethodenverbote des § 136a StPO den rechtsstaatlichen Gedanken zum Ausdruck bringen, daß die Wahrheit im Strafverfahren nicht um jeden Preis erforscht werden darf,[7] zielt die Regelung des § 81a StPO in die entgegengesetzte Richtung, indem sie staatliche Eingriffe in Persönlichkeitsrechte des Beschuldigten legitimiert. Dies hat zur Folge, daß die Zulässigkeit einzelner Beweismethoden in zwei für die Beweisgewinnung zentralen Regelungen konträr beurteilt wird. Konkret bedeutet dies, die zwangsweise Verabreichung eines Vomitivs zum Zwecke des Erbrechens vermeintlich verschluckter Kokainbömbchen durch einen mutmaßlichen Drogenkurier ist nach überwiegender Ansicht zulässig, während das Brechmittel nicht verabreicht werden darf, um den Beschuldigten durch die Gewaltanwendung zu einer Aussage über seinen Mageninhalt zu veranlassen.

Im Hinblick auf den konkreten Fall der Brechmittelvergabe wird die normative Validität dieser Differenzierung von Teilen der Literatur und Rechtsprechung

---

[5] Bei der zwangsweisen Durchführung dieser Maßnahme kamen zwei Beschuldigte zu Tode. Am 12.12.2001 verstarb in Hamburg ein 19jähriger Tatverdächtiger (vgl. FAZ vom 13.12.2001, S. 12); am 06.01.2005 verstarb ein 35jähriger Mann, der laut dem rechtsmedizinischen Gutachten quasi ertränkt wurde, nachdem große Wassermengen in seine Lunge eingedrungen waren (dazu *Mushoff*, KritV 2005, 83).

[6] Auf diesen Widerspruch weisen bereits *Rossmanith*, Verfassungsmäßigkeit von körperlichen Eingriffen, S. 65 f. und *Sax*, Grundsätze der Strafrechtspflege, in *Bettermann/Nipperdey/Scheuner* (Hrsg.), Grundrechte III/2, S. 909 (985) hin. Das OLG Frankfurt zieht aus § 136a StPO die Konsequenz, aus dem - nach Ansicht des Gerichts ohne gesetzliche Grundlage - vorgenommenen Brechmitteleinsatz folge ein Beweisverwertungsverbot, vgl. OLG Frankfurt, NJW 1997, 1647 (1649).

[7] *Meyer-Goßner*, StPO, § 136a Rn. 1; *Roxin*, Strafverfahrensrecht, § 24 Rn. 15 f.

angezweifelt. Der Erste Strafsenat des *OLG Frankfurt* entschied 1997, der Einsatz eines Vomitivs verstoße gegen den nemo tenetur-Gedanken und verletze die Menschenwürde. Die Entscheidung hält aber grundsätzlich an der Separierung des Körpers von der Person des Beschuldigten als am Verfahren beteiligten Prozeßsubjekt fest.[8]
Legitimiert wird diese januskopfähnliche Sichtweise auf die Person des Beschuldigten anhand eines ebenfalls dichotomen Verständnisses des nemo tenetur-Satzes. Dieser verbiete lediglich, den Beschuldigten durch Zwangsanwendung zu zwingen, aktiv zu seiner Überführung beizutragen, während die passive Duldung staatlichen Ermittlungshandelns kein unzulässiger Zwang zur Selbstbelastung sei.[9]
Diese Unterscheidung liefert gleichzeitig eine Begründung dafür, warum der Beschuldigte durch Verletzungen seiner körperlichen Integrität gegen seinen Willen zum unmittelbaren Objekt staatlicher Ermittlungstätigkeit gemacht werden darf. Nicht er, sondern sein Körper ist das Objekt des staatlichen Zugriffs. Entsprechend unbefangen wird vor allem in der Kommentarliteratur darauf hingewiesen, der Beschuldigte müsse im Rahmen einer Maßnahme auf der Grundlage des § 81 a StPO hinnehmen, daß sein Körper zum Objekt der Beweisermittlung gemacht würde.[10] Teilweise wird sogar explizit hervorgehoben, die Vorschrift schütze den Beschuldigten vor einer Beeinträchtigung seiner Menschenwürde.[11]

Tatsächlich ermöglicht § 81 a StPO den Strafverfolgungsbehörden vielfach, den entscheidenden, unter Umständen sogar einzigen Beweis über Schuld oder Unschuld des Beschuldigten zu erlangen. Insofern ist es zutreffend, wenn *Rogall* bereits im Hinblick auf die Entscheidung des *OLG Frankfurt* feststellte, diese rüttele an den Grundfesten des § 81 a StPO; wäre sie richtig, müßten Geschichte und Struktur der Vorschrift umgeschrieben werden.[12]
Wenn es nämlich zutrifft, daß in der zwangsweisen Vergabe von Vomitivmitteln ein Verstoß gegen den nemo tenetur-Gedanken oder andere Grundprinzipien eines rechtsstaatlichen Strafverfahrens begründet liegt, hätte dies nicht nur zur

---

[8] OLG Frankfurt, NJW 1997, 1647 ff.; ebenso *Dallmeyer*, KritV 2000, 252 (260 ff.).

[9] So z.B. BVerfGE 47, 239 (251); *Dallmeyer*, KritV 2000, 252 (260 ff.); *Dingeldey*, JA 1984, 407 (412); *Eidam*, Strafprozessuale Selbstbelastungsfreiheit, S. 96 ff.; *Eser*, ZStW Beiheft 86 (1974), 136 (145 f.); *Haas*, GA 1997, 368 (369f.); HK-*Krehl*, Einleitung Rn. 17; *Nothhelfer*, Freiheit vom Selbstbezichtigungszwang, S. 91; *Paeffgen*, Vorüberlegungen, S. 68 f. mit Fn. 274; *Rogall*, Der Beschuldigte als Beweismittel, S. 54 ff.

[10] HK-*Lemke*, § 81 a Rn. 1; KK-*Senge*, § 81 a Rn. 1; *Pfeiffer*, StPO, § 81 a Rn. 1; anders *Dallmeyer*, KritV 2000, 252 (257), der betont, es werde gerade nicht der Körper, sondern der Beschuldigte selbst zum Gegenstand des Augenscheins; ähnlich LR-*Krause*, § 81 a Rn. 2, der Beschuldigte werde mit seinem Körper zum Beweismittel gegen sich selbst gemacht und als Augenscheinsobjekt betrachtet.

[11] LR-*Krause*, § 81 a Rn. 1; *Harbort*, Beweiswert der Blutprobe, Rn. 12.

[12] *Rogall*, NStZ 1998, 66 (68).

Folge, daß ein für die Ermittlungsbehörden relativ einfaches und schnell anzuwendendes Zwangsmittel zur Beweisermittlung und -sicherung verloren ginge. Darüber hinaus müßten weitere für die gerichtsmedizinische Praxis wesentliche Einzelmaßnahmen aus dem Bereich der körperlichen Eingriffe auf ihre Zulässigkeit hin überprüft und gegebenenfalls unterlassen werden. Darin wird teilweise eine Gefährdung der Wahrheitserforschung sowie der Funktionstüchtigkeit der Strafrechtspflege gesehen.[13]

Die Durchführung von Maßnahmen allein zum Zwecke der Durchsetzung des staatlichen Strafanspruches hieße aber andererseits, den Subjektstatus des Beschuldigten zu negieren und die verfassungsrechtlichen Vorgaben für die Durchführung eines rechtsstaatlichen Strafverfahrens zu mißachten. Die genannten Entscheidungen sollen daher zum Anlaß genommen werden, den mit § 81 a StPO legitimierten unmittelbaren Zugriff auf den Beschuldigten durch die Verletzung seiner körperlichen Integrität erneut auf ihre Übereinstimmung mit den vom Grundgesetz vorgegebenen rechtsstaatlichen Grundsätzen zu überprüfen. Dabei wird sich zeigen, daß die mit der Trennung von aktiver Mitwirkung und passiver Duldung korrespondierende Spaltung der Person in ein dem staatlichen Zugriff entzogenes – da über eigenes Wissen verfügendes – Prozeßsubjekt und den auf seine Eigenschaft als bloßes Informationsmedium reduzierten Körper, der als Objekt staatlichen Zwanges zur Wahrheitsermittlung herangezogen werden darf, dem Anspruch des Beschuldigten auf Anerkennung seiner Subjektstellung widerspricht.

II. Gang der Untersuchung

Ausgangspunkt der Untersuchung ist die Darstellung der unterschiedlichen Möglichkeiten, den Beschuldigten als Informationsquelle im Strafverfahren nutzbar zu machen, sowie ihre Zulässigkeit nach geltendem Verfahrensrecht. Dabei wird sich ergeben, daß die vermeintlich klare Trennung zwischen der über Wissen verfügenden *Person* und dem bloßen Informationsmedium *Körper* nicht vollständig umgesetzt werden kann, da die konsequente Anwendung des nemo tenetur-Satzes, so wie er überwiegend verstanden wird, in Teilbereichen eine andere Bewertung der Zulässigkeit des Zugriffs auf den Körper als Informationsquelle fordert. Es wird weiterhin gezeigt werden, daß die Differenzierung zwischen nicht erzwingbarer aktiver Mitwirkung am und passiven Duldungspflichten im Strafverfahren weder in tatsächlicher noch in normativer Hinsicht überzeugend ist, sondern allein auf der unzutreffenden Annahme beruht, der Körper lasse sich von dem wissenden Verfahrenssubjekt „Beschuldigter" separieren. Das Festhalten an dieser Differenzierung hat zur Folge, daß die Regelung des § 81 a StPO eine Sonderstellung im strafprozessualen System einnimmt, deren Hintergründe im zweiten Kapitel erörtert werden.

---

[13] *Schäfer*, NJW 1997, 2437 (2438).

Dort wird verdeutlicht werden, daß die Legitimierung des staatlichen Zugriffs auf den menschlichen Körper einem inquisitorischen Prozeßverständnis entspricht, welches im Widerspruch zu der Anerkennung des Beschuldigten als Prozeßsubjekt steht. Sie entspringt dem Wunsch, wissenschaftlichen Fortschritt notfalls auch zwangsweise für die Wahrheitsfindung nutzbar zu machen, sowie der Befürchtung, die Wahrheitsfindung im Strafverfahren würde ohne die Nutzbarmachung von Informationen, die mit naturwissenschaftlichen Methoden überprüfbar sind, erheblich erschwert oder unmöglich.
Im Anschluß an die Darstellung des verfahrensrechtlichen status quo werden im dritten Kapitel die verfassungsrechtlichen Grenzen dargestellt, welche der Wahrheitsermittlung im Strafverfahren gesetzt sind. Anschließend wird gezeigt werden, daß diese von der herrschenden Meinung und insbesondere in der Rechtsprechung des *Bundesverfassungsgerichts*, dem die Kontrolle und funktionale Aktualisierung der verfassungsrechtlichen Gewährleistungen obliegen,[14] nicht ausreichend berücksichtigt werden.
Im abschließenden vierten Teil wird begründet werden, warum die gespaltene Betrachtung des Beschuldigten als Prozeßsubjekt und dem auf seine Eigenschaft als bloßes Informationsmedium reduzierten Körper als Verfahrensobjekt der aus dem Achtungsanspruch der Menschenwürde resultierenden Subjektstellung des Beschuldigten widerspricht. Die Verletzung der körperlichen Integrität des Beschuldigten zum Zwecke der Informationserlangung bedeutet gleichzeitig einen Verstoß gegen den nemo tenetur-Gedanken, dessen Neukonzeption den Schlußpunkt der Untersuchung bilden wird.

---

[14] Vgl. *Hill*, HdbStR, § 156 Rn. 4.

Kapitel 1: Der Körper des Beschuldigten im Strafverfahren

Am Beginn der Untersuchung steht die Feststellung, daß Eingriffe in die körperliche Integrität des Beschuldigten im geltenden Verfahrensrecht unterschiedlich bewertet werden. Die Zulässigkeit einer Integritätsverletzung soll davon abhängig sein, ob sie durchgeführt wird, um auf das Wissen des Beschuldigten zuzugreifen und der Beschuldigte so als Verfahrenssubjekt Ziel der Maßnahme ist, oder ob der Körper des Beschuldigten als Beweisobjekt in Anspruch genommen wird.

Allerdings steht die Subjektstellung des Beschuldigten seiner Inanspruchnahme zu Zwecken der Wahrheitsfindung nicht grundsätzlich entgegen.[15] Im Gegenteil kommt seiner freiwilligen Aussage eine wesentliche Rolle im Prozeß der Wahrheitsfindung zu. Auch darüber hinaus bestehen verschiedene Möglichkeiten, den Beschuldigten für die Wahrheitsfindung nutzbar zu machen. Ihre rechtliche Grenze finden sie dort, wo sich der Beschuldigte gegen seinen Willen selbst belasten und so zum bloßen Objekt der Wahrheitsfindung würde. Zu den „allgemein anerkannten Grundsätzen über die Benutzung des Beschuldigten als Beweismittel gegen sich selbst"[16] scheint die Überzeugung zu gehören, der Körper des Beschuldigten dürfe grundsätzlich als Beweismittel zum Zwecke der Informationserlangung im Strafverfahren herangezogen werden, während der nemo tenetur-Gedanke ansonsten den Zugriff auf den Beschuldigten gegen seinen Willen verbiete.

Daß diese Differenzierung weniger klar und eindeutig ist, als sie auf den ersten Blick scheint, zeigt sich, wenn man die unterschiedlichen Möglichkeiten der Inanspruchnahme des Beschuldigten als Informationsquelle im Strafverfahren einer genaueren Betrachtung unterzieht.

I. Der Beschuldigte als potentielle Informationsquelle im Strafverfahren

Der Beschuldigte kommt in zweierlei Hinsicht als Quelle von verfahrensrelevanten Informationen in Betracht. Zum einen kann er als geistige Informationsquelle über Wissen verfügen, dann handelt es sich um *immaterielle* Informationen.[17] Zum anderen können Informationen mit seiner physischen Existenz verknüpft sein, dann handelt es sich um *materielle* Informationen.[18] Diese Informationen können unmittelbar verfahrenserheblich sein, wenn es sich z.B. um Kratzspuren oder eine Tätowierung handelt. Sie können aber auch nur mittelbar beweiserheblich sein, so z.B. bei der Blutprobe, die Aufschluß über die Blutalkoholkonzent-

---

[15] Vgl. SK-StPO-*Rogall*, Vor § 133 Rn. 122. Damit ist freilich noch nichts darüber ausgesagt, ob der Beschuldigte zugleich Beweismittel im technischen Sinne ist; ablehnend *Prittwitz*, Der Mitbeschuldigte im Strafprozeß, insbes. S. 197 ff.

[16] BGHSt 34, 39 (44); SK-StPO-*Rogall*, Vor § 133 Rn. 123.

[17] Verfügt der Beschuldigte über kein verfahrensrelevantes Wissen, so kann dies als abstrakte Negativ-Information bezeichnet werden.

[18] Das Nichtvorhandensein müßte dann als verkörperte Negativ-Information bezeichnet werden.

ration gibt. In beiden Fällen ist der Körper *unmittelbarer* Träger der Information. Daneben kann der Körper auch als Informations*mittler* fungieren, wenn etwa ein Augenscheinsobjekt oder sonstiger Informationsträger im Körper des Beschuldigten verborgen ist.
Für die Gestaltung des Strafverfahrens ist von wesentlicher Bedeutung, wie diese Informationen durch die Ermittlungsorgane erlangt und für die Entscheidungsfindung nutzbar gemacht werden können. Zu differenzieren ist hierbei zwischen der tatsächlichen Möglichkeit der Informationserlangung und der normativen Frage nach der Zulässigkeit der Informationserlangung und -verwertung.

1. Der Zugriff auf geistige Informationen des Beschuldigten

Das *Wissen* des Beschuldigten kann ausschließlich durch einen kommunikativen Akt der Außenwelt vermittelt und damit für das Strafverfahren nutzbar gemacht werden.

a) Arten der Vermittlung von geistigen Informationen

Der Beschuldigte kann sein Wissen immateriell vermitteln, durch die Verwendung von Sprache, Gebärdensprache und Körpersprache. Durch diese Form der Vermittlung bleibt die Information immateriell.[19] Er kann seinem Wissen aber auch eine körperliche Gestalt verleihen, indem die immaterielle Information mit einem physischen Medium verknüpft, zum Beispiel aufgeschrieben oder aufgezeichnet wird. In diesem Falle handelt es sich um eine *materialisierte* geistige Information. Schließlich kann er sein Wissen durch die Verknüpfung einer immateriellen mit einer materiellen Information vermitteln, etwa wenn er die Ermittlungsbeamten zum Fundort der Leiche führt oder die Tatwaffe übergibt.

b) Qualität der Informationsvermittlung

Die Vermittlung der geistigen Information kann *willensgesteuert*, aber auch *willensunabhängig* sein. Letzteres ist etwa der Fall, wenn es sich um spontane Körperreaktionen, wie z.B. Erröten, handelt oder die freie Willensbetätigung durch die Vergabe eines Wahrheitsserums unmöglich ist. Reagiert der Körper aufgrund einer vorhandenen geistigen Information des Beschuldigten, handelt es sich um materialisierte geistige Information.
Zumindest dort, wo dem Beschuldigten durch eine direkte und offene Konfrontation mit den staatlichen Strafverfolgungsorganen bewußt ist, daß er sein Wissen im Rahmen eines staatlichen Verfahrens vermittelt, handelt es sich um eine Vernehmungssituation im Sinne der §§ 136, 163, 243 IV StPO.

---

[19] Genaugenommen wird die Information durch den Körper materialisiert. Da der Körper hier jedoch als Sprachersatz fungiert und insoweit keine rechtlichen Unterschiede bestehen, kann diesbezüglich aus Verständnisgründen im weiteren Verlauf der Untersuchung von einer immateriellen Information gesprochen werden.

c) Zulässigkeit des staatlichen Zugriffs auf geistige Informationen unter Verwendung von Zwangsmaßnahmen nach dem geltenden Verfahrensrecht

Für die Frage nach der Zulässigkeit des staatlichen Zugriffs auf geistige Informationen und ihre Verwertbarkeit im Strafverfahren ist zu differenzieren, ob und wie der Beschuldigte sein Wissen vermitteln möchte oder bereits vermittelt hat.

aa) Freiwilligkeit der Informationsvermittlung

Die Informationsvermittlung der geistigen Information darf im Verfahren nicht erzwungen werden. Mit dem Verbot der Beweiserhebung durch die Anwendung staatlichen Zwanges oder von Täuschungen in § 136a I und II StPO wird der unmittelbare Zugriff auf die geistige Sphäre untersagt. Die Verwertung rechtswidrig erlangter Informationen ist unabhängig von der Zustimmung des Beschuldigten unzulässig, § 136a III StPO. Zu den unzulässigen Methoden staatlichen Zwanges gehört auch die Untersuchungshaft. Diese dient dem Zweck, die Durchführung eines geordneten Strafverfahrens zu gewährleisten und die spätere Strafverfolgung sicherzustellen.[20] „Sie darf nicht dazu mißbraucht werden, das Aussageverhalten des Beschuldigten zu beeinflussen, ihn insbesondere zu veranlassen, von seinem Schweigerecht keinen Gebrauch zu machen."[21] Dazu gehört auch, daß in der Untersuchungshaft kein Zwang im Sinne einer künstlich geschaffenen und ausgenutzten Kommunikation erzeugt werden darf, indem etwa ein Lockspitzel in die Zelle eingeschleust wird.[22]

bb) Vermittlung geistiger Informationen in der Vernehmungssituation

Das in einer Vernehmungssituation durch die Aussage willensgesteuert vermittelte Wissen kann für die Wahrheitsfindung als persönliches Beweismittel verwertet werden. Ebenso darf in diesem Falle gleichzeitig die nicht willensgesteuert materialisiert vermittelte geistige Information verwertet werden. Umstritten ist lediglich, ob die Wahrnehmung der materialisierten geistigen Information durch die Verhörsperson als Teil der Aussage oder als Augenscheinseinnahme zu bewerten ist.[23]

Verweigert der Beschuldigte die willensgesteuerte Informationsvermittlung, ist auch die Verwertung der in einer Vernehmungssituation willensunabhängig vermittelten Information unzulässig. Der *Bundesgerichtshof* hat in der Berücksichtigung von Mimik und Gestik des schweigenden Angeklagten während der

---

[20] BVerfGE 19, 342 (349); BGHSt 34, 362 (363); *Hassemer*, StV 1984, 38 (40); HK-*Lemke*, Vor §§ 112 ff. Rn. 6; *Roxin*, Strafverfahrensrecht, § 30 Rn. 1.

[21] BGHSt 34, 362 (363 f.); HK-*Lemke*, Vor §§ 112 ff. Rn. 6; LR-*Hilger*, Vor § 112 Rn. 7; *Roxin*, Strafverfahrensrecht, § 25 Rn. 27.

[22] BGHSt 34, 362; *Köhler*, ZStW 107 (1995), 10 (25); LR-*Hilger*, Vor § 112 Rn. 39 m.w.N.; *Roxin*, Strafverfahrensrecht, § 25 Rn. 25; zur Abgrenzung von Zwang und Täuschung vgl. *Grüner*, StV 1987, 470 ff.

[23] Vgl. dazu z.B. *Haas*, GA 1997, 368 f.

Beweisaufnahme eine unzulässige Verwertung des Schweigens zum Nachteil des Angeklagten gesehen. Der Angeklagte, der von seinem Schweigerecht Gebrauch macht, entziehe seine gesamte Persönlichkeit der Urteilsfindung des Gerichts. Dieser Entschluß würde durch eine Berücksichtigung der spontanen und unreflektierten Körpersprache unterlaufen.[24] Dem ist im Ergebnis zuzustimmen, denn der schweigende Beschuldigte will sein Wissen nicht vermitteln, kann sich aber der willensunabhängigen Vermittlung von Informationen nicht entziehen, solange er zur physischen Anwesenheit in der Vernehmung verpflichtet ist. In diesem Fall auch die willensunabhängig vermittelte Information unter den Schutz des Schweigerechts zu stellen, ist konsequent. Dies bedeutet gleichzeitig, daß auf den Körper als Träger der materialisierten geistigen Information nicht zugegriffen werden darf.

In der Vernehmungssituation hat der Schutz des Beschuldigten als Verfahrenssubjekt damit Vorrang vor der Wahrheitsermittlung. Er hat als Beteiligter das Recht, selbst zu entscheiden, ob die unmittelbar mit seiner Person verknüpfte Information zum Gegenstand des Verfahrens werden soll oder nicht. Jede Beeinträchtigung seiner Willensentschließungs- und -betätigungsfreiheit ist hier unzulässig.[25]

cc) Außerhalb der Vernehmung vermittelte geistige Informationen

Außerhalb der Vernehmungssituation darf demgegenüber auf die nicht willensgesteuert vermittelte materialisierte geistige Information zugegriffen werden.[26] Hier erlaubt § 81a I 1 StPO die körperliche Untersuchung, den Zugriff auf den Körper zu dem Zweck, den psychischen Zustand des Beschuldigten sowie die körperbedingten psychischen Funktionen durch sinnliche Wahrnehmung festzustellen.[27]

Auch wenn der Beschuldigte außerhalb einer Vernehmungssituation immateriell Informationen einer anderen Person vermittelt hat, besteht unter Beachtung der §§ 52ff., 252 StPO die Möglichkeit, die immaterielle Information im Wege des Zeugenbeweises für das Strafverfahren nutzbar zu machen.[28] Der Rückgriff auf

---

[24] BGH, StV 1993, 458f. (anders noch BGHSt 5, 332 [335f.]); zustimmend *N. Bosch*, Aspekte des nemo-tenetur-Prinzips, S. 293f.; *Dahs/Langkeit*; NStZ 1993, 213 (215); *Keiser*, StV 2000, 633 (636); *Verrel*, Selbstbelastungsfreiheit, S. 199; ebenso bereits *A. Arndt*, NJW 1966, 869 (871); weitergehend *Haas*, der in der Verwertung des Aussageverhaltens immer einen mit dem nemo tenetur-Grundsatz unvereinbaren „Ausforschungsbeweis des Unbewußten beim Beschuldigten" sieht, vgl. GA 1997, 368 (370).

[25] *Meyer-Goßner*, StPO, § 136a Rn. 1.

[26] *K. Peters*, Strafprozeß, S. 326; SK-StPO-*Rogall*, Vor § 133 Rn. 128.

[27] *KK*-Senge, § 81a Rn. 5; LR-*Krause*, § 81a Rn. 18; *Meyer-Goßner*, StPO, § 81a Rn. 9; *Pfeiffer*, StPO, § 81a Rn. 3.

[28] Zum Einsatz von verdeckten Ermittlern und V-Personen vgl. *Eisenberg*, Beweisrecht der StPO, Rn. 1035ff. m.w.N.; zur Problematik der Hörfalle vgl. *Roxin*, Strafverfahrensrecht, § 24 Rn. 30 m.w.N.

die geistige Information erfolgt in diesem Fall mittelbar durch den Zeugen vom Hörensagen.[29] Der geringere Beweiswert einer solchen Aussage ist im Rahmen der Beweiswürdigung zu berücksichtigen.[30]
Hat der Beschuldigte sein Wissen materialisiert, besteht die Möglichkeit, den Datenträger sicherzustellen oder zu beschlagnahmen. Der Verwertung dieser Informationen durch Augenschein kann aber das aus Art. 2 I i.V.m. Art. 1 I GG abgeleitete allgemeine Persönlichkeitsrecht des Beschuldigten entgegenstehen.[31]

d) Zusammenfassung

Auf das Wissen des Beschuldigten darf nur zugegriffen werden, soweit der Beschuldigte es vermittelt hat. Allerdings wird der Zugriff nicht uneingeschränkt gewährt. Das geltende Recht differenziert zunächst zwischen Vernehmung und anderen Zugriffssituationen. In der Vernehmung muß die Vermittlung aufgrund einer freien Willensentscheidung erfolgen. Ist dies nicht der Fall, darf auf materialisierte Informationen ebenfalls nicht zugegriffen werden. Damit ist auch der Körper dem staatlichen Zugriff entzogen.
Außerhalb der Vernehmung kann auf immaterielle Informationen durch Zeugenvernehmung zugegriffen werden. Materialisierte geistige Informationen unterliegen grundsätzlich auch gegen den Willen des Beschuldigten dem staatlichen Zugriff. Den Zugriff auf am Körper materialisierte geistige Informationen legitimiert § 81 a StPO. Auf andere materialisierte geistige Informationen kann im Wege der Augenscheinseinnahme zugegriffen werden, wobei das allgemeine Persönlichkeitsrecht der Verwertung entgegenstehen kann. Der Zugriff auf den Körper als Träger einer materialisierten geistigen Information ist demnach außerhalb einer Vernehmungssituation zulässig. Dies ist im Hinblick auf den umfassenden Schutz des Schweigerechts in Vernehmungssituationen inkonsequent.

2. Der Zugriff auf materielle Informationen

Es bleibt noch zu untersuchen, wie und in welchem Umfang der Körper als Träger einer *materiellen* Information in Anspruch genommen werden darf.

---

[29] Der Zeuge vom Hörensagen ist nach ganz überwiegender Auffassung ein zulässiges Beweismittel. *Eisenberg*, Beweisrecht der StPO, Rn. 1029; KK-*Diemer*, § 250 Rn. 10; *Meyer-Goßner*, StPO, § 250 Rn. 4; *Roxin*, Strafverfahrensrecht, § 44 Rn. 27 jeweils m.w.N., BGHSt 17, 382; 36, 166; a.A. *Seebode/Sydow*, JZ 1980, 506 ff.

[30] BVerfG, NStZ 1995, 600; BGHSt 17, 382; 36, 166.

[31] Allgemein dazu *Eisenberg*, Beweisrecht der StPO, Rn. 386 ff. m.w.N. Zur Verwertbarkeit von Tagebuchaufzeichnungen vgl. BVerfGE 34, 238 (245); 80, 367; BGHSt 34, 397 (401), dazu auch unten Kapitel 4 II 1.

a) Abhängigkeit der Informationserlangung von der Funktion des Körpers als Träger materieller Informationen

Der Zugriff auf materielle Informationen, die mit der physischen Existenz des Beschuldigten verknüpft sind, kann unabhängig von der Frage, ob es sich um willensabhängige oder willensunabhängige Informationen handelt, einfach durch sinnliche Wahrnehmung möglich sein oder den Einsatz von Hilfsmitteln erfordern. Ob ein solcher erforderlich ist, hängt von der Art der Information ab, auf die zugegriffen werden soll. Die Art der Information hängt unmittelbar mit der Funktion des Körpers als Informationsträger zusammen.

aa) Der Körper als unmittelbarer Informationsträger

Ist der Körper unmittelbarer Informationsträger, können Informationen auf der äußeren Körperhülle zu finden oder im Inneren des Körpers verborgen sein.

(1) Information der äußeren Körperhülle

Eine mit der äußeren Körperhülle verbundene Information kann zumeist durch sinnliche Wahrnehmung erlangt werden. Dabei kommt zunächst die Besichtigung des Körpers zur Feststellung einzelner körperlicher Merkmale in Betracht. Je nachdem, welche Stelle des Körpers besichtigt werden soll, sind diese Merkmale ohne weiteres erkennbar, so z.B. eine Narbe auf der Wange, oder erfordern Vorbereitungshandlungen für eine Besichtigung, wie z.B. das Beseitigen verdekkender Kleidungsstücke. Körperliche Merkmale können daneben auch durch andere sinnliche Wahrnehmungen festgestellt werden, etwa durch das Ertasten von Verhornungen der Hautstruktur. Nicht mehr ohne weiteres als mit der äußeren Körperhülle verbundene Information wären Veränderungen im Körperinneren, etwa eine Vernarbung der Muskulatur, einzuordnen, die ebenfalls von außen wahrgenommen werden können.. Unter Umständen kann auch der Einsatz von Hilfsmitteln zur Erlangung von Informationen der äußeren Körpersphäre erforderlich sein, etwa bei einem Drogentest durch Handschweißanalyse.
Die körperliche Integrität bleibt bei allen Arten der Wahrnehmung unangetastet.

(2) Im Körperinneren verborgene Information

Eine im Körperinneren verborgene, von außen nicht vollständig zugängliche Information ist nur durch den Einsatz von Hilfsmitteln, die auf die Körpersphäre einwirken, zu ermitteln. In Betracht kommen z.B. der Einsatz von Instrumenten, die Verabreichung von chemischen oder sonstigen Substanzen und operative Eingriffe. Je nach Art der Information oder der mit der Suche nach der Information verbundenen Prozedur kann eine besondere Sachkunde zur Durchführung der Maßnahme erforderlich sein.

(3) Gemeinsamkeiten

Den Fallgruppen „Information der äußeren Körperhülle" und „im Körperinneren verborgene Information" ist gemein, daß die verfahrensrelevante materielle Information Teil des menschlichen Körpers ist. Sie kann dies durch eine pathologische Veränderung geworden oder ein dem Körper inhärentes Merkmal sein. Körperinhärente Merkmale können weiter differenziert werden nach unveränderlichen Merkmalen, wie Blutgruppe oder DNA-Muster, und veränderlichen Merkmalen, wie etwa die Haarfarbe. Veränderliche Körpermerkmale können einerseits willentlich verändert werden, so z.B. Frisur oder Haarfarbe durch einen Friseurbesuch, oder willensunabhängig, z.B. durch genetisch bedingten Haarausfall.

bb) Der Körper als Informationsmittler

Der menschliche Körper kann daneben auch mittelbar als Informationsträger fungieren. Dies ist dann der Fall, wenn körperfremde Substanzen unmittelbar an der Körperhülle, in den natürlichen Körperöffnungen oder im Körperinneren verborgen sind. Die Verbindung der körperfremden Substanz mit dem menschlichen Körper kann ebenfalls durch ein vom Betroffenen willensgesteuertes Verhalten entstehen. Sie kann aber auch von seinem Willen unabhängig erfolgen. Die Informationsgewinnung kann je nach Verortung der körperfremden Substanz von außen oder durch einen Zugriff auf das Innere der Körpersphäre durch den Einsatz der eben genannten Hilfsmittel erfolgen.
Den durch den Zugriff auf den Körper erlangten Substanzen kommt zunächst ein eigenständiger Informationswert zu. Etwa daß es sich bei dem Pulver, welches in den vom Betroffenen verschluckten Päckchen verborgen war, um ein bestimmtes Betäubungsmittel eines bestimmten Gewichts handelt. Durch die Verknüpfung der Substanz mit dem menschlichen Körper kann sich darüber hinaus ein zusammengesetzter Informationswert ergeben. So ergibt sich z.B. aus der Tatsache, daß das in den Körper des Betroffenen eingedrungene Geschoß aus der Dienstpistole eines bestimmten Polizeibeamten stammt, die dieser zu einem bestimmten Zeitpunkt abgefeuert hat, daß der Betroffene zum selben Zeitpunkt am selben Ort gewesen sein muß.

cc) Doppelfunktionalität des menschlichen Körpers im Rahmen der Beweisermittlung

Im diesem Fall erfüllt der Körper eine Doppelfunktion bei der Informationsgewinnung. Er verkörpert einmal selbst eine Information und ist zudem noch Träger einer informationsträchtigen Substanz. Insofern ist die Formulierung des § 81 a I 1 StPO „eine körperliche Untersuchung des Beschuldigten darf zur Feststellung von Tatsachen angeordnet werden ..." unglücklich gewählt. Die gesuchten verfahrenserheblichen Tatsachen ergeben sich in diesen Fällen erst aus einer Zusammenschau einzelner Informationen. Dabei ist neben dem Zugriff auf den

Körper auch eine genauere Untersuchung der informationsträchtigen Substanz erforderlich.

b) Strafprozessuale Zugriffsmöglichkeiten auf den menschlichen Körper als Träger materieller Informationen

Die Zulässigkeit der Informationsermittlung durch die Strafverfolgungsorgane hängt bei materiellen Informationen von der Art und Weise des tatsächlichen Zugriffs ab. Da materielle Informationen im Körperinneren nur durch eine Verletzung der körperlichen Integrität erlangt werden können, kommt als Eingriffsgrundlage nur § 81 a I 2 StPO in Betracht.[32]

aa) Der Zugriff auf die äußere Körperhülle

Bei Informationen auf der äußeren Körperhülle kommen Augenscheinseinnahme und körperliche Untersuchung sowie die Möglichkeit einer Durchsuchung in Betracht. Hier stellen sich daher Abgrenzungsfragen.

(1) Die Durchsuchung als Zugriff auf den Körper in seiner Funktion als Informationsmittler einer mit der äußeren Körperhülle verbundenen Information

Die ganz überwiegende Meinung differenziert zwischen der körperlichen Untersuchung und Durchsuchung anhand des Zweckes, der mit der Untersuchungsmaßnahme verfolgt wird. Die körperliche Durchsuchung nach § 102 StPO diene dem Zweck, nach Gegenständen zu suchen. Demgegenüber sei Zweck der körperlichen Untersuchung, die vom Willen des Beschuldigten unabhängige Beschaffenheit seines Körpers oder einzelner Körperteile oder den psychischen Zustand des Beschuldigten und die Arbeitsweise des Gehirns, auch die körperbedingten psychischen Funktionen, durch sinnliche Wahrnehmung ohne körperliche Eingriffe festzustellen.[33] Erfaßt werden demnach von der körperlichen Untersuchung der Zugriff auf den Beschuldigten in seiner Funktion als unmittelbarer Träger einer materiellen, unter Umständen auch materialisierten Information, soweit sie nicht vom Willen abhängig ist. Vereinzelt wird auf das Objekt der Durchsuchung abgestellt. Die Durchsuchung ziele auf die Suche am bekleideten Körper, die Untersuchung mache den unbekleideten Körper zum Objekt der Maßnahme.[34] Aus der Sicht des Betroffenen sei der Zugriff auf seine Bekleidung ein völlig anderer Eingriff in seine Persönlichkeitsrechte als der Zugriff auf seinen entblößten Körper.[35]

---

[32] Vgl. z.B. KK-*Senge*, § 81 a Rn. 6; LR-*Krause*, § 81 a Rn. 27; *Meyer-Goßner*, StPO, § 81 a Rn. 15; *Pfeiffer*, StPO, § 81 a Rn. 5; SK-StPO-*Rogall*, § 81 a Rn. 40.

[33] Vgl. z.B. HK-*Lemke*, § 81 a Rn. 6; LR-*Krause*, § 81 a Rn. 19; *Meyer-Goßner*, StPO, § 81 a Rn. 9; *Pfeiffer*, StPO, § 81 a Rn. 3.

[34] AK-StPO-*Wassermann*, § 81 a Rn. 2; *Eb. Schmidt*, Lehrkommentar Band II, § 81 a Rn. 9.

[35] *Eb. Schmidt*, Lehrkommentar Band II, § 81 a Rn. 9.

Soweit nach der herrschenden Meinung nur willensunabhängige Informationen von der körperlichen Untersuchung erfaßt werden sollen, wird außer acht gelassen, daß der Körper auch unmittelbarer Träger von willensabhängigen Informationen sein kann. Dies betrifft z.B. Tätowierungen oder selbst zugefügte Verletzungen. Daher ist die Willensabhängigkeit nicht als Abgrenzungskriterium geeignet. Die Differenzierung nach dem Zweck der Maßnahme läßt die Funktion des Körpers als Informationsträger unberücksichtigt und ist kein geeignetes Abgrenzungskriterium. Wenn es in § 102 StPO heißt, „eine Durchsuchung der Wohnung und anderer Räume sowie seiner Person und der ihm gehörenden Sachen [kann] sowohl zum Zweck seiner Ergreifung als auch dann vorgenommen werden, wenn zu vermuten ist, daß die Durchsuchung zur Auffindung von Beweismitteln führen werde", ergibt sich daraus, daß dort, wo der Beschuldigte bereits dem Zugriff der Strafverfolgungsorgane unterliegt, nach vom Körper getrennten Beweismitteln gesucht werden soll. Der Beschuldigte wird hier in seiner Funktion als Beweismittler in Anspruch genommen. § 102 StPO erfaßt damit nicht diejenigen Fälle, in denen die Information unmittelbar mit der Körpersphäre verbunden ist und der Körper als unmittelbarer Informationsträger fungiert. Im Rahmen der Durchsuchung aufgefundene materielle Informationen können beschlagnahmt und durch Augenscheinseinnahme im Strafverfahren verwertet werden.

(2) Zugriff auf den Körper als unmittelbarer Informationsträger

a) Abgrenzung von Augenscheinseinnahme und körperlicher Untersuchung

Auf Informationen der äußeren Körperhülle als unmittelbarer Informationsträger kann demnach mittels körperlicher Untersuchung und Augenscheinseinnahme zugegriffen werden. Nach ganz überwiegender Auffassung liegt eine körperliche Untersuchung i.S.d. § 81 a I 1 StPO vor, wenn die Maßnahme die einfache Betrachtung des unbekleideten menschlichen Körpers zum Gegenstand hat, sofern sie sich auf Teile bezieht, die normalerweise verhüllt werden.[36]
Zu Recht kritisiert *Rogall*, die beweisrechtliche Zuordnung der Maßnahme sei demnach von der Frage der Bekleidung abhängig. Eine Maßnahme, die sich auf die betrachtende Kenntnisnahme einer körperlichen Beschaffenheit oder eines körperlichen Zustandes beschränke, sei daher immer Augenscheinseinnahme.[37]
Für die Abgrenzung der körperlichen Untersuchung von der Durchsuchung soll es folglich darauf ankommen, ob die Betrachtung des Körpers eine besondere Sachkunde erfordert.[38] Die körperliche Untersuchung sei eine finale Maßnahme, die in der sachkundigen Erforschung der äußeren oder inneren Beschaffenheit

[36] Vgl. z.B. HK-*Lemke*, § 81 a Rn. 6; LR-*Krause*, § 81 a Rn. 19; *Meyer-Goßner*, StPO, § 81 a Rn. 9; *Pfeiffer*, StPO, § 81 a Rn. 3, m.w.N.

[37] SK-StPO-*Rogall*, § 81 a Rn. 23.

[38] SK-StPO-*Rogall*, § 81 a Rn. 24.

des Körpers unter Einschluß von körperlichen Reaktionen sowie von körperlich bedingten psychischen Zuständen oder Funktionszusammenhängen besteht.[39]

β) Problemfall: Zwangsweise Gegenüberstellung

Der staatliche Zugriff auf den Körper kann mit erheblicher Zwangsanwendung durchgesetzt werden. Dies kann zur Folge haben, daß die Grenzen zwischen Selbstbelastung und staatlichem Zwang verwischen. Das verdeutlichen die Fälle der zwangsweisen Gegenüberstellung.[40]

Bezüglich der Frage, inwieweit unmittelbarer Zwang angewendet werden darf, um die Durchführung strafprozessualer Zwangsmaßnahmen zu ermöglichen, besteht grundsätzlich Einigkeit, daß der Beschuldigte nicht zu selbstbelastenden Handlungen gezwungen werden darf. Der Schutz soll allerdings nur soweit reichen, wie den Beschuldigten keine aktiven Mitwirkungspflichten am Strafverfahren treffen. Zur passiven Duldung staatlicher Zwangsmaßnahmen soll er verpflichtet sein. Und zwar auch dort, wo seine Körpersphäre unmittelbar betroffen ist.[41] Diese Differenzierung gilt auch im Bereich des § 81 a StPO. Der Beschuldigte soll nicht zu aktiven Mitwirkungshandlungen an der körperlichen Untersuchung verpflichtet sein. Allerdings wird ihm eine Pflicht, Vorbereitungshandlungen, wie z.B. sich zu entkleiden oder bestimmte Körperhaltungen einzunehmen, unterstellt.[42] Wie weit er daneben zur Duldung staatlichen Handelns verpflichtet sein soll, ist umstritten. Der Umfang der Duldungspflicht hängt davon ab, wo die Grenze zwischen aktiver Selbstbelastung und passiver Duldung zu ziehen ist.

Bei zwangsweisen Gegenüberstellungen wird diese Frage relevant, wenn der Beschuldigte versucht, durch entsprechendes Verhalten eine mögliche Indentifizierung zu verhindern. Ein dem Verhalten des Beschuldigten entgegenwirkendes staatliches Handeln ist nur zulässig, soweit den Beschuldigten eine Duldungspflicht trifft. Neben einer zwangsweisen Veränderung der Haar- und Barttracht soll auch das Anlegen von Knebelketten und das Ziehen an den Haaren zulässig

---

[39] SK-StPO-*Rogall*, § 81 a Rn. 26.

[40] Die rechtliche Einordnung der Ggenüberstellung ist umstritten. Für § 81 a StPO als Rechtsgrundlage z.B.: BVerfGE 47, 239; *Eisenberg*, Beweisrecht der StPO, Rn. 1224; LR-*Krause*, § 81 a Rn. 44; *Odenthal*, NStZ 1985, 433 (434); *ders.*, Gegenüberstellung, S. 84 ff.; *Pauly*, StraFo 1998, 41 (42). Für § 58 II StPO z.B.: KG, JR 1979, 348; HK-*Lemke*, § 58 Rn. 7; KK-*Senge*, § 58 Rn. 6 und 8; *Meyer-Goßner*, StPO, § 58 Rn. 9; *Pfeiffer*, StPO, § 58 Rn. 2; *Wiegmann*, StraFo 1998, 37. Für § 81 b StPO (analog) z.B.: AK-StPO-*Wassermann*, § 81 b Rn. 6; *Beulke*, Strafprozessrecht, Rn. 243; *Geppert*, JURA 1989, 274 (278); *Ranft*, Strafprozeßrecht, Rn. 730; *Reitberger*, Kriminalistik 1968, 349; *Rogall*, ZStW 105 (1993), 588 (603); *ders.*, in SK-StPO, § 81 a Rn. 30 und § 81 b Rn. 54; *Roxin*, Strafverfahrensrecht, § 33 Rn. 18; *Schlüchter*, Strafverfahren, Rn. 185. Offen gelassen von KG, NJW 1979, 1668 (1669). Vom Fehlen einer Rechtsgrundlage gehen z.B. *Burgdorf/Ehrentraut/Lesch*, GA 1987, 106 (insbes. 127); *Grünwald*, JZ 1981, 423 (426) und *Welp*, JR 1994, 37 ff. aus.

[41] *Rogall*, Der Beschuldigte als Beweismittel, S. 56.

[42] HK-*Lemke*, § 81 a Rn. 7; KK-*Senge*, § 81 a Rn. 4; *Pfeiffer*, StPO, § 81 a Rn. 1.

sein, wenn hierdurch verhindert werden soll, daß sich der Betroffene bei der Gegenüberstellung abwendet, den Kopf senkt, die Augen schließt und Grimassen schneidet. Hierdurch werde der Betroffene nicht gezwungen, einen bestimmten Gesichtsausdruck anzunehmen, sondern gewaltsam daran gehindert, den Zweck der Gegenüberstellung dadurch zu vereiteln, daß dem Zeugen die Betrachtung der normalen, unverstellten Gesichtszüge unmöglich werde.[43] Ganz überwiegend wird hierin jedoch ein unzulässiger Zwang zur aktiven Selbstbelastung gesehen.[44] Teilweise wird angenommen, die Maßnahmen seien ein Verstoß gegen die Menschenwürde, weil durch die gezielte Schmerzzufügung der Wille des Beschuldigten gebrochen und er so zum willenlosen Objekt staatlichen Zwanges gemacht werde.[45]

Problematisch ist eine solche Gegenüberstellung unabhängig von der Frage der möglichen Selbstbelastung schon deshalb, weil die Situation nicht nur durch das Handeln des Beschuldigten,[46] sondern auch durch die Gewaltanwendung verfremdet wird, welche auf die Wiedererkennung Einfluß ausüben kann, und zwar auch dann, wenn sie durch die Vergleichspersonen nachgeahmt wird. Es ist anzunehmen, daß dem Zeugen der „echte“ Widerstand erkennbar sein wird.[47]

bb) Zugriff auf das Körperinnere

Die Maßnahmen Durchsuchung, Augenscheinseinnahme und körperliche Untersuchung sind nur dann erfolgversprechende Maßnahmen, soweit sie sich auf materielle Informationen beziehen, die von außen zugänglich sind. Es ist daher noch zu untersuchen, wie auf Informationen im Körperinneren zugegriffen werden kann und darf. Dabei wurde bereits erwähnt, daß der Zugriff auf Informationen, welche nur durch eine Integritätsverletzung erlangt werden können, in § 81 a I 2 StPO geregelt ist.

(1) Abgrenzung des körperlichen Eingriffs zu anderen Zwangsmaßnahmen bei Zugriff auf den Körper als Informationsmittler

Ein körperlicher Eingriff i.S.d. § 81 a I 2 StPO darf gegen den Willen des Beschuldigten nur von einem Arzt nach den Regeln der ärztlichen Kunst vorgenommen werden, wenn kein Nachteil für seine Gesundheit zu befürchten ist. Die Eingriffsvoraussetzungen sind damit enger als bei der körperlichen Untersuchung oder Durchsuchung. Schon allein deshalb kommt der Frage, wann die Inanspruchnahme des Beschuldigten als Informationsmittler sich nicht mehr auf

---

[43] KG, NJW 1979, 1668 (1669); *Meyer-Goßner*, StPO, § 58 Rn. 11; wohl auch HK-*Lemke*, § 58 Rn. 7.

[44] *Eisenberg*, Beweisrecht der StPO, Rn. 1224 a; *Grünwald*, JZ 1981, 423 (428); LR-*Krause*, § 81 a Rn. 46; SK-StPO-*Rogall*, Vor § 133 Rn. 73; i. Erg. ebenso AK-StPO-*Wassermann*, § 81 b Rn. 6.

[45] *Grünwald*, JZ 1981, 423 (428); *Odenthal*, NStZ 1985, 433 (435).

[46] *Eisenberg*, Beweisrecht der StPO, Rn. 1224 a.

[47] *Nöldeke*, NStZ 1982, 193; *Odenthal*, NStZ 1985, 433 (435).

die Suche nach materiellen Informationen auf oder an der Körperhülle beschränkt, sondern bereits eine Verletzung der körperlichen Integrität zu bejahen ist, besondere Bedeutung zu. Relevant wird diese Frage dann, wenn nach dem Vorhandensein von Fremdkörpern in natürlichen Körperöffnungen gesucht wird. Da derartige Maßnahmen den Zweck verfolgen, Beweismittel oder Einziehungsgegenstände aufzufinden, werden sie teilweise als Durchsuchung nach § 102 StPO eingeordnet.[48] Dabei wird allerdings verkannt, daß durch die Verbringung der Gegenstände in Körperöffnungen eine engere Verbindung mit dem Körper entsteht als bei der Verwahrung an der äußeren Körperhülle. Hier entsteht eine unmittelbare Verbindung zum Körper, so daß § 81a StPO einschlägig ist.

Damit kommt es im weiteren darauf an, ob es sich bei der Suche nach Fremdkörpern in der unmittelbaren Körpersphäre noch um eine Untersuchung der äußeren Körperhülle handelt,[49] oder ob bereits ein körperlicher Eingriff vorgenommen wird. Zur Differenzierung wird darauf abgestellt, ob die Suche nach Fremdkörpern im Einzelfall mit einer Verletzungsgefahr verbunden ist,[50] ob in das Körperinnere durch verschlossene, nicht willentlich zu öffnende Körpereingänge oder mittels Instrumenten in Körperöffnungen eingedrungen wird[51] oder ob zur Vermeidung von Gesundheitsgefahren ein sachkundiges Vorgehen erforderlich ist bzw. ein sachkundiges Regelwerk existiert.[52] Da aus der Regelung des § 81a I 2 StPO klar hervorgeht, daß der Betroffene vor Risiken, die mit dem Zugriff auf seinen Körper verbunden sind, geschützt werden soll, indem der Eingriff von einem Arzt durchzuführen ist, handelt es sich immer dann um einen körperlichen Eingriff, wenn die Verwendung von Instrumenten bzw. zur Vermeidung möglicher Verletzungen ein besonderes Fachwissen erforderlich ist.

---

[48] OLG Celle, NStZ 1998, 87; AK-StPO-*Amelung*, § 102 Rn. 23; *Beulke*, Strafprozessrecht, Rn. 241; *Dallmeyer*, StV 1997, 606 (609); KK-*Nack*, § 102 Rn. 10; LR-*Schäfer*, § 102 Rn. 36; *Roxin*, Strafverfahrensrecht, § 33 Rn. 6; für die Mundhöhle ebenso OLG Celle, NJW 1997, 2463 (2464); widersprüchlich *Meyer-Goßner*, StPO: Bei § 81a Rn. 9 werden die Maßnahmen der körperlichen Untersuchung zugeordnet, bei § 102 Rn. 9 wird die Suche nach Gegenständen in natürlichen Körperöffnungen, die ohne Eingriff mit medizinischen Hilfsmitteln einzusehen sind, der Durchsuchung zugeordnet; ebenso LR-*Krause*: die Entfernung von Fremdkörpern soll Durchsuchung sein (Rn. 19), das Eindringen in das Körperinnere über die natürlichen Körperöffnungen, das regelmäßig mit Instrumenten geschieht, wegen der Eindringtiefe und Verletzungsgefahr körperlicher Eingriff (Rn. 28).

[49] So z.B. *Eisenberg*, Beweisrecht der StPO, Rn. 1631; HK-*Lemke*, § 81a Rn. 6; *Meyer-Goßner*, StPO, § 81a Rn. 9; *Pfeiffer*, StPO, § 81a Rn. 3 und 5, *Rüping*, Strafverfahren, Rn. 261.

[50] LG Trier, NJW 1987, 722; *Körner*, StV 1988, 448; widersprüchlich differenzierend LR-*Krause*, § 81a Rn. 28.

[51] *Solbach*, MedR 1987, 80 (82); widersprüchlich differenzierend LR-*Krause*, § 81a Rn. 28.

[52] SK-StPO-*Rogall*, § 81a Rn. 37.

(2) Problemfall: Brechmitteleinsatz

Der inzwischen meistdiskutierte körperliche Eingriff ist die zwangsweise Verabreichung von Vomitiva zu dem Zweck, durch zwangsweise ausgelöstes Erbrechen vermeintlich verschluckte Beweisgegenstände, vorwiegend Drogenpäckchen, aus dem Magen zu erlangen.[53]

a) Der Brechmitteleinsatz unter Berücksichtigung der Tatbestandsvoraussetzungen des § 81a StPO

Überwiegend besteht in Rechtsprechung und Literatur grundsätzlich Einigkeit über die Zulässigkeit der Verabreichung von sogenannten Brechmitteln, sofern der Verhältnismäßigkeitsgrundsatz beachtet wird und eine Gesundheitsgefährdung ausgeschlossen werden kann.[54] Angesichts eines Vorgangs, bei dem auch seine Befürworter feststellen, „allein der Gedanke an den Einsatz eines ‚Brechmittels'" sei „abstoßend und im wahrsten Sinne des Wortes ekelerregend",[55] erstaunt es, daß schon aufgrund des Procedere nicht weitergehende Beschränkungen gefordert werden, als eine von subjektiven Wertungen beeinflußbare Abwägung im Rahmen einer Verhältnismäßigkeitsprüfung und der Ausschluß von gesundheitlichen Nachteilen. Aber auch diese Forderungen müßten bei ihrer konsequenten Beachtung bereits Anlaß sein, den Einsatz von Emetika abzulehnen.

Mit der Forderung eines Ausschlusses von gesundheitlichen Nachteilen wird vordergründig der gesetzlich formulierten Eingriffsvoraussetzung des § 81 a I 2 StPO aE Rechnung getragen. Die vom Gesetzgeber formulierte Forderung, die Durchführung eines körperlichen Eingriffs dürfe keinen Nachteil für die Gesundheit des Betroffenen befürchten lassen, wird gemeinhin so verstanden, daß Beeinträchtigungen des körperlichen Wohlbefindens, die erheblich über die Untersuchungsdauer hinauswirken, mit an Sicherheit grenzender Wahrscheinlichkeit ausgeschlossen sein müssen.[56] Angesichts der zahlreichen Komplikationen und Nebenwirkungen, die gerade bei der zwangsweisen Verabreichung von Brechmitteln auftreten können und bereits zu Todesfällen geführt haben, ist es daher verwunderlich, daß zwischen dem erforderlichen Ausschluß

---

[53] A.A. OLG Frankfurt, NJW 1997, 1647: Ähnlichkeit mit Durchsuchung und Beschlagnahme; ablehnend auch *Dallmeyer*, KritV 2000, 252 (254 ff.); differenzierend KMR-*Paulus*, § 81a Rn. 11; dazu auch unten Kapitel 4 II 3 b) aa).

[54] Z.B. KG, JR 2001, 162; 2002, 122; OLG Bremen, NStZ-RR 2000, 270; *Benfer*, JR 1998, 53 ff.; *Birkholz/Kropp/Bleich/Klatt/Ritter*, Kriminalistik 1997, 277; *Beulke*, Strafprozessrecht, Rn. 241; *Eisenberg*, Beweisrecht der StPO, Rn. 1639; *Götz*, JuS 2000, 727; *Grüner*, JuS 1997, 122 (125); HK-*Lemke*, § 81a Rn. 9; KK-*Senge*, § 81a Rn. 6 und 14; LR-*Krause*, § 81a Rn. 52; *Meyer-Goßner*, StPO, § 81a Rn. 22; *Rogall*, NStZ 1998, 66 (67); *Schäfer*, NJW 1997, 2437 f.

[55] *Schäfer*, NJW 1997, 2437.

[56] *Binder/Seemann*, NStZ 2002, 234 (235); *Dallmeyer*, StV 1997, 606 (607); *Meyer-Goßner*, StPO, § 81a Rn. 17.

eines Nachteils für die Gesundheit des Beschuldigten und der zwangsweisen Vergabe von Vomitiva kein grundsätzlicher Widerspruch gesehen wird.

β) Medizinischer Hintergrund

Zwangsweises Erbrechen kann unter anderem durch die orale Gabe von Ipecacuanha Sirup oder die intravenöse Gabe von Apomorphin ausgelöst werden. Nach Verabreichung des Vomitivs kommt es zu einem durch das Brechmittel ausgelösten, d.h. von normalen körperlichen Vorgängen unabhängigen Erbrechen des Mageninhalts. Insofern ist es irreführend, wenn diese Maßnahmen als Beschleunigung des natürlichen Ausscheidevorgangs bezeichnet werden.[57] Der natürliche Ausscheidevorgang verläuft aufgrund des Verdauungsvorgangs in die entgegengesetzte Richtung. Demgegenüber wird der Verdauungsvorgang durch die Vergabe von Vomitivmitteln zwangsweise abgebrochen und der Mageninhalt durch die falsche Körperöffnung ausgeschieden.

Vor der Durchführung des Eingriffs verlangt die ärztliche Sorgfaltspflicht eine ausführliche Anamnese sowie den Ausschluß möglicher Kontraindikationen.[58] Ein die Kooperation verweigernder oder der deutschen Sprache unkundiger Beschuldigter kann daher der Durchführung der Maßnahme de lege artis entgegenstehen.[59]

Von den Befürwortern des Brechmitteleinsatzes wird hervorgehoben, die Verabreichung des Ipecacuanha Sirups sei nur selten mit Nebenwirkungen verbunden.[60] Dies kann aber nur für die freiwillige Einnahme einer therapeutischen Einzeldosis gelten, wenn eine sorgfältige Anamnese durchgeführt und mögliche Kontraindikationen ausgeschlossen wurden.[61] Schon die zweimalige Gabe des Sirups kann zu einer toxischen Schädigung des Herzmuskels führen. Bei der Verabreichung des Sirups durch eine Magensonde sind zudem Kontraindikationen gegen das Legen der Magensonde zu beachten.[62] Wehrt sich der Beschuldigte gegen den Eingriff, tritt eine durch dieses Verhalten ausgelöste Verletzungsgefahr hinzu.[63] Dabei besteht nicht nur die Gefahr von Verletzungen der Speiseröhre und der Magenschleimhaut. Vielmehr kann auch ein Herzstillstand ausgelöst werden, wenn die Magensonde den nahe der Speiseröhre liegenden Vagusnerv

---

[57] So *Rogall*, NStZ 1998, 66. Kritisch auch *Dallmeyer*, KritV 2000, 252 (253 f.).

[58] Dazu ausführlich *Dettmeyer/Musshoff/Madea*, MedR 2000, 316 (319).

[59] *Binder/Seemann*, NStZ 2002, 234 (235); *Dallmeyer*, StV 1997, 606 (607); *Dettmeyer/Musshoff/Madea*, MedR 2000, 316 (319); *Weßlau*, StV 1997, 341 (342); jetzt auch EGMR, Urt. v. 11.07.2006, *Jalloh vs. Germany*, Z. 80.

[60] KG, JR 2001, 162; *Birkholz/Kropp/Bleich/Klatt/Ritter*, Kriminalistik 1997, 277 (279 f.); *Schäfer*, NJW 1997, 2437 (2438).

[61] Ausführlich *Binder/Seemann*, NStZ 2002, 234 (236).

[62] OLG Frankfurt, NJW 1997, 1647; *Dettmeyer/Musshoff/Madea*, MedR 2000, 316 (319).

[63] Vgl. OLG Frankfurt, NJW 1997, 1647; *Binder/Seemann*, NStZ 2002, 234 (236); *Dallmeyer*, StV 1997, 606 (607); *Weßlau*, StV 1997, 341 (343); *Mushoff*, KritV 2005, 83 (87 f.), dort auch zu möglichen psychischen Beeinträchtigungen m.w.N.

irritiert, der die Funktionen von Hals, Brust und Bauchorganen beeinflußt und vor allem entscheidend für die Kreislaufregulation verantwortlich ist.[64]
Nach dem zwangsweisen Erbrechen müssen die Patienten mindestens vier[65] bzw. bis zu sechs Stunden[66] lang beaufsichtigt werden, da die Gefahr der Aspiration von Erbrochenem besteht.[67] In dieser Zeit dauert die staatliche Zwangseinwirkung fort und müßte im Rahmen der Verhältnismäßigkeitsprüfung berücksichtigt werden.[68]
Die Verabreichung von Apomorphin ist darüber hinaus mit erheblichen Nebenwirkungen verbunden, wie z.B. Blutdruckabfall, Atemdepression und Somnolenz. Eine Überdosierung kann zu Atemlähmung führen.[69]

Bei der zwangsweisen Verabreichung von Brechmitteln summieren sich jene Gefahren, die grundsätzlich mit der Verabreichung von Vomitiva einhergehen, mit denen der zwangsweisen Verlegung einer Magensonde zur Verabreichung des üblicherweise eingesetzten Ipecacuanha Sirups und denen des erzwungenen Erbrechens.[70] Aus alledem muß geschlossen werden, daß nur bei gesunden, bewußtseinsklaren, kooperationswilligen und auch kooperationsfähigen Personen gesundheitliche Schäden durch den Einsatz von Ipecacuanha Sirup in der Regel nicht zu erwarten sind. Bei der Durchführung der Maßnahme gegen den Willen des Beschuldigten können erhebliche Gesundheitsgefahren nicht ausgeschlossen werden.[71]
Bei der gleichzeitigen oder unmittelbar aufeinanderfolgenden Gabe von Sirup Ipecacuanha und Apomorphin sind zudem bisher nicht erforschte Synergieeffekte zu befürchten,[72] so daß hier von einer ärztlichen Maßnahme de lege artis nicht mehr gesprochen werden kann.

γ) Verfassungsrechtliche Bedenken

Abgesehen von den medizinisch indizierten Bedenken werden gegen den Brechmitteleinsatz verfassungsrechtliche Einwände erhoben.

---

[64] *Binder/Seemann*, NStZ 2002, 234 (236).

[65] *Dettmeyer/Musshoff/Madea*, MedR 2000, 316 (319); *Weßlau*, StV 1997, 341 (342).

[66] OLG Frankfurt, NJW 1997, 1647.

[67] *Dettmeyer/Musshoff/Madea*, MedR 2000, 316 (319). Diese Beaufsichtigung des Betroffenen ist im Fall des *OLG Frankfurt* unterblieben, vgl. NJW 1997, 1647.

[68] Zur Zwangsanwendung zum Zwecke der Informationserlangung durch Freiheitsentziehung vgl. unten II 2 b).

[69] *Binder/Seemann*, NStZ 2002, 234 (236); *Dettmeyer/Musshoff/Madea*, MedR 2000, 316 (319); *Mushoff*, KritV 2005, 83 (88).

[70] Zutreffend schon *Dallmeyer*, KritV 2000, 252 (254).

[71] *Binder/Seemann*, NStZ 2002, 234 (236); *Dallmeyer*, StV 1997, 606 (607); *Mushoff*, KritV 2005, 83 (87 f.); *Roggan*, Bürgerrechte & Polizei 71 (1/2002), 59 (61 f.).

[72] OLG Frankfurt, NJW 1997, 1647.

Dabei wird einerseits hervorgehoben, durch die Maßnahme werde der Beschuldigte zum bloßen Verfahrensgegenstand degradiert und somit seine Subjektqualität in Frage gestellt, so daß ein Verstoß gegen die in Art. 1 I GG garantierte Menschenwürde vorliege.[73] In engem Zusammenhang mit dieser Überlegung steht die Auffassung, der Brechmitteleinsatz sei mit dem Einsatz von Folter oder anderen demütigenden Behandlungen vergleichbar und verstoße daher gegen den Art. 104 I 2 GG.[74]

In dem erzwungenen Erbrechen wird ferner eine unzulässig erzwungene Selbstbelastung gesehen.[75]

Allgemeinere Bedenken werden hinsichtlich der Verhältnismäßigkeit des Eingriffs vorgetragen. Die Verabreichung eines Vomitivs sei nicht erforderlich, da abgewartet werden könne, bis der Mageninhalt auf natürlichere Weise wieder ausgeschieden werde.[76] Dem wird entgegengehalten, die damit verbundene Freiheitsentziehung entbehre einer gesetzlichen Grundlage. Während sich die Durchführung einer Maßnahme nach § 81 a StPO lediglich über einen kurzen Zeitraum erstrecke, könne der natürliche Ausscheidevorgang erheblich mehr Zeit in Anspruch nehmen. Da das Ende der Freiheitsentziehung nicht absehbar sei, müsse der Beschuldigte spätestens mit Ablauf eines Tages dem zuständigen Amtsrichter vorgeführt werden, § 128 I StPO bzw. Art. 104 II GG. Sei bis dahin kein Ausscheidevorgang erfolgt, müsse er freigelassen werden. Die Voraussetzungen für den Erlaß eines Haftbefehls gemäß den §§ 127 II, 112 StPO lägen nicht vor, da weder der Haftgrund Fluchtgefahr noch Verdunkelungsgefahr zu bejahen sei.[77] Die zeitlichen Relationen sind indes nicht ganz so unterschiedlich, wie die Befürworter des Brechmitteleinsatzes meinen. Bei der Durchführung der Maßnahme de lege artis kann sie mit der Durchführung der Anamnese und anschließenden Beobachtung mehrere Stunden in Anspruch nehmen. Dieser Zeitraum

---

[73] OLG Frankfurt, NJW 1997, 1647 (1648); *Amelung/Wirth*, StV 2002, 161 (167); *Kühne*, Strafprozessrecht, Rn. 475; *Naucke*, Kants Rechtslehre im Alltag, in *Landwehr* (Hrsg.), Freiheit, Gleichheit, Selbständigkeit (1999), S. 89 (100 f.); *Mushoff*, KritV 2005, 83 (92 f.); *Roxin*, Strafverfahrensrecht, § 33 Rn. 6; mit leicht abweichender Begründung auch *Dallmeyer*, StV 1997, 606 (610); *ders.*, KritV 2000, 252 (256 f.).

[74] *Mushoff*, KritV 2005, 83 (93 f.); *Roggan*, Bürgerrechte & Polizei 71 (1/2002), 59 (65); ähnlich bezüglich der Magenaushebung *Sax*, Grundsätze der Strafrechtspflege, in *Bettermann/Nipperdey/Scheuner* (Hrsg.), Grundrechte III/2, S. 909 (984 f.). Wenn *Dallmeyer* (KritV 2000, 252 [259]) einen Verstoß gegen Art. 3 EMRK rügt, so bedeutet dies in der Konsequenz ebenfalls einen Verstoß gegen Art. 1 I und 104 I 2 GG, die das Verbot des Art. 3 EMRK auf verfassungsrechtlicher Ebene normieren (vgl. dazu z.B. *Meyer-Goßner*, StPO, Art. 3 MRK Rn. 1): dazu ausführlich unten Kap. 3 V 3.

[75] OLG Frankfurt, NJW 1997, 1647; *Dallmeyer*, StV 1997, 606 ff.; *Eidam*, Strafprozessuale Selbstbelastungsfreiheit, S. 114 ff.; *Mushoff*, KritV 2005, 83 (89 ff.); *Naucke*, StV 2000, 1 (2); *Rüping*, Strafverfahren, Rn. 266; *Weßlau*, StV 1997, 341.

[76] OLG Frankfurt, NJW 1997, 1647 (1649); *Binder/Seemann*, NStZ 2002, 236 f.; *Dettmeyer/Musshoff/Madea*, MedR 2000, 316 (318); *Mushoff*, KritV 2005, 83 (94); *Roggan*, Bürgerrechte & Polizei 71 (1/2002), 59 (63).

[77] *Benfer*, JZ 1998, 53 (55); *Schäfer*, NJW 1997, 2437 (2438).

verlängert sich, sobald Komplikationen eintreten, die Behandlungsmaßnahmen erfordern. Auf der anderen Seite kann bei Bejahung eines dringenden Tatverdachts und entsprechender Anhaltspunkte, die den dringenden Verdacht begründen, daß durch eine Einwirkung auf die möglicherweise vorhandenen sachlichen Beweismittel die Wahrheitsermittlung erschwert wird, gemäß § 112 II Nr. 3a StPO ein Haftbefehl ausgestellt werden.[78]

Gegen die Angemessenheit der Maßnahme wird weiterhin vorgetragen, der Tatverdacht gegen den Betroffenen sei in der Regel nicht so schwerwiegend, daß er derart schwerwiegende und schmerzhafte Maßnahmen wie den Einsatz von Vomitiva rechtfertigen könne.[79]

Trotz dieser Bedenken wird die Vergabe von Emetika mit dem Schutz des Beschuldigten als auch therapeutische Maßnahme begründet. Es bestehe eine Gefahr für das Leben des Betroffenen, da die Drogenbehälter undicht sein oder durch die Magensäure zerstört werden könnten. Auch wenn die Verpackungen heil bleiben, scheinen sie durchlässig zu sein und innerhalb eines relativ kurzen Zeitraums Drogen freizugeben.[80] Wegen der lebensgefährlichen Wirkung von Drogen auf den Körper soll es gerechtfertigt sein, den Eingriff zur Verhinderung einer lebensbedrohlichen Intoxikation durchzuführen.[81] Dabei ist schon zu bedenken, daß ein medizinisch indizierter Eingriff nur dort in Betracht kommt, wo der Betroffene tatsächlich verpackte Drogen verschluckt hat. Nicht selten stellt sich der Verdacht als falsch heraus.[82] Unabhängig davon kann der erzwungene Schutz des Beschuldigten vor gesundheitlichen Folgen platzender Kokainbömbchen nicht als Argument in die Verhältnismäßigkeitsprüfung einbezogen werden. Der erzwungene Schutz vor eigenverantwortlich eingegangenen Risiken entspricht einer paternalistischen Staatsauffassung und steht im Widerspruch zur Anerkennung des Menschen als frei- und eigenverantwortlich handelndes Individuum.[83] Es ist eine persönliche und frei zu treffende Entscheidung des Betroffenen, ob er mögliche Gesundheitsrisiken eingehen oder unter Umständen durch die Einnahme eines Brechmittels Beweise gegen sich selbst liefern möchte. Sofern Bedenken darüber bestehen sollten, ob sich der Betroffene der Risiken bewußt ist, die mit dem Verschlucken von Drogenpäckchen einhergehen, besteht

---

[78] *Binder/Seemann*, NStZ 2002, 234 (237 f.); ebenso *Mushoff*, KritV 2005, 83 (94); wohl auch *Roggan*, Bürgerrechte & Polizei 71 (1/2002), 59 (63).

[79] *Binder/Seemann*, NStZ 2002, 237 (bei Kleindealern); *Mushoff*, KritV 2005, 83 (94); *Weßlau*, StV 1997, 341 (343).

[80] *Birkholz/Kropp/Bleich/Klatt/Ritter*, Kriminalistik 1997, 277 (278).

[81] *Birkholz/Kropp/Bleich/Klatt/Ritter*, Kriminalistik 1997, 277 (278); einen präventiven körperlichen Eingriff lehnt *Benfer*, JR 1998, 53 (56), ausdrücklich ab, da es insoweit an einer gesetzlichen Eingriffsermächtigung fehle.

[82] *Bachmann/Püschel/Sonnen*, Kriminalistik 2004, 678 (682); *Mushoff*, KritV 2005, 83 (95). Zu den schwankenden Sicherstellungszahlen im Zeitraum von 1995 bis 1996 vgl. *Birkholz/Kropp/Bleich/Klatt/Ritter*, Kriminalistik 1997, 277 (278).

[83] S.u. Kapitel 4 III 2 b) dd) (3) β).

die Möglichkeit, ihn – notfalls unter Zuziehung eines Dolmetschers – über die gesundheitlichen Risiken aufzuklären und ihm so eine freiverantwortliche Entscheidung zu ermöglichen.

δ) Der Nichtannahmebeschluß des Bundesverfassungsgerichts

Das *Bundesverfassungsgericht* hat sich zur Frage der zwangsweisen Verabreichung von Brechmitteln bisher nicht abschließend geäußert. In einem Nichtannahmebeschluß aus dem Jahre 1999 hat es aber in einem Nebensatz ausgeführt, daß die Maßnahme „auch im Hinblick auf die durch Art. 1 I GG geschützte Menschenwürde und den in Art. 2 I i.V.m. Art. 1 I GG enthaltenen Grundsatz der Selbstbelastungsfreiheit grundsätzlichen verfassungsrechtlichen Bedenken nicht begegnet (vgl. *BVerfGE* 16, 194 [198 f.]; 17, 108 [117 f.]; 27, 211 [219]; 47, 239 [247 f.])“.[84] Diese Ausführungen sind verschiedentlich dahingehend interpretiert worden, das Gericht habe den Brechmitteleinsatz für verfassungsgemäß befunden.[85] Dem ist entschieden zu widersprechen, auch wenn sich der Sinn der gerichtlichen Äußerung vermeintlich nur so zu erschließen vermag.

Rechtlich kann der zitierte Nebensatz keine Wirkung entfalten. Die ergibt sich bereits aus der rechtlichen (Nicht-)Wirkung von Nichtannahmebeschlüssen. Diese entfalten keine Bindungswirkung i.S.d. § 31 I BVerfGG. Eine solche entfalten nur stattgebende Kammerbeschlüsse.[86] Es bestand in diesem Verfahrensstadium auch keine Notwendigkeit, inhaltliche Feststellungen zur Verfassungsmäßigkeit des Brechmitteleinsatzes vorzunehmen, weil sich das Gericht in seiner Entscheidung nur mit Zulässigkeitsfragen zu beschäftigen hatte. Diese Art der Verbreitung vom Verfahrensgegenstand unabhängiger Rechtsauffassungen durch die Kammern des *Bundesverfassungsgerichts* ist abzulehnen.[87]

Den Nebensatz einfach als obiter dictum abzutun, hieße, die Bedeutung des Achtungs- und Schutzauftrags des Art. 1 I GG sowie der Selbstbelastungsfreiheit für das Strafverfahren zu verharmlosen.[88] Die Entscheidung wäre auch inhaltlich nicht widerspruchsfrei. Die Verfassungsbeschwerde wurde u.a. als unzulässig abgewiesen, weil die *Kammer* zunächst die fachgerichtliche Klärung medizinischer Fragen im Hinblick auf das Recht der körperlichen Unversehrtheit (Art. 2 II 1 GG) und den Grundsatz der Verhältnismäßigkeit für erforderlich hielt. Diese Fragen sind aber ebenso für die gerichtliche Würdigung des Art. 1 I GG und die Selbstbelastungsfreiheit von Bedeutung, deren Verletzung

---

84 BVerfG, StV 2000, 1.

85 *Bachmann/Püschel/Sonnen*, Kriminalistik 2004, 678 (680); SK-StPO-*Rogall*, § 81 a Rn. 48; FAZ v. 13.12.2001, S. 12.

86 BVerfGE 92, 91 (107); vgl. auch *Binder/Seemann*, NStZ 2002, 234; *Rixen*, NStZ 2000, 381 (382).

87 *Mushoff*, KritV 2005, 83 (84); *Rixen*, NStZ 2000, 381 (382).

88 *Naucke*, StV 2000, 1 f.; a.A. z.B. *Binder/Seemann*, NStZ 2002, 234; *Dallmeyer*, KritV 2000, 252 (253); *Rixen*, NStZ 2000, 381.

die *Kammer* ohne weitere Begründung ausschließt. Damit werden aber nicht nur Fragen zur Empirie ausgeschlossen, auch die in Rechtsprechung und Literatur vorgebrachten Bedenken gegen den Brechmitteleinsatz werden übergangen.[89] Dem Betroffenen wird durch die unterbliebene Anhörung das rechtliche Gehör versagt.[90] Eine Begründung für die Feststellung vermögen auch die im Beschluß aufgeführten Entscheidungen nicht zu liefern, da sie sich nicht mit der zwangsweisen Verabreichung von Brechmitteln befassen.[91]
Aus alledem folgt, daß der zitierte Satz keine rechtlichen Wirkungen entfaltet.[92] Diese Auffassung wurde im Zusammenhang mit dem Hamburger Todesfall inzwischen durch das *Bundesverfassungsgericht* bestätigt. Dabei hob das Gericht allerdings vor allem hervor, insbesondere die Zulässigkeit eines Eingriffs in das Recht auf körperliche Unversehrtheit und die Beachtung des Verhältnismäßigkeitsgrundsatzes seien noch nicht abschließend geklärt.[93]

c) Zusammenfassung

Beim Zugriff auf den Körper als Träger materieller Informationen ist zwischen Durchsuchung, Augenscheinseinnahme, körperlicher Untersuchung und körperlichen Eingriffen zu differenzieren. Soweit nach Beweismitteln gesucht werden soll, die vom Körper getrennt sind, und der Körper als Beweismittler in Anspruch genommen wird, handelt es sich um eine Durchsuchung nach § 102 StPO. Wird nach Informationen gesucht, die unmittelbar mit der Körpersphäre verbunden sind, und der Körper als unmittelbarer Informationsträger in Anspruch genommen, ist danach zu differenzieren, ob die Wahrnehmung eine besondere Sachkunde erfordert. Soweit dies der Fall ist, handelt es sich um eine körperliche Untersuchung, andernfalls um eine Augenscheinseinnahme. Ein körperlicher Eingriff liegt vor, wenn bei dem Zugriff auf den Körper als unmittelbaren Informationsträger die körperliche Integrität verletzt wird oder wenn auf den Körper als Informationsmittler zugegriffen wird und dafür die Verwendung von Instrumenten erforderlich ist bzw. wenn zur Vermeidung möglicher Verletzungen ein besonderes Fachwissen erforderlich ist. Zur Erlangung materieller Informationen darf nach geltendem Recht gemäß § 81 a StPO nicht nur die körperliche Integrität verletzt, sondern auch der körperliche Eingriff nach überwiegender Ansicht durch erhebliche Zwangsanwendung durchgesetzt werden.

---

89 *Naucke*, StV 2000, 1 (2).

90 *Mushoff*, KritV 2005, 83 (84).

91 *Naucke*, StV 2000, 1 (2).

92 Ebenso *Binder/Seemann*, NStZ 2002, 234; *Dallmeyer*, KritV 2000, 252 (253); *Kühne*, Strafprozessrecht, Rn. 475; *Mushoff*, KritV 2005, 83 (84); *Naucke*, StV 2000, 1 ff.; *Rixen*, NStZ 2000, 381 f.

93 Pressemitteilung Nr. 116/2001 v. 13. 12. 2001.

3. Normative Ungleichbehandlung des Zugriffs auf das Wissen des Beschuldigten und seinen Körper

Nach alledem bewerten die Regelungen der Strafprozeßordnung den Zugriff auf das Wissen des Beschuldigten einerseits und seinen Körper andererseits unterschiedlich. Staatlicher Zwang zum Zwecke der Informationserlangung darf auf den Beschuldigten nur dann ausgeübt werden, wenn auf den Körper als physischen Informationsträger zugegriffen werden soll. § 136a StPO bringt zum Ausdruck, daß der Beschuldigte als geistige Informationsquelle unantastbar ist. Dabei ist unerheblich, ob die Wissenvermittlung willentlich oder willensunabhängig erfolgt. Selbst bei Zustimmung des Beschuldigten wird der staatliche Zugriff auf das Wissen durch § 136a StPO beschränkt. Der Beschuldigte soll so vor einer erzwungenen Instrumentalisierung seines Wissens zu Beweisführungszwecken geschützt werden. Andererseits wird der Beschuldigte beim Zugriff auf seinen Körper in erheblichem Maße staatlichem Zwang ausgesetzt.

Dabei läßt sich der Zugriff auf das Wissen nicht eindeutig vom Zugriff auf den Körper trennen. Der Schutz des Beschuldigten als geistige Informationsquelle beschränkt auch die Zugriffsmöglichkeiten auf den Körper als physische Informationsquelle. Verweigert der Beschuldigte als geistige Informationsquelle seine Beteiligung am Verfahren, darf auf den Körper als Träger einer materialisierten geistigen Information ebenfalls nicht zugegriffen werden, solange eine Vernehmungssituation vorliegt. Nur unter den Voraussetzungen des § 81a StPO darf auf den Beschuldigten als Träger einer materialisierten oder materiellen Information gegen seinen Willen zugegriffen werden. Der Beschuldigte muß sich in diesen Fällen partiell als Beweismittel benutzen lassen.

Die Regelungen der §§ 81a und 136a StPO scheinen damit mehr zu sein als der bloße Ausdruck einer normativen Ungleichbehandlung von geistiger und physischer Information. In diesem Sinne wird die Differenzierung ganz überwiegend damit begründet, der Beschuldigte sei nicht verpflichtet, gegen seinen Willen zu seiner Überführung im Strafverfahren beizutragen. Er soll in der Ausübung seines Willens, sich am Strafverfahren zu beteiligen, frei sein. Diese Willensausübungsfreiheit umfaßt die Freiheit der Willensbildung sowie die ausdrücklich in § 136a StPO gewährte Willensentschließungs- und -betätigungsfreiheit.[94] Sie wird jedoch nicht unbegrenzt gewährt. Der Schutz soll nur soweit reichen, wie den Beschuldigten keine aktiven Mitwirkungspflichten am Strafverfahren treffen. Zur passiven Duldung staatlicher Zwangsmaßnahmen soll er verpflichtet sein, und zwar auch dort, wo seine Körpersphäre unmittelbar betroffen ist.[95] Diese Differenzierung ist nach überwiegender Ansicht die Konsequenz eines Interessenausgleichs zwischen dem staatlichen Interesse an der möglichst umfassenden Wahrheitserforschung und dem staatliche Zwangsgewalt begrenzenden Gedanken der Selbstbelastungsfreiheit. Die Freiheit des Beschuldigten, selbst zu

---

[94] Zum Begriffsverständnis *Dallmeyer*, StV 1997, 606 (607).

[95] *Rogall*, Der Beschuldigte als Beweismittel, S. 56.

entscheiden, ob er sich belasten will, wird von der herrschenden Meinung als ein, wenn auch in seinen Details umstrittenes, Verbot der Anwendung staatlichen Zwanges zur Erzwingung einer *aktiven* Selbstüberführung verstanden.[96]

Warum die Verwendung des menschlichen Körpers als Beweismittel in einer Vernehmungssituation und seine Untersuchung außerhalb der Vernehmung in unterschiedlicher Weise bewertet werden, kann mit dem Schutz der Willensausübungsfreiheit allerdings nicht ausreichend begründet werden.[97] In beiden Fällen wird der Beschuldigte als physische Informationsquelle in Anspruch genommen. Der Unterschied besteht lediglich in der Art der Information, auf die zugegriffen wird. Der weiterreichende Schutz der materialisierten geistigen Information ist hier nicht aus dem gewährten Schutz der Willensausübungsfreiheit ableitbar, da materialisierte geistige Informationen vielfach nicht willensgesteuert entstehen, wie das Beispiel des Errötens als spontane Körperreaktion zeigt. Andererseits kann die Willensausübung des Beschuldigten durch eine erzwungene körperliche Untersuchung oder einen körperlichen Eingriff erheblich beeinträchtigt werden, wie die Beispiele der zwangsweisen Gegenüberstellung und des Brechmitteleinsatzes zeigen.[98] Zudem vermag dieses Kriterium nicht zu erklären, warum der Schutz der Willensausübung in bezug auf geistige Informationen durch § 136a II StPO der Disposition des Beschuldigten entzogen ist.

Da weder die Art der Informationsquelle noch die willentliche Informationsvermittlung oder die Anwendung staatlichen Zwanges ein Differenzierungskriterium für diese Unterscheidung sein kann, läßt sich der in der Strafprozeßordnung zum Ausdruck gebrachte Unterschied zwischen dem Zugriff auf die geistige und die materielle Information, der auch dann fortbesteht, wenn die geistige Information einen materiellen Ausdruck durch den Körper des Beschuldigten erlangt hat, nur normativ begründen. Es wird unterstellt, der Zugriff auf das Wissen des Beschuldigten stelle einen schwereren Eingriff in seine Persönlichkeitsrechte dar als der Zugriff auf seinen von der Persönlichkeit des Prozeßsubjekts trennbaren physischen Körper. In diesem Sinne wird argumentiert, bloße Duldungspflichten beeinträchtigten die Freiheit zur Ausübung des Willens weit weniger als die Nötigung, sich selbst durch eine Aussage zu belasten.[99]

---

[96] Z.B. BVerfGE 47, 238 (251); *Dingeldey*, JA 1984, 407 (412); *Eidam*, Strafprozessuale Selbstbelastungsfreiheit, S. 96ff.; *Eser*, ZStW Beiheft 86 (1974), 136 (145f.); *Haas*, GA 1997, 368 (369f.); HK-*Krehl*, Einleitung Rn. 17; *Nothhelfer*, Freiheit vom Selbstbezichtigungszwang, S. 91; *Paeffgen*, Vorüberlegungen, S. 68 mit Fn. 274; SK-StPO-*Rogall*, Vorb. § 133, Rn. 141; *Verrel*, Selbstbelastungsfreiheit, S. 11.

[97] Ähnlich *Reiß*, Besteuerungsverfahren und Strafverfahren, S. 175.

[98] Zur Beeinträchtigung der Willensausübungsfreiheit beim Brechmitteleinsatz ausführlich unten Kapiel 4 II 3.

[99] BVerfGE 56, 37 (42); *Keller*, Provokation von Straftaten, S. 136.

4. Unbegründbarkeit der Aktiv/Passiv-Dichotomie

Es ist daher zu überprüfen, ob die normative Differenzierung zwischen aktiver Selbstbelastung und passiver Duldung staatlicher Informationsermittlung, die unterschiedliche Bewertung körperlicher Eingriffe im Strafverfahren zu begründen vermag.

a) Grundannahmen des herkömmlichen Verständnisses

Nach dem herkömmlichen Verständnis erfaßt der nemo tenetur-Gedanke allgemein und in seiner einfachgesetzlichen Fixierung in § 136a StPO lediglich Situationen der „Zwangskommunikation".[100] Hierzu zählen diejenigen Fälle, wo die staatliche Strafgewalt dem Betroffenen offen gegenübertritt und ihn zu einem kommunikativen selbstbelastenden Verhalten zwingt. Unerheblich ist dabei, ob es sich um verbale oder nonverbale Vermittlung von Informationen handelt. Zumindest die Situation der offenen Konfrontation mit der staatlichen Strafgewalt liegt im Falle von Maßnahmen nach § 81 a StPO ebenfalls vor. Dagegen soll es bei erzwungenen körperlichen Untersuchungen oder Eingriffen an der selbstbelastenden Handlung fehlen. Der Beschuldigte vermittelt keine verfahrensrelevante Information, die selbstbelastend sein könnte, denn er wird nicht aktiv tätig. Die Ermittlung erfolgt demnach durch die staatlichen Strafverfolgungsorgane bzw. die mit der Durchführung der Maßnahme beauftragten Hilfspersonen.

b) Abgrenzbarkeit von aktiver Mitwirkung und passiver Duldung

Für die Frage, ob sich aktive Mitwirkung an der Informations*vermittlung* tatsächlich von passiver Duldung staatlicher Informations*ermittlung* beim Zugriff auf den Beschuldigten unterscheiden läßt, gibt es verschiedene Ansatzpunkte. Zunächst läßt sich unabhängig von rechtlichen Wertungen fragen, ob diese Klassifikationen in tatsächlicher Hinsicht begründet sind. Daneben ist vor dem Hintergrund der aufgezeigten Probleme zu fragen, ob durch diese Differenzierung die dem Beschuldigten abgenötigten Pflichten zutreffend erfaßt sind und inwieweit die ihr zugrundeliegenden Annahmen von der Rechtsordnung umgesetzt werden.

aa) Tatsächliche Möglichkeit der Differenzierung?

In tatsächlicher Hinsicht ist eine klare Abgrenzung von aktiver Mitwirkung und passiver Duldung nicht immer möglich. Dies zeigen Beispiele aus dem Bereich der Zwangsanwendung bei Gegenüberstellungen besonders deutlich.[101] Die Differenzierung zwischen aktivem Handeln und passiver Duldung ist damit als deskriptives Abgrenzungsmerkmal ungeeignet.

---

[100] *Weßlau*, ZStW 110 (1998), 1 (23).

[101] Vgl. oben 2 b) aa) (2) β).

bb) Zwangsweise Durchsetzung bedeutet erzwungene Unterlassungshandlung

An diesem Beispiel läßt sich noch ein weiteres Abgrenzungsproblem aufzeigen. Es geht nicht nur um die Grenze zwischen Mitwirkung an und Duldung der staatlichen Strafverfolgung. Auch zwischen Duldungs- und Unterlassungspflichten kann nicht eindeutig differenziert werden. Den Betroffenen trifft bei der Gegenüberstellung nicht ausschließlich eine Pflicht zur Duldung staatlicher Strafgewalt. Vielmehr wird damit die Pflicht zur Unterlassung eines rechtswidrigen Widerstandes gegen staatliche Ermittlungsmaßnahmen impliziert.

(1) Erzwungene Unterlassung des Widerstandes

Duldung und Unterlassen werden in der Abgrenzungsdiskussion teilweise gleichgesetzt. So führte das *Kammergericht* aus, die grimassenschneidenden Angeklagten seien „nicht zu einem aktiven, willentlichen Tun, sondern zur Aufgabe ihres rechtswidrigen Widerstandes gegen die Erfüllung der ihnen obliegenden passiven Duldungspflicht" gezwungen worden.[102] Die Aufgabe des Widerstandes ist aber mehr als nur das Dulden der Ermittlungsmaßnahme. Sie ist gleichbedeutend mit dem Unterlassen der Widerstandshandlung.[103]

Diese Gleichsetzung widerspricht der Differenzierung, die in einzelnen Strafvorschriften zwischen Duldung und Unterlassen vorgenommen wird. Demnach soll Duldung die Untätigkeit gegenüber einer von einem anderen vorgenommenen Handlung sein, wohingegen Unterlassen die Nichtvornahme einer gewollten Handlung beschreibt.[104] Eine klare Differenzierung ist im Strafverfahrensrecht aber nicht möglich. Dort, wo dem Betroffenen eine Pflicht zur Duldung unterstellt wird, wird ihm zugleich das Recht zur Vornahme einer entgegengesetzten Handlung abgesprochen. Vom Beschuldigten wird im Rahmen des Strafverfahrens folglich nicht nur die Duldung einer Ermittlungsmaßnahme verlangt, durch die Charakterisierung des Widerstands als rechtswidrig wird von ihm auch erwartet, eine gewollte (Widerstands-)Handlung nicht vorzunehmen. Das einseitige Abstellen auf die Duldungspflicht des Beschuldigten verschleiert, daß hiermit eine Unterlassungspflicht korrespondiert.

Geht man mit der sozialen Handlungslehre davon aus, daß auch das Unterlassen eine Handlung im Sinne eines sozialerheblichen menschlichen Verhaltens ist, wird mit der Maßnahme nach § 81 a StPO eine Handlung des Beschuldigten erzwungen. Die Behauptung, der Beschuldigte sei lediglich Augenscheinsobjekt der staatlichen Beweisermittlung, ist dann unzutreffend. Auch in einem unterlassenen Verhalten kann eine Selbstbelastung liegen. Daher wird der Beschuldigte durch die angenommene Duldungspflicht nicht zwingend von der Möglichkeit

---

[102] Vgl. z.B. KG, NJW 1979, 1668 (1669).

[103] In diesem Sinne erklärte *Wolfslast* (NStZ 1987, 103 [104]) der Fall zeige „überdeutlich, daß vielfach ein qualitativer Unterschied zwischen *Tun* und *Unterlassen* nicht besteht"; ähnlich *Kopf*, Selbstbelastungsfreiheit, S. 165. Hervorhebung von Verfasserin.

[104] Vgl. z.B. *Tröndle/Fischer*, StGB, § 240 Rn. 6.

einer Selbstbelastung befreit. Wird vom Beschuldigten eine im Sinne des materiellen Strafrechts relevante Handlung verlangt, ist auch die Behauptung nicht mehr aufrechtzuerhalten, hier werde in die Freiheit der Willensausübung weniger eingegriffen als bei einer Offenbarungspflicht.

(2) Ausschluß von der Kommunikation im Strafverfahren

Mit der erzwungenen Duldung wird dem Beschuldigten zugleich eine entscheidende Möglichkeit der Partizipation am Strafverfahren genommen, die der negativen Kommunikation. Wer Widerstand leistet, drückt damit einen dem Widerstandsobjekt entgegengesetzten Willen aus. Wird dieser Widerstand unterdrückt, wird auch die Kommunikation unterdrückt. Infolgedessen bedeutet die erzwungene Duldung, daß keine Kommunikation des Beschuldigten mehr stattfinden soll. Dort wo einem Bürger im staatlichen Verfahren keine Möglichkeit zur Beteiligung an dem Verfahren gegeben wird, bedeutet dies zugleich die Negierung seiner Subjektstellung.[105]

cc) Abweichende Wertungen im materiellen Strafrecht

Die Einordnung der erzwungenen Zwangsmaßnahmen als Duldung bzw. Unterlassen lenkt den Blick auf die rechtliche Bewertung von Tun, Dulden und Unterlassen im materiellen Strafrecht.

(1) Selbstbegünstigende Handlungen

Nach der Auffassung von *Dingeldey* findet dort die Differenzierung zwischen dem Recht, nicht aktiv an der eigenen Strafverfolgung mitwirken zu müssen, und der Pflicht, passiv das Verfahren zu dulden, ihre Entsprechung. Zur Begründung stützt er sich zum einen auf die Straffreiheit des Beschuldigten, der sich durch Flucht oder Falschaussage der Strafverfolgung entzieht. Sie besteht nach § 258 V StGB, solange nicht durch dieses Verhalten Rechtsgüter anderer verletzt werden. Zum anderen hebt er hervor, die Tötung eines anderen zur Verdeckung einer Straftat werde vom Gesetzgeber gerade nicht als Privilegierung, sondern im Gegenteil als Mordmerkmal bewertet. Das *Bundesverfassungsgericht*[106] habe dieser Wertung mit dem Argument zugestimmt, durch eine so motivierte Tat kämen eine besonders verwerfliche Gesinnung und die objektive Gefährlichkeit des Täters zum Ausdruck. Das darin zugrundeliegende Prinzip sei auch für das Recht der Aussagefreiheit relevant, denn es müsse sich zwar niemand selbst belasten, die Verdächtigung eines anderen zur eigenen Entlastung sei jedoch in den §§ 164 und 145d StGB unter Strafe gestellt. Erst wenn der Täter selbst andere aktiv belaste, komme eine Strafbarkeit in Betracht.[107]

---

[105] Dazu ausführlich unten Kapitel 3 II.

[106] BVerfGE 45, 187 (265).

[107] *Dingeldey*, JA 1984, 407 (413).

Unabhängig von den Bedenken, die sich gegen eine induktive Inhaltsbestimmung des nemo tenetur-Prinzips ergeben,[108] statuieren die von *Dingeldey* angeführten Strafnormen keine Pflichten zur Duldung des Strafverfahrens seitens des Beschuldigten. Im Gegenteil ergibt eine Gesamtschau, daß bei einer Kollision des staatlichen Strafverfolgungsinteresses mit Selbstbegünstigungsbestrebungen des Beschuldigten gerade keine durch Verbotsnormen bestärkte Pflicht des Beschuldigten angenommen wird, sich dem staatlichen Anspruch zu unterwerfen, solange die selbstbegünstigenden Handlungen nicht Rechtsgüter Dritter verletzten. Damit handelt es sich nicht um eine Duldungspflicht gegenüber dem staatlichen Strafverfolgungsanspruch, sondern um eine Unterlassungspflicht bezüglich der Verletzung von Individualrechtsgütern.
Diese Folgerung ergibt sich aus der Berücksichtigung der durch die einzelnen Normen geschützten Rechtsgüter und der als tatbestandlich bewerteten Handlungen. Schutzgut des § 258 StGB ist das staatliche Strafverfolgungsinteresse.[109] Dabei handelt derjenige, der eine Vereitlungshandlung nur für sich selbst begeht, schon nicht tatbestandsmäßig im Sinne des § 258 I StGB. Erst wenn neben der Selbstbegünstigung auch der Erfolg der Fremdbegünstigung bezweckt ist, liegt eine tatbestandsmäßige Handlung vor. In diesem Fall bleibt der Täter gemäß § 258 V StGB straffrei und zwar unabhängig davon, welche Zweckrichtung überwiegt.[110] Damit wird gerade nicht ausgedrückt, daß staatliches Handeln zu dulden ist. Im Gegenteil zeigt sich hier, daß das staatliche Strafverfolgungsinteresse hinter dem Interesse des Beschuldigten, sich selbst zu schützen, zurücktritt, soweit es um die Frage geht, ob in der Selbstbegünstigung ein strafwürdiges Verhalten zu sehen ist. Die selbstbegünstigende (aktive) Behinderung des staatlichen Zugriffs soll hier gerade nicht mit Strafe bewehrt werden.
Auch die von *Dingeldey* genannten Aussagedelikte beziehen sich nicht auf die mögliche Mitwirkung am und die Duldung des Strafverfahrens. Sie verdeutlichen nur, daß die Belastung von anderen Personen keine zulässige Verteidigung ist. Damit wird keine grundsätzliche Duldungspflicht begründet, sondern die Gestaltungsmöglichkeiten der Verteidigung zum Schutze anderer Personen eingeschränkt. Versteht man wie *Dingeldey* die Aussagefreiheit in dem Sinne, daß niemand durch eine Aussage am Strafverfahren mitwirken muß und nicht gezwungen werden darf, sich selbst zu belasten,[111] wird die Selbstbegünstigung durch eine Falschaussage von diesem Prinzip gerade nicht erfaßt.
Die Bewertung der Verdeckungsabsicht als Mordmerkmal verdeutlicht ebenfalls nur, daß die eigene Verteidigung nicht auf Kosten der Verletzung von Rechtsgü-

---

[108] Dazu unten Kapitel 4 III 1 c) und 2 a).

[109] BGHSt 43, 82 (84); MK-*Cramer*, § 258 Rn. 3; NK-*Altenhain*, § 258 Rn. 3; Schönke/Schröder-*Stree*, § 258 Rn. 1.

[110] MK-*Cramer*, § 258 Rn. 53; NK-*Altenhain*, § 258 Rn. 69; SK-StGB-*Hoyer*, § 258 Rn. 40; *Tröndle/Fischer*, StGB, § 258 Rn. 13.

[111] *Dingeldey*, JA 1984, 407 (409).

tern Dritter erfolgen darf. Nicht die Strafverfolgung ist zu dulden, sondern die Verletzung von Rechtsgütern zu unterlassen.

Diese Feststellungen finden ihren Ausdruck auch in § 142 StGB, der schon mehrfach mit dem nemo tenetur-Satz in Verbindung gebracht wurde. Abgesehen von der Frage, ob hier vom Beschuldigten eine Selbstbelastung verlangt wird oder nicht, stellt auch § 142 StGB klar, daß berechtigte Interessen Dritter die Handlungsfreiheit des einzelnen begrenzen. § 142 StGB verlangt selbstbelastende Handlungen dort, wo es um den Schutz von Rechtspositionen Dritter im Zusammenhang mit der Aufklärung von Verkehrsunfällen geht.[112] Eine Situation, die mit dem Interesse des Opfers an der Aufklärung des Tatgeschehens im Strafverfahren gewisse Ähnlichkeiten hat. Derartige Aufklärungspflichten werden dem Beschuldigten im Strafverfahren aber gerade nicht auferlegt.
Dem materiellen Strafrecht läßt sich damit insgesamt keine Sanktionierung der Verletzung von Duldungspflichten gegenüber der staatlichen Durchführung des Strafverfahrens entnehmen. Einzelne Strafnormen machen aber deutlich, daß die Toleranz gegenüber selbstbegünstigendem Handeln des Beschuldigten nur soweit reicht, wie es nicht Rechtsgüter anderer Personen verletzt.[113] Das Verbot der Verletzung von Individualrechtsgütern beinhaltet keine Duldungspflicht gegenüber staatlicher Strafverfolgung, sondern die Forderung, auch bei möglichen Selbstbegünstigungen die Rechte anderer zu achten und Verletzungen zu unterlassen. Mit dem bezweckten Schutz von Rechtsgütern Dritter läßt sich aber gerade nicht begründen, warum passives Dulden von Handlungen am eigenen Körper strafrechtlich anders bewertet wird als die aktive Vornahme von selbstbelastenden Handlungen.

(2) Abweichende Wertung bei Beeinträchtigung der Willensausübungsfreiheit

Der Blick auf das materielle Strafrecht verdeutlicht darüber hinaus, daß die von der herrschenden Meinung vorgenommene unterschiedliche Bewertung von Beeinträchtigungen der Willensausübung durch die Differenzierung zwischen erzwungenem aktiven Tun und der Duldung von Handlungen keine Entsprechung im materiellen Strafrecht findet.

a) Umfassender Schutz der Willensentschließung und -betätigung

In der rechtlichen Wertung völlig gleichgestellt sind aktives Tun, Dulden und Unterlassen dort, wo das Opfer vom Täter zur Duldung oder Unterlassung einer Handlung bzw. zur Durchführung einer Handlung durch den Täter genötigt wird, §§ 240 und 253 StGB. Geschütztes Rechtsgut des § 240 StGB ist nach überwie-

[112] BGHSt 12, 253; *Kühl/Lackner*, StGB, § 142 Rn. 1; NK-*Schild*, § 142 Rn. 7; Schönke/Schröder-*Cramer/Sternberg-Lieben*, § 142 Rn. 1.

[113] I. Erg. ebenso, wenn auch mit anderer Begründung *H. Schneider*, Selbstbegünstigungsprinzip, S. 30f.

gender Ansicht die Willensentschließungs- und -betätigungsfreiheit.[114] Diese kann nach herrschender Meinung nicht nur durch vis compulsiva, sondern auch durch vis absoluta verletzt werden.[115] Die Situation der strafrechtlichen Nötigung durch vis absoluta ist mit der zwangsweisen Beweisermittlung im Strafverfahren vergleichbar. Trotzdem geht der Strafgesetzgeber im materiellen Strafrecht davon aus, daß es für die betroffene Person keinen Unterschied macht, ob die Willensausübungsfreiheit durch vis absoluta ausgeschaltet und das Opfer zu einem Tun, Dulden oder Unterlassen genötigt wird.[116] Andererseits wird im Verfahrensrecht offensichtlich angenommen, zwischen der erzwungenen Duldung staatlicher Ermittlungsmaßnahmen und der erzwungenen Beteiligung liege ein qualitativer Unterschied. Für diese abweichende Bewertung fehlt eine tragfähige Begründung. Allein die Tatsache, daß die vis absoluta in einem Fall durch die staatliche Strafgewalt ausgeübt wird, vermag die unterschiedliche Wertung jedenfalls nicht zu begründen. Im Gegenteil macht das Regelbeispiel in § 240 IV 2 Nr. 3 StGB deutlich, daß der staatlich ausgeübte Zwang einen erhöhten Unrechtsgehalt aufweisen kann. Die abweichende verfahrensrechtliche Wertung kann sich daher allenfalls aus der Zweckrichtung der Gewaltanwendung oder der Modalität des abgenötigten Verhaltens ergeben.

β) Gleiche Zweckrichtung der Gewaltanwendung

Hinsichtlich der Zweckrichtung der Gewaltanwendung könnte man argumentieren, anders als dem Täter im Sinne des § 240 StGB gehe es den staatlichen Strafverfolgungsbehörden nicht um die Ausschaltung des menschlichen Willens, sondern um die Ermittlung von Informationen. Dann fehlte es an der Finalität des Eingriffs, wenn sich der Körper vom Rest der Persönlichkeit trennen ließe. Aber auch diese Betrachtungsweise ist nicht zwingend. Der Zugriff auf den menschlichen Körper kann durchaus auch als Angriff auf das Persönlichkeitsrecht des Betroffenen bewertet werden. Dieser Gedanke schwebte unter anderem dem Strafgesetzgeber bei der Neufassung des § 168 StGB vor. Zu den von § 168 StGB geschützten Rechtsgütern gehört der Achtungsanspruch des Toten, der nicht mit dem Tod endet.[117] Dieser Achtungsanspruch wird durch die Weg-

---

[114] BVerfGE 73, 237; 92, 1 (13); BGHSt 34, 71 (77); *Kühl/Lackner*, StGB, § 240 Rn. 1; LK-*Träger/Altvater*, § 240 Rn. 2; Schönke/Schröder-*Eser*, § 240 Rn. 1; *Tröndle/Fischer*, StGB, § 240 Rn. 2 (jeweils m.w.N.); a.A. z.B. MK-*Gropp/Sinn*, § 240 Rn. 9 ff. m.w.N.

[115] BGHSt 41, 182; *Kühl/Lackner*, StGB, § 240 Rn. 5; MK-*Gropp/Sinn*, § 240 Rn. 29; Schönke/Schröder-*Eser*, § 240 Rn. 4; *Tröndle/Fischer*, StGB, § 240 Rn. 27; a.A. z.B. *Hruschka*, JZ 1995, 737 ff.

[116] Ähnlich bereits *Kopf*, Selbstbelastungsfreiheit, S. 165, die aber auf das Unterlassen einer Handlung abstellt.

[117] BT-Drs. 13/10926; ebenso LK-*Dippel*, § 168 Rn. 1; NK-*Herzog*, § 168 Rn. 1; *Roxin*, JuS 1976, 505 (508); Schönke/Schröder-*Lenckner*, Vorbem. §§ 166 ff. Rn. 2; a.A. z.B. *Kühl/Lackner*, StGB, § 168 Rn. 1; (Pietätsempfinden); *Tröndle/Fischer*, StGB, § 168 Rn. 2 (vorverlagerter Schutz eines Tabus). Vgl. dazu auch unten Kapitel 4 III 2 b) dd) (3) β).

nahme des Leichnams oder die Verübung beschimpfenden Unfugs negiert. Der Zugriff auf den menschlichen Körper ist zugleich eine Mißachtung des Persönlichkeitsrechts. Die Verletzung des Schutzbereichs erfolgt in diesem Falle allein durch die körperliche Integritätsverletzung. Auf die Freiheit der Willensausübung kommt es nicht an, denn ein Toter kann keinen entgegenstehenden Willen mehr bilden. Warum diese Verletzung der körperlichen Integrität zum Zwecke der Informationserlangung *ohne* den Willen des (verstorbenen) Betroffenen scheinbar als schwerere Verletzung des Persönlichkeitsrechts betrachtet wird als ein körperlicher Eingriff *gegen* den Willen des (lebenden) Beschuldigten, vermag zumindest im Hinblick auf die vorgenommene Abstrahierung der Person von ihrem Körper nicht einzuleuchten.

γ) Identische Modalität des abgenötigten Verhaltens

Aus der Modalität des abgenötigten Verhaltens ergibt sich ebenfalls kein zwingendes Abgrenzungskriterium für die Differenzierung. Im materiellen Strafrecht, etwa gemäß § 218 StGB, wird das Zulassen eines medizinischen Eingriffs als positives Tun angesehen, weil es die Handlungen des Arztes ermöglicht[118] und zwingend die Darbietung des eigenen Körpers voraussetzt.[119] Auch die §§ 174 I Alt. 2, 174a I Alt. 2 und II Alt. 2 StGB nehmen eine vergleichbare Wertung vor. Dort wird die Duldung der Vornahme einer Handlung durch das Opfer ebenfalls als positives Tun angesehen.
Vom Beschuldigten wird durch die Statuierung einer Duldungspflicht im Verfahrensrecht gerade dies erwartet. Er soll einen medizinischen Eingriff zulassen und die Vornahme der ärztlichen Maßnahmen dulden. Gleichzeitig soll hier, anders als im materiellen Strafrecht, ein qualitativer Unterschied zwischen aktivem Tun und Dulden bestehen.

dd) Auswirkungen des Prozeßrechtsverhältnisses auf die Differenzierung

Obwohl die Differenzierung weder klare Abgrenzungskriterien bietet noch die dem Beschuldigten abgenötigten Pflichten zutreffend erfaßt und im Widerspruch zu den Wertungen des materiellen Strafrechts steht, wird überwiegend daran festgehalten, daß der Schutz vor Selbstbelastungen nur aktive Selbstbelastungen erfaßt. Ursprung ist das Verständnis des Schweigens als passives Verhalten im Gegensatz zur aktiven Verteidigung des Beschuldigten, zu der auch die Aussagefreiheit gehört.[120] Dem entspricht der Ursprung des Schweigerechts als Reaktion auf die Unterwerfung des Beschuldigten unter die hoheitliche Gewalt im Inquisi-

---

118 *Neumann*; FS-E.A. Wolff, 372 (374), Schönke/Schröder-*Eser*, § 218 Rn. 31.

119 *Kühl/Lackner*, StGB, § 218 Rn. 3; *Tröndle/Fischer*, StGB, § 218 Rn. 9.

120 *Eser*, ZStW Beiheft 86 (1974), 136; *Dingeldey*, JA 1984, 407; *Lesch*, ZStW 111 (1999), 624 ff.; *Rau*, Schweigen als Indiz der Schuld, S. 38; *Rogall*, Der Beschuldigte als Beweismittel, S. 60; *Schneider*, Selbstbegünstigungsprinzip, S. 28 f.; *Vetter*, Problemschwerpunkte des § 81 a StPO, S. 38.

tionsprozeß. Seine Anerkennung drückte zunächst aus, daß der Beschuldigte trotz einer angenommenen sittlichen Pflicht zur Aussage nicht verpflichtet war, dem staatlichen Auskunftsverlangen durch Mitwirkung an der Wahrheitsermittlung nachzukommen. Insoweit war die Einordnung des Schweigens als passive (nichterfüllende) Reaktion gegenüber dem staatlichen Informationsermittlungsanspruch ursprünglich zutreffend.[121] Der nemo tenetur-Gedanke ist allerdings nicht auf Schweigen beschränkt, sondern bezieht auch sonstige selbstbelastende Aktivitäten ein. Die Einordnung als passives Verhalten und seine Reduktion auf die Funktion als Abwehr staatlicher Ermittlungstätigkeit läßt sich nicht konsequent aufrechterhalten.[122] Das Wort „Abwehr" als eine Form des „Sich-Wehrens" läßt schon erkennen, daß es sich hierbei um eine eigenständige Handlung handelt. Es darf daher nicht übersehen werden, daß Schweigen auch als Gestaltungsmittel zur Beeinflussung des Verfahrensverlaufs taktisch eingesetzt werden kann.[123] Das Schweigerecht des Beschuldigten ist Teil jener Verfahrensrechte, die unter Anerkennung seiner Subjektstellung dem Gebot der Waffengleichheit Rechnung tragen, und im Zusammenhang mit anderen Verteidigungsrechten zu sehen.[124] Der Beschuldigte kann nur dann abwägen, ob die Verweigerung der Aussage eine sinnvolle Verteidigung ist, wenn er weiß, wogegen er sich zu verteidigen hat, und daß er das Recht hat zu schweigen.[125] Die Entscheidung darüber, ob und wann der Beschuldigte eine Aussage zur Sache macht, kann Verfahrensverlauf und –ausgang entscheidend beeinflussen. Dies wird besonders deutlich, wenn man berücksichtigt, daß nicht selten das Geständnis der einzige Beweis für die Schuld des Angeklagten ist. Damit stehen nicht nur Schweigerecht und Belehrungspflichten in engem Zusammenhang, sondern auch Schweigerecht und Verteidigungsstrategie. Gleiches gilt für darüber hinausreichende Mitwirkungen an der Wahrheitsermittlung. Das Verständnis des nemo tenetur-Gedankens als rein passives Verhalten entspricht daher nicht der Realität.

c) Zusammenfassung

Die Differenzierung zwischen unzulässiger aktiver Mitwirkung und Duldungspflichten des Beschuldigten im Strafverfahren ist nicht überzeugend. Es fehlt bereits an klaren Abgrenzungskriterien, mit denen sich Grenzfälle, etwa im Bereich der Gegenüberstellung zufriedenstellend lösen lassen. Weiterhin wird außer acht gelassen, daß mit den Duldungspflichten gleichzeitig ein Zwang zur Unterlassung von Widerstandshandlungen impliziert wird. Die unterschiedliche nor-

---

121 Dazu ausführlich unten Kapitel 4 III 2 b) bb).

122 Dazu ausführlich unten Kapitel 4 III 2 b) cc) (2).

123 Ähnlich *Schlüchter*, Strafverfahren, Rn. 6, demnach ist die „Passivität" des Beschuldigten „nicht nur als Recht anzuerkennen, sondern bildet von seiner Prozeßrolle aus ein die Entscheidung beeinflussendes Element".

124 So bereits *Eser*, ZStW Beiheft 86 (1974), 136 (138 f. und 147 f.).

125 *Eser*, ZStW Beiheft 86 (1974), 136 (143 f.); *H. Schneider*, Selbstbegünstigungsprinzip, S. 29.

mative Bewertung widerspricht zugleich den Wertungen des materiellen Strafrechts. Schließlich entspricht das der Differenzierung zugrundeliegende Verständnis des nemo tenetur-Gedankens als rein passives Verhalten nicht der Realität und verkennt, daß die Nichtvornahme einer Handlung zugleich eine geeignete Verteidigung sein kann.
Infolgedessen kann durch die Unterscheidung von aktiver Mitwirkung und passiver Duldung und den dadurch begrenzten Schutz der Willensausübungsfreiheit die Differenzierung zwischen dem Zugriff auf die geistige Information und dem Zugriff auf den Körper nicht stichhaltig begründet werden.

5. Ursprung der Differenzierung: Leib-Seele-Dualismus

Die abweichenden Bewertungen der körperlichen Eingriffe in den §§ 81a und 136a StPO bringen die symbolische Trennung der Person des Beschuldigten von seinem Körper zum Ausdruck. Sie findet eine Umsetzung in der Aktiv/Passiv-Differenzierung. Ihr Ursprung liegt in einer traditionellen Vorstellung von einem „Leib-Seele-Dualismus“[126], der sich trotz Abschaffung des Inquisitionsprozesses bis heute erhalten hat. Ihm liegt die idealistische Vorstellung zugrunde, der Körper des Menschen sei weniger wichtig als sein Wille bzw. Geist.[127] Hinzu kommt der aus kriminalpolitischer Sicht verständliche Wunsch, technische und medizinische Neuerungen im Strafverfahren für die Wahrheitserforschung nutzbar zu machen.[128] Hier erweist sich die herkömmliche Differenzierung als äußerst praktisch. Der Bereich, in dem das staatliche Strafverfolgungsinteresse und die Verpflichtung des Staates zur Wahrheitsermittlung aus rechtsstaatlichen Erwägungen hinter Rechten des Beschuldigten zurückstehen muß oder die Wahrheitsermittlung erschwert wird, bleibt so auf wenige überschaubare Fälle vor allem der Aussageverweigerung beschränkt. Dies entspricht der Auffassung des *Bundesverfassungsgerichts*, zu den Wesensmerkmalen eines Rechtsstaates gehöre die möglichst vollständige Wahrheitsermittlung im Strafverfahren.[129]
Dabei hat sich bis jetzt gezeigt, daß der Zugriff auf den Körper nicht klar von dem Zugriff auf das Wissen des Beschuldigten oder seinen Willen getrennt werden kann. Das Verfahrensrecht weicht in seinen Wertungen zudem deutlich vom materiellen Strafrecht ab, ohne daß dies sachlich zu begründen ist.

II. Die Sonderstellung des § 81a StPO im strafprozessualen System

Die normative Differenzierung zwischen Körper und Persönlichkeit steht nicht nur im Widerspruch zu materiellrechtlichen Wertungen des Strafgesetzbuches.

---

[126] *Neumann*, FS-E.A.Wolff, 373 (384 f.).
[127] *Keller*, Provokation von Straftaten, S. 136.
[128] Vgl. dazu Kapitel 2.
[129] BVerfGE 33, 367 (383); 36, 174 (186); 38, 105 (116).

Sie führt auch dazu, daß die Regelung der körperlichen Eingriffe in § 81 a I StPO eine Sonderstellung im strafprozessualen System einnimmt.

1. Wertungswidersprüche bei der Auslegung des § 81 a StPO

Bereits die Auslegung des § 81 a StPO führt unter Berücksichtigung des nemo tenetur-Gedankens, wie er von der herrschenden Meinung interpretiert wird, zu Wertungswidersprüchen. Die Differenzierung zwischen nicht erzwingbarer Mitwirkung und Duldungspflichten des Beschuldigten hat zur Folge, daß gegenüber dem Beschuldigten zum Teil erhebliche Eingriffe zwangsweise durchgeführt werden können, ihm aber andererseits das Recht zusteht, seine Mitwirkung an weit weniger eingriffsintensiven Untersuchungsmethoden zu verweigern.[130] Dies gilt beispielsweise für den Hauptanwendungsbereich des § 81 a StPO,[131] die Entnahme einer Blutprobe zur Feststellung einer möglichen Alkoholisierung. Nach dem herkömmlichen Verständnis der Selbstbelastungsfreiheit ist der Beschuldigte nicht verpflichtet, einen Atemalkoholtest durchzuführen,[132] andererseits kann er aber durch erhebliche Gewaltanwendung gezwungen werden, eine Blutprobenentnahme zur Feststellung des Alkoholgehalts im Blut zu dulden.[133] Der sich wehrende Betroffene läuft darüber hinaus noch Gefahr, sich des Widerstands gegen die Staatsgewalt nach § 113 StGB schuldig zu machen,[134] und ist zudem zivilrechtlich für Schäden haftbar, die hierdurch entstehen.[135]

2. § 81 a StPO im strafprozessualen Eingriffssystem

Während man hier noch argumentieren könnte, derartige Ergebnisse seien auch bei anderen Zwangsmaßnahmen der Strafprozeßordnung zu finden, etwa wenn der Beschuldigte nicht zur Herausgabe eines in seiner Wohnung befindlichen Gegenstandes verpflichtet ist, dann aber eine Durchsuchung seiner Wohnung durchgeführt werden darf, zeigt eine Gesamtbetrachtung der strafprozessualen Eingriffsbefugnisse eine Sonderstellung der Eingriffsermächtigung des § 81 a StPO im Vergleich zu anderen Zwangsmaßnahmen auf.

a) Eingriffe in die körperliche Integrität des Beschuldigten

Diese ergibt sich zum einen aus den bereits aufgezeigten Unterschieden bei der Bewertung von Eingriffen in die körperliche Integrität des Beschuldigten. Die

---

[130] Vgl. im einzelnen die Beispiele bei *Reiß*, Besteuerungsverfahren und Strafverfahren, S. 173.

[131] LR-*Krause*, § 81 a Rn. 40.

[132] BGH, VRS 39, S. 185; BayObLGSt 1963, 16 (DAR 63, 221) und 1964, 34; OLG Schleswig, VRS 30, 345; OLG Stuttgart, Justiz 1971, 30; *Dingeldey*, JA 1984, 407 (412); *Hentschel*, Straßenverkehrsrecht, § 81 a StPO Rn. 4; *Schlüchter*, Strafverfahren, Rn. 179.1.

[133] Anders tendenziell *Verrel*, NStZ 1997, 361 ff. und 415 ff.; zu den möglichen Konsequenzen der Diskussion vgl. *Neumann*, FS-E.A. Wolff, 373 (374).

[134] Vgl. dazu *Geerds*, GA 1965, 321 (332 f.).

[135] Vgl. z.B. OLG Hamm, VersR 1996, 247.

§§ 81a und 136a StPO regeln mit unterschiedlicher Zielrichtung Eingriffe in die körperliche Integrität des Beschuldigten. Während § 136a StPO auf einfachgesetzlicher Ebene das aus Art. I 1 GG resultierende Folter- und Mißhandlungsverbot normiert[136] und folgerichtig körperliche Eingriffe zur Aussageerlangung generell untersagt, handelt es sich bei § 81a StPO um eine Ermächtigungsgrundlage für Eingriffe in die körperliche Integrität des Beschuldigten i.S.d Art. 2 II 3 GG[137], dessen Grenzen im Rahmen einer Verhältnismäßigkeitsprüfung ermittelt werden müssen.[138] In der Gesamtschau der beiden Normen ergibt sich damit als grundsätzliche Wertung des Gesetzgebers, daß die Freiheit der Willensentschließung und -betätigung des Beschuldigten schutzwürdiger ist als seine körperliche Integrität. Während der Beschuldigte einerseits nicht gezwungen werden darf, gegen sich selbst auszusagen, darf er andererseits durch die körperliche Untersuchung gezwungen werden, die medizinische Untersuchung und körperliche Eingriffe zur Feststellung von belastenden Informationen, welche in Form von Tatsachen an oder in seinem Körper verborgen sind, zu dulden.[139]
Eine klare Grenzziehung zwischen dem Schutzbereich des § 136a StPO und dem Anwendungsbereich des § 81a StPO scheint allerdings nicht möglich zu sein. So verweist *Krause* darauf, eine (von ihm für unzulässig gehaltene) Glaubwürdigkeitsuntersuchung ließe sich ohne freiwillige Mitwirkung des Beschuldigten „auf gesetzmäßige Weise (§ 136a) ohnehin nicht durchführen".[140] Ein Bezug zwischen beiden Normen wird auch von anderer Seite hergestellt, wenn darauf hingewiesen wird, im Anwendungsbereich des § 81a StPO dürften nur Maßnahmen durchgeführt werden, die § 136a StPO nicht verbietet. Folgerichtig wären damit allerdings alle körperlichen Eingriffe unzulässig, da § 136a StPO sie generell verbietet. Diese Konsequenz wird indes nicht gezogen.[141]

---

136 *Benda*, HdbVR, § 6 Rn. 20; BK-*Zippelius*, Art. 1 Abs. 1 u. 2 Rn. 65; KK-*Boujong*, § 136a Rn. 1; LR-*Hanack*, § 136a Rn. 3; *Meyer-Goßner*, StPO, § 136a Rn. 1; *Roxin*, Strafverfahrensrecht, § 24 Rn. 17; *H. Schorn*, Schutz der Menschenwürde, S. 100.

137 BVerfGE 16, 194 (199). Die Einordnung des § 81a StPO als Beweiserhebungsverbot (so z.B. *Kühne*, Strafprozessrecht, Rn. 881: Beweismittelverbot; *Hassemer*, JuS 1991, 336 und *Roxin*, Strafverfahrensrecht, § 24 Rn. 15: relatives Beweisverbot; LR-*Gössel*, Einl. Abschn. K Rn. 125: Beweismethodenverbot; *Röger*, Verwertbarkeit des Beweismittels, S. 11: multifunktionales Beweisgewinnungsverbot) kann insofern irreführend sein und sollte nicht darüber hinwegtäuschen, daß Hauptzweck der Norm die Legitimierung staatlichen Zwanges ist.

138 Zur Verfassungsmäßigkeit des § 81a StPO und seiner verfassungskonformen Auslegung durch das *Bundesverfassungsgericht* unten Kapitel 3 III und IV.

139 Demgegenüber hebt *Dallmeyer*, KritV 2000, 261 hervor, es sei fehlerhaft, „von der Unwiderstehlichkeit der Selbstbelastung auf ihre Passivität ... zu schließen". Auf Wertungswidersprüche weisen schon *Sax*, Grundsätze der Strafrechtspflege, in *Bettermann/Nipperdey/Scheuner* (Hrsg.), Grundrechte III/2, S. 909 (985) und *Sautter*, AcP 161, 215 (248 f.) hin.

140 LR-*Krause*, § 81a Rn. 16.

141 Vgl. *Kohlhaas*, Körperliche Untersuchung, S. 38; SK-StPO-*Rogall*, § 81a Rn. 27.

b) § 81 a StPO im Vergleich zu anderen Zwangsmaßnahmen

Ein „auffälliges Mißverhältnis" besteht nicht nur im Vergleich mit § 136a StPO. Die freie Willensausübung wird auch bei anderen Zwangseingriffen anerkannt. Gegenüber dem Beschuldigten, der einen Beweisgegenstand versteckt, soll eine Zwangseinwirkung unzulässig sein, um den Aufbewahrungsort zu erfahren oder den Gegenstand vom Beschuldigten zu erlangen. Andererseits soll eine solche jedoch angewandt werden dürfen, sobald der Gegenstand am oder im Körper verborgen wurde.[142]

Darüber hinaus wird § 81 a StPO als Rechtsgrundlage für die mit der Durchführung der Maßnahme verbundene Freiheitsentziehung angesehen.[143] Während eine solche nicht zur Erlangung eines Geständnisses eingesetzt werden darf, soll die Freiheitsentziehung zur Erlangung sonstiger Informationen ohne ausdrückliche gesetzliche Grundlage zulässig sein. Und damit auch ohne daß § 81a StPO einen adäquaten Richtervorbehalt bezüglich ihrer Anordnung oder Bestätigung enthielte. § 81 a StPO nimmt hier insbesondere deshalb eine Sonderstellung ein, weil die Durchführung der Zwangsmaßnahme dort anders als in den §§ 81 und 112 StPO nicht unmittelbar an den Grad des Tatverdachts geknüpft ist, sondern dieser lediglich im Rahmen der Verhältnismäßigkeitsprüfung Berücksichtigung erlangt.[144] Dabei dient die körperliche Untersuchung vielfach, z.B. bei der Blutprobenuntersuchung, erst dazu, den Tatverdacht sicher festzustellen.[145]

c) § 81 a StPO im Vergleich zu § 81 c StPO

Vergleicht man die einzelnen Regelungen über die Zulässigkeit von Eingriffen in die körperliche Integrität, so fällt eine Ungleichbehandlung des Beschuldigten im Gegensatz zu anderen Personen, insbesondere Zeugen, auf.

aa) Körperliche Untersuchungen und Eingriffe beim Zeugen

Nach dem Spurengrundsatz dürfen andere Personen, die als Zeugen in Betracht kommen, nach § 81 c I StPO ohne Einwilligung nur untersucht werden, wenn zur Erforschung der Wahrheit festgestellt werden muß, ob sich an ihrem Körper eine bestimmte Spur oder Folge einer Straftat befindet. Nach Körpermerkmalen, die nicht Folge einer Straftat, aber trotzdem für eine Beweisfrage von Bedeutung sind, darf daher nur mit Einwilligung des Betroffenen gesucht werden.[146] Die Untersuchung gegen den Willen des Betroffenen ist darüber hinaus unzulässig,

---

[142] So bereits *Sax*, Grundsätze der Strafrechtspflege, in *Bettermann/Nipperdey/Scheuner* (Hrsg.), Grundrechte III/2, S. 909 (985).

[143] *Hentschel*, Straßenverkehrsrecht, § 81 a StPO Rn. 5; LR-*Krause*, § 81 a Rn. 73.

[144] BVerfGE 16, 194 (202); 17, 108 (117); LR-*Krause*, § 81 a Rn. 32; *Meyer-Goßner*, StPO, § 81 a Rn. 18; kritisch z.B. *Degener*, Verhältnismäßigkeit, S. 244.

[145] *Sax*, Grundsätze der Strafrechtspflege, in *Bettermann/Nipperdey/Scheuner* (Hrsg.), Grundrechte III/2, S. 909 (985).

[146] KK-*Senge*, § 81 c Rn. 2; LR-*Krause*, § 81 c Rn. 13; *Pfeiffer*, StPO, § 81 c Rn. 1.

wenn es auf ihr Ergebnis im Verfahren nicht ankommt.[147] Die Zulässigkeit der körperlichen Untersuchung ist damit an strengere Tatbestandsvoraussetzungen geknüpft als gegenüber dem Beschuldigten.
Untersuchungen zur Feststellung der Abstammung und die Entnahme von Blutproben sind nach § 81c II StPO ohne Einwilligung bei anderen Personen als dem Beschuldigten nur dann zulässig, wenn dies zur Erforschung der Wahrheit unerläßlich ist und keine Nachteile für die Gesundheit des Betroffenen zu befürchten sind. Weitere körperliche Eingriffe dürfen, anders als im Rahmen des § 81a StPO, gegen den Willen des Betroffenen nicht durchgeführt werden.
Die genannten Maßnahmen sind nach § 81c IV StPO unzulässig, wenn sie dem Betroffenen bei Würdigung aller Umstände nicht zugemutet werden können. Im Gegensatz zur Regelung des § 81a StPO ist so das Erfordernis einer Verhältnismäßigkeitsprüfung unmittelbar durch den Gesetzgeber geregelt worden. Dagegen erfolgte eine vergleichbare Klarstellung bezüglich der wesentlich weitreichenderen Eingriffsbefugnisse des § 81a StPO erst durch das *Bundesverfassungsgericht* insoweit, als das Erfordernis einer verfassungskonformen Auslegung der Vorschrift durch die besondere Beachtung des Verhältnismäßigkeitsgrundsatzes hervorgehoben wurde.[148]

bb) Schutz vor Selbstbelastungen und Belastungen von Angehörigen

Dem Zeugen wird darüber hinaus anders als dem Beschuldigten ein Untersuchungsverweigerungsrecht zugestanden. Dies betrifft zunächst Fälle, in denen das Untersuchungsergebnis Angehörige des Betroffenen belasten könnte. Schutz bietet hier das Zeugnisverweigerungsrecht des § 52 StPO, das auch im Bereich der körperlichen Untersuchungen anerkannt wird, obwohl der Untersuchte nach der oben dargestellten Differenzierung zwischen aktiver (Selbst-) Belastung und passiver Duldung der Sachverhaltsaufklärung nicht selbst zur Überführung des Angehörigen beitragen würde.
Ob daneben auch ein Untersuchungsverweigerungsrecht bei drohender Selbstbelastung nach § 55 StPO eingeräumt wird, ist umstritten.[149] Zumindest aus der Sicht derjenigen, die § 55 StPO in das Untersuchungsverweigerungsrecht einbeziehen, ist mit Blick auf den nemo tenetur-Gedanken der entstehende Wertungswiderspruch nur schwer erklärbar. Warum für den Beschuldigten eine Duldungspflicht solcher körperlichen Untersuchungen und Eingriffe besteht, die ihn zum Werkzeug seiner eigenen Überführung machen können, wenn im Gegensatz dazu der Nichtbeschuldigte auch Maßnahmen ablehnen kann, die von ihm bloße

---

[147] HK-*Lemke*, § 81c Rn. 11; LR-*Krause*, § 81c Rn. 26.

[148] Grundlegend BVerfGE 16, 194 (200ff. insbes. 202); bestätigend BVerfGE 17, 108 (117); 27, 211 (219). Dazu ausführlich unten Kapitel 3 III 2 und 3.

[149] Dafür OLG Braunschweig, NJW 1954, 1053; OLG Saarbrücken, FamRZ 1959, 36; *Becker*, JR 1953, 453; *Krause*, JZ 1976, 124 (125f.); *Sautter*, AcP 161, 215 (245); *Eb. Schmidt*, JR 1959, 369. Dagegen z.B. HK-*Lemke*, § 81c Rn. 20; KK-*Senge*, § 81c Rn. 10; LR-*Krause*, § 81c Rn. 39; *Geerds*, GA 1965, 321 (336).

Passivität verlangen, ist nicht begründbar. Hält man an der Unterscheidung von Mitwirkungsfreiheit und passiven Duldungspflichten fest, stellt sich diese Bewertung als inkonsequente Berücksichtigung des nemo tenetur-Gedankens dar.[150] Denn es ist nicht einzusehen, warum im Rahmen der zwangsweise durchgeführten Untersuchung des Beschuldigten eine erzwungene Selbstbelastung mit der Begründung abgelehnt wird, in diesen Fällen liege gar keine Selbstbelastung vor, wenn auf der anderen Seite eine gegenteilige Wertung vorgenommen wird, indem dem Zeugen ein Untersuchungsverweigerungsrecht eingeräumt wird, sofern die Möglichkeit besteht, daß ihn das Ergebnis der Untersuchung belasten könnte. Die Durchführung der Untersuchung eines Zeugen würde in diesem Fall als Selbstbelastung gewertet oder zumindest in ihren Wirkungen einer solchen gleichgestellt. Anders würde es keinen Sinn ergeben, § 55 StPO, der auch als einfachgesetzliche Normierung des Grundsatzes zu betrachten ist, daß niemand verpflichtet ist, sich selbst zu belasten,[151] als Grund für ein Untersuchungsverweigerungsrecht anzusehen, zumal in diesem Zusammenhang auch ein Verwertungsverbot in Betracht käme.

Auch wenn § 55 StPO nicht als Grund für eine Untersuchungsverweigerung anerkannt wird, bleiben die gesetzlichen Regelungen inkonsequent. Es ist wenig plausibel, daß ein Angehöriger des Beschuldigten nicht gezwungen werden darf, seinen Körper zur Überführung des Beschuldigten zur Verfügung zu stellen, während es der selbst Beschuldigte dulden muß, wenn sein Körper zum Beweismittel gegen ihn selbst gemacht wird.[152]

III. Zusammenfassung

Die Frage, in welchem Umfang auf den Beschuldigten als Informationsquelle im Strafverfahren zugegriffen werden darf, wird im geltenden Verfahrensrecht unterschiedlich beantwortet. Der Körper des Beschuldigten darf nur als Träger einer materiellen Information in Anspruch genommen werden. In diesem Fall erlaubt § 81 a StPO auch die Verletzung der körperlichen Integrität.

Der Anwendungsbereich wird dabei nach ganz überwiegender Auffassung durch den nemo tenetur-Gedanken begrenzt. Der Beschuldigte soll über die bloße Aussagefreiheit hinaus nicht verpflichtet sein, sich selbst zu belasten. Dies soll jedoch nur gelten, soweit sich der Beschuldigte durch aktive Mitwirkung belasten würde. Von dem Beschuldigten kann demnach keine aktive Mitwirkung an den einzelnen Maßnahmen verlangt werden. Zur passiven Duldung der Maßnahmen ist er aber verpflichtet. Eine Vergegenständlichung des Beschuldigten sieht die

---

[150] So bereits *Sautter*, AcP 161, 215 (246 f.); ebenso *Kopf*, Selbstbelastungsfreiheit, S. 161 ff.; *Verrel*, Selbstbelastungsfreiheit, S. 234.

[151] Vgl. bereits die Gesetzesmaterialien bei *Hahn*, Materialien zur StPO I, S. 107 sowie LR-*Dahs*, § 55 Rn. 1 m.w.N.

[152] *Kühne*, Strafprozessuale Beweisverbote, S. 65 f., der hierin eine Verletzung der Menschenwürde erblickt; *Neumann*, FS-E.A.Wolff, 373 (392); *Verrel*, Selbstbelastungsfreiheit, S. 234.

herrschende Meinung hierin nicht. Indem der Differenzierung die stilisierte Annahme zugrunde gelegt wird, der Körper des Beschuldigten lasse sich von der über Wissen verfügenden Person des Beschuldigten trennen, scheint der Zugriff auf den Körper nicht den Beschuldigten als Subjekt zu betreffen. Allein der vom Subjekt abstrahierte Körper wird als Gegenstand der staatlichen Zwangsmaßnahme betrachtet.

Die Thematik ist damit durch einen angenommenen Dualismus von Willen und Körper geprägt, ohne daß sich dieser in der Verfahrenswirklichkeit vollständig umsetzen ließe. Der Zugriff auf den Körper läßt sich nicht eindeutig vom Zugriff auf die Person des Beschuldigten trennen. Ebensowenig sind die Willensabhängigkeit der Information oder ihre willentliche Vermittlung geeignete Abgrenzungskriterien, wenn die Zulässigkeit staatlicher Informationsermittlung durch die Anwendung von staatlichem Zwang in Frage steht.

Die Umsetzung des Leib-Seele-Dualismus in die Aktiv/Passiv-Dichotomie vermag diese Widersprüche nicht aufzuheben. Bereits die Abgrenzung von aktiver Mitwirkung und passiven Duldungspflichten ist in der Praxis vielfach nur schwer durchführbar. Es wird zudem übersehen, daß dem Beschuldigten durch die Statuierung von Duldungspflichten im Bereich der körperlichen Untersuchungen zugleich eine Handlung in Form eines Unterlassens abgenötigt wird. Die normative Ungleichbehandlung von aktiver Mitwirkung und passiver Duldung widerspricht zugleich den Wertungen des materiellen Strafrechts. Vom Beschuldigten wird verlangt, seinen Körper als Beweismittel zur Verfügung zu stellen. Dies hat zur Folge, daß die Regelung des § 81a StPO eine Sonderstellung in der Gesamtschau strafprozessualer Zwangsmaßnahmen einnimmt. Staatlicher Zwang ist in weiterem Umfang zulässig als nach den §§ 81, 81c, 102, 112 und 136a StPO. Insbesondere wird der durch die körperliche Untersuchung bzw. den körperlichen Eingriff geleistete Beitrag zur (Selbst-)Belastung gegenüber dem Zeugen anders bewertet als beim Beschuldigten.

Es stellt sich nach alledem die Frage, warum trotz aller Einwände an der Regelung des § 81a StPO festgehalten wird. Sie läßt sich allein mit dem Blick auf das geltende Recht nicht begründen. Es ist daher geboten, die Entstehungsgeschichte der Norm in die Untersuchung einzubeziehen. Dabei kann es nicht nur um die beschriebene Sonderstellung gehen. In Frage stehen auch die Ursachen für die Abstrahierung des Körpers von der Person, welche zugleich eine Idealisierung des Menschen als geistiges Wesen bedeutet.

Kapitel 2: Entstehungs- und Entwicklungsgeschichte des § 81 a StPO

Körperliche Untersuchungen und Eingriffe sind ein relativ neues Mittel der Informationsgewinnung im Strafprozeß. Es ist abhängig von medizinischen Erkenntnissen und den zur Verfügung stehenden technischen Hilfsmitteln. Aus diesem Grund handelt es sich nicht nur um ein Mittel der Beweisermittlung, sondern auch um einen Schwerpunktbereich der Beteiligung Sachverständiger am Strafverfahren. Durch die Abhängigkeit von wissenschaftlichen Erkenntnissen und technischen Möglichkeiten ist die Informationsgewinnung durch den Zugriff auf den menschlichen Körper mit der Entstehung und Entwicklung des Sachverständigenbeweises eng verknüpft. Es läßt sich ein kohärenter Entwicklungsverlauf nachzeichnen, aus dem sich die Ursachen der Problempunkte aus dem Bereich des § 81 a StPO erhellen.

Dabei wird sich zeigen, daß der Regelung des § 81 a StPO ein inquisitorisches Verständnis zugrunde liegt, aufgrund dessen staatlichen Interessen der Vorrang vor dem Schutz der körperlichen Integrität des Beschuldigten eingeräumt wird. Hintergrund sind zum einen kriminalpolitische Erwägungen und die Befürchtung, ohne die Durchführung von Maßnahmen auf der Grundlage des § 81 a StPO werde die Wahrheitsfindung erheblich erschwert oder unmöglich. In engem Zusammenhang dazu steht der Gedanke, die Maßnahme richte sich gegen einen Straftäter und sei deshalb notwendig. Es wird darüber hinaus gezeigt werden, daß die Einführung der Norm durch die Nationalsozialisten Duktus und Verständnis der Regelung geprägt hat. Die aufgezeigten Problemfelder finden ihren Ausdruck in dem Spannungsverhältnis zwischen Zwangsmaßnahme, Augenschein und Sachverständigenbeweis, das in mehreren hundert Jahren Kriminaljustizgeschichte nicht zufriedenstellend gelöst wurde und sich in der Regelung des § 81a StPO widerspiegelt.

I. Die Entwicklung des Sachverständigenbeweises und ihr Einfluß auf die körperliche Untersuchung als Beweismittel im Strafverfahren

Die Ursprünge dieser Entwicklung liegen dort, wo Sachverständige an der Wahrheitsfindung im Strafverfahren beteiligt wurden. Ihre Mitwirkung an der Rechtspflege hat eine lange Tradition, die sich bis in die Antike zurückverfolgen läßt.[153] Der Sachverständigenbeweis als solcher ist allerdings ein relativ neues Beweismittel. Dies hängt mit der Natur des Sachverständigenbeweises zusammen. Er ist nur dort erforderlich, wo Wissen und wissenschaftliche Erkenntnisse für die Wahrheitsermittlung angewandt werden müssen, über die der Richter nicht selbst verfügt. In früheren Gesellschaften kamen Richter bei der Wahrheitsfindung aber regelmäßig mit ihrer eigenen Erfahrung aus. Der Wissensstand und

[153] Ausführlich dazu *Dippel*, Stellung des Sachverständigen, S. 5 f.

die zur Verfügung stehenden Erkenntnismethoden waren begrenzt.[154] Zudem ging es in früheren Prozeßformen nicht um die Erforschung der materiellen Wahrheit, sondern um eine formelle Beweisführung, etwa durch Gottesurteil oder Eideshelfer.[155] Soweit überhaupt auf den Körper zu Zwecken der Beweisführung zurückgegriffen wurde, beschränkte sich die Verwendung auf seine äußere Betrachtung.

1. Die Ursprünge des Sachverständigenbeweises

Erst im Mittelalter gewinnt der Augenscheinsbeweis durch die Form der „leiblichen Beweisung" an Bedeutung.[156] Nach Abschluß der Rezeption des römisch-kanonischen Rechts traten an die Stelle der Laienrichter zunehmend gelehrte Richter.[157] Der Erwerb von juristischem Fachwissen erfolgte auf Kosten der Sachkenntnis in anderen Gebieten, so daß sachverständige Vorbeurteilungen in größerem Umfang notwendig wurden.[158] Parallel wurden in den Rezeptionsgesetzen, wie der Constitutio Criminalis Carolina von 1532, Vorschriften über die Untersuchung des lebenden menschlichen Körpers und die Zuziehung von Sachverständigen aufgenommen. Abgesehen von der Untersuchung des menschlichen Körpers zur Feststellung von Verletzungen oder Narben wurde diese Methode zumeist gegenüber Frauen angewandt, die der Abtreibung oder Kindstötung verdächtig waren. Die Gesetze sahen in diesen Fällen die Zuziehung von Hebammen oder „Verständigen Frauen" zur Untersuchung vor.[159] Dabei sollte z.B. festgestellt werden, ob die Brüste der Verdächtigen Milch produzierten.[160]

Im Inquisitionsprozeß war aufgrund der geltenden Beweisregeln das wichtigste Beweismittel allerdings das Geständnis, auf das notfalls durch Anwendung von Folter hingewirkt wurde.[161]

---

[154] *Dippel*, Stellung des Sachverständigen, S. 6; *Geerds*, ArchKrim Bd. 137 (1966), 61 (62); *Mastronardi*, Stellung des Sachverständigen, S. 3 ff.

[155] *Geerds*, ArchKrim, Bd. 137 (1966), 61 (62); *Gerland*, Deutscher Strafprozess, S. 16; *v. Kries*, Strafprozeßrecht, S. 12 ff.; *Mastronardi*, Stellung des Sachverständigen, S. 9.

[156] Dazu *Dzendzalowski*, Körperliche Untersuchung, S. 116 f.; *Henkel*, Strafverfahrensrecht, § 5 II 4; *Rüping/Jerouschek*, Grundriß, Rn. 69 ff.

[157] Zu Qualität, Rechtskenntnissen und Verhandlungsführung der Halsrichter vgl. *Teyssen*, Legislative und Judikative, S. 155 ff.

[158] *Dippel*, Stellung des Sachverständigen, S. 7.

[159] *Dippel*, Stellung des Sachverständigen, S. 7; *Dzendzalowski*, Körperliche Untersuchung, S. 118.

[160] *G. Arndt*, Durchsuchung des menschlichen Körpers, S. 3 ff.; *Dzendzalowski*, Körperliche Untersuchung, S. 118; *Huß*, Körperliche Untersuchung, S. 8 ff. jeweils m.w.N.

[161] Ausführlich zum Inquisitionsprozeß *Ignor*, Geschichte des Strafprozesses, S. 44 ff.; *Plöger*, Mitwirkungspflichten, S. 55 ff., *Rogall*, Der Beschuldigte als Beweismittel, S. 87 f.; *Rüping/Jerouschek*, Grundriß, Rn. 84; *Walder*, Vernehmung des Beschuldigten, S. 39 ff. jeweils m.w.N.

2. *Einflüsse von Aufklärung und Wissenschaft auf den Sachverständigenbeweis*

Der Einfluß der Aufklärung und der Französischen Revolution veränderte den deutschen Strafprozeß. Die Abschaffung der Folter erforderte einen verstärkten Rückgriff auf andere Beweismittel als das Geständnis des Angeklagten.[162] Da man im Zuge der Fortentwicklung des Beweisrechts die Mängelanfälligkeit von Geständnissen und Zeugenaussagen erkannt hatte, wurde die sinnliche Wahrnehmung des Richters mittels Augenscheinseinnahme als zuverlässigere Erkenntnisquelle angesehen.[163] Gleichzeitig eröffnete der wissenschaftliche und insbesondere der medizinische Fortschritt immer neue Möglichkeiten, prozeßrelevante Informationen durch Untersuchungen des menschlichen Körpers auf zuverlässigerem und teils auch weniger schmerzhaftem Wege zu erlangen.[164] Diese Umstände begünstigten die Weiterentwicklung des Beweisrechts. Wurden Augenscheinseinnahme und Durchsuchung ursprünglich als eng verwandte Untersuchungshandlungen ohne feste Grenzen und Unterscheidungen betrachtet, wandelte sich die Augenscheinseinnahme nun von einer Maßnahme mit ursprünglich kriminalpolizeilichem Charakter zu einem vom Richter durchzuführenden Beweisakt.[165]

Der wissenschaftliche Fortschritt bewirkte aber auch, daß der Richter die Beweiserhebung nicht mehr ausschließlich selbst vornehmen konnte.[166] Sie bedurfte immer häufiger der Hinzuziehung eines Sachverständigen, was neue prozessuale Fragen aufwarf.[167] Die Stellung des Sachverständigen im Strafprozeß konnte dabei nicht abschließend geklärt werden. Er wurde zunächst als Zeuge betrachtet, anschließend entwickelte sich das Bild des Richtergehilfen. Später wurde die Auffassung vorgetragen, der Sachverständige sei ein besonderes Beweismittel.[168] Die Praxis behandelte ihn weiterhin als Zeugen.[169] Die Strafprozeßordnung von 1877 übernahm in § 72 die grundsätzliche Gleichstellung von Sachverständigen

---

[162] *Geerds*, ArchKrim, Bd. 137 (1966), 61 (62 f.); *Ignor*, Geschichte des Strafprozesses, S. 184 ff. und 249 ff. Zu alternativen Methoden zur Erlangung eines Geständnisses vgl. z.B. *Henkel*, Strafverfahrensrecht, § 9 IV 3.

[163] *Birkmeyer*, Deutsches Strafprozeßrecht, S. 413; *Gerland*, Deutscher Strafprozess, S. 228 f.; *Plank*, Deutsches Strafverfahren, § 86, S. 223; *Mittermaier*, Das Deutsche Strafverfahren, Teil 1, § 91, S. 540; zum Beweis der Schuldfrage durch den Augenschein im Inquisitionsprozeß: *Ullmann*, Deutsches Strafprocessrecht, § 85, S. 338 f. und *Birkmeyer*, Deutsches Strafprozeßrecht, S. 414.

[164] *G. Arndt*, Durchsuchung des menschlichen Körpers, S. 1.

[165] *G. Arndt*, Durchsuchung des menschlichen Körpers, S. 1 f. und 3; *Schaffrath*, Körperliche Durchsuchung, S. 7; *Mayer*, Augenscheinseinnahme, insbes. S. 1 f. und 40 ff.

[166] Vgl. dazu nur die unten dargestellten Reichsgerichtsentscheidungen, Kapitel 2 II 1 d) sowie 2 b).

[167] *Mayer*, Augenscheinseinnahme, S. 53 ff.; *Klaus*, Duldungspflicht körperlicher Untersuchungen, S. 74 bezeichnete den Antrag auf Blutuntersuchung noch 1933 als einen Antrag auf die Einnahme des richterlichen Augenscheins.

[168] Zur Diskussion vgl. z.B. *Birkmeyer*, Deutsches Strafprozeßrecht, § 73 III, S. 443 ff. m.w.N.

[169] *Geerds*, ArchKrim Bd. 137 (1966), 61 (64).

und Zeugen, andererseits wurden die Spezialvorschriften mit den Regeln für den richterlichen Augenschein zusammengefaßt.[170]

3. *Der reformierte deutsche Strafprozeß und die Regelung des Sachverständigenbeweises in der Reichsstrafprozeßordnung*

Der Sachverständigenbeweis gewann im reformierten deutschen Strafprozeß und anschließend auf der Grundlage der neuen Reichsstrafprozeßordnung immer mehr an Bedeutung. Diese resultierte zum einen aus psychologischen Erkenntnissen über die Unrichtigkeit von Zeugenaussagen.[171] Zum anderen wurde die Entwicklung durch den schnellen Fortschritt der Naturwissenschaften und Technik verstärkt, mit dem der philosophische Positivismus einherging. Sie wirkte sich auch auf das Strafverfahren aus. Es wurde nun eine exakte Beweiswürdigung nach Maßgabe der neuesten wissenschaftlichen Erkenntnisse erwartet.[172] Die fachliche Qualifikation der Sachverständigen auf den sich immer neu entwickelnden Gebieten[173] und Reformen des materiellen Strafrechts haben die Abhängigkeit des Richters von Sachverständigen bei einer Vielzahl von Entscheidungen vorangetrieben und verstärkt.[174] War die Beurteilung des Sachverständigen nach dem gemeinen Recht noch Teil der richterlichen Entscheidung und kein echtes Beweismittel, führte der Gedanke der freien Beweiswürdigung zu einer Neubewertung des Sachverständigenbeweises, ohne daß es gelungen wäre, alle rechtlichen Probleme zu lösen.[175] Insbesondere die Abgrenzung von Sachverständigen- und Zeugenbeweis sowie Personal- und Sachbeweis bereiten bis heute Schwierigkeiten.[176]

II. Die Entstehungsgeschichte des § 81 a StPO

Dieser Hintergrund hat auch Auswirkungen auf die Entstehungsgeschichte des § 81 a StPO. Die Frage nach der Zulässigkeit des Zugriffs auf den Körper des Beschuldigten stellt sich erst dort, wo die Einflüsse der Aufklärung zu einem veränderten Verständnis vom Strafprozeß führen. Im Inquisitionsprozeß war der Beschuldigte den Zwecken des Strafverfahrens vollständig unterworfen. Die staatliche oder kirchliche Strafgewalt wurde ohne Rücksicht auf das Individuum ausgeübt. Die Durchsetzung des Strafanspruchs war das alleinige Ziel des Verfahrens, in dem der Beschuldigte keine Rechte besaß, die ihn vor der obrigkeit

---

170 *Geerds*, ArchKrim Bd. 137 (1966), 61 (65).

171 *Geerds*, ArchKrim Bd. 137 (1966), 61 (66).

172 *Dippel*, Stellung des Sachverständigen, S. 9; *Geerds*, ArchKrim Bd. 137 (1966), 61 (66 mit Fn. 35).

173 Vgl. dazu die Aufzählung bei *Dippel*, Stellung des Sachverständigen, S. 10.

174 *Dippel*, Stellung des Sachverständigen, S. 10 f.

175 *Dippel*, Stellung des Sachverständigen, S. 11 ff.; *Geerds*, ArchKrim, Bd. 137 (1966), 61 (65 f.).

176 Dazu ausführlich *Dippel*, Stellung des Sachverständigen, S. 14 f.; *Geerds*, ArchKrim Bd. 137 (1966), 61 (65 ff.); *Roxin*, Strafverfahrensrecht, § 27 Rn. 1 ff.

lichen Gewalt hätten schützen können.[177] Solange der Beschuldigte als bloßes Objekt im Strafverfahren betrachtet wurde, war eine Legitimierung des Zugriffs auf den menschlichen Körper nicht erforderlich. Wo klare Beweisregeln galten und das Geständnis des Angeklagten oder eine bestimmte Zahl an Zeugenaussagen ausreichten, um den Angeklagten zu überführen, bedurfte es zudem keiner ausgefeilten wissenschaftlichen Methoden oder Kriminalistik. Erst der Grundsatz der freien Beweiswürdigung forderte und förderte die Entwicklung der modernen Kriminalistik und verhalf so dem Sachverständigenbeweis zu seiner herausragenden Bedeutung im Strafprozeß.[178] Erst die Idee von Bürgerrechten und neue technische Möglichkeiten der Informationsgewinnung führen durch ihr Zusammentreffen zu der Frage, ob und wie weit der Staat zur Wahrheitsermittlung im Strafverfahren auf den Körper des Beschuldigten zugreifen darf.

1. Körperliche Untersuchungen vor Einführung des § 81a StPO in die Strafprozeßordnung

Die neueren Prozeßordnungen der deutschen Einzelstaaten sahen zumindest für einzelne Fallkonstellationen die körperliche Untersuchung von Personen in Form der Augenscheinseinnahme vor.[179] Entsprechend der autoritären Staatsauffassung erschien die körperliche Besichtigung weitgehend als selbstverständlich.[180] Zur Herstellung der Rechtseinheit im Deutschen Reich hatte der deutsche Reichskanzler bereits 1869 den preußischen Justizminister mit der Ausarbeitung einer Strafprozeßordnung beauftragt. Bei den Vorarbeiten zur Entstehung der Reichsstrafprozeßordnung wurden die unterschiedlichen Verfahrensgesetze der Einzelstaaten berücksichtigt.[181] Dieser Entwurf wurde in verschiedenen Gremien mehrfach beraten und geändert, bis schließlich Reichstag und Bundesrat zu einer Einigung kamen und die Strafprozeßordnung für das gesamte Deutsche Reich am 1.2.1877 verkündet wurde.[182] Sie stellte den Abschluß einer Entwicklung dar, die den gemeinrechtlichen Inquisitionsprozeß überwand und den modernen reformierten Strafprozeß gestaltete.[183] Mit ihr war eine Verfahrensregelung ge-

---

177 *Plöger*, Mitwirkungspflichten, S. 459 ff.; *Eb. Schmidt*, Einführung, § 201.

178 Vgl. auch *Dzendzalowski*, Körperliche Untersuchung, S. 119 mit Fn. 3.

179 Überblick bei *G. Arndt*, Durchsuchung des menschlichen Körpers, S. 5 f.; *Dzendzalowski*, Körperliche Untersuchung, S. 119 f.; *Huß*, Körperliche Untersuchung, S. 14 f.; *Plank*, Deutsches Strafverfahren, § 86 S. 224 mit Fn. 1; *v. Kries*, Strafprozeßrecht, S. 410 Fn. 1; gegenüber *v. Kries* klarstellend einschränkend *Beling*, ZStW 15 (1895), 471 (480 f.).

180 *Dzendzalowski*, Körperliche Untersuchung, S. 120.

181 *Dochow*, Strafpozeßordnung, in *v. Holtzendorff* (Hrsg.), Handbuch des deutschen Strafprozeßrechts, S. 103 (107 f.); LR-*Rieß*, Einl. Abschn. E Rn. 1 und 5.

182 Zur Gesetzgebungsgeschichte ausführlich *Dochow*, Strafpozeßordnung, in *v. Holtzendorff* (Hrsg.), Handbuch des deutschen Strafprozeßrechts, S. 103 (105 ff.); LR-*Rieß*, Einl. Abschn. E Rn. 5 ff. und *Eb. Schmidt*, Einführung, § 299.

183 LR-*Rieß*, Einl. Abschn. E Rn. 1; *ders.*, Der Beschuldigte als Subjekt des Strafverfahrens, in: BMJ (Hrsg.), Vom Reichsjustizamt zum Bundesministerium der Justiz, S. 373 (376); *Eb. Schmidt*, Einführung, § 299.

schaffen worden, die sich zu den von den Reformern des 19. Jahrhunderts entwickelten rechtsstaatlichen Grundsätzen der Strafrechtspflege bekannte.[184] Die Anwendung staatlichen Zwanges wurde durch die in der Strafprozeßordnung vorgesehenen Zwangsbefugnisse begrenzt.[185]
In der neuen Strafprozeßordnung war die körperliche Untersuchung vom Reichsgesetzgeber nicht ausdrücklich normiert worden. Dieser Umstand verursachte erhebliche Begründungsnot und -vielfalt, bestand doch die Auffassung, zumindest die körperliche Untersuchung des Beschuldigten sei als Mittel der Wahrheitsfindung unverzichtbar.[186] Infolgedessen herrschte nicht nur ein „unvorstellbares Durcheinander"[187] bei der Suche nach einer strafprozessualen Rechtsnorm, mit der sich die Zulässigkeit der vom Gesetzgeber nicht geregelten Maßnahme begründen ließ. Umstritten war daneben auch, ob von einer mit der Zulässigkeit der Maßnahme korrespondierenden Duldungspflicht neben dem Beschuldigten auch andere Personen betroffen seien.

a) Diskutierte Rechtsgrundlagen

Die vorgeschlagenen Lösungsansätze zur Begründung der gesetzlichen Legitimation von körperlichen Untersuchungen waren vielfältig. Die körperliche Untersuchung wurde zumeist als Fallvariante der Augenscheinseinnahme nach § 86 StPO[188] oder der Durchsuchung nach den §§ 102 ff. StPO[189] betrachtet. Dabei wurde teilweise hervorgehoben, die Durchsuchung des Körpers sei mit dem Beweisakt der Augenscheinseinnahme dergestalt verknüpft, daß die Durchsuchung das Mittel zum Zweck der Augenscheinseinnahme darstelle.[190] Diskutiert wurden aber auch die analoge Anwendung der §§ 102 ff. StPO[191] und eine Differenzierung zwischen Augenscheinseinnahme und Durchsuchung nach dem

---

[184] *Eb. Schmidt*, Einführung, § 299.

[185] Überblick über die Zwangsbefugnisse der Strafprozeßordnung von 1877 bei *König*, Entwicklung der strafprozessualen Zwangsmaßnahmen, S. 41 ff.

[186] RGSt 19, 189 (192); *G. Arndt*, Durchsuchung des menschlichen Körpers, S. 24; *Delius*, LZ 1914, 1254; *Fiebig*, Untersuchung des menschlichen Körpers, S. 1; *v. Kries*, Strafprozeßrecht, S. 410; *Mayer*, Augenscheinseinnahme, S. 41; ablehnend *Vargha*, Vertheidigung in Strafsachen, S. 515.

[187] *Eb. Schmidt*, Lehrkommentar Teil II, § 86 Anm. 1.

[188] *Delius*, LZ 1914, 1254; *Gerland*, Strafprozeß S. 230; *Geyer*, Strafprozeßrecht, S. 563; *Klaus*, Duldungspflicht körperlicher Untersuchungen, S. 25 ff.; *v. Kries*, Strafprozeßrecht, S. 409 f.; *Mayer*, Augenscheinseinnahme, S. 48. Weitere Nachweise bei *Schaffrath*, Körperliche Durchsuchung, S. 3.

[189] *Fiebig*, Untersuchung des menschlichen Körpers, S. 2 ff.; *Friedrichs*, Zeitschrift für Deutschen Zivilprozeß Bd. 19 (1894), 390 (391); *Glaser*, Handbuch des Strafprozesses Bd. 2, S. 291; *v. Liszt*, Reform des Strafverfahrens, S. 40; *Rosenfeld*, Reichs-Strafprozeß, § 61; *Stenglein*, Gerichtssaal Bd. LXII (1903), 241 (258); *ders.*, Gerichtssaal Bd. LVII (1898), 1 (17); *Ullmann*, Deutsches Strafprocessrecht, § 81, S. 318. Weitere Nachweise bei *Mayer*, Augenscheinseinnahme, S. 50 und *Schaffrath*, Körperliche Durchsuchung, S. 3.

[190] *Beling*, ZStW 15 (1895), 471 (473 ff.); *ders.*, Reichsstrafprozeßrecht, S. 508.

[191] *Graf zu Dohna*, Strafverfahren,S. 121.

Zweck der Maßnahme[192]. Nur vereinzelt wurde die körperliche Untersuchung des Beschuldigten als inquisitorischer Verstoß gegen den erst im Zuge der Strafprozeßrechtsreform in Deutschland anerkannten Grundsatz, daß der Angeklagte nicht verpflichtet sei, sich selbst zu belasten, abgelehnt[193] oder die Ansicht vertreten, es gebe keine Rechtsgrundlage, aus der sich auf die Zulässigkeit dieser Maßnahmen schließen ließe.[194]

b) Probleme der Diskussion

Der Grund für das breitgefächerte Spektrum an Lösungsvorschlägen ist in der Tatsache zu sehen, daß der menschliche Körper auf vielfache Weise zur Aufklärung beweiserheblicher Tatsachen beitragen kann. Zwar hatte *Beling* den Versuch einer Definition unternommen und diesbezüglich viel Zustimmung erfahren.[195] Die Beschreibung der körperlichen Untersuchung als „die auf sinnliche Wahrnehmung der physischen Beschaffenheit eines menschlichen Körpers gerichtete, den letzteren unmittelbar erfassende Thätigkeit einer Person, mag sie sich nun auf Körperteile erstrecken, die gewöhnlich verhüllt getragen werden und zum Zwecke der Untersuchung erst entblößt werden müssen, oder nicht; mag die Ermittlungsthätigkeit ein inneres oder äußeres Organ betreffen“,[196] führte jedoch weder zu vollständiger inhaltlicher Klarheit noch zu einer einheitlichen Bewertung der rechtlichen Einordnung der körperlichen Untersuchungen.[197]
So bezog sich *Beling* vor allem auf die Untersuchung körperlicher Verletzungen wie Narben oder besonderer körperlicher Merkmale, wie z.B. Tätowierungen und stellte damit die äußere Körpersphäre und die Funktion des Körpers als unmittelbarer Informationsträger in den Mittelpunkt. Er betonte die unterschiedlichen Methoden der Wahrnehmung, die entweder unmittelbar durch das bloße Besichtigen oder sonstige sinnliche Wahrnehmung erfolgen könne oder aber zuvor eine Vorbereitungshandlung erforderlich mache, welche vom Zurückschieben der Kleidung über das Einführen von Instrumenten oder das Verabreichen von Medikamenten bis hin zu operativen Eingriffen reichen könne. Er war der Ansicht, alle Fälle stünden sich in der juristischen Einordnung gleich, weil eine Abgrenzung der einzelnen Tätigkeiten nicht möglich sei.[198]

---

[192] *Binding*, Strafprozessrecht, § 74 Anm. 1, S. 137; LR[19]-*Hartung*, § 86 Anm. 3 (anders noch in den Vorauflagen); *Rosenmeyer*, Gerichtssaal Bd. LXIII (1904), 41 ff.

[193] *Vargha*, Vertheidigung in Strafsachen, § 297; zur Entwicklungsgeschichte des nemo tenetur-Gedankens unten Kapitel 4 III 2 b) bb).

[194] *V. Holtzendorff*, Sicherungsmaßregeln, in *ders.* (Hrsg.) Handbuch des deutschen Strafprozeßrechts, S. 305 (325 mit Fn. 4).

[195] *G. Arndt*, Durchsuchung des menschlichen Körpers, S. 25; *Fiebig*, Untersuchung des menschlichen Körpers, S. 2; *Klaus*, Duldungspflicht körperlicher Untersuchungen, S. 21.

[196] *Beling*, ZStW 15 (1895), 471 (472).

[197] Zu unterschiedlichen Bewertungen trotz gleicher Definition vgl. die Beispiele bei *Fiebig*, Untersuchung des menschlichen Körpers, S. 3 f.

[198] *Beling*, ZStW 15 (1895), 471.

Von anderer Seite wurde vor allem der Körper in seiner Funktion als Informationsmittler berücksichtigt und betont, der menschliche Körper könne als Versteck für Gegenstände in der Kleidung, den Haaren, in Körperöffnungen oder durch Verschlucken im Körperinneren dienen.[199] Vielfach erfolgten aber auch überhaupt keine Angaben darüber, welche Konstellationen der einzelne Autor im Sinn hatte, wenn er das Problem behandelte. So mögen schon unterschiedliche Grundannahmen bezüglich der möglichen Fallkonstellationen zu der allgemeinen Unklarheit beigetragen haben.

Zumindest liefern die vielfältigen Zugriffsmöglichkeiten, die sich aus den unterschiedlichen Funktionen des Körpers als Informationsträger ergeben, eine Erklärung für die unterschiedlichen Lösungsansätze. Sie entscheiden letztlich darüber, ob die gesuchte Information durch Augenschein oder Durchsuchung erlangt werden kann.[200] Dabei bestand in der Diskussion ein enger Zusammenhang zwischen Beweisermittlung und Beweiserhebung. Die teils notwendigerweise zeitgleich erfolgende Suche nach einer verfahrenserheblichen Information und ihrer sinnlichen Wahrnehmung durch den Suchenden, verknüpft mit der Frage, wie die Tätigkeit eines Sachverständigen in diesem Zusammenhang einzuordnen sei, führte dazu, daß die Problematik der körperlichen Untersuchungen fast sechzig Jahre lang heftig umstritten war.

Sie steht in Zusammenhang mit der nicht abgeschlossenen Entwicklung des strafprozessualen Beweissystems. Die Diskussion um die §§ 86 bzw. 102 ff. StPO stellt als mögliche Rechtsgrundlagen für körperliche Untersuchungen zwei Rechtsinstitute gegenüber, die sich aus heutiger Sicht grundlegend unterscheiden. Im Falle der Augenscheinseinnahme handelt es sich um einen Beweisakt im Zuge der Beweisaufnahme, im Falle der Durchsuchung um eine Ermittlungsmaßnahme, welche das Auffinden von Beweismitteln, die durch einen Beweisakt zum Gegenstand der Verhandlung gemacht werden können, erst ermöglichen soll. Allerdings wurden Augenscheinseinnahme und Durchsuchung ursprünglich als eng verwandte Untersuchungshandlungen ohne feste Grenzen und Unterscheidungen betrachtet. Der enge Zusammenhang machte auch nach der Wandlung der Augenscheinseinnahme von einer Maßnahme mit ursprünglich kriminalpolizeilichem Charakter zu einem Beweisakt die Grenzziehung und Charakterisierung schwierig.[201] Es fehlte an einer klaren Systematisierung, um die grundsätzlichen Schwierigkeiten, welche sich aus den verfahrenstechnisch verschiedenen Tätigkeiten der Beweis*ermittlung* und Beweis*erhebung* einerseits und den unterschiedlichen Vorgehensweisen, welche mit der äußerlichen Betrachtung des Körpers und der Suche nach Informationen, die im Körperinneren

---

[199] Diese Möglichkeiten hoben vor allem *G. Arndt*, Durchsuchung des menschlichen Körpers, S. 25; *Mayer*, Augenscheinseinnahme, S. 44 ff. und *Rosenmeyer*, Gerichtssaal Bd. LXIII (1904), 41 (42) hervor.

[200] Ausführlich hierzu die Ausführungen oben Kapitel 1 I 2.

[201] *G. Arndt*, Durchsuchung des menschlichen Körpers, S. 1 ff.; *Schaffrath*, Körperliche Durchsuchung, S. 7; *Mayer*, Augenscheinseinnahme, insbes. S. 1 f. und 40 ff.

verborgen sind, andererseits einhergehen, zu lösen. Hinzu kam das Problem, daß die am oder im Körper des Beschuldigten vorhandenen Informationen vielfach nur durch eine sachkundige Person, einen Arzt, entdeckt und bewertet werden können, der Augenschein im Prozeß aber durch den Richter eingenommen werden mußte. Die Beweiserhebung durch die von einem Arzt gewonnenen Erkenntnisse mußte also über den Sachverständigenbeweis erfolgen.

c) Duldungspflicht und rechtliche Grenzen der körperlichen Untersuchung

Die Frage nach der rechtlichen Zuordnung der körperlichen Untersuchung im bestehenden Normsystem der Strafprozeßordnung war aufgrund der damit einhergehenden Rechtsfolgen von entscheidender Bedeutung. Es ging um die Frage, ob und in welchem Umfang die Strafverfolgungsbehörden gegen den Willen des Betroffenen zur Wahrheitsermittlung befugt und die betroffenen Personen zur Duldung dieser Maßnahmen verpflichtet sein sollten.

aa) Unzulässige (Selbst-)Belastungspflicht?

Dabei bestand allerdings weitgehend Einigkeit, daß zumindest den Beschuldigten eine Duldungspflicht hinsichtlich der körperlichen Untersuchung treffe. Nur vereinzelt wurde die Ansicht vertreten, aus dem Grundsatz, der Beschuldigte sei nicht verpflichtet, sich selbst zu belasten, folge auch, daß er nicht zur Duldung körperlicher Untersuchungen verpflichtet sei.[202] Die konsequente Umsetzung dieser Kritik hätte bedeutet, auch eine Duldungspflicht für Personen zu verneinen, die nach § 55 StPO berechtigt waren, die Auskunft zu verweigern.[203]
In engem Zusammenhang damit steht die Überlegung, ob zumindest zeugnisverweigerungsberechtigten Personen ein Untersuchungsverweigerungsrecht einzuräumen sei, um sie vor dem Konflikt zu bewahren, durch belastende Untersuchungsergebnisse zur Überführung eines Angehörigen beigetragen zu haben.

Der Gedanke, mit der Duldung der körperlichen Untersuchung könne eine Selbstbelastung bzw. die Belastung eines Angehörigen durch den Betroffenen verbunden sein, wurde allerdings ganz überwiegend abgelehnt. Es wurde argumentiert, die am Körper befindlichen Spuren einer Straftat seien etwas objektiv Vorhandenes, dessen Feststellung auch ohne das Zutun des Betroffenen möglich sei, so daß er nicht zu seiner eigenen Überführung tätig werde, sondern die Untersuchung nur passiv dulden müsse.[204] Aus dem Grundsatz, daß der Beschuldigte nicht verpflichtet sei, zu seiner Überführung tätig zu werden, könne nicht die

---

[202] *Ehrenfreund*, GA 53 (1906), 19 (22); *Isenbart/Samter*, Strafprozeßordnung, § 86 Anm. 43; *Vargha*, Vertheidigung in Strafsachen, § 297, S. 515.

[203] *Ehrenfreund*, GA 53 (1906), 19 (24); *Vargha*, Vertheidigung in Strafsachen, § 297, S. 516.

[204] *G. Arndt*, Durchsuchung des menschlichen Körpers, S. 42; *Beling*, Beweisverbote, S. 11; *Delius*, LZ 1914, 1254 (1256); *Huß*, Körperliche Untersuchung, S. 37 und 70; *Mayer*, Augenscheinseinnahme, S. 33; *Schaffrath*, Körperliche Durchsuchung, S. 57.

weitergehende Befugnis gefolgert werden, „von seinem Zuthun unabhängige Beweise zu zerstören oder unschädlich zu machen, auf deren Benützung der Staat bereits ein Recht erworben hat".[205] Die Anwendung des nemo tenetur-Gedankens auf körperliche Untersuchungen widerspreche zudem den Aussagen der Strafprozeßordnung, denn sie hätte zur Folge, daß „auch nicht zur körperlichen Durchsuchung des *Täters* geschritten werden" könne. § 102 StPO bestimme aber, daß die Durchsuchung zulässig sei.[206] Die Schuld des Beschuldigten wird hier durch die Verwendung des Wortes „Täter" schon vorausgesetzt, bevor die Beweisermittlung bzw. -erhebung überhaupt erfolgt ist.
In der Diskussion um einen vermeintlichen Verstoß gegen den nemo tenetur-Gedanken ist verschiedenes beachtenswert. Zum einen wird bereits mit der auch heute von der herrschenden Meinung vertretenen Differenzierung zwischen aktiver Mitwirkung an der eigenen Überführung und der passiven Duldung staatlicher Ermittlungsmaßnahmen argumentiert. Wenn zudem die Zulässigkeit der Durchsuchung des Beschuldigten als Argument für die Zulässigkeit der körperlichen Untersuchung herangezogen wird, zeigt dies, wie wenig zwischen diesen beiden prozessualen Maßnahmen differenziert wurde. Schließlich ist erkennbar, daß zumindest teilweise die Meinung vorherrschte, der Staat habe durch die begangene Straftat ein Anrecht auf die vorhandenen Beweismittel erworben. Allerdings gibt *Beling* im Jahre 1903 zu bedenken: „Allein bis zur Negierung der Persönlichkeit wird auch diese Pflicht zur Duldung nicht ausgedehnt werden dürfen."[207] Im Hinblick auf die 30 Jahre später folgende Negierung der Persönlichkeitsrechte zugunsten des vermeintlichen Staatswohls war dies ein bemerkenswert moderner und klarer Standpunkt.

Sieht man in der körperlichen Untersuchung keinen Verstoß gegen den nemo tenetur-Gedanken, ist es nur konsequent, aus dem Auskunftsverweigerungsrecht des § 55 StPO kein Untersuchungsverweigerungsrecht für den Zeugen abzuleiten.[208] Trotzdem sollten Tätigkeiten, wie etwa eine bestimmte Gangart einzuschlagen, weder vom Täter noch dem auskunftsverweigerungsberechtigten Zeugen verlangt werden können, da diese Tätigkeiten gegen den nemo tenetur-Gedanken verstießen. Dagegen sei der Täter verpflichtet, sich selbst zu entkleiden oder das Nehmen von Fingerabdrücken durch entsprechende Tätigkeit zu unterstützen. Ausschließlich Handlungen, die allein vom Willen des Betroffenen abhingen, seien verwehrt.[209] Unterschiedlich bewertet wurde die Frage, ob der

---

205 So bereits *Plank*, Deutsches Strafverfahren, § 86, S. 224; dieselbe Formulierung verwendet auch *Delius*, LZ 1914, 1254 (1256 f.).

206 *Schaffrath*, Körperliche Durchsuchung, S. 57. Hervorhebung von Verfasserin.

207 *Beling*, Beweisverbote, S. 11; ähnlich *Mayer*, Augenscheinseinnahme, S. 53.

208 *Plank*, Deutsches Strafverfahren, § 86, S. 224 f.; *Schaffrath*, Körperliche Durchsuchung, S. 58.

209 *G. Arndt*, Durchsuchung des menschlichen Körpers, S. 42; *Schaffrath*, Körperliche Durchsuchung, S. 61 f.

Beschuldigte verpflichtet sei, die eigene Stimme als Augenscheinsobjekt verwerten zu lassen.[210] Warum dies mit dem Passivitätsgedanken vereinbar sein sollte, bleibt unklar.
Die in der Diskussion zur Duldungspflicht des Beschuldigten verwendeten Argumente wurden zur Verneinung eines Untersuchungsverweigerungsrechts für zeugnisverweigerungsberechtigte Zeugen aufgegriffen. Eine Übertragung des Zeugnisverweigerungsrechts auf die Untersuchung komme abgesehen vom unpassenden Wortlaut auch von der Zielsetzung der Norm her nicht in Betracht. Der Grund für den durch das Zeugnisverweigerungsrecht ausgesprochenen Verzicht auf ein Beweismittel sei nämlich nicht in einer Begünstigung des Angeklagten zu sehen, sondern in der Rücksichtnahme auf eine mögliche Zwangslage des Zeugen, der nicht in Versuchung geführt werden solle, einen Meineid zugunsten eines nahen Angehörigen zu leisten. Dieser Gedanke sei auf die körperliche Untersuchung deshalb nicht übertragbar, weil dort eine solche Pflichtenkollision nicht in Betracht komme. Der Betroffene müsse sich hier im Gegensatz zur Zeugenaussage lediglich passiv verhalten und das Resultat der Darlegung dritten Personen überlassen.[211] Hier kommt der Gedanke zum Ausdruck, die Aussage des Zeugen könne, anders als das Ergebnis seiner körperlichen Untersuchung, verfälscht werden.
Die Kritik, die körperliche Untersuchung verstoße gegen den durch § 136 StPO in der Reichsstrafprozeßordnung zum Ausdruck kommenden nemo tenetur-Gedanken, fand insgesamt nur wenig Beachtung. Dort, wo man sich mit ihr auseinandersetzte, wurde zumeist ganz pragmatisch darauf verwiesen, die körperliche Untersuchung sei zur Wahrheitserforschung notwendig. Das staatliche Interesse an der Wahrheitserforschung wurde zu Lasten der Freiheitsrechte des Beschuldigten in den Vordergrund gerückt. Die inhaltliche Auseinandersetzung mit dem nemo tenetur-Gedanken beschränkte sich auf die Feststellung, dieser verbiete nur die erzwungene aktive Beteiligung an der eigenen Überführung. Damit wurde zum ersten Mal die heute noch von der herrschenden Meinung vertretene Unterscheidung zwischen aktiven Mitwirkungs- und passiven Duldungspflichten im Bereich der körperlichen Untersuchungen fundiert. Eine umfassende Begründung für die Validität dieser Differenzierung fehlte jedoch. Dies mag man bedauern. Zu berücksichtigen ist aber, daß der nemo tenetur-Gedanke zu diesem Zeitpunkt ein noch recht neuer prozessualer Gedanke war, dessen Umsetzung in den §§ 55 und 136 StPO im Vergleich zu den Pflichten des Beschuldigten im Inquisitionsprozeß geradezu revolutionär und keineswegs unumstritten war. Seine herausragende Stellung im Strafverfahren erlangte er erst in neuerer Zeit,

---

210 So *G. Arndt*, Durchsuchung des menschlichen Körpers, S. 43; dagegen *Schaffrath*, Körperliche Durchsuchung, S. 61 f.

211 RGSt 19, 364 (366). Ebenso *Delius*, LZ 1914, 1254 (1256); LR[19]-*Hartung*, § 86 Anm. 3a, S. 275; *Mayer*, Augenscheinseinnahme, S. 33; *Plank*, Deutsches Strafverfahren, S. 224; *Schaffrath*, Körperliche Durchsuchung, S. 58 f.; diesbezüglich i. Erg. ebenso *Ehrenfreund*, GA 53 (1906), 19 (25 f.).

insbesondere durch die neu hergestellten verfassungsrechtlichen Bezüge und die Rechtsprechung des *Bundesverfassungsgerichts*.[212]

Insgesamt bleibt dennoch festzuhalten, daß der Frage, ob mit dem staatlichen Zugriff auf den menschlichen Körper zum Zwecke der Wahrheitserforschung nicht eine inquisitorische Grundhaltung verbunden ist, kaum Beachtung geschenkt wurde.

bb) Erforderlichkeit einer Rechtsgrundlage

Obwohl grundsätzlich Einigkeit über das Bestehen einer Duldungspflicht bestand, konnte in der Frage der Rechtsgrundlage und des von der Duldungspflicht betroffenen Personenkreises keine Einigung erzielt werden. Dieser Diskussion kam von Anfang an eine besondere Bedeutung zu, weil im Zuge der Aufklärung das Recht auf die Freiheit der Person Eingang in die Verfassungen verschiedener deutscher Einzelstaaten gefunden hatte und vielfach mit einem Gesetzesvorbehalt versehen worden war.[213]

Da die körperliche Untersuchung keine ausdrückliche Erwähnung in der Strafprozeßordnung gefunden hatte, fehlten auch Vorschriften über ihre Durchsetzung. Das Fehlen einer solchen Rechtsnorm wurde aber zumeist nicht als bewußte Entscheidung des Gesetzgebers gewertet, derartige Maßnahmen nicht in die neue, für das gesamte Deutsche Reich geltende Strafprozeßordnung aufzunehmen.[214] Dies verwundert im Hinblick auf den langen Beratungsverlauf und inhaltliche Kontroversen bei Entstehung der Strafprozeßordnung.[215] Es wurde lediglich von einer „groben Unachtsamkeit"[216] des Gesetzgebers gesprochen, dieses häufig einzige Mittel zur Wahrheitserforschung mit großer praktischer Bedeutung[217] nicht in der Strafprozeßordnung genannt zu haben. Dementsprechend wurde argumentiert, die körperliche Untersuchung sei im Interesse der Wahrheitsforschung unentbehrlich, so daß der Betroffene sie zu dulden habe.[218] In die gleiche Richtung zielt die Argumentation, die Strafgerichte seien mit einer umfassenden Zwangsgewalt ausgerüstet. Im Interesse der Erfüllung ihrer Aufgaben seien sie befugt, jedes Mittel, also auch die körperliche Untersuchung, notfalls zwangsweise durchzusetzen.[219]

---

212 Dazu ausführlich Kapitel 4 III 2 b) bb).

213 Andere Formulierungen lauteten „persönliche Freiheit" oder „Sicherheit der Person". Vgl. die Nachweise bei *Beling*, ZStW 15 (1895), 471 (478 ff.) und *Fiebig*, Untersuchung des menschlichen Körpers, S. 9 f.

214 Ebenso die nachträgliche Bewertung von *Dzendzalowski*, Körperliche Untersuchung, S. 120.

215 Vgl. dazu LR-*Rieß*, Einl. Abschn. E Rn. 5 ff. m.w.N.

216 *Graf zu Dohna*, Strafverfahren, S. 120.

217 *Graf zu Dohna*, Strafverfahren, S. 120; ähnlich; *v. Kries*, Strafprozeßrecht, S. 410.

218 *Mayer*, Augenscheinseinnahme, S. 33; *Plank*, Deutsches Strafverfahren, S. 224 f.; *Rosenmeyer*, Gerichtssaal Bd. LXIII (1904), 41 f.; *Ullmann*, Deutsches Strafprocessrecht, § 85, S. 339.

219 *Glaser*, Handbuch des Strafprozesses, § 81, S. 273 f.

Gegen diese rein an kriminalpolitischen Interessen orientierte Argumentation wurde eingewandt, es handele sich nicht mehr um die Auslegung geltenden, sondern um die Schaffung neuen Rechts. Mit einer derartigen Begründung lasse sich im Endeffekt alles rechtfertigen.[220] Dies widersprach aber dem Gedanken, Eingriffe in die persönliche Freiheit bedürften einer Rechtsgrundlage, welcher durch den in einzelnen Verfassungen normierten Gesetzesvorbehalt für Eingriffe in das Recht auf die Freiheit der Person aufgenommen worden war. Damit wurde ein gewandeltes Staatsverständnis zum Ausdruck gebracht, in dem der einzelne gegen staatliche Beeinträchtigungen geschützt werden sollte.[221] Spätestens nachdem auch in der Verfassung des Deutschen Reichs vom 11. August 1919 die Freiheit der Person in Art. 114 I 1 WRV als Grundrecht aufgeführt und durch Art. 114 I 2 WRV mit einem Gesetzesvorbehalt versehen worden war,[222] bedurfte die körperliche Untersuchung, welche als Eingriff in die persönliche Freiheit angesehen wurde,[223] einer gesetzlichen Regelung. Da außerprozessuale Normen als nicht einschlägig erachtet wurden,[224] mußte die Duldungspflicht aus den Vorschriften der Strafprozeßordnung abgeleitet werden.

cc) Betroffener Personenkreis

Teilweise wurde vertreten, dem Recht des Richters zur Augenscheinseinnahme entspreche die Duldungspflicht des Betroffenen. Da dies im Gesetz nicht ausdrücklich geregelt war, zog man unterstützend § 89 der Einleitung zum Allgemeinen Landrecht für die Preußischen Staaten von 1794 heran: „Wem die Gesetze ein Recht geben, dem bewilligen sie auch die Mittel, ohne welche dasselbe nicht ausgeübt werden kann."[225] Teilweise wurde auch aus der Zulässigkeit der Augenscheinseinnahme auf die Duldungspflicht geschlossen.[226] Verknüpft wird diese Überlegung teilweise mit dem historischen Argument, in älteren Prozeßordnungen sei die Duldungspflicht ausdrücklich angesprochen bzw. in der

---

[220] *Beling*, ZStW 15 (1895), 471 (486); *R. Frank*, ZStW 12 (1892), 277 (333).

[221] *Beling*, ZStW 15 (1895), 471 (480).

[222] Art. 114 I WRV lautete: „Die Freiheit der Person ist unverletzlich. Eine Beeinträchtigung oder Entziehung der persönlichen Freiheit durch die öffentliche Gewalt ist nur auf Grund von Gesetzen zulässig."

[223] Bereits zuvor *Beling*, ZStW 15 (1895), 471 (478 ff.); *v. Liszt*, Reform des Strafverfahrens, S. 41; *Rosenmeyer*, Gerichtssaal Bd. LXIII (1904), 41 (48). Für die Weimarer Republik: *G. Arndt*, Durchsuchung des menschlichen Körpers, S. 34; *Fiebig*, Untersuchung des menschlichen Körpers, S. 9 f.; *Gerland*, Deutscher Strafprozess, § 71 S. 231; *Klaus*, Duldungspflicht körperlicher Untersuchungen, S. 33 ff.; *Rosenfeld*, Deutsches Strafprozeßrecht, § 44 S. 39; *Schaffrath*, Körperliche Durchsuchung, S. 1; *Wachinger*, JW 1932, 3041 (3043).

[224] Dazu ausführlich *Schaffrath*, Körperliche Durchsuchung, S. 30 ff.

[225] So z.B. *Delius*, LZ 1914, 1254 (1255); LR[19]-*Hartung*, § 86 Anm. 3b S. 276; ähnlich *Schaffrath*, Körperliche Durchsuchung, S. 44 f. Vollständige Textausgabe von *Hattenhauer*, Allgemeines Landrecht.

[226] So bereits *Mayer*, Augenscheinseinnahme, S. 33; später LR[19]-*Hartung*, § 86 Anm. 3b S. 276; *Rosenmeyer*, Gerichtssaal Bd. LXIII (1904), 41 (46).

Rechtswissenschaft vorausgesetzt worden. Der Gesetzgeber der Reichsstrafprozeßordnung habe hieran nichts ändern wollen.[227] Dem Gesetzesvorbehalt des Art. 114 I 2 WRV wurde damit allerdings nicht entsprochen.
Aus diesem Grunde wurde auch argumentiert, die körperliche Untersuchung diene dem Auffinden von Gegenständen, welche der Beschlagnahme unterliegen. Ihre prozessuale Verwertung erfolge durch Augenscheinseinnahme, so daß die Verpflichtung zur Duldung des Augenscheins in dem Umfang bestehe, in dem die Beschlagnahme geduldet werden müsse.[228] Trotz dieser weitreichenden Befugnisse wurde darauf verwiesen, der Vorteil der Anwendung des § 86 StPO liege darin, daß im Gegensatz zur Durchsuchung nach § 103 StPO die Anordnung durch einen Richter erforderlich sei, wohingegen die Durchsuchung auch von der Staatsanwaltschaft und ihren Hilfsbeamten angeordnet werden könne.[229]
Die Durchsuchungslösung andererseits bot zumindest nach dem Gesetzeswortlaut die Möglichkeit, die Zulässigkeit der körperlichen Untersuchung auf einen eingeschränkteren Personenkreis zu reduzieren.[230]
§ 102 erklärte die Durchsuchung von Räumen, Sachen und Personen bei Verdächtigen für zulässig. Daran schloß sich § 103 an:

> Bei anderen Personen sind Durchsuchungen nur zulässig, wenn Tatsachen vorliegen, aus denen zu schließen ist, daß die gesuchte ... Spur oder Sache sich *in den zu durchsuchenden Räumen* befinde.[231]

Während § 102 StPO ausdrücklich die Durchsuchung verdächtiger Personen gestattete, war in § 103 StPO die Personendurchsuchung bei unverdächtigen Personen nicht genannt. Deswegen wurde überwiegend die Ansicht vertreten, eine Durchsuchung bei anderen Personen als dem Verdächtigen sei aufgrund des entgegenstehenden Wortlauts des § 103 StPO unzulässig.[232] Teilweise ging man

---

[227] *V. Kries*, Strafprozeßrecht, S. 410; *Schaffrath*, Körperliche Durchsuchung, S. 44.

[228] *V. Kries*, Strafprozeßrecht, § 51, S. 409 f.; i. Erg. ebenso *Rosenmeyer*, Gerichtssaal Bd. LXIII (1904), 41 (46) und für Zeugen ohne Zeugnisverweigerungsrecht *Ehrenfreund*, GA 53 (1906), 19 (21 f.);. ähnlich *G. Arndt*, Durchsuchung des menschlichen Körpers, S. 29, der aber ausführt, die körperliche Untersuchung sei analog der Augenscheinseinnahme nur zulässig, wenn die Voraussetzungen der Beschlagnahme oder Durchsuchung vorlägen. A.A. *Gerland*, Deutscher Strafprozeß, § 71, S. 230 f., der die Meinung vertritt, die Zulässigkeit von Zwang zur Erzwingung des Augenscheins sei nicht geregelt. Gegenüber dem Beschuldigten sei die Zwangsanwendung als minus zur zulässigen Untersuchungshaft aber gestattet; ähnlich *Rosenfeld*, Deutsches Strafprozeßrecht, § 44, S. 39.

[229] *Schaffrath*, Körperliche Durchsuchung, S. 58.

[230] *Beling*, ZStW 15 (1895), 471 ff.

[231] Hervorhebung von Verfasserin.

[232] *G. Arndt*, Durchsuchung des menschlichen Körpers, S. 30; *Beling*, ZStW 15 (1895), 471 (499); *R. Frank*, ZStW 12 (1892), 277 (334); *Geyer*, Strafprozeßrecht, S. 563; *v. Liszt*, DStrZ 4 (1917), 444 (445); LR[19]-*Hartung*, § 86 Anm. 3 a; *Rosenfeld*, Reichs-Strafprozeß, § 61 S. 186; *Ullmann*, Strafprocessrecht, § 81 S. 318.

jedoch von der Zulässigkeit der Durchsuchung auch bei unverdächtigen Personen aus. Allerdings war umstritten, ob ein Zeugnisverweigerungsrecht den unverdächtigen Betroffenen dazu berechtigte, die körperliche Untersuchung zu verweigern.[233]

dd) Körperliche Eingriffe – Integritätsverletzungen

Beide Rechtsgrundlagen ermöglichten Untersuchungen, durch welche die körperliche Integrität nicht verletzt wurde. Hierzu wurden auch die Verwendung von Augen-, Ohren- oder Kehlkopfspiegeln sowie die Durchleuchtung des Körpers mit Röntgenstrahlen gezählt.[234]

Umstritten war hingegen die Zulässigkeit von Eingriffen beim Beschuldigten, welche die Substanz des Körpers verletzen. Dabei war unklar, wo die Grenze zwischen zulässiger Untersuchung und den nach ganz überwiegender Ansicht[235] unzulässigen körperlichen Eingriffen zu ziehen sei.

Überwiegend wurde das Abnehmen oder Schneiden der Haar- und Barttracht noch für zulässig erachtet.[236] Es wurde darauf verwiesen, das Haar wachse regelmäßig nach.[237] Die körperliche Integrität werde hierdurch nicht im eigentlichen Sinne verletzt, da der Betroffene den Eingriff regelmäßig auch selbst vornehme.[238] Für *Delius* folgt die Zulässigkeit dieser Maßnahme allein gegenüber dem Beschuldigten „aus der Erwägung, daß die Täter oder Teilnehmer keine

---

233 Dafür *Beling*, ZStW 15 (1895), 471 (489 ff); mit anderer Begründung *Ehrenfreund*, GA 53 (1906), 19 (25 f.); LR[19]-*Hartung*, § 86 Anm. 3 a, anders allerdings in bezug auf die Augenscheinseinnahme; dagegen *Glaser*, Handbuch des Strafprozesses, § 82 S. 291; *Friedrichs*, Zeitschrift für Deutschen Civilprozess Bd. XIX (1894), 390 (405); *Klaus*, Duldungspflicht körperlicher Untersuchungen, S. 113; *v. Kries*, Strafprozeßrecht, *S. 410*; *Rosenberg*, Reichs-Strafprozeß, § 61, S. 186. Vgl. dazu auch den Überblick bei *Schaffrath*, Körperliche Durchsuchung, S. 5 f. m.w.N.

234 *G. Arndt*, Durchsuchung des menschlichen Körpers, S. 41 f.; *Elwert*, DRiZ 1927, 188 (189); *Fiebig*, Untersuchung des menschlichen Körpers, S. 22; *Mayer*, Augenscheinseinnahme, S. 53; *Schaffrath*, Körperliche Durchsuchung, S. 61; bezügl. Kehlkopfspiegelung a.A. *Klaus*, Duldungspflicht körperlicher Untersuchungen, S. 58.

235 *G. Arndt*, Durchsuchung des menschlichen Körpers, S. 41 und 77; *Beling*, ZStW 15 (1895), 471 (494 f.); *ders.*, Beweisverbote, S. 12; *Bennecke/Beling*, Reichs-Strafprozeßrecht, § 85, S. 337; *Gerland*, Deutscher Strafprozess, S. 139 und 230 mit Fn. 328; *Mayer*, Augenscheinseinnahme, S. 53; *Klaus*, Duldungspflicht körperlicher Untersuchungen, S. 58; *Schaffrath*, Körperliche Durchsuchung, S. 63; *Schorn*, DRiZ 1931, 89 (90).

236 *Delius*, LZ 1914, 1254 (1256); *Fiebig*, Untersuchung des menschlichen Körpers, S. 23; *Gerland*, Deutscher Strafprozess, S. 139; *Rosenberg*, Reichs-Strafprozeß, § 61, S. 187 mit Fn. 6; *Schaffrath*, Körperliche Durchsuchung, S. 64; differenzierend *Klaus*, Duldungspflicht körperlicher Untersuchungen, S. 57; a.A. *v. Kries*, ZStW 6 (1886), 88 (146 in Fn. 52); zweifelnd *Beling*, Beweisverbote, S. 11 f.

237 *Fiebig*, Untersuchung des menschlichen Körpers, S. 23; a.A. für die Durchführung bei Frauen *Klaus*, Duldungspflicht körperlicher Untersuchungen, S. 56 f.

238 *G. Arndt*, Durchsuchung des menschlichen Körpers, S. 41; *Schaffrath*, Körperliche Durchsuchung, S. 64.

Befugnis haben, der Strafrechtspflege beliebige Hindernisse zu bereiten".[239] Auch hier wird zur Begründung der Zulässigkeit eines Eingriffs in die Freiheitssphäre des Beschuldigten wieder mit der noch nicht festgestellten Schuld des Betroffenen und dem Vorrang des staatlichen Strafverfolgungsinteresses argumentiert.

Gegen die nach herrschender Meinung bestehende Unzulässigkeit von Blutproben bringt *Fiebig* ein ganz ähnliches Argument vor. „Wer sich gegen die Blutentnahme sträubt, tut das in keinem Falle aus dem Gefühl heraus, daß sein Körper verletzt wird, sondern aus Schuldbewußtsein oder aus Schikane. Wo ist hier überhaupt ein Schutzbedürfnis?"[240]

Ob über die genannten Fälle hinaus Eingriffe in die körperliche Integrität zulässig seien, war umstritten. Am weitestgehenden war die Ansicht *Rosenbergs*, der körperliche Eingriffe, wie die Anwendung von Magenpumpe und Brechmitteln oder Operationen, z.B. zur Feststellung, ob ein verschiebbares Teil im Körper ein Schrotkorn sei, für zulässig hielt, solange sie keine erhebliche, insbesondere dauernde Schädigung des Verdächtigen hervorriefen.[241] *Alsberg* hielt die Vergabe von Brechmitteln und die Blutprobenentnahme für zulässig, wenn nach Auffassung des Gerichts ein überwiegendes Interesse an der Vornahme dieser Maßnahmen bestünde. Bezüglich der Blutentnahme vermochte er allerdings kein derartiges Interesse des sich Weigernden zu erkennen.[242]

Dem wurde jedoch entgegengehalten, der Wortlaut der §§ 86 und 102 ff. StPO setze dem Zugriff auf den menschlichen Körper insoweit eine Grenze, als er Eingriffe in die körperliche Integrität nicht decke.[243] Allerdings wurde auch betont, de lege ferenda sei eine gesetzliche Grundlage zur Legitimation von körperlichen Eingriffen wünschenswert.[244]

Die von vielen Autoren als Reaktion auf die Ausführungen *Rosenbergs* ausdrücklich für unzulässig erklärte Brechmittelvergabe hat *Klaus* zudem mit dem nemo tenetur-Gedanken in Verbindung gebracht. Seiner Ansicht nach erzeugt die Vergabe von Vomitivmitteln eine unwillkürliche Bewegung des Beschuldigten. Der Beschuldigte gebe einen seiner Überführung dienlichen Gegenstand von sich und trage so zur Ermittlung des Sachverhalts bei, wenn auch nur durch eine Reflexbewegung. Das Vorgehen sei vergleichbar mit der Folter

---

239 *Delius*, LZ 1914, 1254 (1256).

240 *Fiebig*, Untersuchung des menschlichen Körpers, S. 22.

241 *Rosenberg*, Reichs-Strafprozeß, § 61 S. 187 mit Fn. 6; zustimmend *Fiebig*, Untersuchung des menschlichen Körpers, S. 22.

242 *Alsberg*, JW 1931, 69.

243 *G. Arndt*, Durchsuchung des menschlichen Körpers, S. 38 ff. und 77; *Beling*, Beweisverbote, S. 12; *Mayer*, Augenscheinseinnahme, S. 53; *Klaus*, Duldungspflicht körperlicher Untersuchungen, S. 56 ff.; *Wachinger*, JW 1932, 3041 (3043 f.)

244 *Beling*, Beweisverbote, S. 11; *Elwert*, DRiZ 1927, 188 (189); *Mayer*, Augenscheinseinnahme, S. 53.

zur Aussageerzwingung. Der Beweis werde im Widerspruch zu § 136 StPO erzwungen und sei als unzulässig anzusehen, da es an einer gesetzlichen Grundlage fehle.[245] Der Hinweis auf die fehlende gesetzliche Grundlage deutet darauf hin, daß der nemo tenetur-Gedanke nicht als absolut geltender Gedanke im Strafprozeß galt. Dennoch vertrat *Klaus* einen Standpunkt, den 1997 auch das *OLG Frankfurt* im Zusammenhang mit der Brechmittelgabe vertreten hat.[246] Allerdings hat diese Idee zum damaligen Zeitpunkt keine Beachtung gefunden.

ee) Zusammenfassung

Die gesamte Thematik war geprägt von der grundsätzlichen Fragestellung, wie weit und unter welchen Voraussetzungen der Staat zur Durchsetzung seiner Interessen in die Freiheit des einzelnen eingreifen darf. Wenn einerseits versucht wurde, die körperliche Untersuchung unter bereits vorhandene Eingriffsnormen der Strafprozeßordnung zu subsumieren, und eine rein an kriminalpolitischen Interessen orientierte Argumentation abgelehnt wurde, so zeigt sich hier ein gewandeltes, rechtsstaatlicheres (Staat-)Verständnis, welches grundsätzlich anerkennt, daß Eingriffe in die Freiheitssphäre des Beschuldigten einer gesetzlichen Legitimation bedürfen. Nicht erst mit der Anerkennung der Freiheit der Person in Art. 114 I WRV als Grundrecht wurden körperliche Untersuchungen als Eingriff in die Freiheitssphäre des Betroffenen bewertet. Wenn darüber hinaus die Zulässigkeit körperlicher Eingriffe gegenüber dem Beschuldigten verneint wurde, so zeigt sich zudem die Erkenntnis, daß das staatliche Interesse an der Wahrheitserforschung eine Grenze auch dort finden kann, wo der Eingriff in die Freiheitssphäre des Beschuldigten nicht durch den Gesetzgeber in einem demokratischen Willensbildungsprozeß legitimiert wurde.

Außerdem hat sich dort, wo festgestellt wird, den Beschuldigten treffe weder eine Aussage- noch Mitwirkungspflicht, die Ansicht durchgesetzt, daß die Wahrheit nicht um jeden Preis erforscht werden darf. Die diesen Überlegungen entgegengesetzte bejahte Zulässigkeit körperlicher Untersuchungen wird damit begründet, der Beschuldigte sei zwar nicht verpflichtet, sich *aktiv* an seiner Überführung zu beteiligen. Prozeßakte, an denen er nur *passiv* beteiligt sei, müsse er allerdings dulden.

Dem entgegengesetzten Standpunkt läßt sich eine inquisitorische Grundhaltung entnehmen. Es wird behauptet, der Staat habe allein durch die Begehung der Straftat ein Anrecht auf existierende Beweise erworben. Was der Wahrheitsermittlung dient, müsse für das Strafverfahren auch nutzbar gemacht werden. Kriminalpolitische Interessen scheinen eine ausreichende Legitimation für staatliche Eingriffe in die Freiheitssphäre des Bürgers zu sein. In engem Zusammenhang dazu steht die Gleichsetzung des Beschuldigten mit dem schuldigen „Verbrecher". Diesem Trugschluß fielen allerdings auch jene anheim, welche die Inter-

---

[245] *Klaus*, Duldungspflicht körperlicher Untersuchungen, S. 56 ff.

[246] Dazu ausführlich unten Kapitel 4 III 2 b) aa).

essen des Bürgers und den Gesetzesvorbehalt dem staatlichen und gesellschaftlichen Interesse an der Wahrheitsermittlung gegenüberstellten, wie die Ausführungen des *Reichsgerichts* zu zeigen vermögen.

d) Die Auffassung des Reichsgerichts

Die grundlegende Entscheidung des *Reichsgerichts* aus dem Jahre 1886[247] ist symptomatisch für die allgemeine Verwirrung hinsichtlich der Thematik der körperlichen Untersuchungen und Eingriffe. Sie führte letztlich dazu, daß die Problematik Aufnahme in den Fragebogen der Reichstagskommission für die Reform des Strafprozesses fand[248] und soll hier ausführlich wiedergegeben werden, da sie die Rechtspraxis bestimmte und die Reformdiskussion entscheidend prägte.
In dem zugrundeliegenden Fall ging es um die körperliche Untersuchung von Zeugen. Das Gericht äußerte sich dabei ausführlich zur Frage der Duldungspflicht bei derartigen Maßnahmen. Zwei Zeuginnen, an denen der Angeklagte unzüchtige Handlungen vorgenommen, insbesondere auch den Beischlaf vollzogen haben sollte, hatten sich erstinstanzlich geweigert, eine Untersuchung zu dulden, die ihre fortbestehende Jungfräulichkeit bestätigen sollte. Infolgedessen lehnte der Tatrichter einen entsprechenden Beweisantrag des Angeklagten im Hinblick auf die Weigerung der Zeuginnen ab.

In seiner Revision hatte der Angeklagte daraufhin eine Verletzung der §§ 69ff. und 86ff. StPO gerügt. Der entscheidende Zweite Strafsenat stellte zunächst klar, es handele sich bei der beantragten körperlichen Untersuchung der Zeuginnen nicht um einen Antrag auf die Einnahme richterlichen Augenscheins, sondern vielmehr um einen Sachverständigenbeweis. Auch wenn diesem eine Untersuchung vorangehen solle, setze der Beweis durch Sachverständige „regelmäßig eine Untersuchung von Gegenständen (sachlichen Beweismitteln) und einen Bericht über das Ergebnis der Untersuchung (Befund)“ voraus.[249] Darüber hinaus widersprach das Gericht der Auffassung des Angeklagten, die körperliche Untersuchung unterfalle dem Bereich des Zeugnisses. Zwischen der Pflicht, körperliche Untersuchungen dulden zu müssen und damit „als Gegenstand eines Beweises zu dienen“ und der Zeugnispflicht nach den §§ 69ff. StPO bestünden keine Gemeinsamkeiten. Daher schließe die Untersuchung einer Person, die von ihrem Zeugnisverweigerungsrecht Gebrauch mache, auch nicht ihre körperliche Untersuchung aus.[250]

---

[247] RGSt 14, 189.

[248] *G. Arndt*, Durchsuchung des menschlichen Körpers, S. 44; *Mayer*, Augenscheinseinnahme, S. 51; *Schaffrath*, Körperliche Durchsuchung, S. 65.

[249] RGSt 14, 189 (190f.).

[250] RGSt 14, 189 (191).

Damit wird die Duldungspflicht bereits vorausgesetzt, bevor der Senat sie argumentativ begründet hat. Bezeichnend ist an diesen Ausführungen, daß der zu untersuchende Körper des Menschen als Gegenstand bezeichnet wird. Dieselbe Bezeichnung findet sich im übrigen auch in der Literatur.[251] Allein auf diese gegenständliche Betrachtungsweise stützt der Senat seine Überlegung, es gebe zwischen der Zeugenaussage und dem Beweis durch eine körperliche Untersuchung keine Gemeinsamkeiten. Die heute noch geltende Differenzierung zwischen dem Wissen einer Person und der physischen Informationsquelle Körper wird ohne weitere Begründung der Entscheidung zugrunde gelegt.
Entgegen den Ausführungen des Tatgerichts war der entscheidende Senat der Auffassung, die körperliche Untersuchung hätte trotz der Weigerung der Zeuginnen notfalls unter Anwendung von Zwang durchgeführt werden müssen. Seiner Ansicht nach beruhte der ablehnende Beweisbeschluß des Tatgerichts auf der Rechtsansicht, ein Zwang zur Duldung der Besichtigung von Körperteilen sei zumindest gegen andere Personen als den Angeklagten unzulässig, weil er sich aus dem Gesichtspunkt der Zeugnispflicht nicht rechtfertigen lasse. Die damit zusammenhängende Auffassung, dem Strafrichter seien „nur diejenigen Zwangsmittel gestattet, welche das Gesetz bezeichne, zur Untersuchung des Körpers einer Person sei aber ein Zwangsmittel im Gesetze nicht gewährt",[252] trifft nach Ansicht des entscheidenden Senats nicht zu. Folge man der Auffassung des Tatgerichts, sei die Wirksamkeit der Strafverfolgung vielfach von dem Belieben einzelner abhängig und entzöge dem Angeklagten Verteidigungsmittel, insbesondere bei Delikten, welche in die geschlechtliche Sphäre fielen. Indem der Tatrichter der staatlichen Strafgewalt die Verpflichtung auferlege, von einer grundsätzlich zulässigen Maßnahme abzusehen, weil der Betroffene sie nicht dulden wolle, verkenne er offenbar „die Stellung des einzelnen gegenüber der staatlichen Strafgewalt". Soweit das Gesetz keine Einschränkungen vorsehe, sei vielmehr dem Gericht mit der Berechtigung, eine bestimmte Maßnahme durchzuführen, auch die Befugnis gegeben, entgegengesetzten Widerstand zu überwinden.[253]
Die Duldungspflicht körperlicher Untersuchungen begründet das Gericht anhand von rein praktischen Gesichtspunkten. Der staatlichen Strafgewalt wird eindeutig der Vorrang vor Individualinteressen der am Strafverfahren beteiligten Personen eingeräumt. Die Entscheidung über die Erhebung von personengebundenen Informationen soll nicht der betroffenen Person überlassen werden, sondern obliegt dem Richter, solange das Gesetz keine Einschränkungen vorsieht. Diesem eindeutig gewährten Vorrang staatlicher Interessen können bei dieser Grundsatzentscheidung ergänzend die Verteidigungsrechte des Angeklagten zur Seite gestellt werden. Diesen könnte allerdings auch durch eine konsequente Anwendung des

---

[251] Vgl. z.B. *Beling*, ZStW 15 (1895), 471.
[252] RGSt 14, 189 (191 f.).
[253] RGSt 14, 189 (192); zustimmend *Delius*, LZ 1914, 1254.

in dubio pro reo-Satzes Rechnung getragen werden. Zudem darf nicht aus den Augen verloren werden, daß die ganz überwiegende Meinung im Schrifttum von einer Verpflichtung des Beschuldigten zur Duldung körperlicher Untersuchung ausging, gerade weil dies der Wahrheitsermittlung und damit auch der Schuldfeststellung zuträglich war.

Im weiteren äußert sich der Senat zum Verhältnis von richterlichem Augenschein und Sachverständigenbeweis. Er führt aus, zu den Dienstpflichten des Richters gehöre, auf das Schamgefühl der Zeuginnen Rücksicht zu nehmen und gegebenenfalls von Maßregeln Abstand zu nehmen, welche dieses verletzen könnten, wenn andere, gleich zielführende Mittel zur Verfügung stünden. Soweit die Maßnahme nicht umgangen werden könne, weil das Schamgefühl hinter den Interessen der Rechtspflege zurücktreten müsse, sei die schonendste Form zu wählen, indem der Richter auf den richterlichen Augenschein verzichte und stattdessen eine ärztliche Untersuchung anordne.[254]
Damit stellt das Gericht ohne nähere Begründung fest, es handele sich bei der Betrachtung des menschlichen Körpers, insbesondere der weiblichen Geschlechtsteile, zum Zwecke der Beweisaufnahme grundsätzlich um eine Augenscheinnahme. Diese Argumentation impliziert, daß das Gericht in der Lage wäre, die Jungfernschaft der Zeuginnen durch die Einvernahme richterlichen Augenscheins selbst festzustellen und die Vornahme des Augenscheins nur aus Gründen der Rücksichtnahme auf das Schamgefühl der Zeuginnen auf eine andere Person überträgt, die dann als Sachverständiger über die Ergebnisse der Untersuchung berichtet. Die Entscheidung fügt sich damit in das Gesamtgefüge der Reichsgerichtsentscheidungen zum Sachverständigenbeweis ein: Das *Reichsgericht* vertrat über lange Zeit die Ansicht, ein Sachverständiger müsse nur in den durch das Gesetz bestimmten Fällen am Verfahren beteiligt werden. Ansonsten sei der Tatrichter auch in Fällen, in denen die Beurteilung des Sachverhalts eine besondere Sachkunde erfordere, nicht zur Hinzuziehung eines Sachverständigen verpflichtet. Vielmehr könne er ohne Anhörung eines Sachverständigen entscheiden, wenn er sich die erforderliche Sachkunde selbst zutraue.[255] Das *Reichsgericht* modifizierte diese Rechtsprechung erst im Jahre 1927. Die Zuziehung eines Sachverständigen sollte demnach nur dann unterlassen werden dürfen, wenn der Richter nach der Erfahrung des Lebens eine eigene Sachkunde haben konnte.[256]
Soweit das Gericht die Einnahme des Augenscheins an einen Sachverständigen überträgt, stellt sich die Frage nach möglichen Zwangsbefugnissen. Diesbezüglich führt der Senat aus, dem Sachverständigen stehe bei der Besichtigung nur

[254] RGSt 14, 189 (192f.).

[255] RGSt 3, 176 (177f.); 14, 276 (278); 25, 326 (327); 47, 100 (108); 51, 42; 52, 61 (62f.); zum ganzen ausführlich *Dippel*, Stellung des Sachverständigen, S. 27f.

[256] RGSt 61, 273; bestätigt durch RG, JW 1928, 2988; 1931, 1493f.; 1932, 3358.

die Zwangsgewalt zu, welche auch das Gericht zur Durchsetzung in Anspruch nehmen dürfe. Der Augenscheinnahme des Richters seien aber durch die §§ 94ff. StPO insoweit Schranken gesetzt, als der Inaugenscheinnahme eine Beschlagnahme oder eine Durchsuchung vorausgehen müsse. Die Untersuchung des Körpers sei bei mangelndem Einverständnis der Betroffenen also nur unter den Voraussetzungen einer Durchsuchung gemäß §§ 102, 103 StPO statthaft.[257] Die vom Angeklagten beantragte zwangsweise Untersuchung enthalte folglich der Sache nach eine Durchsuchung von Personen nach Spuren einer Straftat, die für entscheidungserhebliche Tatsachen als Beweismittel geeignet seien, wobei diese nach Auffassung des Gerichts entweder in Augenschein genommen oder durch einen Sachverständigen untersucht werden können.[258] Warum dem Sachverständigen die gleichen Zwangsbefugnisse wie dem Gericht zustehen sollen, wird dabei nicht näher ausgeführt.

Der Umfang der Zwangsbefugnisse und ihrer entsprechenden Duldungspflichten der Betroffenen mußte demnach den Regelungen über die Durchsuchung folgen. Bezüglich des Beschuldigten war eine Durchsuchung der Person gemäß § 102 StPO ausdrücklich zulässig. Für die Durchsuchung bei anderen Personen war § 103 StPO einschlägig. Diesbezüglich führt das Gericht aus, obwohl der Wortlaut des § 103 StPO ausdrücklich nur von Durchsuchungen „in den zu durchsuchenden Räumen“ spreche, treffe die Vorschrift keine Aussage darüber, was bei anderen Personen durchsucht werden dürfe, sondern greife diesbezüglich in den Eingangsworten[259] auf die Regelung des § 102 StPO zurück. Zur näheren Begründung führt der Senat aus: „ ... nimmermehr läßt sich annehmen, daß durch diese Worte [‚in den zu durchsuchenden Räumen’, U.E.], gewissermaßen durch eine verborgene Hinterthür, eine dem früheren Rechtszustande unbekannte, mit den Bedürfnissen der Rechtspflege kaum vereinbare, für die in der Praxis häufigsten Fälle, nämlich Durchsuchung übelbeleumdeter Personen, schwer zu rechtfertigende (vgl. §. 139 österr. St.P.O. von 1873), Beschränkung eingeführt werden sollte.“[260]
Auch wenn wenig später darauf hingewiesen wird, durch die §§ 102, 103 StPO sei trotz der klaren Zielsetzung der Suche nach Überführungsbeweisen die Suche nach Entlastungsbeweisen nicht ausgeschlossen,[261] wird doch eine entgegengesetzte Motivation der Argumentation an diesen Worten deutlich. Zum einen zeigt sich durch den Hinweis auf die in der Praxis am häufigsten betroffenen „übelbeleumdeten Personen“ die Auffassung des Senats, oft würden diejenigen Personen

257 RGSt 14, 189 (193 f.).
258 RGSt 14, 189 (194), bestätigt in RGSt 42, 440 f.
259 „Bei anderen Personen sind Durchsuchungen ...“
260 RGSt 14, 189 (194).
261 RGSt 14, 189 (195).

von Ermittlungsmaßnahmen betroffen sein, die aufgrund ihres Lebenswandels eine für sie nachteilige Behandlung verdient haben.
Darüber hinaus argumentiert der Senat rein an Zweckmäßigkeiten orientiert, daß nicht sein kann, was nicht sein darf. Das Zitat zeigt deutlich, daß sich der Senat aufgrund des eindeutig entgegenstehenden Wortlauts genötigt sah, zur Begründung der Zulässigkeit des Eingriffs auf höherrangige Interessen, in diesem Fall die „Bedürfnisse der Rechtspflege“, zurückzugreifen. Anstatt sich mit der Überlegung auseinanderzusetzen, ob nicht der Gesetzgeber der StPO bei der Schaffung des Gesetzes durchaus im Sinn gehabt haben könnte, die Erhebung bestimmter Beweise solle auch auf Kosten der Wahrheitsfindung nicht zulässig sein, zeigt sich ein an kriminalpolitischen Interessen orientiertes Zweckdenken, wenn ausgeführt wird, ein bisher unbekannter, noch dazu mit den Bedürfnissen der Rechtspflege kaum zu vereinbarender und diese beschränkender Rechtszustand sollte „nimmermehr“ eingeführt werden. Auf den Gedanken, daß es u.U. gerade den Bedürfnissen der Strafrechtspflege entsprechen könnte, bestimmte Beweise aus übergeordneten Gründen nicht zu erheben, kommt das Gericht nicht. Hierbei handelt es sich zugegebenermaßen um ein modernes Rechtsdenken. Es war aber zumindest in Ansätzen in der Reichsstrafprozeßordnung angelegt, diente diese doch dem Ziel, die Subjektstellung des Beschuldigten zu realisieren.[262]
Unabhängig davon ist die Argumentation des Gerichts bereits im ersten Schritt bei der Verknüpfung von Augenscheinseinnahme und Durchsuchung nicht überzeugend. Denn der richterliche Augenschein kann auch bei Gegenständen oder Personen eingenommen werden, die weder beschlagnahmt noch durchsucht werden können. So kann z.B. eine Wunde oder Narbe als Spur einer Körperverletzung auf nicht verhüllten Körperteilen ohne weiteres festgestellt werden, ohne daß dafür die betreffende Person durchsucht werden muß. Setzt die Augenscheinnahme nicht notwendig eine Durchsuchung des Körpers voraus, ist auch der zweite Schritt der Argumentation nicht zwingend, auf den richterlichen Augenschein seien die Befugnisse und Schranken der §§ 102, 103 StPO anzuwenden.
Aus beweisrechtlicher Sicht bedeutet die Entscheidung eine Verkoppelung der Augenscheinseinnahme mit der Durchsuchung. Sie beinhaltet eine Verknüpfung von Fragen der Beweiserhebung mit denen der Durchführung von Zwangsmaßnahmen, indem die Frage, ob und wie der Augenscheinsbeweis im Verfahren erhoben und verwertet werden darf, anhand der Regelungen über die Durchsuchung beantwortet wird, welche zunächst nur regelt, unter welchen Voraussetzungen ein Beweismittel gesucht werden darf.[263]

---

[262] Vgl. dazu auch unten Kapitel 4 III 2 b) bb).
[263] *Eb. Schmidt*, Lehrkommentar Teil II, § 86 Rn. 1.

2. Der Einfluß des medizinischen Fortschritts auf die Reformdiskussion

Der medizinische Fortschritt ermöglichte im Laufe der Zeit völlig neue Möglichkeiten der Informationserlangung. Es ist daher nur verständlich, wenn der Ruf laut wurde, diese Möglichkeiten für die Wahrheitsermittlung im Strafverfahren nutzbar zu machen. Der Zusammenhang zwischen Entstehungsgeschichte, Erweiterung des praktischen Anwendungsbereichs und der Entwicklung neuer Untersuchungsmethoden zeigt sich hier besonders deutlich und soll durch das Beispiel der Blutentnahme verdeutlicht werden.

a) Blutgruppenuntersuchung

Im Jahre 1902 wurde die Möglichkeit der Blutgruppenuntersuchung entdeckt und erlangte innerhalb von drei Jahrzehnten für zivilrechtliche Verfahren Bedeutung, in denen es um die Klärung der Vaterschaft, Ehelichkeit eines Kindes, aber auch um Mutterschaft und Ehescheidungsfragen ging. Durch die Feststellung der Blutgruppen der vermeintlich verwandten Personen konnten Vater- oder Mutterschaft zumindest ausgeschlossen werden. Die Untersuchung konnte in diesem Zusammenhang auch für strafrechtliche Verfahren Bedeutung erlangen, wenn es etwa um die Feststellung einer eidlichen Falschaussage in Vaterschaftsprozessen ging. Weitere strafrechtliche Anwendungsfälle waren Schwängerung infolge Verführung oder Notzucht, Blutschande, Sittlichkeitsverbrechen oder Totschlag und Mord.[264] Dabei war die Beweiskraft der Blutgruppenuntersuchung zunächst umstritten und darüber hinaus nur eingeschränkt zum Beweis geeignet, da sie eine Verwandtschaft nur ausschließen konnte, weil eine Übereinstimmung der Blutgruppen nicht notwendig auf eine Verwandtschaft hindeutet.
Hinsichtlich der Beweiskraft hatte das *Kammergericht Berlin* in den zwanziger Jahren mehrfach festgestellt, die bisherigen medizinischen Ergebnisse der ärztlichen Forschung reichten nicht aus, um anhand der Untersuchungsergebnisse die Unmöglichkeit der Vaterschaft in dem Sinne zu beweisen, wie es das Gesetz verlange. Zur Begründung wurde auf skeptische Stimmen der medizinischen Wissenschaft und bisher durchgeführte Testreihen mit nicht immer eindeutigen Ergebnissen verwiesen.[265] Nicht zuletzt auch aufgrund neuerer Forschungen mehrten sich in der Literatur allerdings Stimmen, die forderten, die Blutgruppenuntersuchung als Beweis anzuerkennen, da sie ein zuverlässiges Beweismittel sei, wenn sie ordnungsgemäß durchgeführt werde.[266]

---

[264] *Klaus*, Duldungspflicht körperlicher Untersuchungen, S. 69 ff.

[265] KG Berlin, JW 1927, 2862 ff. und 1929, 66 ff.; skeptisch ebenfalls die Schriftleitung der DRiZ, DRiZ 1929, 356 und 397; *Leonhard*, DJZ 1929, 135 (137 ff.).

[266] *Alsberg*, JW 1931, 69 ff.; *Böhmer*, DJZ 1926, 1607 (1610); *ders.*, Kriminalistische Monatshefte 1929, 145 (147); *Caro*, JW 1929, 2227 ff.; *Hellwig*, JW 1928, 870; *H. Sachs*, DJZ 1929, 542 ff.; *Straßmann*, JW 1930, 82; für Österreich *Sperl*, DJZ 1927, 1523 ff.; ebenso z.B. OLG Königsberg, JW 1930, 82.

Mehrere Justizministerien der Länder wiesen in den späten 20er Jahren auf die Möglichkeit der Blutgruppenbestimmung hin, so daß sie in zahlreichen Vaterschaftsprozessen die Grundlage für rechtskräftige Urteile wurde.[267] Die Technik der Blutgruppenuntersuchung wurde durch die Entdeckung weiterer Eigenschaften des Blutserums verbessert.[268] Nachdem sich die Bewertung der Beweiskraft seitens der medizinischen Sachverständigen dahingehend verändert hatte, daß sie bei sachkundiger Ausführung ein zuverlässiges Verfahren für gerichtliche Zwecke, wie z.B. die Untersuchung von Blutspuren, sei, gab das *Kammergericht* im Jahre 1930 seine Skepsis gegenüber der Beweiskraft von Blutgruppenuntersuchungen auf,[269] die zuvor ohnehin nur eine Mindermeinung in der Rechtsprechung der Oberlandesgerichte dargestellt hatte.[270] Im Jahre 1933 konstatierte der Jurist und Mediziner *Klaus*: „Mithin handelt es sich hier um ein jetzt anerkannt richtiges Beweismittel im Zivil- und Strafprozeß. Denn auch im Strafprozeß kann die Frage von großer Bedeutung sein, ob z.B. bei Verbrechen und Vergehen gegen das Leben das am Verdächtigen gefundene Blut von ihm selbst stammt oder stammen kann oder ob dies nicht der Fall ist, ferner, ob die Blutgruppe des Getöteten mit den an den Kleidern des Beschuldigten vorgefundenen Spuren übereinstimmt, was doch mindestens ein Verdachtsmoment für die Täterschaft wäre, wenn der Beschuldigte selbst einer anderen Blutgruppe angehört."[271]

Mit der Anerkennung der Beweiskraft von Blutgruppenuntersuchungen stellte sich aber auch die Frage nach der Zulässigkeit der zwangsweisen Blutprobenentnahme, die in der Literatur de lege lata konsequent für Zeugen wie auch für den Beschuldigten verneint worden war.[272] Auch das *Reichsgericht* stieß hier an die Grenzen seiner Durchsuchungslösung.

b) Rechtliche Grenzen der „Durchsuchungslösung"

Da eine Durchsuchung nur zum Zwecke des Auffindens von Beweismitteln, § 102 StPO, bzw. von Spuren einer Straftat, § 103 StPO, statthaft war, konnte eine Blutprobenentnahme nach Ansicht des Ersten Strafsenats zum Zwecke einer Blutgruppenuntersuchung in Meineidsverfahren nicht gegen den Willen des Betroffenen zwangsweise entnommen werden.[273] In dem ersten Verfahren, welches eine Blutgruppenuntersuchung zum Gegenstand hatte, hatte der Angeklagte

---

[267] Nachweise bei *Klaus*, Duldungspflicht körperlicher Untersuchungen, S. 70.; einschränkend *Huß*, Körperliche Untersuchung, S. 61.

[268] Dazu *Alsberg*, JW 1931, 69 (70f.); *Böhmer*, DJZ 1926, 1607ff.; *ders.*, Kriminalistische Monatshefte 1929, 145; *Huß*, Körperliche Untersuchung, S. 62.

[269] KG Berlin, JW 1930, 1605.

[270] Vgl. dazu *Hellwig*, JW 1930, 1556.

[271] *Klaus*, Duldungspflicht körperlicher Untersuchungen, S. 70.

[272] Siehe bereits oben 1. c) dd).

[273] RGSt 64, 160ff.; 66, 273ff.

im zivilrechtlichen Unterhaltsverfahren durch eidliche Aussage die Vaterschaft bezüglich eines Kindes bestritten und war nach der Feststellung seiner Vaterschaft durch das Zivilgericht wegen Meineids verurteilt worden, ohne daß eine Blutgruppenuntersuchung durchgeführt wurde. Der entscheidende Senat wies darauf hin, eine solche komme in Betracht, wenn der gesetzliche Vertreter des Kindes (hier Vormund) hierzu seine Einwilligung erteile. Eine gesetzliche Vorschrift, nach der am Verfahren nicht beteiligte Personen zur Duldung einer Blutprobenentnahme gezwungen werden könnten, bestehe jedoch nicht.[274]

In dem zweiten Verfahren, welches diese Thematik erörterte, stellte das Gericht fest, eine solche Vorschrift existiere auch nicht für Beschuldigte. Es bestehe allerdings keine Verpflichtung des Gerichts, betroffene Personen auf ihr Weigerungsrecht hinzuweisen.[275] Die Beschuldigte hatte hier unter Eid einen Mann als Vater ihres Kindes genannt, der nach der, in der zivilrechtlichen Berufungsinstanz von allen Beteiligten freiwillig durchgeführten, Blutgruppenuntersuchung nicht der Vater ihres Kindes sein konnte. Daraufhin wurde sie des Meineides angeklagt und nach einer weiteren, ebenfalls freiwilligen Blutgruppenuntersuchung mit demselben Ergebnis verurteilt. Zum einen vertrat das Gericht die Auffassung, die erste im zivilgerichtlichen Verfahren erteilte Einwilligung zur Blutprobenentnahme wirke im Strafverfahren fort. Aber selbst, wenn man dieser Einwilligung keine Bedeutung beimäße, hätte die Beschuldigte der Aufforderung zur zweiten Blutentnahme widersprechen können. Der nachträgliche Widerspruch der Angeklagten bezüglich der Verwertung in der Hauptverhandlung des Strafverfahrens stehe der Verwertung jedenfalls nicht entgegen, da Wahrnehmungen, die ein Sachverständiger aufgrund eines Beweisbeschlusses oder der Anordnung eines Untersuchungsrichters mache, nicht unter das Gutachtenverweigerungsrecht des Sachverständigen gemäß den §§ 53 I Nr. 3 und 2 i.V.m. § 76 StPO fielen.[276]
Das Gericht verkennt dabei, daß die Beschuldigte hier durch die Einwilligung eine Handlung vorgenommen hat, die mittelbar zu ihrer Selbstbelastung führt. Es hätte daher zumindest nahe gelegen zu überlegen, inwieweit hier im Hinblick auf das nemo tenetur-Prinzip eine Aufklärungspflicht des Gerichts bestand und ob sich dieser Grundsatz auf die im Zivilverfahren gewonnenen Erkenntnisse auswirkt.

c) Nachweis der Blutalkoholkonzentration

Die Diskussion über die Verwendung menschlichen Blutes zu Beweiszwecken im Strafverfahren blieb nicht auf die Blutgruppenuntersuchung beschränkt. Im gleichen Zeitraum gewann auch der Nachweis der Blutalkoholkonzentration

---

[274] RGSt 64, 160 (162).
[275] RGSt 66, 273 (275). Vgl. auch KG Berlin, DJZ 1929, 1348.
[276] RGSt 66, 273 (274).

(BAK) in der forensischen Praxis an Bedeutung und bot somit auch die Möglichkeit der gerichtlichen Verwertung, etwa bei Fragen der Schuldfähigkeit nach § 51 StGB a.F. Ein erheblicher Anteil der Straftaten, insbesondere bei Gewaltdelikten, wurde unter Alkoholeinfluß begangen.[277] Aber auch bei den „in der neuesten Zeit sich häufenden täglichen Automobilunfällen, deren häufigste Ursachen die akute Vergiftung der Fahrer durch Alkohol sind“,[278] war die Feststellung der BAK relevant.

Bis 1933 war der Tatbestand der Volltrunkenheit nicht normiert worden. Erst die Nationalsozialisten fügten den Tatbestand der Volltrunkenheit als § 330a StGB mit dem *Gesetz gegen gefährliche Gewohnheitsverbrecher und über Maßregeln der Sicherung und Besserung* in das Strafgesetzbuch ein.[279] Damit stand die Schuldunfähigkeit des Beschuldigten einer Verurteilung entgegen. Wie heute war die verminderte Schuldfähigkeit strafmildernd zu berücksichtigen. Die Beweisführung durch Aussagen von Beschuldigten oder Zeugen wurde als fehleranfällig und schwierig angesehen.[280] Dagegen vermochte die Untersuchung des Blutes zumindest vom wissenschaftlichen Standpunkt aus eindeutige Ergebnisse über den Grad der Alkoholisierung zu liefern.[281] Es wurde positiv hervorgehoben, die Ergebnisse der Blutuntersuchung hätten in Schweden, wo die BAK schon für das Strafverfahren verwertet wurde, dazu geführt, daß Zeugen oder der Täter unter dem Druck dieser „irrtumsfreien, wissenschaftlichen Nachweise“ ihre Aussage berichtigt hätten.[282]

Bei Verkehrsunfällen stellten sich aber nicht nur strafrechtliche, sondern auch versicherungstechnische Fragen, da der Alkoholeinfluß zur Reduzierung oder Ablehnung von Versicherungsleistungen führen konnte.[283]

Hier zeigt sich die Verknüpfung von wissenschaftlichem und medizinischem Fortschritt mit den aufgrund des damit verbundenen gesellschaftlichen Wandels geänderten kriminalpolitischen Interessen besonders deutlich. Nach der Erfindung des Automobils und verbesserten Produktionsmöglichkeiten stieg die Zahl der Autos auf deutschen Straßen an. Gleichzeitig erhöhte sich auch die Unfallgefahr. Trunkenheitsfahrten wurden mit dem Entzug des Führerscheins sanktioniert.[284] Die Beweiserhebung durch Vernehmung von Zeugen und Beschuldigen

---

[277] *Ermel*, LZ 1932, 674.

[278] *Klaus*, Duldungspflicht körperlicher Untersuchungen, S. 85 f.; ebenso *Huß*, Körperliche Untersuchung, S. 62 f.

[279] Vom 24. November 1933; RGBl. I S. 1000; dazu ausführlich *Eb. Schmidt*, Einführung, § 349 S. 431 f.

[280] *Ermel*, LZ 1932, 674 (675).

[281] *Ermel*, LZ 1932, 674 (675).

[282] Vgl. dazu *Ermel*, LZ 1932, 674 (675); *Huß*, Körperliche Untersuchung, S. 62.

[283] *Klaus*, Duldungspflicht körperlicher Untersuchungen, S. 85 ff.

[284] Eine BAK von 0,5 bis 1,0 Promille galt im allgemeinen als „alkoholbeeinflußt“ und bis zu 3,5 bis 4 Promille als Beweis für eine Trunkenheitsfahrt; *Klaus*, Duldungspflicht körperlicher Untersuchungen, S. 87 f.

gestaltete sich schwierig und erbrachte nicht immer die gewünschten Ergebnisse. Andererseits bot die Medizin eine Möglichkeit, Alkoholgenuß als Unfallursache und darüber hinaus auch den Grad der Alkoholisierung festzustellen. Die auf naturwissenschaftlichem Wege erlangten Informationen wurden als eindeutig und irrtumsfrei betrachtet. So verwundert es nicht, daß Forderungen nach der Möglichkeit der zwangsweisen Blutentnahme zum Zwecke der Feststellung der BAK laut wurden.[285]

3. Gesetzesentwürfe als Ergebnis der Reformdiskussion

Die unklare Rechtslage und daraus resultierende Probleme für die praktische Durchführung von Ermittlungsmaßnahmen wurden dementsprechend als unbefriedigend empfunden. Dem *Reichsgericht* wurde vorgeworfen, es stütze sich auf legislativ-politische Begründungen, die de lege lata nicht haltbar seien.[286] All dies führte zu umfangreichen, Jahrzehnte andauernden Reformdiskussionen. Dabei scheiterte die Neuregelung der Materie keineswegs nur an Einzelfragen hinsichtlich der körperlichen Untersuchung. Hier wirkten sich auch die allgemeinen Probleme der angestrebten Gesamtreform des Strafprozesses und der hiermit im Zusammenhang stehenden Strafrechtsreform aus.[287]
Schon im StPO-Entwurf von 1896 lag ein Gesetzesvorschlag für die körperliche Untersuchung vor. Weitere Entwürfe folgten 1903, 1908, 1909, 1920 und 1928. Gegenstand der Erörterungen war zunächst hauptsächlich die Frage der Rechtmäßigkeit körperlicher Untersuchungen nichtverdächtiger Personen und deren Duldungspflicht. Daneben ging es auch um die Frage möglicher Rechtsmittel und den Schutz der Intimsphäre bei Untersuchungen von Frauen.[288] Im folgenden Überblick soll allerdings nur auf die für die zugrundeliegende Fragestellung wesentlichen Aspekte der Diskussion eingegangen werden.[289]

a) Erste Reformüberlegungen

In den ersten Beratungen 1895/96 setzte sich die Ansicht durch, die körperliche Untersuchung gegenüber nichtverdächtigen Personen sei zuzulassen, da auf sie im Strafprozeß nicht verzichtet werden könne. Die körperliche Untersuchung wurde dabei im Zusammenhang mit den §§ 102 ff. StPO diskutiert. Der Geset-

---

285 Verh. d. RT IV. Wahlperiode Bd. 442 Nr. 2070 Anl. C S. 65/66; *Klaus*, Duldungspflicht körperlicher Untersuchungen, S. 89; *Remund*, Gerichtlich-Medizinische Erfahrungen, S. 121; allgemein *Ermel*, LZ 1932, 674 (675).

286 *Huß*, Körperliche Untersuchung, S. 52.

287 Zur Reformdiskussion ausführlich *Eb. Schmidt*, Einführung, §§ 327 ff. und insbes. §§ 339 ff.

288 Dazu ausführlich *G. Arndt*, Durchsuchung des menschlichen Körpers, S. 43 ff.; *Fiebig*, Untersuchung des menschlichen Körpers, S. 24 ff.; *Mayer*, Augenscheinseinnahme, S. 57 ff.

289 Einen ausführlichen Überblick über die gesamte Reformdiskussion gibt *Schaffrath*, Körperliche Durchsuchung, S. 66 ff.; dazu auch SK-StPO-*Rogall*, § 81 a Rn. 4.

zesentwurf fand jedoch keine Mehrheit im Reichstag. Die Beratung wurde abgesetzt.[290]

b) Die körperliche Untersuchung im Entwurf zur Änderung des Gerichtsverfassungsgesetzes und der Strafprozeßordnung

1903 wurde auf Betreiben der Reichsverwaltung eine Kommission eingesetzt, die einen Entwurf zur Änderung des Gerichtsverfassungsgesetzes und der Strafprozeßordnung erarbeiten sollte. Auch hier war die körperliche Untersuchung Gegenstand der Erörterungen. In das Reformprogramm wurde das Problem ebenfalls unter dem Gesichtspunkt der Durchsuchung aufgenommen.[291] Die Reformkommission formulierte einen Antrag, der die Grundlage für die Regelung der körperlichen Untersuchung in den folgenden Reformentwürfen bildete. Er lautete unter a) im ersten Absatz:

> Zum Zwecke der Feststellung des Vorhandenseins oder Nichtvorhandenseins von Spuren oder Folgen einer Straftat kann die körperliche Untersuchung unverdächtiger Personen gegen deren Willen angeordnet werden, wenn dieselbe für das anhängige Strafverfahren notwendig ist.[292]

Dieser Formulierung lag die Mehrheitsmeinung der Kommission zugrunde, welche wie folgt zusammengefaßt wurde:
„Über den Körper einer Person werde im Interesse der Allgemeinheit vielfach gegen den Willen der Person verfügt, auch ohne daß sie eine strafbare Handlung begangen habe, z.B. bei Musterungen, bei Quarantänen, im Kriege. Es bestehe somit kein in der Gesetzgebung anerkanntes ausschließliches Recht der Person über ihren eigenen Körper, das dahin führen müsse, anzuerkennen, daß unverdächtige Personen nicht wider ihren Willen körperlich untersucht werden dürften. ... Zuzugeben sei, daß bei weiblichen Personen eine körperliche Untersuchung unter Umständen geeignet sein könne, das Schamgefühl zu verletzen. Dieser Umstand müsse jedoch zurücktreten, da die Möglichkeit der Anordnung einer körperlichen Untersuchung gerade in solchen Fällen für die Wirksamkeit der Strafverfolgung vielfach unentbehrlich sei. Auch würde dem Angeklagten häufig ein wichtiges Verteidigungsmittel entzogen werden, wenn die körperliche Untersuchung von dem Belieben des von ihr Betroffenen abhängig wäre. ... Allerdings dürfe die körperliche Untersuchung eines Unverdächtigen, da sie einen schweren Eingriff in die persönlichen Rechte enthalte, nur zugelassen werden,

---

[290] Ausführlich *Schaffrath*, Körperliche Durchsuchung, S. 66 ff. m.w.N.

[291] Vgl. *Schubert*, Protokolle der Kommission für die Reform des Strafprozesses, Bd. 1, Fragen zur Reform des Strafprozesses, S. 2 E.

[292] Vgl. *Schubert*, Protokolle der Kommission für die Reform des Strafprozesses, Bd. 2, Zweite Lesung, 74. Sitzung, S. 179 ff.

wenn sie für den Beweis unbedingt notwendig sei und andere Mittel nicht zu Gebote ständen."[293]

Hieraus ergibt sich, daß die Kommission die körperliche Untersuchung des Beschuldigten auf der Grundlage des § 102 StPO für zulässig erachtete. Die Eingriffsintensität dieser Maßnahmen in Strafverfahren wird mit derjenigen in anderen Lebenssituationen gleichgesetzt. Dabei wird außer acht gelassen, daß am Ende des Strafverfahrens ein Eingriff in die Freiheitsrechte des Individuums erfolgen kann, der von allen Eingriffen des Staates der einschneidendste ist,[294] die Strafe.

c) Die körperliche Untersuchung im Entwurf einer Strafprozeßordnung und Novelle zum Gerichtsverfassungsgesetz von 1908

Der Entwurf einer Strafprozeßordnung des Reichsjustizamts aus dem Jahre 1908 regelte die körperliche Untersuchung in den §§ 81 und 82 und unterschied zwischen Verdächtigem und Unverdächtigem. In den §§ 97 und 98 wurde zudem die körperliche Durchsuchung des Verdächtigen und anderer Personen geregelt. Es wurde zum Ausdruck gebracht, daß auch unverdächtige Personen einer körperlichen Durchsuchung unterworfen werden können. Die körperliche Untersuchung nichtverdächtiger Personen sollte nur zulässig sein, soweit dies „zum Zwecke der Feststellung, ob eine bestimmte Spur oder Folge einer strafbaren Handlung an dem Körper der Person sich befindet, unerläßlich ist".[295]
Die Regelung zur Durchführung einer körperlichen Untersuchung des Verdächtigen in § 81 Absatz 1 lautete:

> Eine körperliche Untersuchung des Verdächtigen darf zum Zwecke der Feststellung von Tatsachen, die für die Untersuchung von Bedeutung sind, angeordnet werden.
> (Absatz 2 regelte die Anordnungskompetenz, Absatz 3 die körperliche Untersuchung weiblicher Personen.)[296]

In der Begründung zum Entwurf einer Strafprozeßordnung und Novelle zum Gerichtsverfassungsgesetz von 1908 heißt es zu § 81:
„Als körperliche Untersuchung bezeichnet der Entwurf die Untersuchung einer Person, die von einem Sachverständigen im Auftrage des Gerichts oder einer Strafverfolgungsbehörde zu dem Zwecke vorgenommen wird, um festzustellen, ob aus dem Zustande des Körpers auf die Begehung einer strafbaren Handlung

---

[293] Vgl. *Schubert*, Protokolle der Kommission für die Reform des Strafprozesses, Bd. 1, Erste Lesung 10. Sitzung (5. Mai 1903), S. 82 f.

[294] *Roxin*, Strafverfahrensrecht, § 2 Rn. 1; grundsätzlich zustimmend *Rzepka*, Fairneß im Strafverfahren, S. 287 f. mit Fn. 2.

[295] So der Wortlaut des § 82 Absatz 1 des Entwurfs.

[296] Der gesamte Entwurf ist abgedruckt bei *Schubert*, Entwürfe einer Strafprozessordnung.

geschlossen werden kann. Diejenigen Maßnahmen dagegen, die, ohne eine besondere Sachkunde zu erfordern, nur zu dem Zwecke getroffen werden, um festzustellen, ob eine Person Beweismittel oder Einziehungsgegenstände bei sich führt, fallen unter den Begriff der Durchsuchung und werden im siebenten Abschnitt geregelt (§§ 97, 98).
Die Pflicht des Verdächtigen, sich einer körperlichen Untersuchung durch einen Sachverständigen zu unterwerfen, ist schon gegenwärtig im Hinblick auf den § 102 des geltenden Gesetzes nicht in Zweifel zu ziehen. Auch nach dem Entwurf soll sie zum Zwecke der Feststellung von Tatsachen, die für die Untersuchung von Bedeutung sind, angeordnet werden dürfen (§ 81 Abs. 1). Den Interessen des Verdächtigen wird jedoch in weiterem Umfang als bisher Rechnung getragen. Die Anordnung einer körperlichen Untersuchung soll der Regel nach nur dem Richter zustehen; nur bei Gefahr im Verzuge soll auch die Staatsanwaltschaft zu einer Anordnung befugt sein, aber mit der Maßgabe, daß vor der Ausführung der Untersuchung die Entscheidung des Richters eingeholt werden muß, wenn der Verdächtige sich der Anordnung der Staatsanwaltschaft nicht fügen will (§ 81 Abs. 2 Satz 1, 2).
...
Ob und unter welchen Voraussetzungen ein nicht Verdächtiger im Strafverfahren verpflichtet ist, sich einer Durchsuchung seiner Person oder einer körperlichen Untersuchung zu unterwerfen, ist nach geltendem Recht umstritten. Der Entwurf geht bei der Entscheidung der Frage im Anschluß an die Rechtsprechung des Reichsgerichts (zu vergl. Entsch. in Strafs. Bd. 14 S. 189) davon aus, daß auf die Möglichkeit der Anordnung solcher Maßnahmen auch gegenüber Unverdächtigen im Interesse der Strafrechtspflege nicht verzichtet werden kann, daß aber derartige Eingriffe in die persönlichen Rechte nur insoweit zugelassen werden dürfen, als es durch die Zwecke der Untersuchung unbedingt geboten ist. Die Durchsuchung der Person eines Unverdächtigen wird daher nur zum Zwecke der Verfolgung bestimmter Spuren einer strafbaren Handlung gestattet, wenn Tatsachen vorliegen, aus denen zu schließen ist, daß die Spuren oder Sachen sich vorfinden werden (§ 98 Abs. 1). An noch schwerere Voraussetzungen wird die Anordnung der körperlichen Untersuchung des Unverdächtigen geknüpft. Sie ist nur zulässig, wenn sie zum Zwecke der Feststellung, ob eine bestimmte Spur oder Folge einer strafbaren Handlung an dem Körper sich befindet, unerläßlich erscheint (§ 82 Abs. 1). ...“[297]

Dieser Entwurf wurde dem Reichstag 1909 erneut vorgelegt und in der Reichstagskommission in zwei Lesungen beraten. Die Beratungen wurden dann aller-

[297] Text bei *Schubert*, Entwürfe einer Strafprozessordnung, Begründung zu §§ 81, 82, S. 111 f.

dings abgebrochen, da in einer anderen Reformfrage keine Einigung mit dem Bundesrat erzielt werden konnte.[298]

d) Die körperliche Untersuchung im Entwurf eines Gesetzes über den Rechtsgang in Strafsachen von 1920

Erst im Jahre 1920 wurde vom Reichsjustizministerium ein neuer Entwurf veröffentlicht, der dem Reichstag allerdings gar nicht zur Beratung vorgelegt wurde, da er vom Reichsrat nicht verabschiedet worden war.[299] Der *Entwurf eines Gesetzes über den Rechtsgang in Strafsachen* sollte die letzten Reste des Inquisitionsprozesses in der Strafprozeßordnung beseitigen.[300] Trotzdem findet der auch im Inquisitionsverfahren durchgeführte Zugriff auf den menschlichen Körper unkritisch Aufnahme in den Reformentwurf. Die vorgesehenen Regelungen über die körperliche Untersuchung lauteten wie folgt:

§ 101

Eine körperliche Untersuchung des Verdächtigen darf zur Feststellung von Tatsachen angeordnet werden, die für das Verfahren von Bedeutung sind.

Die Anordnung steht dem Gerichte, bei Gefahr in Verzug auch der Staatsanwaltschaft zu. Weigert sich der Verdächtige, sich auf Anordnung der Staatsanwaltschaft untersuchen zu lassen, so bedarf es der Anordnung des Gerichts. Gegen die Anordnung ist die sofortige Beschwerde zulässig. Das Gericht, das die Anordnung erlassen hat, befindet zunächst, ob durch Aufschub der Vollziehung der Zweck der Maßregel gefährdet wird. Verneint es dies, so ist die Vollziehung auszusetzen, bis über die Beschwerde entschieden ist.

(Absatz 3 regelt die Untersuchung weiblicher Personen.)

§ 102

Eine nicht verdächtige Person darf ohne ihre Einwilligung nur untersucht werden, wenn unerläßlich ist, festzustellen, ob sich an ihrem Körper eine bestimmte Spur oder Folge einer strafbaren Handlung befindet.

§ 101 Abs. 2, 3 gilt entsprechend.

§ 101 entsprach dem § 81 der Entwürfe von 1908 und 1909.[301] Die Reformentwürfe trennten die körperliche Untersuchung von der Durchsuchung und regelten beide Maßnahmen gesondert. Die körperliche Untersuchung wurde in den Reformentwürfen ab 1908 dem Abschnitt „Sachverständige und Augenschein" zugeordnet. Damit wurde zum Ausdruck gebracht, die körperliche Untersuchung

---

[298] *Schaffrath*, Körperliche Durchsuchung, S. 72 ff.; RT-Drs. 1928 Bd. 442, Begründung zu Nr. 2070, S. 45.

[299] RT-Drs. 1928, Bd. 442, Begründung zu Nr. 2070, S. 45. Zur Reformdiskussion 1919/20 ausführlich *Schubert*, Quellen zur Reform des Straf- und Strafprozeßrechts, I. Abteilung Band 4, S. XIII ff. Dort ist auch die Textfassung abgedruckt.

[300] *Eb. Schmidt*, Einführung, § 340 S. 417.

[301] Vgl. auch *Schaffrath*, Körperliche Durchsuchung, S. 76.

sei keine Durchsuchung, sondern Augenscheinseinnahme.[302] Allerdings wurde trotzdem eine Vermischung von kriminalpolizeilichem und beweisrechtlichem Charakter in den Entwürfen bemängelt.[303]

e) Zusammenfassung der Reformdiskussion bis zum Entwurf eines Gesetzes über den Rechtsgang in Strafsachen von 1920

Die neuen Entwürfe regelten nur die körperliche *Untersuchung* des Verdächtigen und anderer nicht verdächtiger Personen. Ausführungen zur Intensität der Eingriffe fehlten. Die Legitimierung von körperlichen Eingriffen sahen sie nicht vor.[304] Nachdem in den 20er Jahren die Blutuntersuchung eine neue Beweisführung im Strafverfahren ermöglichte, welche nach herrschender Meinung in Literatur und Rechtsprechung de lege lata nicht gegen den Willen des Betroffenen durchzuführen war, wurde deshalb vermehrt auf die Notwendigkeit einer Gesetzesänderung hingewiesen, welche die zwangsweise Blutentnahme legitimieren sollte.[305]

f) Regelung von körperlichen Untersuchungen und Eingriffen im Entwurf eines Einführungsgesetzes zum Allgemeinen Deutschen Strafgesetzbuch und zum Strafvollzugsgesetz von 1928

1928 wurde der Entwurf einer neuen deutschen Strafprozeßordnung verfaßt, welcher die Frage der Blutentnahme aufgriff.[306] Er regelte körperliche Untersuchungen und Eingriffe gegenüber dem Beschuldigten und anderen Personen in den §§ 81 a und b. Die §§ 81 a und b Strafprozeßordnung in der Fassung des Entwurfes eines Einführungsgesetzes zum Allgemeinen Deutschen Strafgesetzbuch und zum Strafvollzugsgesetz lauteten:

> § 81 a
>
> Eine körperliche Untersuchung des Beschuldigten darf zur Feststellung von Tatsachen angeordnet werden, die für das Verfahren von Bedeutung sind. Entnahme von Blutproben und andere Eingriffe, die nach den Regeln der ärztlichen Kunst zu Untersuchungszwecken vorgenommen werden, sind zulässig, wenn jede Gefahr für die Gesundheit des zu Untersuchenden ausgeschlossen erscheint.

---

302 *Klaus*, Duldungspflicht körperlicher Untersuchungen, S. 106.

303 *Mayer*, Augenscheinseinnahme, S. 59; *Schaffrath*, Körperliche Durchsuchung, S. 78 ff.

304 Vgl. dazu die Stellungnahmen von *G. Arndt*, Durchsuchung des menschlichen Körpers, S. 50; *Fiebig*, Untersuchung des menschlichen Körpers, S. 28; *Klaus*, Duldungspflicht körperlicher Untersuchungen, S. 108; *Schaffrath*, Körperliche Durchsuchung, S. 85.

305 Vgl. z.B. *Böhmer*, DJZ 1926, 1607 (1610); *Elwert*, DRiZ 1927, 188 (189); *Ermel*, LZ 1932, 674 (675); *Fiebig*, Untersuchung des menschlichen Körpers, S. 28; *Klaus*, Duldungspflicht körperlicher Untersuchungen, S. 89 und 108 f.; *Remund*, Gerichtlich-Medizinische Erfahrungen, S. 121; *Schorn*, DRiZ 1931, 89 (91); zurückhaltender *Wachinger*, JW 1932, 3041 (3044): der Gesetzgeber solle prüfen, ob eine Duldungspflicht nicht zu begründen sei; für eine Änderung der ZPO *Hellwig*, JW 1930, 1556.

306 Verhandlungen des Reichstages IV. Wahlperiode 1928, Bd. 442 Nr. 2070 S. 65/66.

Die Anordnung steht dem Richter, bei Gefahr in Verzug auch der Staatsanwaltschaft und den Polizei- und Sicherungsbeamten zu, welche als Hilfsbeamte der Staatsanwaltschaft ihren Anordnungen Folge zu leisen haben.

(Absatz 3 regelte die Untersuchung weiblicher Personen.)

§ 81 b

Andere Personen als Beschuldigte dürfen ohne ihre Einwilligung nur untersucht werden, wenn festgestellt werden muß, ob sich an ihrem Körper eine bestimmte Spur oder Folge einer strafbaren Handlung befindet. § 81 a Abs. 1 Satz 2, Abs. 2, 3 gilt entsprechend.[307]

In der Begründung heißt es:

„In den §§ 81 a und 81 b werden Vorschriften über die körperliche Untersuchung des Beschuldigten und anderer Personen gegeben, welche die bisher gegen die Zulässigkeit derartiger Maßnahmen bestehenden Zweifel beseitigen sollen. Dabei wird davon ausgegangen, daß die Durchsuchung der Person und der Kleidung des Beschuldigten zwecks Auffindung von Sachen, die als Beweismittel dienen oder der Einziehung unterliegen können, im § 102 der Strafprozeßordnung geregelt wird, während die Durchsuchung der Person und der Kleidung einer unverdächtigen Person nach solchen Gegenständen entsprechend der bisherigen Rechtsprechung des Reichsgerichts § 103 der Strafprozeßordnung Anwendung zu finden hat. Unter Durchsuchung der Person ist dabei die Durchsuchung der äußeren Oberfläche des Körpers, wozu auch die Haare, die Achselhöhlen und die Zehen zu rechnen sind, zu verstehen. Dagegen liegt eine körperliche Untersuchung dann vor, wenn es sich, abgesehen von dem Falle des richterlichen Augenscheins am Körper, um eine Untersuchung des Körpers zwecks Feststellung handelt, ob aus dem Zustand des Körpers auf die Begehung einer strafbaren Handlung geschlossen werden kann. Außerdem fällt unter den Begriff ‚Untersuchung' auch der Fall, daß zwecks Auffindung von Sachen, die als Beweismittel oder Einziehungsgegenstände in Betracht kommen, eine Untersuchung des Körperinneren einschließlich der Körperöffnungen (Mund, Nase, Ohren, Geschlechtsteil usw.) erforderlich wird. Ausdrücklich wird festgestellt, daß bei einer Untersuchung die Vornahme gewisser zu Untersuchungszwecken üblicher Maßnahmen, die vom Arzt vorgenommen oder angeordnet werden, zulässig ist, wenn jede Gefahr für die Gesundheit des zu Untersuchenden ausgeschlossen erscheint.

Die Anordnung einer solchen Untersuchung sowohl des Beschuldigten als auch anderer Personen steht dem Richter, bei Gefahr in Verzug auch der Staatsanwaltschaft und ihren Hilfsbeamten zu. Beim Beschuldigten darf sie zur Feststellung von Tatsachen, die für das Verfahren von Bedeutung sind, angeordnet werden. Bei anderen Personen darf sie ohne deren Einwilligung nur stattfinden, wenn festgestellt werden muß, ob sich an ihrem Körper eine bestimmte Spur oder

[307] Entwurf eines Einführungsgesetzes zum Allgemeinen Deutschen Strafgesetzbuch und zum Strafvollzugsgesetz, RT-Drs. 1928, Bd. 442 Nr. 2070, S. 17.

Folge einer strafbaren Handlung befindet. Der Entwurf geht dabei im Anschluß an die Rechtsprechung des Reichsgerichts davon aus, daß auf die Möglichkeit der Anordnung solcher Maßnahmen auch gegenüber Unverdächtigen im Interesse der Strafrechtspflege nicht verzichtet werden, daß aber ein derartiger Eingriff in die persönlichen Rechte nur insoweit zugelassen werden soll, als er unbedingt geboten ist. ... "[308]
Über die Zulässigkeit von körperlichen Eingriffen nach dem Reformentwurf äußert sich die Begründung nicht.

Hier tritt ebenfalls die in der Literatur und Rechtsprechung vertretene Auffassung zutage, es könne auf die Verwendung des menschlichen Körpers zu Beweiszwecken nicht verzichtet werden. Während aber in die persönlichen Rechte von Nichtbeschuldigten nur insoweit eingegriffen werden soll, als dies für die Wahrheitsfindung unbedingt notwendig erscheint, wird eine solche Einschränkung gegenüber dem vom Strafverfahren wesentlich härter betroffenen Beschuldigten nicht in Erwägung gezogen.

Auch dieser Reformentwurf scheiterte. Trotz der grundsätzlichen Probleme im Zusammenhang mit der Strafprozeßreform hätte freilich die Möglichkeit bestanden, die körperliche Untersuchung getrennt von einer umfassenden Reform gesetzlich zu regeln. Anders als bei anderen Einzelproblemen, die aufgrund dringender Bedürfnisse des Rechtslebens durch separate Gesetzesnovellen und Ergänzungsgesetze vorab geregelt worden waren,[309] scheint die Politik hier allerdings keinen derart dringenden Regelungsbedarf gesehen zu haben.

4. Normierung des § 81 a StPO durch die Nationalsozialisten

Die Situation änderte sich unmittelbar nach der Regierungsübernahme durch die Nationalsozialisten im Jahre 1933. Sie hatten sich die Gesamterneuerung des deutschen Strafrechts unter Berücksichtigung nationalsozialistischen Gedankenguts zur Aufgabe gemacht.[310] Da eine solche Gesamtreform aber auch dem nationalsozialistischen Regime einige Vorbereitungszeit abverlangte, erfolgten im Vorfeld gleich nach der Regierungsübernahme einige Gesetzesnovellen, „weil die alten Vorschriften dem nationalsozialistischen Volksstaat auch für die verhältnismäßig kurze Zwischenzeit untragbar oder unzureichend erschienen".[311] Dazu zählte auch das *Gesetz gegen gefährliche Gewohnheitsverbrecher und über*

---

[308] Begründung zum Entwurf eines Einführungsgesetzes zum Allgemeinen Deutschen Strafgesetzbuch und zum Strafvollzugsgesetz, RT-Drs. 1928, Bd. 442 Nr. 2070, S. 59.

[309] Dazu ausführlich *Eb. Schmidt*, Einführung § 341 f.

[310] Zur Neugestaltung des Strafverfahrens vgl. z.B. *A. Wagner*, Umgestaltung der Gerichtsverfassung, in *Weinkauff* (Hrsg.), Deutsche Justiz Teil I, S. 191 (256 ff.); *Koch*, Reform des Strafverfahrens, insbes. S. 97 ff.

[311] *Gürtner/Freisler*, Das neue Strafrecht, S. 163.

die Maßregeln der Sicherung und Besserung mit seinem *Ausführungsgesetz* (AGGewVerbG) vom 24. November 1933. Durch das AGGewVerbrG wurden mit § 81a StPO körperliche Untersuchungen und Eingriffe gegenüber dem Beschuldigten und anderen Personen erstmals ausdrücklich gesetzlich geregelt.[312] Damit wurde erstmals eine Zwangsmaßnahme in die Strafprozeßordnung aufgenommen, die Eingriffe in die körperliche Integrität legitimiert.[313]

a) Gesetzestext und amtliche Begründung

Die ursprüngliche Fassung lautete:

> Eine körperliche Untersuchung des Beschuldigten darf zur Feststellung von Tatsachen angeordnet werden, die für das Verfahren von Bedeutung sind. Andere Personen dürfen ohne ihre Einwilligung nur untersucht werden, wenn festgestellt werden muß, ob sich an ihrem Körper eine bestimmte Spur oder Folge einer strafbaren Handlung befindet.
>
> Entnahme von Blutproben und andere Eingriffe, die nach den Regeln der ärztlichen Kunst zu Untersuchungszwecken vorgenommen werden, sind ohne Einwilligung des zu Untersuchenden zulässig, wenn kein Nachteil für die Gesundheit zu besorgen ist.
>
> Die Anordnung steht dem Richter, bei Gefahr in Verzug auch der Staatsanwaltschaft und den Polizei- und Sicherheitsbeamten zu, die als Hilfsbeamte der Staatsanwaltschaft ihren Anordnungen Folge zu leisten haben.

In der amtlichen Begründung heißt es:
„Die körperliche Untersuchung des Beschuldigten und die Vornahme von körperlichen Eingriffen zu Untersuchungszwecken werden in Verfahren, die die Unterbringung des Beschuldigten in einer Heil- oder Pflegeanstalt, einer Trinkerheilanstalt oder Entziehungsanstalt oder seine Entmannung zum Gegenstand haben, öfters notwendig sein. Im § 81a werden hierüber Vorschriften gegeben: sie sollen die bisher über die Zulässigkeit derartiger Untersuchungsmaßnahmen bestehenden Zweifel beseitigen. Sie haben auch Bedeutung für andere Strafverfahren, wenn beispielsweise festgestellt werden soll, ob aus der Beschaffenheit des Körpers auf die Begehung einer strafbaren Handlung oder aus dem Ergebnis einer Blutuntersuchung auf einen Rauschzustand des Beschuldigten geschlossen werden kann.
Wegen des inneren Zusammenhangs empfiehlt es sich, hierbei auch die Frage zu regeln, unter welchen Voraussetzungen bei Personen, die nicht Beschuldigte sind, eine körperliche Untersuchung zulässig ist. § 81a läßt eine derartige Untersuchung nur in solchen Fällen zu, in denen sie im Interesse der Strafrechtspflege unbedingt geboten ist, nämlich nur dann, wenn festgestellt werden muß, ob sich am Körper dieser Person eine bestimmte Spur oder Folge einer strafbaren Handlung befindet. Bei Beschuldigten hingegen darf die Untersuchung zur Feststel-

---

[312] RGBl. 1933 Band I, S. 1000; zur Entstehungsgeschichte ausführlich *Ch. Müller*, Gewohnheitsverbrechergesetz, S. 35ff.

[313] Vgl. dazu *König*, Entwicklung der strafprozessualen Zwangsmaßnahmen, insbes. S. 83.

lung aller Tatsachen angeordnet werden, die für das Verfahren von Bedeutung sind. Die Zuständigkeit der Anordnung ist dieselbe wie bei der Beschlagnahme und der Durchsuchung.
Daß bei der körperlichen Untersuchung einer Frau die Forderungen der Schicklichkeit zu wahren sind und die Untersuchung in solchen Fällen unter Umständen einem Arzt übertragen werden muß, bedarf keiner besonderen Betonung."[314]
Anders als in § 102 StPO mußte der zu Untersuchende nun „Beschuldigter" und nicht „Verdächtiger" sein. Ob der Gesetzgeber hier einen Unterschied zwischen dem Beschuldigten und Verdächtigen machen[315] oder an der bisherigen Praxis festhalten wollte,[316] war unklar.

Ergänzend wurde in der einleitenden Begründung für das AGGewVerbrG vermerkt: „Dem Gesetz gegen gefährliche Gewohnheitsverbrecher und über Maßregeln der Sicherung und Besserung müssen eine Reihe anderer Gesetze, insbesondere das Gerichtsverfassungsgesetz und die Strafprozeßordnung angepaßt werden. Diese Änderungen stellt der Entwurf des Ausführungsgesetzes zusammen. Einem Teil der Vorschriften liegen die Vorarbeiten zugrunde, die sich in dem Entwurf eines Einführungsgesetzes zum Allgemeinen Strafgesetzbuch und zum Strafvollzugsgesetz befinden. Insoweit kommt die amtliche Begründung zum Entwurf des Einführungsgesetzes vom Jahre 1929 und 1930 ergänzend in Betracht."[317]

b) Nationalsozialistischer Duktus der gesetzlichen Regelung

Die gesetzliche Regelung der körperlichen Untersuchungen und Eingriffe scheint demnach auf dem Entwurf von 1928 aufzubauen. In diesem Sinne scheinen die Regelung sowie die amtliche Begründung auf den ersten Blick dem Entwurf von 1928 sehr ähnlich zu sein. Die unterschiedliche Behandlung von Beschuldigten und Nichtverdächtigen ist beibehalten. Allerdings ist die separate Regelung des § 81c des Entwurfs weggefallen und beide Maßnahmen wurden in § 81a StPO geregelt. Anders als die Begründung des Entwurfs, nimmt die amtliche Begründung zur Frage der körperlichen Eingriffe ausdrücklich Stellung. Auch darüber hinaus lassen sich Abbweichungen feststellen.

---

314 Reichs- und Staatsanzeiger, Nr. 277 vom 27. November 1933, S. 2.

315 So z.B. *Huß*, Körperliche Untersuchung, S. 55. Den Beschuldigtenstatus erlange eine Person, sobald ein Ermittlungs- oder Untersuchungsverfahren gegen sie eingeleitet wurde, wohingegen der Verdacht keine strafrechtliche Verfolgung voraussetze.

316 So z.B. LR[19]-*Hartung*, AGGewVerbrG § 81a Anm. 4.

317 Reichs- und Staatsanzeiger, Nr. 277 vom 27. November 1933, S. 2.

aa) Die Bedeutung des § 81 a StPO für die Verhängung von Maßregeln der Besserung und Sicherung nach dem Gewohnheitsverbrechergesetz

Da im *Gewohnheitsverbrechergesetz* alte Bemühungen der Strafrechtsreform zur Bekämpfung des „kriminellen" Alkoholismus durch die Einführung des § 330a StGB aufgegriffen worden waren und zudem mit § 42c StGB die Maßregel der Unterbringung in einer Trinkerheil- oder Entziehungsanstalt eingeführt worden war, konnte die Blutentnahme in einem ganz neuen Zusammenhang Bedeutung erlangen. „Trunkenbolde und Gewohnheitstrinker" sowie alle, die „gewohnheitsmäßig im Übermaß geistige Getränke oder andere berauschende Mittel" zu sich nahmen, konnten nun in Trinkerheil- oder Entziehungsanstalten untergebracht werden. Allerdings war die Anordnung nur neben einer Strafe möglich, die wegen einer mit der Gewöhnung in ursächlichem Zusammenhang stehenden Tat verhängt worden war.[318] Hierfür war der Grad der Alkoholisierung von Bedeutung, der durch die Untersuchung des auf der Grundlage des § 81 a StPO entnommenen Blutes festgestellt werden konnte.
Die Regelung der körperlichen Eingriffe in Absatz 2 ging dabei über den Entwurf des § 81 a StPO im Entwurf EGStGB hinaus. Dieser hatte nur körperliche Eingriffe zulassen wollen, wenn „jede Gefahr für die Gesundheit des zu Untersuchenden ausgeschlossen erscheine". „In Übereinstimmung mit den Grundsätzen eines nationalsozialistischen Staates"[319] ließ die endgültige gesetzliche Regelung körperliche Eingriffe schon zu, „wenn kein Nachteil für die Gesundheit zu besorgen ist" und überließ die Vornahme der Maßnahme damit dem ärztlichen Ermessen.[320]

bb) Abkehr vom Grundrechtsschutz der Weimarer Reichsverfassung

Die Nationalsozialisten haben damit innerhalb weniger Monate nach ihrer Regierungsübernahme die seit Jahrzehnten bestehenden Streitfragen entschieden und die langandauernde Reformdiskussion beendet. Die gesetzliche Regelung ging dabei mit der Verankerung von körperlichen Eingriffen weit über die vorher bestehende Rechtspraxis und die Reformvorschläge von 1886 bis 1920 hinaus. Auch die Reformpläne des Entwurfs von 1928 wurden überschritten.

(1) Fehlen eines demokratisch legitimierten Gesetzgebungsprozesses

Es ist an dieser Stelle deutlich hervorzuheben, daß dieses Gesetz nicht durch einen demokratischen Willensbildungsprozeß zustande kam. Nach dem Reichstagsbrand am 27. Februar 1933 hatte die nationalsozialistische Regierung am darauffolgenden Tag den Grundrechtskatalog der WRV durch die *Notverord-*

---

[318] Ausführlich dazu *Werle*, Justiz-Strafrecht, S. 98 m.w.N.

[319] So LR[19]-*Hartung*, AGGewVerbrG § 81 a Anm. 4.

[320] LR[19]-*Hartung*, AGGewVerbrG § 81 a Anm. 4.

nung zum Schutz von Volk und Staat[321] durch den Reichspräsidenten *Hindenburg* außer Kraft setzen lassen und im Anschluß daran mit der Verfolgung und Verhaftung von politischen Gegnern begonnen. Bei den am 5. März abgehaltenen Neuwahlen erhielt die NSDAP trotz der Behinderung politischer Gegner im Wahlkampf „nur" 43,9 % der Stimmen und verfügte damit im neuen Reichstag nicht über eine parlamentarische Mehrheit. Das sogenannte „Ermächtigungsgesetz" vom 24. März 1933[322] gab der Reichsregierung die Befugnis, Gesetze auch ohne die Zustimmung des Parlaments und mit inhaltlichen Abweichungen zur WRV zu erlassen. Im Sommer wurden die übrigen Parteien aufgelöst. Damit konnte die nationalsozialistische Regierung ohne parlamentarische Kontrolle und ohne den in der WRV verankerten Grundrechtsschutz Gesetze erlassen, die der Partei- und Rassenideologie entsprachen. Eines der ersten Gesetze war das *Gewohnheitsverbrechergesetz* samt *Ausführungsgesetz.*
Auf diesem Wege fand auch die Regelung des § 81 a StPO und mit ihr die Zulässigkeit körperlicher Eingriffe Eingang in die Strafprozeßordnung.

(2) Mißachtung der körperlichen Integrität im NS-Regime

Das *Gewohnheitsverbrechergesetz* mit seinem *Ausführungsgesetz* steht am Beginn einer rechtsstaatlichen Gedanken zuwiderlaufenden Gesetzgebungsnovelle, die es dem totalitären Regime der Nationalsozialisten ermöglichte, Regimegegner und unerwünschte Bevölkerungsgruppen auch mit Hilfe des Strafrechts zu bekämpfen.[323] In diesem Sinne diente auch die Reform des Strafverfahrens der Aufweichung der rechtsstaatlichen Funktionen des Strafverfahrens durch Auflockerung aller schützenden Formen und Abbau der Verteidigungsmöglichkeiten des Beschuldigten.[324] Ein wesentliches Kennzeichen des gesamten nationalsozialistischen Strafrechts war die Mißachtung der körperlichen Integrität, die sich in der gravierenden Ausweitung der Todesstrafe,[325] der jeder richterlichen Kontrolle entzogenen Möglichkeit des polizeilichen Zugriffs auf Freiheit und körperliche Unversehrtheit der Person, nicht zuletzt in den Konzentrationslagern[326] und der illegalen Wiedereinführung der Folter[327] zeigte. Am Anfang dieser Entwicklung steht die Legitimierung körperlicher Eingriffe in § 81 a StPO.

---

321 RGBl. 1933 Band I, S. 83.

322 RGBl. 1933 Band I, S. 141.

323 Vgl. dazu ausführlich *Eb. Schmidt*, Einführung, § 350 ff.; *Rüping*, „Auflockerung" im Strafverfahrensrecht, in *Rottleuthner* (Hrsg.), Recht, Rechtsphilosophie und Nationalsozialismus, S. 65 (66 ff.).

324 *Albrecht*, Vergessene Freiheit, S. 31; *Rüping/Jerouschek*, Strafrechtsgeschichte, Rn. 285; *Eb. Schmidt*, Einführung, § 354.

325 Vgl. dazu ausführlich *Eb. Schmidt*, Einführung, § 350.

326 Vgl. dazu ausführlich *Eb. Schmidt*, Einführung, § 353; ebenso *Albrecht*, Vergessene Freiheit, S. 31.

327 Vgl. dazu ausführlich *Eb. Schmidt*, Einführung, § 355; *Sellert*, FS-Scupin, 161 (179).

cc) Zeitgenössische Beurteilung des Gesetzes

Das Schrifttum äußerte sich lobend über die aus damaliger Sicht eindeutig vom nationalsozialistischen Gedankengut geprägte Gesetzesnovelle und den neuen § 81 a StPO. Es wurde hervorgehoben, die neuen Regelungen seien erforderlich gewesen, weil sich die „Verbrecherwelt" den Ausbau und die Vervollkommnung der technischen Mittel und Möglichkeiten zunutze gemacht habe und zuvor Möglichkeiten gefehlt hätten, dieses Tun zu entlarven.[328] Im Kommentar zum *Gewohnheitsverbrechergesetz* und seinem *Ausführungsgesetz* von *Schäfer, Wagner* und *Schafheutele* heißt es zu Beginn des Vorworts: „Nur allzu lange hat man das gemeinschädliche Verbrechertum mit halben Mitteln bekämpft. Entschlossen, rasch und zielbewußt hat das Dritte Reich auch hier den Weg zur befreienden Tat gefunden. Im Angriff trägt es den Kampf in das Heerlager der verbrecherischen Volksfeinde vor. Die Waffen zu diesem Angriff hat es sich in den beiden grundlegenden Gesetzen vom 24. November 1933, dem ‚Gesetz gegen gefährliche Gewohnheitsverbrecher und über Maßregeln der Sicherung und Besserung' und dem ‚Ausführungsgesetz' dazu, geschmiedet." Im Nationalsozialistischen Handbuch für Recht und Gesetzgebung heißt es: „Wie hätte eine Zeit, in der individualistische Gedanken vorherrschten und die Scheu vor tieferen Eingriffen in die Freiheit des Individuums übergroß war, zu klaren Entscheidungen kommen können, wenn es sich darum handelte, zu entscheiden, ob der Schutz des einzelnen gegenüber dem Staat oder der Schutz der Gemeinschaft gegenüber dem einzelnen wichtiger sei, ob Grund und Rechtfertigung und Grenzen der strafrechtlichen Reaktion des Staates durch ‚Schuld' oder durch die ‚Gefährlichkeit' des Rechtsbrechers bestimmt würden!"[329] Eine „würdigere Handhabung der Rechtspflege" sollte „dem Ansehen eines geschlossenen, kraftvollen, neuen Staates" entsprechen.[330] Die Wortwahl in diesen Zitaten läßt keinen Zweifel bestehen, man hatte dem sogenannten Verbrechertum den Kampf angesagt.

Auch die Regelung des § 81 a StPO war demnach vom nationalsozialistischen Duktus geprägt, wie das folgende Zitat von *Huß* aus dem Jahre 1934 veranschaulicht: „Die Änderung der gesamten Auffassung über den Staat brachte auch einen Umschwung in der Strafrechtspflege und damit auch eine andere Auffassung über die Strafe selbst mit sich. Verschiedentlich wurden neue, bisher unbekannte Strafmaßnahmen eingeführt (Sicherungsverwahrung, Kastration ...), die auch neue Bestimmungen über die Zulässigkeit körperlicher Untersuchungen, nicht zuletzt auch im Interesse des Beschuldigten im Strafverfahren notwendig gemacht haben."[331] Der Hinweis auf das Interesse des Beschuldigten mutet im

---

[328] *Huß*, Körperliche Untersuchung, S. 81.

[329] *H. Frank*, Nationalsozialistisches Handbuch, S. 1362.

[330] *Huß*, Körperliche Untersuchung, S. 54.

[331] *Huß*, Körperliche Untersuchung, S. 54.

Hinblick auf die Deklassierung des Beschuldigten zum Verbrecher und die damit verbundene Kampfansage als deklaratorische Beschwichtigung an.

Daher entsprechen die Ausführungen von *Machule* über die neue Rechtslage auch eher der Realität als die Feststellung, § 81 a StPO genüge den Anforderungen des Art. 114 I WRV.[332] „... (D)as Grundrecht der persönlichen Freiheit [ist] seiner einstigen Allmacht entkleidet, wenn die Interessen des Gemeinwohls mit ihm kollidieren. Im nationalsozialistischen Staate ist jedem Volksgenossen die Pflicht auferlegt, seine persönliche Freiheit den Forderungen des Gemeinwohls unterzuordnen."[333]
Die neu geschaffene Möglichkeit der Blutentnahme wurde im Schrifttum begrüßt, da sie ein einwandfreies und praktisches Ergebnis liefere. Sie sei wegen ihrer Nachprüfbarkeit allen übrigen Beweismitteln, zumindest aber den subjektiv gefärbten Zeugenaussagen vorzuziehen. Meineide besonders in Kindschaftsprozessen rechtfertigten diese Maßnahme als Beweismittel.[334] Sie könne aber auch „in hervorragendem Maße" als Entlastungsbeweis dienen, etwa bei Krankheitszuständen, die äußerlich große Ähnlichkeit mit Trunkenheitszuständen hätten.[335] Dieses Argument scheint im Hinblick auf den allgemein proklamierten Vorrang des Staatswohls vor den Individualinteressen allerdings eher ein Versuch, die Realität schönzufärben. Wie der nationalsozialistische Staat mit Kranken umging, ist bekannt. Zudem bot § 81 a StPO weitreichende Eingriffsbefugnisse, die zumindest gegenüber dem Beschuldigten angewandt ganz überwiegend zu dessen Belastung beitrugen oder geeignet waren, eine Grundlage für eventuell durchzuführende „rassenhygienische" Maßnahmen zu bilden. Zulässig sollten jetzt z.B. die Rückenmarkspunktion, Aushebung des Magens und das Einführen von Brechmitteln sein.[336]
Über die gesetzlich normierten Grenzen des § 81 a StPO hinaus wurden in der Literatur Fälle in Erwägung gezogen, welche die Duldungspflicht über den gesetzlich normierten Rahmen hinaus ausdehnen sollten. Dem Interesse des einzelnen stünde nämlich nicht nur das staatliche Interesse an der Sachverhaltsaufklärung gegenüber, sondern das sämtlicher Volksgenossen.[337] Auch wurde bemängelt, die bestehende Regelung ginge bezüglich der polizeilichen Kompetenzen und gegenüber dem Beschuldigten nicht weit genug.[338]

---

332 So aber *Huß*, Körperliche Untersuchung, S. 34.

333 *Machule*, Körper des lebenden Menschen, S. 59

334 *Huß*, Körperliche Untersuchung, S. 61; ähnlich *Machule*, Körper des lebenden Menschen, S. 33 ff.

335 *Machule*, Körper des lebenden Menschen, S. 34.

336 *Huß*, Körperliche Untersuchung, S. 63 f.; *Schäfer/Wagner/Schafheutle*, GewVerbrG, § 81 a Anm. 6; LR[19]-*Hartung*, AGGewVerbrG § 81 a Anm. 4, der sich nicht zu Brechmitteln äußert, aber die Entnahme von Urinproben aus der Blase für zulässig hält.

337 *Huß*, Körperliche Untersuchung, S. 72 f.

338 *Machule*, Körper des lebenden Menschen, S. 53.

dd) Zusammenhang mit nationalsozialistischem Gedankengut

Trotz der eindeutigen Bewertung im nationalsozialistischen Schrifttum wird das *Gewohnheitsverbrechergesetz* mit seinem *Ausführungsgesetz* und insbesondere auch die Regelung des § 81a StPO gemeinhin nicht als nationalsozialistisches Gesetz bewertet. Im Gegenteil wird betont, es handele sich hier um die Verwirklichung „noch älterer Reformvorstellungen".[339]

Dem ist zunächst allgemein entgegenzuhalten, daß seit den zwanziger Jahren nationalsozialistische Tendenzen Einfluß auf die Entwicklung des Strafprozeßrechts nahmen.[340] Inwieweit sie insgesamt den Entwurf von 1928 beeinflußt haben, auf dem letztendlich die gesetzliche Regelung von 1933 aufbaut, wäre genauer zu untersuchen. Man kann zugeben, daß eine klare Grenzziehung zwischen „typisch nationalsozialistischen" und „nicht-nationalsozialistischen" Rechtsvorschriften besonders im Strafprozeßrecht schwierig ist.[341] Speziell für die Regelung der Materie von körperlichen Untersuchungen und Eingriffen läßt sich aber zeigen, daß ihre Bewertung als Verwirklichung alter Reformvorhaben nur bedingt zutreffend ist. Gerade dort, wo die Eingriffe in die Freiheitssphäre des Betroffenen besonders gravierend sind, wo seine körperliche Integrität betroffen ist, handelt es sich, wie bereits dargelegt, um die Anwendung und Nutzbarmachung neuerer medizinischer Techniken für das Strafverfahren, deren Beweiskraft z.B. bei der Blutgruppenuntersuchung lange umstritten war.[342] Die Zulässigkeit der Blutentnahme auch gegen den Willen des Betroffenen hatte erst 1928 Aufnahme in einen Reformentwurf gefunden. Der nationalsozialistische Gesetzgeber war schließlich mit seinen Formulierungen des Zulässigen über die Grenzen dieses Reformentwurfs hinausgegangen.

Wie sich aus der allgemeinen Begründung zum AGGewVerbG ergibt, steht die gesamte Gesetzesnovelle in engem Zusammenhang mit dem GewVerbG. Der Begriff des „Gewohnheitsverbrechers" ist eng verknüpft mit der der Aufgabe rechtsstaatlicher Sicherungsinstrumente im Strafverfahren.[343] Insbesondere be-

---

[339] *Roxin*, Strafverfahrensrecht, § 71 C Rn. 7 (auch speziell für § 81a StPO); *Eb. Schmidt*, Einführung, § 349; *H. Wagner*, Strafrecht im Nationalsozialismus, in *Säcker* (Hrsg.), Recht und Rechtslehre im Nationalsozialismus, S. 141 (149); gegen die Einordnung des § 81 a StPO als nationalsozialistisches Recht wohl auch *F. W. Bosch*, DRiZ 1951, 107 (109f.); *Dzendzalowski*, Körperliche Untersuchung, S. 115; *Vormbaum*, FS-StA Schleswig-Holstein, 71 ff.; kritisch *Ch. Müller*, Gewohnheitsverbrechergesetz S. 1.

[340] Dazu ausführlich *I. Müller*, Strafprozeßrecht des Dritten Reiches, in *Reifner/Sonnen* (Hrsg.), Strafjustiz und Polizei im Dritten Reich, S. 59ff. Zum Strafverfahrensrecht im Nationalsozialismus z.B. *Rüping*, „Auflockerung" im Strafverfahrensrecht, in *Rottleuthner* (Hrsg.), Recht, Rechtsphilosophie und Nationalsozialismus, S. 65 (insbes. 66ff.). Zur Frage der Kontinuität *ders.*, a.a.O.; *Ch. Müller*, Gewohnheitsverbrechergesetz, S. 13ff.; *Naucke*, NS-Strafrecht, in *Säcker* (Hrsg.), Recht und Rechtslehre im Nationalsozialismus, S. 233ff.

[341] *I. Müller*, Strafprozeßrecht des Dritten Reiches, in *Reifner/Sonnen* (Hrsg.), Strafjustiz und Polizei im Dritten Reich, S. 59.

[342] Ausführlich dazu oben II 2 a).

[343] *Albrecht*, Vergessene Freiheit, S. 31.

steht ein Zusammenhang zwischen der Regelung des § 81 a StPO und den mit dem *Gewohnheitsverbrechergesetz* eingeführten Maßregeln, der ebenfalls über die in der Weimarer Zeit diskutierten Reformvorhaben hinausreicht. Zwar ist richtig, daß die mit dem *Gewohnheitsverbrechergesetz* eingeführten Maßregeln der Sicherung und Besserung bereits weitgehend in den Entwürfen der gescheiterten Strafrechtsreform vorgesehen waren.[344] Sie erfuhren allerdings einige charakteristische Abänderungen. Dies betrifft insbesondere die bis dato unbekannte Maßregel der Entmannung, welche in der amtlichen Begründung unmittelbar mit Maßnahmen nach § 81 a StPO in Verbindung gebracht wird.
In diesem Kontext ist auch der von *Christian Müller* aufgezeigte enge Zusammenhang zwischen dem *Gewohnheitsverbrechergesetz* und dem *Erbgesundheitsgesetz* zu beachten. Die Nationalsozialisten als Vertreter einer strikten Rassenhygiene wollten „Sittlichkeits- und Gewohnheitsverbrecher" von der Fortpflanzung ausschließen, weil sie davon ausgingen, die auf ungünstigen Anlagen beruhende Delinquenz könne weitervererbt werden. Nachdem im *Erbgesundheitsgesetz* die eugenische Unfruchtbarmachung aufgrund medizinischer Indikation geregelt worden war, sollte das *Gewohnheitsverbrechergesetz* nach dem Willen *Adolf Hitlers* „die Entmannung von gemeingefährlichen Sexualverbrechern und die Unfruchtbarmachung von Gewohnheitsverbrechern" regeln.[345] Die Unfruchtbarmachung von Verbrechern wurde dann allerdings doch nicht in das *Gewohnheitsverbrechergesetz* aufgenommen.[346] An anderen Stellen des Gesetzes sind rassenhygienische Vorstellungen ganz eindeutig berücksichtigt worden.[347]
Darüber hinaus bedeutet das Gesetz die Abkehr vom humanen und liberalen Geist der Weimarer Strafrechtsreform hin zu einem autoritären Maßregelsystem.[348] Aus der amtlichen Begründung ergibt sich, daß die Regelung des § 81 a StPO für die Verhängung einzelner Maßregeln von Bedeutung schien. Daher ist die Auffassung unzutreffend, die §§ 81 a ff. StPO seien unabhängig von der Einführung der Maßregeln der Sicherung und Besserung geschaffen worden.[349] Sie wird durch die amtliche Begründung widerlegt.
All dies mag nicht ausreichen, um die Regelung dem typisch nationalsozialistischen Gedankengut zuzuordnen. Ein Zusammenhang mit dem nationalsozialistischen Staatsdenken läßt sich jedoch feststellen.[350] In diesem Sinne hat die Rechtspraxis die Maßregeln auch extensiv angewandt.[351]

---

[344] Dazu ausführlich *Ch. Müller*, Gewohnheitsverbrechergesetz, S. 22 ff.; *Eb. Schmidt*, Einführung, §§ 327 ff.

[345] *Ch. Müller*, Gewohnheitsverbrechergesetz, S. 33 ff.

[346] *Ch. Müller*, Gewohnheitsverbrechergesetz, S. 42.

[347] *Ch. Müller*, Gewohnheitsverbrechergesetz, S. 43.

[348] Ausführlich *Ch. Müller*, Gewohnheitsverbrechergesetz, S. 7 ff. und 30 ff.

[349] So aber *Roxin*, Strafverfahrensrecht, § 71 C Rn. 7.

[350] I. Erg. wie hier *Kopf*, Selbstbelastungsfreiheit, S. 149.

[351] Vgl. dazu ausführlich *Ch. Müller*, Gewohnheitsverbrechergesetz, S. 171 ff.

III. Nachkonstitutionelle Gesetzgebung

1. Neuregelung der körperlichen Untersuchungen und Eingriffe durch das Rechtsvereinheitlichungsgesetz

Trotzdem hat der Bundesgesetzgeber mit dem Gesetz zur Wiederherstellung der Rechtseinheit auf dem Gebiete der Gerichtsverfassung, der bürgerlichen Rechtspflege, des Strafverfahrens und des Kostenrechts vom 12. September 1950 (Rechtsvereinheitlichungsgesetz)[352] eine andere Bewertung der gesetzlichen Regelung vorgenommen.[353]

a) Geringfügige Änderungen in den Neuregelungen

Mit dem Rechtsvereinheitlichungsgesetz wurde die Regelung über körperliche Untersuchungen und Eingriffe beim Beschuldigten fast unverändert übernommen. Die Untersuchung anderer Personen als dem Beschuldigten wurde aus dem § 81 a StPO herausgenommen und in § 81 c StPO gesondert normiert.[354] Der neue § 81 a StPO lautete:

> Eine körperliche Untersuchung des Beschuldigten darf zur Feststellung von Tatsachen angeordnet werden, die für das Verfahren von Bedeutung sind. Zu diesem Zweck sind körperliche Eingriffe, die von einem Arzt nach den Regeln der ärztlichen Kunst zu Untersuchungszwecken vorgenommen werden, sowie die Entnahme von Blutproben ohne Einwilligung des Beschuldigten zulässig, wenn kein Nachteil für seine Gesundheit zu besorgen ist.
>
> Die Anordnung steht dem Richter, bei Gefährdung des Untersuchungserfolgs durch Verzögerung auch der Staatsanwaltschaft und ihren Hilfsbeamten (§ 152 des Gerichtsverfassungsgesetzes) zu.

Die Regelung enthielt damit anders als § 81 c StPO hinsichtlich der Durchführung von körperlichen Untersuchungen und Eingriffen gegenüber anderen Personen keine weiteren Einschränkungen.

§ 81 c II StPO regelte Eingriffe in die körperliche Integrität nichtverdächtiger Personen wie folgt:

> Andere Personen als Beschuldigte dürfen, wenn sie als Zeugen in Betracht kommen, ohne ihre Einwilligung nur untersucht werden, soweit zur Erforschung der Wahrheit festgestellt werden muß, ob sich an ihrem Körper eine Spur oder Folge einer strafbaren Handlung befindet. Die Untersuchung kann aus den gleichen Gründen wie das Zeugnis verweigert werden. Die Untersuchung ist unzulässig, wenn sie dem Betroffenen bei Würdigung aller Umstände nicht zugemutet werden kann.
>
> Zu dem in Abs. 1 bezeichneten Zweck ist die Entnahme von Blutproben ohne Einwilligung des zu Untersuchenden zulässig, wenn kein Nachteil für seine Gesundheit zu besorgen und der Eingriff zur Erforschung der Wahrheit unerläßlich ist. …

---

[352] BGBl. I S. 455.

[353] Vgl. dazu *Ch. Müller*, Gewohnheitsverbrechergesetz, S. 1.

[354] BGBl. I S. 455 (482). Zur vergleichbaren Regelung in der DDR ausführlich *Kopf*, Selbstbelastungsfreiheit, S. 156 ff.

§ 81 c I 3 StPO erklärte ausdrücklich jene Untersuchungen für unzulässig, die „dem Betroffenen bei Würdigung aller Umstände nicht zugemutet werden kann". Der Schutz des Nichtbeschuldigten bei körperlichen Eingriffen reichte ebenfalls weiter als gegenüber dem Beschuldigten. Nach beiden Regelungen wurde die Zulässigkeit dadurch begrenzt, daß kein Nachteil für die Gesundheit zu befürchten sein durfte. Darüber hinaus war der Eingriff gegenüber Nichtbeschuldigten aber nur insoweit zulässig, als er „zur Erforschung der Wahrheit unerläßlich ist".

b) Verfassungsrechtliche Bedenken gegen die Neuregelung

Hierin kommt eine Wertung zum Ausdruck, die auch in der Reformdiskussion vor 1933 immer wieder anklang. Nichtbeschuldigte Personen sind in einem Strafverfahren schutzwürdiger als der Beschuldigte. Der Eingriff in die körperliche Integrität des Beschuldigten unterliegt nicht den gleichen Grenzen wie der gegenüber anderen Personen. Hatte in diesem Sinne schon in der früheren Diskussion die Behandlung des Nichtverdächtigen den größten Raum eingenommen, war auch in den Beratungen zu den neuen Regelungen der §§ 81 a ff. zumeist über die Neuregelung der körperlichen Untersuchungen und Eingriffe gegenüber nichtbeschuldigten Personen gestritten worden.[355] Es wurde allerdings auch gegen die Neuregelung der körperlichen Eingriffe beim Beschuldigten von Abgeordneten verschiedener Parteien gewichtige Kritik vorgebracht.

Das *Rechtsvereinheitlichungsgesetz* sollte den verfassungsrechtlichen Vorgaben des neuen Grundgesetzes im Strafverfahren Geltung verschaffen.[356] In diesem Sinne bezog sich die Kritik nur zum Teil auf den nationalsozialistischen Ursprung des Gesetzes. Daneben wurden Aspekte eines rechtsstaatlichen Strafverfahrens in die Überlegungen einbezogen. Bedenken wurden im Hinblick auf die Unschuldsvermutung, den nemo tenetur-Gedanken und Art. 1 GG geäußert.

Es wurde kritisiert, Zumutbarkeitsgesichtspunkte würden entgegen dem ursprünglichen Regierungsvorschlag nicht berücksichtigt. In Anbetracht der Tatsache, daß die Schuld des Beschuldigten erst bewiesen werden müsse und nicht jeder Beschuldigte auch schuldig sei, sei zu überprüfen, ob die geplanten Eingriffsmöglichkeiten des § 81 a StPO nicht zu weit in das Recht auf körperliche Unversehrtheit eingriffen.[357] In der Regelung sei ein polizeistaatlicher Gedanke enthalten, „der vor der Hitlerzeit bei uns überhaupt unmöglich gewesen wäre, dem lediglich durch die inzwischen verstrichene Zeit der Weg ein wenig geebnet

[355] Vgl. dazu die Plenarprotokolle der 79. Sitzung des BT vom 26. Juli 1950, S. 2905 ff. und der 81. Sitzung vom 28. Juli 1950, S. 3071 f.

[356] *Dallinger*, SJZ 1950, S. 732.

[357] Abg. *Wagner* (SPD), Verhandlungen des BT, Plenarprotokolle, 79. Sitzung vom 26. Juli 950, S. 2906 (A), zustimmend Abg. Dr. *Reismann* (Zentrum), Verhandlungen des BT, Plenarprotokolle, 79. Sitzung vom 26. Juli 1950, S. 2906 (C) und Abg. Dr. *v. Brentano* (CDU), Verhandlungen des BT, Plenarprotokolle, 79. Sitzung vom 26. Juli 1950, S. 2907 (C).

worden ist."[358] In den §§ 81a bis c StPO trete „eine Gesinnung an den Tag, die wir nach dem, was hinter uns liegt, als überwunden glaubten ansehen zu dürfen."[359] Sie widerspreche dem Gedanken, daß der Beschuldigte nicht gezwungen werden dürfe, sich selbst zu belasten oder eine Erklärung abzugeben, da er durch die Regelung des § 81a StPO gezwungen werde, seinen Körper als Beweisstück zur Verfügung zu stellen.[360] Unter Bezugnahme auf § 81c StPO wurde ausgeführt, die zwangsweise Durchführung einer Maßnahme betreffe die Freiheit des Willensentschlusses.[361] Anders als die bloße Besichtigung durch eine Inaugenscheinnahme gehe das zu weit. Bei der Blutentnahme zur Feststellung der BAK könne man noch eine Ausnahme machen, da sie „kein Mensch" als besondere körperliche Beeinträchtigung empfände. Wenn aber die Regelung vorsehe, daß die Maßnahme im Eilfall auch von einem Polizeibeamten angeordnet werden könne, gehe das weit über die Verpflichtung des Beschuldigten, am Verfahren teilzunehmen, hinaus. Daher sollten gegen den Willen des Beschuldigten keine anderen Eingriffe als die Blutprobe zur Feststellung der BAK zulässig sein. Der Respekt vor der Freiheit und die Tatsache, daß längst nicht jeder Beschuldigte schuldig sei, erforderten zudem, daß die Anordnung der Maßnahmen nur dem Richter zustehe.[362] Bei der Erforschung der materiellen Wahrheit seien die Grenzen zu beachten, die unüberschreitbar durch die in Art. 1 GG anerkannte Würde des Menschen gezogen seien.[363]

Von Seiten des Ausschusses für Rechtswesen und Verfahrensrecht und der Bundesregierung wurden diese Bedenken zurückgewiesen. Der Berichterstatter des Ausschusses für Rechtswesen und Verfahrensrecht erklärte, es gebe „gewisse gesellschaftliche Interessen, Interessen des Staates", die dem Recht auf körperliche Unversehrtheit entgegenstünden. Die Bedenken im Hinblick auf die Geschehnisse in Deutschland nach 1933 möchten zum Teil durchaus berechtigt sein. Aber es handele sich hierbei um etwas, das im Interesse aller Beteiligten

---

358 Abg. Dr. *Reismann* (Zentrum), Verhandlungen des BT, Plenarprotokolle, 79. Sitzung vom 26. Juli 1950, S. 2906 (C), zustimmend Abg. Dr. *v. Brentano* (CDU), Verhandlungen des BT, Plenarprotokolle, 79. Sitzung vom 26. Juli 1950, S. 2907 (C).

359 Abg. Dr. *Etzel* (Bayernpartei), Verhandlungen des BT, Plenarprotokolle, 79. Sitzung vom 26. Juli 1950, S. 2907 (D).

360 Abg. Dr. *Reismann* (Zentrum), Verhandlungen des BT, Plenarprotokolle, 79. Sitzung vom 26. Juli 1950, S. 2906 (C), zustimmend Abg. Dr. *v. Brentano* (CDU), Verhandlungen des BT, Plenarprotokolle, 79. Sitzung vom 26. Juli 1950, S. 2907 (C).

361 Abg. *Loritz* (Wirtschaftliche Aufbauvereinigung), Verhandlungen des BT, Plenarprotokolle, 79. Sitzung vom 26. Juli 1950, S. 2908 (C).

362 Abg. Dr. *Reismann* (Zentrum), Verhandlungen des BT, Plenarprotokolle, 79. Sitzung vom 26. Juli 1950, S. 2906 (C), zustimmend Abg. Dr. *v. Brentano* (CDU), Verhandlungen des BT, Plenarprotokolle, 79. Sitzung vom 26. Juli 1950, S. 2907 (C).

363 Abg. Dr. *Etzel* (Bayernpartei), Verhandlungen des BT, Plenarprotokolle, 79. Sitzung vom 26. Juli 1950, S. 2907 (D).

eingeführt worden sei.[364] Der Bundesjustizminister Dr. *Dehler* (FDP) bestritt jeden Zusammenhang der §§ 81 a ff. StPO mit einer totalitären Staatsauffassung. Es handele sich um „Dinge, die von der Kriminologie in jahrzehntelangen Erwägungen und in der Praxis erarbeitet und schon lange vor 1933 festgelegt worden sind". Er stellte die Frage: „Warum soll man die wichtigsten Indizien zur Überführung des Verbrechers nicht benützen können?" Und führte schließlich aus: „Ich bin der Meinung, daß der Ausschuß hier durchaus zweckentsprechende und für die Praxis nicht zu entbehrende Bestimmungen festgelegt hat ..."[365]
Auch hier werden kriminalpolitische Interessen und das staatliche Strafverfolgungsinteresse in den Vordergrund gerückt. Die Ausführungen des damaligen Bundesjustizministers zeigen zudem, daß er den „Verbrecher" als Untersuchungsobjekt im Auge hatte. Unschuldsvermutung und Schuldgrundsatz spielten dagegen keine Rolle. Die Behauptung, es bestehe kein Zusammenhang zwischen § 81 a StPO und einer totalitären Staatsauffassung, ist zu pauschal. Bei der 1933 Gesetz gewordenen Fassung des § 81 a StPO handelt es sich, wie bereits festgestellt, nur in Teilen um Erkenntnisse, die „in jahrzehntelangen Erwägungen und in der Praxis erarbeitet und schon lange vor 1933 festgelegt worden sind". Die oben aufgezeigten Zusammenhänge der Regelung mit der nationalsozialistischen Ideologie, das ihrer Entstehung zugrunde liegende autoritäre Staatsdenken und die Abweichungen der Neuregelung von der bisherigen Rechtspraxis und den Reformentwürfen hätten in der Diskussion über den § 81 a StPO der Beachtung bedurft.

c) Zusammenfassung

Auch bei der gesetzlichen Neuregelung des § 81 a StPO wird zur Begründung von staatlichen Eingriffsrechten auf kriminalpolitische Interessen und Zweckmäßigkeitserwägungen verwiesen. Körperliche Untersuchungen und Eingriffe seien für die Wahrheitserforschung „die wichtigsten Indizien", „durchaus zweckentsprechende und für die Praxis nicht zu entbehrende Bestimmungen". Es wird unterstellt, die Maßnahme richte sich gegen einen Straftäter, diene aber zugleich dem „Interesse aller Beteiligten". Durch diese Argumentation scheint die Auseinandersetzung mit den von anderer Seite vorgetragenen rechtsstaatlichen Bedenken entbehrlich zu werden. Die Frage, wie weit der Staat zum Zwecke der Wahrheitserforschung in die Freiheitsrechte des einzelnen eingreifen darf, wird hier von einer an rechtsstaatlichen Grundsätzen orientierten Diskussion gelöst und allein aufgrund von Zweckmäßigkeitserwägungen entschieden, obwohl es bei der Ausarbeitung des *Rechtsvereinheitlichungsgesetzes* darum ging, den

---

364 Abg. Dr. *Greve*, Verhandlungen des BT, Plenarprotokolle, 79. Sitzung vom 26. Juli 1950, S. 2881.

365 BJM Dr. *Dehler*, Verhandlungen des BT, Plenarprotokolle, 79. Sitzung vom 26. Juli 1950, S. 2909 (A) und (B).

verfassungsrechtlichen Vorgaben des neuen Grundgesetzes im Strafverfahren Geltung zu verschaffen.

2. Das 3. Strafrechtsänderungsgesetz vom 4. August 1953

Drei Jahre später wurde § 81a StPO durch das *3. Strafrechtsänderungsgesetz* vom 4. August 1953[366] erstmal geändert. Nun sollte auch die Entnahme von Blutproben dem Arzt vorbehalten bleiben. § 81 a I 2 StPO erhielt damit seine heute gültige Form.

3. Erneute Diskussion um die verfassungsrechtlichen Grenzen von § 81 a StPO im Zusammenhang mit DNA-Analysen

Die Frage nach den verfassungsrechtlichen Grenzen von Eingriffen nach § 81 a StPO erlebte durch neue Forschungsmethoden in den 80er und 90er Jahren noch einmal eine Renaissance. Dabei ging es jedoch nicht um allgemeine verfassungsrechtliche Grenzen, sondern um die Zulässigkeit der Blutentnahme zum Zwecke der anschließenden DNA-Analyse.

a) Entwicklung der Gentechnik als Anlaß einer erneuten Reformdiskussion

Forschungserfolge der Genetik in den 60er und 70er Jahren[367] führten 1985 zur Entwicklung der Methode des sogenannten genetischen Fingerabdrucks.[368] Durch die molekularbiologische Untersuchung bestimmter Bereiche der menschlichen DNA können Personenidentifizierungen vorgenommen und Abstammungsfragen beantwortet werden.[369] Ihre Anwendung wurde bald auch für das Strafrecht lebhaft diskutiert.[370] Als Rechtsgrundlage für die Durchführung dieser Methode wurde mangels Alternativen § 81 a StPO herangezogen.[371] Problema-

---

366 BGBl. I S. 735 (744).

367 Dazu ausführlich *Foldenauer*, Genanalyse im Strafverfahren, S. 21 ff.

368 Dazu *Krieglstein*, Genetischer Fingerabdruck, S. 2; *Kimmich/Spyra/Steinke*, DNA-Profiling, in *Taschke/Breidenstein* (Hrsg.), Genomanalyse im Strafverfahren, S. 87 (89).

369 Zu den medizinisch-biologischen Grundlagen vgl. z.B. *Foldenauer*, Genanalyse im Strafverfahren, S. 21 ff.; *Henke/Hoffman./Henke*, DNA-Fingerprints, in *Taschke/Breidenstein* (Hrsg.), Genomanalyse im Strafverfahren, S. 13 ff. und *Kimmich/Spyra/Steinke*, DNA-Profiling, in *Taschke/Breidenstein* (Hrsg.), Genomanalyse im Strafverfahren, S. 87 (89 ff.).

370 Zu den möglichen Anwendungsbereichen vgl. *Foldenauer*, Genanalyse im Strafverfahren, S. 38 ff. und 83 ff. Zum Anwendungsbereich von Genomanalysen vgl. z.B. *Gössel*, GS-Meyer, 121 (124 f.).

371 *Foldenauer*, Genanalyse im Strafverfahren, S. 46 ff.; KK³-*Pelchen*, § 81 a Rn. 5; *Lührs*, MDR 1992, 929; *Pfeiffer/Fischer*, StPO¹, § 81 a Rn. 4; *Röger*, Verwertbarkeit des Beweismittels, S. 37 ff.; *Ruderisch*, ZRP 1992, 260 (263); *Sternberg-Lieben*, „Genetischer Fingerabdruck", in *Taschke/Breidenstein* (Hrsg.), Genomanalyse im Strafverfahren, S. 69 (72 ff.); *Rüping*, Strafverfahren, Rn. 264; *Steinke*, MDR 1989, 407 (408); *Thronicker*, Kriminalist 1989, 187 (188). A.A. *Gössel*, Genetische Untersuchungen, GS-Meyer, S. 121 (145 f.); *Keller*, Genomanalyse im Strafverfahren, in *Taschke/Breidenstein* (Hrsg.), Genomanalyse im Strafverfahren, S. 160 ff.; *Klumpe*, Genetischer Fingerabdruck, S. 170 ff.; *Krieglstein*, Genetischer Fingerabdruck, S. 104; *Radema-*

tisch war dies, weil nach § 81 a StPO zwar der Eingriff in die körperliche Unversehrtheit mittels Blutentnahme zulässig war, das Gesetz aber keine Aussage darüber traf, welche Maßnahmen mit dem entnommenen Material durchgeführt werden dürften. Der Zugriff auf die menschliche DNA wurde vielfach als Eingriff in das Recht auf informationelle Selbstbestimmung gewertet, für den eine Rechtsgrundlage fehle. Aus unterschiedlichen Gründen wurden teilweise für die grundsätzlich nach § 81 a StPO als zulässig erachtete Methode verfahrensspezifische Neuregelungen gefordert, welche die Durchführung und Beendigung des Analyseverfahrens regeln sollten. Teilweise sollten diese den Zweck einer Klarstellung erfüllen.[372] Daneben sollte den vorgetragenen Bedenken bezüglich der rechtspolitischen Auswirkungen einer verbreiteten Anwendung von DNA-Analysen begegnet werden.[373]

b) Kriminalpolitische Erwägungen als Begründungsersatz für die Zulässigkeit der DNA-Analyse

Auch in dieser Diskussion stößt man auf althergebrachte Entwicklungs- und Argumentationsmuster. Der Beweiswert der DNA-Analyse war und ist umstritten.[374] Dabei ging und geht es auch heute noch wesentlich um die Frage, ob das Ergebnis der DNA-Analyse die richterliche Beweiswürdigung überflüssig macht. 1991 erklärte der *Bundesgerichtshof*, es bestehe in der Rechtsprechung seit geraumer Zeit Einigkeit darüber, daß die DNA-Analyse ein geeignetes Verfahren sowohl zum Täterausschluß als auch zur Täterfeststellung sei.[375] Das Ergebnis der DNA-Analyse entbinde das Tatgericht allerdings nicht von der Aufgabe der Beweiswürdigung.[376] Aufgrund des begrenzten Beweiswerts von DNA-Analysen sei ihr Ergebnis im Rahmen der Beweiswürdigung kritisch zu betrachten. Der Aussagegehalt sei nicht bindend, sondern ein Indiz, dem im Einzelfall unterschiedliche Bedeutung beigemessen werden könne.[377]

---

cher, Zulässigkeit der Gen-Analyse, in *Taschke/Breidenstein* (Hrsg.), Genomanalyse im Strafverfahren, S. 156 ff. (zurückhaltender noch *dies.*, StV 1989, 546 [547 ff.]); *Vogt*, DNA-Fingerprinting-Verfahren, in *Taschke/Breidenstein* (Hrsg.), Genomanalyse im Strafverfahren, S. 213 ff. Zumindest kritisch HK[1]-*Lemke*, § 81 a Rn. 11.

372 *Jung*, Zum genetischen Fingerabdruck, in *Taschke/Breidenstein* (Hrsg.), Genomanalyse im Strafverfahren, S. 137 (142); *Kimmich/Spyra/Steinke*, NStZ 1993, 23 (25 f.).

373 BGHSt 37, 157 (159).

374 Vgl. zum damaligen Diskussionsstand z.B. BGHSt 37, 157 (159); 38, 320; *Bär*, Kriminalistik 1989, 313 ff.; *Foldenauer*, Genanalyse im Strafverfahren, S. 57 f.; *Jung*, Zum genetischen Fingerabdruck, in *Taschke/Breidenstein* (Hrsg.), Genomanalyse im Strafverfahren, S. 137 (142); *Rademacher*, StV 1989, 546 (548). Zum Problem der wissenschaftlichen Wahrscheinlichkeit und richterlicher Überzeugungsbildung vgl. z.B. *Herzog*, Anmerkung zu BGH, Urt. v. 24.11.1992 - 5 StR 500/92 -, in *Taschke/Breidenstein* (Hrsg.), Genomanalyse im Strafverfahren, S. 153 ff. Zu weiteren beweisrechtlichen Fragen *Gössel*, GS-Meyer, 121 (126 ff.).

375 BGH, NStZ 1991, 399 (400).

376 BGHSt 38, 320 (322).

377 BVerfG, NJW 1996, 771 (773), BGHSt 37, 157 (159 f.); 38, 320 (322 ff.).

Der damalige Sprecher des Hessischen Innenministeriums, *Jaletzke*, hatte die DNA-Analyse trotz dieser Probleme wegen ihres hohen Beweiswerts als „unverzichtbar" für die forensische Praxis bezeichnet.[378] Im Schrifttum wurde betont, der genetische Fingerabdruck könne zur „sicheren Täterüberführung (oder -entlastung) im Bereich von Sexual- oder sonstigen Gewaltdelikten führen", die medizinische Kriminalistik könne „geradezu revolutioniert werden".[379] „Ein pragmatischer Grund zur Verstärkung der Rechtssicherheit" spreche für die „Notwendigkeit der DNA-Analyse im Strafverfahren". Aufgrund der DNA-Analyse könne der „*absolut sichere Beweis* geführt werden, daß der Beschuldigte als Täter auszuschließen ist oder feststeht". Wenn derartige kriminaltechnische Möglichkeiten bestünden, „ohne daß verfassungsrechtliche Bedenken geltend gemacht werden könnten", müßten sie genutzt werden.[380] Es wurde betont, die Wirksamkeit der Strafrechtspflege stelle ein das Individualinteresse an der Geheimhaltung des genetischen Codes überwiegendes Allgemeininteresse dar, ohne allerdings die Gründe für diese Abwägung deutlich zu machen.[381] Auch hier steht damit die Zweckmäßigkeit der Methode zur Wahrheitserforschung im Vordergrund. Der mögliche Entlastungsbeweis kann in diesem Zusammenhang nicht als Argument herangezogen werden. Eine DNA-Analyse könnte mit Zustimmung des Beschuldigten auch ohne eine strafprozessuale Zwangsnorm durchgeführt werden. Der Entlastungsbeweis wäre also durch die Verneinung einer Rechtsgrundlage für die zwangsweise Durchführung der Maßnahme nicht unmöglich gemacht.

Auch die Überlegung, die Entnahme der DNA-Probe durch Blutentnahme, Mundspülung oder Abschneiden von Haaren belaste den Betroffenen weitaus weniger, als dies bei anderen zulässigen Untersuchungen im Strafverfahren der Fall sei,[382] vermag die Zulässigkeit des Eingriffs nicht per se zu begründen, sondern stellt lediglich einen Aspekt der Verhältnismäßigkeitsprüfung dar.[383]

c) *Verfassungsrechtliche Bedenken*

Die Behauptung, gegen die Durchführung der DNA-Analyse könnten keine verfassungsrechtlichen Bedenken geltend gemacht werden, ist unzutreffend. Die

---

378 FR vom 20. Mai 1989

379 *Sternberg-Lieben*, „Genetischer Fingerabdruck", in *Taschke/Breidenstein* (Hrsg.), Genomanalyse im Strafverfahren, S. 69 (71); vgl. auch *Schmitter/Herrmann/Pflug*, MDR 1989, 402 ff.

380 *Kimmich/Spyra/Steinke*, DNA-Profiling, in *Taschke/Breidenstein* (Hrsg.), Genomanalyse im Strafverfahren, S. 87 (103), Hervorhebung im Original. Ähnlich *Thronicker*, Kriminalist 1989, 187 (188).

381 *Röger*, Verwertbarkeit des Beweismittels, S. 37 f.; *Sternberg-Lieben*, „Genetischer Fingerabdruck", in *Taschke/Breidenstein* (Hrsg.), Genomanalyse im Strafverfahren, S. 69 (80).

382 *Ruderisch*, ZRP 1992, 260 (263).

383 Zur Berücksichtigung des Verhältnismäßigkeitsgrundsatzes bei der Gen-Analyse vgl. z.B. BVerfG, NStZ 1996, 45 (46) und *Sternberg-Lieben*, „Genetischer Fingerabdruck", in *Taschke/Breidenstein* (Hrsg.), Genomanalyse im Strafverfahren, S. 69 (72 ff.).

Verfassungsmäßigkeit der Maßnahme wurde zumeist auch von ihren Befürwortern umfassend begründet. Verfassungsrechtliche Bedenken wurden im Hinblick auf eine mögliche Verletzung der Menschenwürde,[384] einen unzulässigen Eingriff in die körperliche Unversehrtheit[385] und das allgemeine Persönlichkeitsrecht,[386] insbesondere das Recht auf informationelle Selbstbestimmung[387], erörtert. Sie bezogen sich allerdings auf die Analyse der menschlichen DNA und nicht auf den Akt der Blutentnahme als solcher. Zudem wurde teilweise eine Signalwirkung für andere soziale Bereiche dergestalt befürchtet, daß die Anwendung der Genanalyse sich als Mittel der Informationserlangung in anderen sozialen Bereichen, wie Arbeitsmarkt und Versicherungswesen, ausbreiten könnte. Darüber hinaus befürchtete man die Gefahr des Mißbrauchs. Die Durchführung einer DNA-Analyse mit Einwilligung des Betroffenen wurde ebenfalls kritisch bewertet.[388]

d) Zusammenfassung

Den Kritikern, die ja vielfach nur das Fehlen einer gesetzlichen Grundlage für die Durchführung der DNA-Analyse bemängelten, welche den Anforderungen

---

384 Z.B. *Foldenauer*, Genanalyse im Strafverfahren, S. 55 f.; *Keller*, Genomanalyse im Strafverfahren, in *Taschke/Breidenstein* (Hrsg.), Genomanalyse im Strafverfahren, S. 160 (169 ff. und 179); *Klumpe*, „Genetischer Fingerabdruck", S. 128 ff.; *Krieglstein*, Genetischer Fingerabdruck, S. 98 ff.; *Rademacher*, StV 1989, 546 (549); *Sternberg-Lieben*, „Genetischer Fingerabdruck", in *Taschke/Breidenstein* (Hrsg.), Genomanalyse im Strafverfahren, S. 69 (76 f.); *Vogt*, DNA-Fingerprinting-Verfahren, in *Taschke/Breidenstein* (Hrsg.), Genomanalyse im Strafverfahren, S. 213 (215 f.).

385 Z.B. *Klumpe*, „Genetischer Fingerabdruck", S. 162 ff.; *Krieglstein*, Genetischer Fingerabdruck, S. 102; *Oberlies*, Genetischer Fingerabdruck, in *Taschke/Breidenstein* (Hrsg.), Genomanalyse im Strafverfahren, S. 181 (193 f.).

386 Z.B. *Foldenauer*, Genanalyse im Strafverfahren, S. 47 ff.; *Keller*, Genomanalyse im Strafverfahren, in *Taschke/Breidenstein* (Hrsg.), Genomanalyse im Strafverfahren, S. 160 (168 und 172); *Krieglstein*, Genetischer Fingerabdruck, S. 102 ff.; *Rademacher*, Zulässigkeit der Genanalyse?, in *Taschke/Breidenstein* (Hrsg.), Genomanalyse im Strafverfahren, S. 156 (158 f.); *Sternberg-Lieben*, „Genetischer Fingerabdruck", in *Taschke/Breidenstein* (Hrsg.), Genomanalyse im Strafverfahren, S. 69 (77 f.).

387 Z.B. *Foldenauer*, Genanalyse im Strafverfahren, S. 51; *Gössel*, GS-Meyer, 121 (142 ff.); *Keller*, Genomanalyse und Strafverfahren, in *Taschke/Breidenstein* (Hrsg.), Genomanalyse im Strafverfahren, S. 160 (172 ff. und 180); *Klumpe*, „Genetischer Fingerabdruck", S. 152ff.; *Krieglstein*, Genetischer Fingerabdruck, S. 102 f.; *Rademacher*, Zulässigkeit der Genanalyse?, in *Taschke/Breidenstein* (Hrsg.), Genomanalyse im Strafverfahren, S. 156 (157 f.); *dies.*, StV 1989, 546 (549 f.); *Sternberg-Lieben*, „Genetischer Fingerabdruck", in *Taschke/Breidenstein* (Hrsg.), Genomanalyse im Strafverfahren, S. 69 (79 ff.); *Vogt*, DNA-Fingerprinting-Verfahren, in *Taschke/Breidenstein* (Hrsg.), Genomanalyse im Strafverfahren, S. 213 (215 f.); *Wellbrock*, Genomanalysen, in *Taschke/Breidenstein* (Hrsg.), Genomanalyse im Strafverfahren, S. 217 ff.

388 Z.B. *Jung*, Zum genetischen Fingerabdruck, in *Taschke/Breidenstein* (Hrsg.), Genomanalyse im Strafverfahren, S. 137 (140 f.); *Oberlies*, Genetischer Fingerabdruck, in *Taschke/Breidenstein* (Hrsg.), Genomanalyse im Strafverfahren, S. 181 (188 f. und 194). Das *Bundesverfassungsgericht* hat die DNA-Analyse mit Einwilligung des Betroffenen allerdings für zulässig erachtet, vgl. NJW 1996, 1587 (1588).

des Rechts auf informationelle Selbstbestimmung Rechnung trüge, wurde mangelnde Objektivität vorgeworfen.[389] Es wurde behauptet, ein Verzicht auf die Anwendung molekulargenetischer Verfahren im Strafverfahren „schüfe einen durch nichts gerechtfertigten, auf (mystischen?) Spekulationen begründeten Raum der Rechtsunsicherheit, der dem Ansehen unseres Rechtswesens schadete".[390] „Wer ernsthaft Schwerstkriminalität in unserem Lande" bekämpfen wolle, dürfe „die Kriminaltechnik nicht von der allgemeinen Entwicklung und Anwendung neuer Untersuchungsmethoden abkoppeln. Gerade weil der Sachbeweis eine immer größere Rolle im Strafprozeß spielt, muß sichergestellt werden, daß die kriminaltechnischen Untersuchungsstellen möglichst *alle* Untersuchungen für die Ermittlungsdienststellen, Staatsanwaltschaften und Gerichte durchführen können." Es sei „paradox, in einer Zeit, in der die Kriminalitätsrate immer neue Spitzenwerte erreicht, dem Bürger durch unsachliche Argumentation zu suggerieren, daß die größte Gefahr nicht vom Verbrechen, sondern vom möglichen Datenmißbrauch der Polizeiinstitution ausgeht".[391]

Die Zulässigkeit der DNA-Analyse wird auch hier anhand von Zweckmäßigkeitserwägungen und kriminalpolitischen Wunschvorstellungen begründet. Eine Begründung der Zulässigkeit der Maßnahme und die Überprüfung, ob sie mit verfassungsrechtlichen Vorgaben in Einklang steht, muß demnach offensichtlich nicht erfolgen, da die Untersuchungsmethode (nur) zur Verurteilung von Schwerkriminellen gebraucht werde. Dabei wird der angebliche Anstieg der Kriminalitätsrate bemüht, der sich durch Kriminalitätsstatistiken nicht belegen läßt. Es ging und geht bei der Verwendung des genetischen Fingerabdrucks aber nicht nur um „Schwerstkriminalität". Die Verwendung des genetischen Fingerabdrucks erfolgte nicht nur in Verfahren, welche die Verletzung der sexuellen Selbstbestimmung oder körperlichen Integrität zum Gegenstand hatten. Sie wurde unter anderem auch in Fällen der Unterhaltspflichtverletzung, im Umweltstrafrecht und im Wirtschaftsstrafrecht eingesetzt.[392] Der neue § 81g StPO mit der am 1. November 2005 in Kraft getretenen Regelung erlaubt die DNA-Analyse nicht nur bei Straftaten von erheblicher Bedeutung, sondern auch bei der wiederholten Begehung von sonstigen Straftaten.[393] Vorhandene Technik soll möglichst umfänglich nutzbar gemacht werden.

Die Rechtsprechung hat nach meist knappen Erwägungen zur verfassungsrechtlichen Problematik die neuen Methoden zur Wahrheitserforschung für zulässig

---

[389] *Henke/Schmitter*, DNA-Polymorphismen, in *Taschke/Breidenstein*, Genomanalyse im Strafverfahren, S. 32 (39); *Thronicker*, Kriminalist 1989, 187 (189).

[390] *Henke/Schmitter*, DNA-Polymorphismen, in *Taschke/Breidenstein*, Genomanalyse im Strafverfahren, S. 32 (39).

[391] *Thronicker*, Kriminalist 1989, 187 (190). Hervorhebung im Original.

[392] Dazu *Lührs*, MDR 1992, 929.

[393] BGBl. I, Nr. 49, S. 2360.

erklärt[394] und dabei wie Teile des Schrifttums auf die mögliche Entlastung des Beschuldigten verwiesen.[395]

Der Schwerpunkt der Diskussion hatte sich im Zusammenhang mit dem genetischen Fingerabdruck verlagert. Vor Einführung des § 81 a StPO ging es neben der Frage, ob auch der Nichtverdächtige zur Duldung der Untersuchung verpflichtet sei, vor allem um die Zulässigkeit von Eingriffen in die körperliche Integrität. Die (begrenzte) Entschlüsselung der menschlichen DNA löste andere Ängste aus. Der Zugriff auf Informationen aus dem genetischen Code des Menschen, über die der Betroffene selbst nicht verfügt und vielleicht auch nicht verfügen will, wurde – nicht zu Unrecht – befürchtet. Der gesellschaftliche Wandel, der Eintritt in das Informationszeitalter und die Sensibilisierung für Fragen der Verarbeitung von persönlichen Daten durch den Staat, ausgelöst durch die Anerkennung eines Rechts auf informationelle Selbstbestimmung durch das *Bundesverfassungsgericht* im Volkszählungsurteil, führten in diesem Zusammenhang zu einer Veränderung des Blickwinkels. Es geht nunmehr hauptsächlich um die Befugnis des Staates, auf die menschliche DNA zum Zwecke der Informationserlangung zuzugreifen, um Eingriffe in das Recht auf informationelle Selbstbestimmung.

4. Jüngste Modifikation des § 81 a StPO durch das Strafverfahrensänderungsgesetz vom 17. März 1997

Der Gesetzgeber hat nach umfangreicher Diskussion[396] 1997 die DNA-Analyse eigenständig in der Strafprozeßordnung geregelt. Mit dem *Strafverfahrensänderungsgesetz* vom 17. März 1997[397] erhielt auch der § 81 a StPO seine heute gültige Fassung. Dem § 81 a StPO wurde als Absatz 3 zugefügt:

> Dem Beschuldigten entnommene Blutproben oder sonstige Körperzellen dürfen nur für Zwecke des der Entnahme zugrundeliegenden oder eines anderen anhängigen Strafverfahrens verwendet werden; sie sind unverzüglich zu vernichten, sobald sie hierfür nicht mehr erforderlich sind.

---

394 Zuerst LG Berlin, NJW 1989, 787 f; ebenso LG Darmstadt, NJW 1989, 2338 (2339); LG Heilbronn, NStZ 1990, 353 (354 ff.); dann auch BGH, NJW 1990, 2328; BGHSt 37, 157; BGH, NStZ 1991, 399 (400); BGHSt 38, 320 (322); schließlich auch BVerfG, NStZ 1996, 45 sowie NJW 1996, 1587 und 3071.

395 BVerfG, NStZ 1996, 45 (46); BGH, NJW 1990, 2328 und 2976f.; BGH, NStZ 1991, 399 (400); BGHSt 38, 320 (322); ebenso LG Darmstadt, NJW 1989, 2338 (2339); *Henke/Schmitter*, DNA-Polymorphismen, in *Taschke/Breidenstein* (Hrsg.), Genomanalyse im Strafverfahren, S. 32 (39); *Pfeiffer/Fischer*, StPO[1], § 81 a Rn. 4.

396 Die einzelnen Entwürfe zur gesetzlichen Regelung der DNA-Analyse sind abgedruckt bei *Taschke/Breidenstein*, Genomanalyse im Strafverfahren, S. 232 ff.

397 BGBl. I, S. 534.

Ebenso wie die überwiegende Meinung in Literatur und Rechtsprechung ging die Bundesregierung davon aus, die §§ 81a und c StPO böten eine ausreichende Rechtsgrundlage für den Einsatz der DNA-Analyse im Strafverfahren. Aufgrund der mit der Gentechnik verbundenen Ängste und Befürchtungen in der Bevölkerung vor übermäßigen, den Kern des Persönlichkeitsrechts berührenden Eingriffen, sollte dennoch eine besondere gesetzliche Regelung der DNA-Analyse im Strafverfahren erfolgen. Aufgrund der Rechtsprechung des *Bundesverfassungsgerichts* zum Recht auf informationelle Selbstbestimmung schienen auch Regelungen bezüglich der Zweckbindung und Vernichtung des Untersuchungsmaterials geboten. Es wurde hervorgehoben, die DNA-Analyse habe sich innerhalb weniger Jahre zu einem der effizientesten Werkzeuge des medizinischen Sachbeweises entwickelt und diene im Strafverfahren zur Feststellung der Abstammung oder Identifizierung bzw. dem Ausschluß von Spurenverursachern. Im Verhältnis zu herkömmlichen Untersuchungsmethoden könne ein Spurenverursacher mit wesentlich höherer Wahrscheinlichkeit festgestellt oder ausgeschlossen werden. Trotzdem hebt der Regierungsentwurf hervor, die Beweiswürdigung werde durch die DNA-Analyse nicht überflüssig.[398]
In der Entwurfsbegründung heißt es: „Mit der DNA-Analyse steht heute eine Methode zur Verfügung, die für das Strafverfahren wesentliche Erkenntnismöglichkeiten bietet; zur Erfüllung der staatlichen Aufgabe einer effektiven Strafverfolgung ist es geboten, diese Methode auch im Strafverfahren zu nutzen."[399]

5. Erleichterte Beweiswürdigung durch naturwissenschaftliche Erkenntnismethoden?

Hier wird der Wunsch deutlich, dem Richter bei der Suche nach der Wahrheit naturwissenschaftliche Erkenntnismethoden als Hilfsmittel zur Verfügung zu stellen, welche die Fehlerquote bei der Beweiswürdigung verringern. Ganz kann dies jedoch nicht gelingen, wie einige Beispiele zu fehlerhaften Ergebnissen von DNA-Analysen zeigen. Im ersten Beispiel aus den USA wurde auf dem Rücksitz eines Wagens die Leiche eines wenige Tage alten ermordeten Säuglings gefunden. Die des Kindsmordes angeklagte Eigentümerin des Wagens bestritt, schwanger gewesen zu sein. Trotzdem ergab ein Vergleich der Blutproben nach Meinung des durchführenden Labors, daß sie die Mutter des toten Kindes sei. Acht Monate später brachte die Frau ein Kind zur Welt, das nach den Berechnungen der Ärzte am 29. Januar 1988 gezeugt worden sein mußte. Hieraus ergab sich, daß sie nicht die Mutter des am 4. Februar 1988 geborenen und später ermordeten Säuglings sein konnte.
In einem zweiten Fall war in Texas ein Mann wegen Vergewaltigung und Mordes angeklagt. Aus der durchgeführten Genanalyse sollte sich nach Meinung des Analytikers mit einer Sicherheit von 96 Millionen zu 1 ergeben, daß der Ange-

---

[398] BT-Drs. 13/667, S. 1 ebenso die Entwurfsbegründung S. 5.
[399] BT-Drs. 13/667, S. 5.

klagte der Täter sei. Dabei war jedoch nicht berücksichtigt worden, daß der Mann aus einer Stadt stammte, in der es seit Generationen kaum Bevölkerungsaustausch gegeben hatte. Deshalb hatte sich die DNA der Bevölkerung stark angeglichen und die angegebene Wahrscheinlichkeitsquote lag um einige Zehnerpotenzen zu hoch.[400]

IV. Ursachen und Risiken der Sonderstellung des § 81a StPO

Die Entstehungs- und Entwicklungsgeschichte des § 81 a StPO zeigt drei Ursachen für seine Problembereiche und Sonderstellung auf, aus denen sich zugleich aus der Norm resultierende Risiken erhellen.

1. Ungeklärte Rechtsnatur des § 81 a StPO

Eine Ursache für die aufgezeigten Probleme ist die ungeklärte Rechtsnatur der auf der Grundlage des § 81 a StPO durchgeführten Maßnahmen. Weder vor der gesetzlichen Normierung noch nachträglich erfolgte eine Klärung, da der Schwerpunkt der Diskussion von Beginn an auf der Frage lag, ob gegen den Willen des Betroffenen eine Ermittlungsmaßnahme an seinem Körper durchgeführt werden darf. Die rechtliche Zuordnung der Maßnahme war ein mit Zwangsmaßnahmen notwendigerweise verknüpfter Annex, ohne daß an der grundsätzlichen Zulässigkeit dieses Zwangsmittels gezweifelt worden wäre.
Die Diskussion läßt bis heute eine klare Klassifizierung und Systematisierung unterschiedlicher Zugriffsmöglichkeiten auf den menschlichen Körper vermissen. Bereits der Rechtsprechung des *Reichsgerichts* fehlte es diesbezüglich an Klarheit. Die Unklarheiten setzten sich in der von ihm maßgeblich beeinflußten Reformdiskussion fort. Während die ersten Entwürfe die körperliche Untersuchung der Durchsuchung zuordneten und ihre Zulässigkeit gegenüber dem Beschuldigten voraussetzten, enthielten die späteren Entwürfe auch eine ausdrückliche Regelung über die körperliche Untersuchung des Beschuldigten, die nun dem Abschnitt über den Augenschein zugeordnet wurde. Trotzdem besteht eine besondere Verknüpfung der körperlichen Untersuchung mit dem Sachverständigenbeweis, die in der Rechtsprechung des Reichsgerichts und Teilen der gesetzgeberischen Tätigkeit zwar anklingt, in den Entwürfen und letztlich auch in der gesetzlichen Fassung aber nicht deutlich zum Ausdruck kommt.
Nachdem neue wissenschaftliche Methoden weitreichendere Möglichkeiten der Informationserlangung im Strafverfahren durch den Zugriff auf den Körper des Beschuldigten eröffneten, welche über die bloße Betrachtung des Körpers und die Untersuchung der äußeren Körperhülle hinaus reichten, war die Nutzbarmachung dieser Methoden im Strafverfahren notwendig mit der Hinzuziehung von Sachverständigen verknüpft. Trotzdem sahen weder der Entwurf von 1928 noch die erste Fassung des § 81 a StPO die Beteiligung eines Sachverständigen aus-

[400] Fälle bei *Deutsch*, Rechtsfragen der Genomanalyse, in *Ellermann/Opolka* (Hrsg.), Genomanalyse, S. 78 (82).

drücklich vor. Mit der Regelung der Blutentnahme wurde die Hinzuziehung eines Sachverständigen zur Verwertung der Blutprobe allerdings implizit vorausgesetzt. Das Spannungsfeld zwischen Zwangsmaßnahme und dem Beweismittel des Augenscheins wurde damit um einen weiteren Faktor, die Beteiligung des Sachverständigen, erweitert.

2. Naturwissenschaftliche Erkenntnismethoden als Hintergrund der Aktiv/Passiv-Differenzierung

Der heutige Wortlaut des § 81 a StPO bestimmt ausdrücklich die Beteiligung eines Arztes bei der Durchführung von körperlichen Eingriffen. Die Sachverständigentätigkeit des Arztes beschränkt sich zunächst auf die bloße Verrichtung, etwa der Blutentnahme.[401] Vorausgesetzt wird zudem die Aufgabe der Tatsachenfeststellung, etwa bei der Feststellung der BAK der entnommenen Blutprobe.[402] Schließlich kann er zur Beurteilung von Tatsachen herangezogen werden, etwa zur Beurteilung der Schuldfähigkeit.[403] Bei körperlichen Untersuchungen kann der Arzt nach § 81 d StPO darüber hinaus als Augenscheinsgehilfe herangezogen werden.[404] Der Beschuldigte ist in diesem Falle Augenscheinsobjekt, da Zweck der Maßnahme die Feststellung der Körperbeschaffenheit ist. Insoweit handelt es sich bei § 81 a StPO um eine Sondervorschrift zu § 86 StPO.[405] Bei körperlichen Eingriffen und Untersuchungen, welche besondere Sachkunde erfordern, wird der Arzt als Sachverständiger tätig,[406] der das Augenscheinsobjekt als Befundtatsache verwertet.[407]

a) Naturwissenschaftliche Erkenntnismethoden versus freie richterliche Beweiswürdigung

Durch diese Hinzuziehung eines Sachverständigen erhofft man sich eine erleichterte Beweisführung mittels des Rückgriffs auf naturwissenschaftliche Erkenntnismethoden. In diesem Sinne spielt der Sachverständigenbeweis inwischen bei der Wahrheitsermittlung im Strafverfahren eine besondere Rolle. Er scheint einen klaren Anhaltspunkt für die freie richterliche Beweiswürdigung zu bieten. Die Fehleranfälligkeit der Beweismittel Zeugenaussage und Einlassung des Be-

---

401 Dazu z.B. LR-*Krause*, Vor § 72 Rn. 7.

402 Dazu z.B. *Gössel*, DRiZ 1980, 363 (364); LR-*Krause*, Vor § 72 Rn. 9; *Meyer-Goßner*, StPO, Vor § 72 Rn. 5; *Volk*, Strafprozeßrecht, § 21 Rn. 26.

403 Ausführlich KK-*Senge*, Vorbemerkungen Rn. 3 ff.; LR-*Krause*, Vor § 72 Rn. 10 f.; *Pfeiffer*, StPO, Vor §§ 72-93 Rn. 1.

404 HK-*Lemke*, § 81 d Rn. 5 und § 86 Rn. 3; LR-*Krause*, § 81 d Rn. 6 und § 86 Rn. 5; *Meyer-Goßner*, StPO, § 81 d Rn. 4.

405 *Eisenberg*, Beweisrecht der StPO, Rn. 2311; HK-*Lemke*, § 86 Rn. 6, LR-*Krause*, § 86 Rn. 25.

406 BGHSt 9, 292 (293); HK-*Lemke*, § 86 Rn. 4; KK-*Senge*, § 86 Rn. 4; LR-*Krause*, § 81a Rn. 37; *Meyer-Goßner*, StPO, § 86 Rn. 5; *Pfeiffer*, StPO, § 86 Rn. 3.

407 KK-*Senge*, § 86 Rn. 4; LR-*Krause*, § 86 Rn. 4.

schuldigten ist bekannt. Hinsichtlich des Beschuldigten ergibt sich das grundsätzliche Problem, daß dieser aufgrund seines Schweigerechts nur freiwillig als Beweismittel herangezogen werden kann und selbst in diesem Fall nicht der Wahrheitspflicht unterliegt. Zeugen sind zwar, soweit sie kein Zeugnis- oder Auskunftsverweigerungsrecht besitzen, zur wahrheitsgemäßen Aussage verpflichtet, aber auch hier besteht die Möglichkeit der Falschaussage. Darüber hinaus besteht eine relativ hohe Wahrscheinlichkeit selektiver und verzerrter Wiedergabe eigener Wahrnehmungen. Die Vermittlung des eigenen Wissens kann zudem aufgrund fehlender oder eingeschränkter kognitiver Fähigkeiten erschwert sein.[408]

Demgegenüber erhofft man sich durch den Zugriff auf materielle Informationen durch den Sachbeweis mehr Objektivität, Sicherheit und Zuverlässigkeit für die Wahrheitsfindung. Deshalb besteht der Wunsch, vorhandene naturwissenschaftliche Erkenntnismethoden für die Wahrheitsermittlung nutzbar zu machen. Dabei darf allerdings nicht vergessen werden, daß dort, wo auf sachliche Beweismittel unter Hinzuziehung eines Sachverständigen zugegriffen wird, ebenfalls potentielle Fehlerquellen bestehen. Diese bestehen bei naturwissenschaftlich-technischen Begutachtungen der sachlichen Beweismittel vor allem in der Gefahr unzureichender Sachkenntnis oder unzulänglichen Prüfungsmaterials.[409] Die vermeintliche Zuverlässigkeit des mittels naturwissenschaftlicher Methoden gewonnenen Beweismaterials entbindet den Tatrichter daher nicht davon, zur Erforschung der Wahrheit alle Tatsachen und Beweismittel in die freie Beweiswürdigung einzubeziehen und zu würdigen, §§ 244 II und 261 StPO. Dort, wo die Schuld des Beschuldigten nicht bewiesen werden kann, gilt der Grundsatz in dubio pro reo.

b) Aufhebung der „Grenze" zwischen Körper und Person

Die Konzentration auf naturwissenschaftliche Erkenntnismethoden, wie sie sich mit Blick auf die Entstehungs- und Entwicklungsgeschichte darstellt, hat vereinfacht ausgedrückt zur Folge, daß die Grenze zwischen zulässigem Zugriff auf den Körper und unzulässigem Zugriff auf die Person des Beschuldigten bzw. die Grenze zwischen unzulässiger aktiver Mitwirkung im Strafverfahren und passiver Duldung von körperlichen Untersuchungen und Eingriffen durch das wissenschaftlich Mögliche bestimmt wird. Diejenigen Methoden, die aus naturwisssenschaftlicher Sicht zu klaren, im Strafverfahren verwendbaren Ergebnissen führen, bestimmen, von einigen aus Verhältnismäßigkeiterwägungen resultierenden Einschränkungen abgesehen, die Grenze des zulässigen Zugriffs auf den Beschuldigten. Soweit es der wissenschaftliche Fortschritt ermöglichte, folgte daraus die Konsequenz, diese Methoden des Zugriffs auf den Beschuldigten als Informationsquelle durch eine Anpassung des Gesetzes oder seiner Auslegung

---

[408] Ausführlich *Albrecht*, Kriminologie, § 24 IV.

[409] Zum ganzen ausführlich *Albrecht*, Kriminologie, § 24 IV.

im Strafverfahren nutzbar zu machen. Jene Informationen, die heute gegen den Willen des Beschuldigten erlangt werden dürfen, sind zugleich mit naturwissenschaftlichen Methoden erfahr- und interpretierbar.
Diese Feststellung macht zugleich auch die Gefahr der Variabilität der vermeintlich klaren Grenze zwischen Körper und Wissen deutlich. Bisher kann Wissen nur von dem Beschuldigten selbst vermittelt werden. Der Wahrheitsgehalt seiner Angaben ist ohne weitere Beweise nicht überprüfbar. In dem Augenblick aber, in dem das Wissen des Menschen durch naturwissenschaftliche Methoden, etwa durch Messung der Gehirnströme, erfahrbar wird, ist es Teil des physischen Körpers, auf den zugegriffen werden darf. Der Schutzzweck des § 136a StPO liefe damit in der letzten Konsequenz ins Leere. Denn der Zugriff auf das Wissen wäre nun durch Maßnahmen auf der Grundlage des § 81a StPO möglich. Die Trennung von Person und Körper wäre in diesem Fall faktisch aufgehoben. Der Teilaspekt der Person würde letztlich ein inhaltsloses Abstraktum, der Beschuldigte würde auf seinen Körper reduziert. Dort wo der Körper mit der Person gleichzusetzen ist, bedeutet die Ermittlung von Informationen durch unmittelbaren Zwang aber zugleich eine Degradierung zum bloßen Obkjekt des Verfahrens und verstößt somit gegen Art. 1 I GG.
Der Gedanke an fortschreitende wissenschaftliche Möglichkeiten des Zugriffs auf den menschlichen Körper ist nicht lediglich hypothetisch, wie neben dem Blick in die Vergangenheit auch ein Blick auf den gegenwärtigen Stand der Forschung zeigt. Die daraus folgende Tendenz für das Straverfahren wird unter anderem durch die zweite Entscheidung des *Bundesgerichtshofs* zum Einsatz von Polygraphen verdeutlicht. Der Beweis mittels Lügendetektor soll nicht mehr eine unzulässige Ausforschung des Unbewußten sein. Er soll nunmher lediglich ein ungeeignetes Beweismittel sein, weil die Technik noch nicht ausgereift ist und es keine eindeutigen Kriterien für die Auswertung der Tests gibt.[410]
Der Blick auf den Einfluß der Naturwissenschaften auf die rechtliche Bewertung der Zulässigkeit des Zugriffs auf den Beschuldigten verdeutlicht, daß für die normative Differenzierung zwischen Körper und Person des Beschuldigten und die daraus resultierende Abgrenzung von aktiver Mitwirkung und passiver Duldung nach dem bisherigen Stand der Untersuchung keine überzeugende Begründung vorgetragen wurde.

3. Notwendigkeit der Sachverhaltsaufklärung

Wenn trotz der aufgezeigten Probleme an der Regelung des § 81a StPO festgehalten wird, liegt dies drittens an kriminalpolitischen Interessen. Elementare Bedürfnisse des Strafrechts, insbesondere das öffentliche Interesse an der Aufklärung von Straftaten sowie die besondere Stellung des Beschuldigten im Strafverfahren scheinen derartige Eingriffe rechtfertigen.[411] Maßnahmen auf der

---

[410] BGHSt 44, 308 (310); bestätigend BGH in NJW-RR 2000, 35.

[411] BVerfGE 16, 194 (202); *Harbort*, Beweiswert der Blutprobe, Rn. 36.

Grundlage des § 81a StPO werden als unverzichtbares Mittel der Sachverhaltsaufklärung angesehen. Teilweise liegt diesem Gedanken die Vorstellung zugrunde, der Zugriff auf den Beschuldigten sei mit der Inanspruchnahme des Straftäters gleichzusetzen.

a) Der Sicherungsaspekt des § 81a StPO: Bestrafung des Täters

Die Argumentation der herrschenden Meinung basiert auf der Überlegung, dem Beschuldigten dürften aufgrund des ihm zugeschriebenen Tatverdachts während des Strafverfahrens Sonderopfer i.S. von Grundrechtseingriffen abverlangt werden.[412] Der Beschuldigte erscheint durch die Zuschreibung des Tatverdachts als möglicher Verantwortlicher für die Straftat. Die Zuschreibung des Attributs *tatverdächtig* scheint es zu rechtfertigen, den Beschuldigten anders als andere am Strafverfahren beteiligte Personen zu behandeln, insbesondere die Grenzen für Eingriffe in seine Rechte weiter als gegenüber anderen Personen zu ziehen. Das Interesse des Staates an der Aufklärung der Tat und das Ziel der Herstellung des Rechtsfriedens rechtfertigt es scheinbar, dem einzelnen ein besonderes Opfer aufzuerlegen. Dahinter steht die Befürchtung, ohne die Durchführung körperlicher Eingriffe könne in manchen Fällen die Wahrheit nicht erforscht werden.[413] In der Regelung des § 81a StPO kommt daher ein inquisitorisches Verständnis zum Ausdruck.

Mit ihr wird der Grundkonflikt zwischen dem staatlichen Interesse an der Wahrheitserforschung und der Idee von einem an rechtsstaatlichen Grundsätzen orientierten Strafverfahren eindeutig zugunsten der Wahrheitserforschung entschieden. Die Norm stellt damit einen Grundpfeiler einer Entwicklung dar, in der nicht nur versucht wird, den status quo bezüglich der an die Person des Beschuldigten gebundenen zulässigen Beweiserhebungen zu erhalten, sondern den Bereich der Eingriffsbefugnisse entsprechend dem wissenschaftlichen Fortschritt und vermeintlichen gesellschaftlichen Bedürfnissen, insbesondere der Bestrafung des Täters, durch eine vorweggenommene Schuldzuschreibung zu erweitern. In diesem Zusammenhang sollte nicht vergessen werden, daß die Einführung der Regelung in die Strafprozeßordnung durch einen Gesetzgeber erfolgte, der Individualrechte vollständig mißachtete, sobald sie staatlichen Machtinteressen zuwider liefen, und der körperliche Integritätsverletzungen bewußt als Mittel zur Durchsetzung dieser Interessen einsetzte.

---

[412] Dazu *Frister*, Schuldprinzip, S. 120ff.; *Köhler*, ZStW 107 (1995), 10 (21ff.); *Müller-Dietz*, ZStW 93 (1981), 1177 (1217); *Neumann*, FS-E.A. Wolff, 373 (391); anders *Lesch*, JR 2005, 302, der die Mitwirkungs- und Duldungspflichten aus der allgemeinen Rolle des Beschuldigten als Bürger herleitet und sie aus diesem Grund als Sonderopfer betrachtet.

[413] *Harbort*, Beweiswert der Blutprobe, Rn. 36; LR-*Krause*, § 81a Rn. 3.

b) § 81a StPO als Anküpfungspunkt für das Feindstrafrecht

Bei aller Berechtigung des Wunsches, den Straftäter überführen zu wollen, ist zu bedenken, daß die Sicherung der Gesellschaft vor dem Täter, abgesehen von dem umstrittenen Haftgrund der Wiederholungsgefahr, nicht Aufgabe des Erkenntnisverfahrens ist. Dieses dient der Aufklärung der Tat und der Feststellung des Täters. Erst wenn der Täter in einem rechtsstaatlichen Verfahren ermittelt wurde, darf die Frage nach der Bestrafung anknüpfen.

Unterstellt man dagegen offen oder unbewußt, Maßnahmen auf der Grundlage des § 81a StPO richteten sich immer gegen einen Straftäter, denn nur er könne ein Interesse daran haben, durch die Verweigerung an der Sachverhaltsaufklärung die Wahrheitsfindung zu erschweren, stellt dies nicht nur eine evidente Verletzung der Unschuldsvermutung dar. Diese Unterstellung ist zugleich ein Anknüpfungspunkt, die verfassungsmäßigen Rechte des Beschuldigten generell zur Durchsetzung von Allgemeininteressen einzuschränken.

In diesem Sinne hat *Jakobs* festgestellt, der in § 81a StPO legitimierte physische Zwang richte sich nicht gegen die Person im Recht, sondern gegen das Individuum, welches dür den ordentlichen Rechtsgang gefährlich werde und sich insoweit als *Feind* geriere. Der Beschuldigte werde durch § 81a StPO von seinem Recht exkludiert, der Staat hebe das Recht auf.[414] Anders formuliert, wer sich staatlichem Ermittlungshandeln widersetzt, indem er nicht freiwillig durch seine Mitwirkung die Informationserlangung unterstützt, gefährdet den Gang des Verfahrens. Hierin soll die Rechtfertigung für die Einschränkung der Rechte des Beschuldigten liegen.

In der Konsequenz bedeutet dies, die Rechte des Beschuldigten werden nur insoweit anerkannt, als sie die staatliche Gewalt nicht behindern. Ob dies mit dem Status des Beschuldigten als Prozeßsubjekt und den Grundsätzen eines rechtsstaatlichen Strafverfahrens in Einklang zu bringen ist, scheint fraglich und wird im folgenden erörtert werden müssen.

V. Grundsätzliche Kritik an der Regelung des § 81a StPO

Trotzdem wird nur vereinzelt grundsätzliche Kritik an der Regelung des § 81a StPO geäußert. Diese bezieht sich zum einen auf die systematischen Probleme. Darüber hinaus wird zum Teil die Verfassungsmäßigkeit der Norm in Frage gestellt.

1. Systematische Bedenken

Im Hinblick auf das Spannungsfeld, welches durch die Kombination der Beweismittel Augenschein und Sachverständigenbeweis mit einer strafprozessualen Zwangsmaßnahme entsteht, hat *Geerds* schon früh kritisiert, die systematische Verortung des § 81a StPO im 7. Abschnitt der Strafprozeßordnung verkenne die

---

[414] *Jakobs*, HRRS 2004, 88 (93).

Doppelnatur der Maßnahme. Körperliche Untersuchungen ließen sich zwar als Formen der Beweisaufnahme durch Augenschein auffassen, der systematisch wesentlichere Gesichtspunkt sei allerdings ihre Bedeutung als Zwangsmaßnahme. Andernfalls hätte man auch andere Zwangsmittel im Zusammenhang des Augenscheins regeln müssen. Unklar bleibe deshalb auch die Abgrenzung von Durchsuchungen und körperlichen Untersuchungen und der Zusammenhang mit Maßnahmen nach § 81 b StPO.[415] Erforderlich sei eine gesetzliche Regelung, die das Gewicht der Straftat und die Belastungen der Maßnahme ins Verhältnis setze und den Grad des Tatverdachts berücksichtige. Die Zulässigkeit solle auf Fälle des dringenden, zumindest aber des hinreichenden Tatverdachts beschränkt werden.[416] Darüber hinaus müsse der Grundsatz der Verhältnismäßigkeit noch präziser gefaßt werden, wie es die Formulierung des § 81 c StPO tue.[417]

2. *Unzulässiger Zwang zur Selbstbelastung durch die erzwungene körperliche Untersuchung*

Grundsätzliche verfassungsrechtliche Bedenken greifen die im Verlaufe der Entstehungsgeschichte angesprochenen Erwägungen hinsichtlich einer möglichen Selbstbelastung des Beschuldigten bei der Durchführung körperkicher Untersuchungen auf. So hat *Sautter* hervorgehoben, der Zwang zur Selbstbelastung durch passives Verhalten bedeute ebenso wie aktives Verhalten einen unvertretbaren Eingriff in die Persönlichkeitssphäre des Beschuldigten.[418] Diese Überlegung bedeutet konsequent umgesetzt eine Aufhebung der Trennung von Körper und Persönlichleit des Beschuldigten.
Sautter ist der Auffassung, die inquisitorische Grundhaltung des § 81 a StPO verstoße gegen den Achtungsanspruch der Menschenwürde und stelle einen Verstoß gegen den nemo tenetur-Gedanken dar. Zu Recht weist er darauf hin, die Feststellung, der Beschuldigte werde durch Maßnahmen nach § 81 a StPO gegen seinen Willen zum Beweismittel gegen sich selbst und damit zum Objekt des Strafverfahrens gemacht, stehe im Widerspruch zu der allgemeinen Feststellung, daß der nemo tenetur-Gedanke gebiete, niemanden gegen seinen Willen zum Werkzeug gegen sich selbst zu machen, so daß er zu seiner Überführung beitragen müsse.[419]

Rossmanith sieht durch körperliche Eingriffe gegen den Willen des Beschuldigten ebenfalls einen Verstoß gegen die Selbstbelastungsfreiheit begründet. Der Beschuldigte müsse bei derartigen Eingriffen dulden, „daß in seinem Körper verborgene Indizien, die möglicherweise gegen ihn, aussagen‘, diesem seinem

---

415 *Geerds*, GA 1965, 321 (334).

416 *Geerds*, GA 1965, 321 (335); ähnlich *Degener*, Verhältnismäßigkeit, S. 228 ff., 234 u. 244.

417 *Geerds*, GA 1965, 321 (335 f.).

418 *Sautter*, AcP 161, 215 (247).

419 *Sautter*, AcP 161, 215 (248 f.).

Körper entrissen werden".[420] Er müsse Beweisgegenstände, die in seinem Körper verborgen seien, „herausgeben". Er könne also gezwungen werden, durch eine „Unterordnung seiner Person" an der eigenen Überführung mitzuwirken. Dem Einwand, § 81 a StPO fordere vom Beschuldigten nur ein „passives Mitwirken", hält er entgegen, nicht jede Duldungspflicht entspreche dem Geist des modernen Strafprozesses.[421] Die unterschiedliche Behandlung von Aussage- und Duldungspflicht beruhe neben kriminalpolitischen Erwägungen auf der alten und unbewiesenen Auffassung, unzulässiger Zwang könne nur durch das Auferlegen von Handlungen auferlegt werden. Es mache keinen Unterschied, ob das gewaltsam entrissene Beweismittel ein Wort sei oder reale Substanz habe. Wenig verständlich erscheine es auch, wenn aus § 81 a StPO die Pflicht hergeleitet werde, in gewissem Umfang selbst an der Untersuchung mitzuwirken.[422] Für den Beschuldigten als Prozeßsubjekt mache es keinen Unterschied, ob sein Wille zu einer Aussage gezwungen werde oder ob er gegen seinen Willen den stummen Körper als Beweismittel zur Verfügung stellen müsse.[423] Die Duldungspflicht widerspreche auch dem modernen Akkusationsprozeß. Der Beschuldigte werde hier, ebenso wie beim Zwang zur Aussage, zum Objekt des Verfahrens herabgewürdigt, da er im Einzelfall der Verbrechensbekämpfung dienstbar gemacht werde.[424] Der Schutz der menschlichen Würde verbiete das erzwungene Mitwirken, welches unmittelbar dessen Verwendung zur Erreichung des Verfahrensziels bezwecke. Mit der gewaltsamen Durchbrechung der Grenze zwischen der physischen Person und ihrer Umwelt werde zugleich die menschliche Persönlichkeit mißachtet, da die Verletzung der körperlichen Integrität allein zu dem Zweck erfolge, das Verfahren seinem Ziel näherzubringen.[425]

3. Verstoß gegen die Unschuldsvermutung

Sax hebt hervor, der Betroffene müsse die Zwangsbehandlungen bei der Durchführung der Maßnahmen als eine Art moderner Folter empfinden, die ihm unter schmerzhafter Körpereinwirkung Beweiselemente abpreßt. Er wendet sich gegen die Ungleichbehandlung des Beschuldigten im Vergleich zum Zeugen. Sie könne nicht dadurch begründet werden, daß der Betroffene ein *Tatverdächtiger* sei. Der Tatverdacht legitimiere zwar Maßnahmen, die bei einem Unverdächtigen von vorneherein ausscheiden. Aus dem Tatverdacht aber ein Recht zur intensiveren Beweisausschöpfung als beim Nichtverdächtigen herzuleiten, sei eine „hand-

---

[420] *Rossmanith*, Verfassungsmäßigkeit von körperlichen Eingriffen, S. 66.

[421] *Rossmanith*, Verfassungsmäßigkeit von körperlichen Eingriffen, S. 66 f.

[422] *Rossmanith*, Verfassungsmäßigkeit von körperlichen Eingriffen, S. 67 ff.

[423] *Rossmanith*, Verfassungsmäßigkeit von körperlichen Eingriffen, S. 69 f.

[424] *Rossmanith*, Verfassungsmäßigkeit von körperlichen Eingriffen, S. 73 ff.

[425] *Rossmanith*, Verfassungsmäßigkeit von körperlichen Eingriffen, S. 75 ff.

greifliche Verletzung der Unschuldsvermutung".[426] Damit werde die Menschenwürde des Beschuldigten zugunsten der Allgemeininteressen an der Wahrheitsfindung zurückgesetzt. § 81a StPO sei deshalb mit der Garantie der Menschenwürde unvereinbar und verfassungswidrig.[427] Ähnlich argumentiert *Frister,* der in der Zulässigkeit körperlicher Eingriffe einen Verstoß gegen das aus der Unschuldsvermutung resultierende Benachteiligungsverbot sieht.[428]

4. Verletzung des Wesensgehalts von Art. 2 II 1 GG

Darüber hinaus stellen nach Ansicht *Rossmaniths* die über die Blutentnahme hinausreichenden körperlichen Eingriffe eine Verletzung des Wesensgehalts der körperlichen Unversehrtheit dar. Der Wesensgehalt des Art. 2 II 1 GG lasse sich induktiv anhand der Rechtssätze, die dem Schutz der Menschenwürde im Hinblick auf den Schutz der körperlichen Integrität dienen, bestimmen. Hierzu zählt er Art. 104 I 2 GG (Mißhandlungsverbot), Art. 3 EMRK (Verbot unmenschlicher Behandlung) und die §§ 136a, 69 III, 163a StPO (Verbotene Vernehmungsmethoden). Er ist der Ansicht, diesen Normen liege der allgemeine Gedanke zugrunde, der Staat solle nicht berechtigt sein, den seiner Gewalt unterworfenen Personen erhebliche Schmerzen zuzufügen, wenn nicht eine Einwilligung der Betroffenen vorliege. „Letzte und unüberschreitbare Grenze" staatlicher Einwirkung auf die Körperlichkeit sei die Menschenwürdigkeit. Diese Grenze sei bei Mißhandlungen überschritten. Jede Behandlung, die das körperliche Wohlbefinden oder die körperliche Unversehrtheit nicht nur unerheblich beeinträchtigten, sei eine Mißhandlung und zwar unabhängig von der Motivation der Schmerzerregung. Der Vorstellung vom Leib-Seele-Dualismus widerspricht er mit dem Argument, die Verletzung des menschlichen Körpers sei mehr als die bloße Überschreitung der Grenzen der menschlichen Persönlichkeit in ihrer äußerlichen Erscheinungsform. Denn sie führe gleichzeitig zu einer Vergewaltigung des Willens, der einer solchen Behandlung naturgemäß entgegengerichtet sei.[429]
Daß *Rossmanith* trotzdem an der Zulässigkeit der Blutprobenentnahme festhält, vermag angesichts dessen nur dann zu überzeugen, wenn man die Blutprobenentnahme isoliert von einer ihre Durchführung ermöglichenden Gewaltanwendung betrachtet.

---

[426] *Sax*, Grundsätze der Strafrechtspflege, in *Bettermann/Nipperdey/Scheuner* (Hrsg.), Grundrechte III/2, S. 909 (985), zustimmend *Frister*, Schuldprinzip, S. 114; zweifeld auch *Neumann*, FS-E.A. Wolff, 373 (390).

[427] *Sax*, Grundsätze der Strafrechtspflege, in *Bettermann/Nipperdey/Scheuner* (Hrsg.), Grundrechte III/2, S. 909 (986).

[428] *Frister*, Schuldprinzip, S. 114; zweifelnd auch *Neumann*, FS-E.A. Wolff, 373 (390 ff.).

[429] *Rossmanith*, Verfassungsmäßigkeit von körperlichen Eingriffen, S. 30 ff.

VI. Zusammenfassung

Die am Ende des ersten Kapitels aufgeworfene Frage, warum trotz der Widersprüche und Probleme, welche die Regelung des § 81a StPO hervorbringt, und trotz ihrer Sonderstellung ihre grundsätzliche Existenzberechtigung ganz überwiegend nicht in Frage gestellt wird, läßt sich wie folgt beantworten: Grundsätzliche systematische Fragen, die das Spannungsfeld zwischen dem Zwangscharakter der Maßnahmen und dem Zugriff auf den Körper durch die Beweismittel des Augenscheins und des Sachverständigenbeweises betreffen, bleiben ungelöst, weil körperliche Untersuchungen und Eingriffe als notwendiges Mittel der Sachverhaltsaufklärung betrachtet werden. Die Zahl der Fälle, in denen das Tatgeschehen aufgrund fehlender Informationen nicht aufgeklärt werden kann, soll möglichst gering gehalten werden. In engem Zusammenhang damit steht der Wunsch, neue naturwissenschaftliche Methoden für die Wahrheitsermittlung im Strafverfahren nutzbar zu machen und diese zu erleichtern. Die Freiheitsrechte des Beschuldigten werden aus diesen Gründen zugunsten der Durchsetzung des staatlichen Strafanspruches erheblich beschränkt. Der Regelung des § 81a StPO liegt eine inquisitorische Grundhaltung zugrunde.

All dies hat vereinzelt dazu geführt, daß neben systematischen Bedenken auch Zweifel an der Verfassungsmäßigkeit der Norm geäußert wurden. Ganz überwiegend hat sich die heutige Strafrechtswissenschaft aber mit der Sonderstellung des § 81a StPO abgefunden. Umstritten ist lediglich die Zulässigkeit einzelner Eingriffe.[430] Als intolerabler Fremdkörper wird § 81a StPO nicht betrachtet. Man kann ihn insoweit als symptomatisch für das beklagte Fehlen eines teleologisch durchgebildeten strafprozessualen Gesamtsystems[431] bezeichnen. Mit dieser Feststellung sollte man sich aber nicht begnügen, wenn eine Norm im Blickpunkt steht, die zur Legitimierung von staatlichen Eingriffen herangezogen wird, welche in der Vergangenheit zum Tode von Menschen geführt haben.[432] Gerade hier müssen statt dessen die verfassungsrechtlichen Vorgaben für ein rechtsstaatliches Strafverfahren berücksichtigt werden. In Frage steht die Verfassungskonformität der dargestellten Sonderstellung und ob mit der Legitimierung von körperlichen Eingriffen ein gerechter Interessenausgleich im Widerstreit staatlicher und gemeinschaftlicher Belange einerseits und den Individualrechten des Beschuldigten andererseits gefunden wurde. Anders ausgedrückt: In Zweifel steht, ob § 81a StPO den verfassungsrechtlichen Vorgaben für ein rechtsstaatliches Strafverfahren widerspricht.

---

430 Vgl. die Übersicht bei LR-*Krause*, § 81a Rn. 38ff.

431 *Roxin*, Rechtsprechung des BGH, in *Jauernig/Roxin*, 40 Jahre Bundesgerichtshof, S. 66; *Tiedemann*, Verfassungsrecht und Strafrecht, S. 57; *Wolter*, NStZ 1993, 1.

432 Vgl. oben Einleitung I.

Kapitel 3: Verfassungsrechtliche Grenzen der Wahrheitsermittlung im Strafverfahren

Damit stellt sich die Frage, welche Grenzen der Wahrheitsermittlung durch die staatliche Strafgewalt von der Verfassung gesetzt und welche Faktoren gegebenenfalls bei einem Ausgleich der widerstreitenden Interessen zu berücksichtigen sind. Ihre Beantwortung hängt von den Aufgaben ab, welche der staatlichen Strafgewalt im deutschen Rechtssystem zugeschrieben werden. Für die zugrundeliegende Fragestellung sind dabei vor allem die aus der Verfassung resultierenden Aufgaben und Ziele des Strafverfahrens relevant.[433]

I. Die Funktion der staatlichen Strafgewalt im Verfassungssystem

Die staatliche Strafgewalt ist im Grundgesetz teilweise konstituiert, wird teilweise aber auch nur vorausgesetzt.[434] Ihre weitere Ausformung und die Festlegung einzelner Befugnisse obliegen dem Gesetzgeber und stellt damit selbst einen Teil der staatlichen Strafgewalt dar. Die Strafgewalt im engeren Sinne wird von den Strafverfolgungsbehörden und Gerichten ausgeübt.[435] Aufgabe der staatlichen Strafgewalt ist allgemein die Freiheitsgewährleistung durch Sicherung und Gewährleistung der staatlichen Rechtsordnung, Erhaltung des Rechtsfriedens und des Schutzes der Gemeinschaft und des einzelnen gegen grobe Rechtsverletzungen.[436] Das Strafverfahren dient dabei zum einen der Durchsetzung des materiellen Strafrechts. Zum anderen soll eine nicht nur materiell richtige, sondern auch prozeßordnungsgemäß zustande gekommene und Rechtsfrieden schaffende Entscheidung über die Strafbarkeit des Beschuldigten getroffen werden.[437]

Dabei kann eine übermäßige oder willkürliche Ausübung der staatlichen Strafgewalt die Freiheit des einzelnen gefährden, statt sie zu schützen. Dies machen die Todesfälle im Zusammenhang mit der Vergabe von Vomitivmitteln besonders deutlich. Daher enthält die Verfassung nicht nur Freiheitsgewährleistungen durch, sondern auch gegenüber der Strafgewalt. Die Befugnisse der die Strafgewalt ausübenden Staatsorgane werden durch das Grundgesetz, insbesondere die verfassungsrechtlichen Gewährleistungen der Menschenwürde und der materiellen Grundrechte und ihre Konkretisierungen[438] sowie durch die Grundsätze eines rechtsstaatlichen Verfahrens begrenzt.[439] Hierzu gehört die Beschränkung der

---

[433] Dazu ausführlich *Müller-Dietz*, ZStW 93 (1981), 1177 (1181 ff.).

[434] Vgl. Art. 20 III; 92; 95; 101; 103 II GG.

[435] *Hill*, HdbStR, § 156 Rn. 3.

[436] BVerfGE 51, 324 (343); 57, 250 (275); *Hill*, HdbStR, § 156 Rn. 1; *Niemöller/Schuppert*, AöR 107 (1982), 387 (394 ff); *Roxin*, Strafverfahrensrecht, § 1 Rn. 2.

[437] BVerfGE 57, 250 (275); LR-*Rieß*, Einl. Absch. B Rn. 1 ff.; *Roxin*, Strafverfahrensrecht, § 1 Rn. 1 ff.

[438] Vgl. z.B. Art. 92, 97, 101 ff. GG.

[439] Vgl. dazu ausführlich *Hill*, HdbStR, § 156 Rn. 8 ff.; LR-*Rieß*, Einl. Abschn. G Rn. 2 ff.

Wahrheitsermittlung zur Erzielung eines gerechten Urteils durch ein geregeltes, justizförmiges Verfahren.[440]

Die staatliche Strafgewalt entfaltet so ihre „elementare Grundrechtsrelevanz"[441] in zwei Richtungen. Einerseits verwirklicht sie durch den Schutz der Rechte einzelner eine aus den Grundrechten resultierende Schutzpflicht des Staates.[442] Andererseits dienen Strafgesetze, insbesondere die des Strafverfahrensrechts, als Eingriffsermächtigungen für Grundrechtseingriffe zur Aufklärung und Ahndung von Straftaten.[443] Aufgrund seines vielfach hervortretenden Charakters als Zwangsrecht wird das enge Zusammenwirken von einfachgesetzlichen Normen und verfassungsrechtlichen Vorgaben im Strafverfahren besonders deutlich. Gerade hier kommt dem Verfassungsrecht eine besondere Funktion zu.[444] Das Strafverfahrensrecht ist damit nicht nur der „Seismograph der Staatsverfassung",[445] es muß als „angewandtes Verfassungsrecht"[446] auch den verfassungsrechtlichen Vorgaben entsprechen. Namentlich die Regelung des § 81 a StPO wurde als „Testfall" dafür angesehen, „ob sich Verfassung und Verfassungswirklichkeit decken".[447]
Trotz dieses besonderen Einflusses der Verfassung handelt es sich beim Strafverfahrensrecht nicht nur um eine Konkretisierung des Verfassungsrechts.[448] Vielmehr kann man von einer Wechselwirkung sprechen. Einige traditionell vorhandene strafprozessuale Normen und Rechtsinstitute, wie etwa der Anspruch auf rechtliches Gehör oder der ne bis in idem-Grundsatz sind durch die Mütter und Väter des Grundgesetzes mit Verfassungsrang versehen worden.[449] Andere wur-

---

[440] BVerfGE 57, 250 (275); *Hill*, HdbStR, § 156 Rn. 1; LR-*Rieß*, Einl. Abschn. G Rn. 20 ff; *Rieß*, FS-Schäfer, S. 155 (170 f.); *H. Schorn*, Schutz der Menschenwürde, S. 103 ff.; *Wolter*; Aspekte einer Strafprozeßreform, S. 20 f.

[441] *Hill*, HdbStR, § 156 Rn. 19.

[442] BVerfGE 39, 1 (41 ff.); *Hill*, HdbStR, § 156 Rn. 19; *Kunig*, Rechtsstaatsprinzip, S. 443 ff.; *H. Schorn*, Schutz der Menschenwürde, S. 24.

[443] *Hill*, HdbStR, § 156 Rn. 19; *Rieß*, FS-Schäfer, 155 (172); *H. Schorn*, Schutz der Menschenwürde, S. 24.

[444] LR-*Rieß*, Einl. Abschn. G Rn. 1; weitergehend *Wolter*, NStZ 1993, 1, der im Verfassungsrecht den Rahmen für eine einheitliche Strafprozeßtheorie erblickt; vgl. auch *ders.*, Aspekte einer Strafprozeßreform, S. 94.

[445] *Roxin*, Strafverfahrensrecht, § 2 Rn. 1; ähnlich *Albrecht*, Kriminologie, § 9 F: „Seismograph freiheitlicher Verfaßtheit einer Gesellschaft".

[446] *Sax*, Grundsätze der Strafrechtspflege, in *Bettermann/Nipperdey/Scheuner* (Hrsg.), Grundrechte III/2, S. 909 (910 und 967); *Meyer*, FS-Kleinknecht, 267.

[447] *Rossmanith*, Verfassungsmäßigkeit von körperlichen Eingriffen, S. 4.

[448] *Roxin*, Strafverfahrensrecht, § 2 Rn. 8.

[449] LR-*Rieß*, Einl. Abschn. G Rn. 3.

den durch die Rechtsprechung des *Bundesverfassungsgerichts* verfassungsrechtlich fundiert.[450]

II. Verfassungsrechtliche Grenzen der staatlichen Strafgewalt

Dort wo der Staat sein Gewaltmonopol mit strafprozessualen Zwangsmaßnahmen durchsetzt, erlangen die verfassungsrechtlichen Freiheitsgewährleistungen eine besondere Bedeutung. Nur sie können Auskunft darüber geben, welche Grenzen der staatlichen Strafgewalt bei der Durchsetzung des staatlichen Strafanspruchs gesetzt sind. Das Strafverfahrensrecht wird so zu einem besonders sensiblen Bereich des Ausgleichs unterschiedlicher staatlicher, gesellschaftlicher und individueller Interessen. Hier findet das Verhältnis des Staates zu seinen Bürgern seinen unmittelbarsten Ausdruck.

1. Der Schutz der Menschenwürde im Strafverfahren

Daher gilt besonders auch für die Strafgewalt die Pflicht zur Achtung und zum Schutz der Menschenwürde, Art. 1 I 2 GG.[451] Die Menschenwürdegarantie erlangt durch ihre Stellung als erste Norm der Verfassung und ihre einzigartige apodiktische Formulierung eine herausragende Position in der Verfassungsordnung, welche durch die Ewigkeitsgarantie des Art. 79 III GG besonders hervorgehoben und verstärkt wird.[452] Dabei gestalten sich Umgang und Argumentation mit dem Menschenwürdesatz äußerst problematisch, sind doch Inhalt und Grenzen sowie die dogmatische Einordnung des ersten Verfassungssatzes heftig umstritten.[453]

a) Grundsätzliche Bedeutung der Menschenwürdegarantie für das Verhältnis von Bürger und Staat

Vielfach wurde versucht, den herausragenden Bedeutungsgehalt der Menschenwürde durch unterschiedliche Beschreibungen zu qualifizieren. So bezeichnet das *Bundesverfassungsgericht* sie beispielsweise als „oberstes Konstitutionsprinzip“[454]. Sie sei als „oberster Verfassungswert“[455] Leitprinzip in der verfassungs-

---

[450] LR-*Rieß*, Einl. Abschn. G Rn. 2; ausführlich *Niemöller/Schuppert*, AöR 107 (1982), 387 (insbes. 408 f.).

[451] *H. Schorn*, Schutz der Menschenwürde, S. 100. Vgl. dazu die Rechtsprechungsübersichten bei *Häberle*, Menschenwürde Rn. 8 u. 25; zur Menschenwürde als Schutzgut strafrechtlicher Normen und zur Pflicht zum strafrechtlichen Würdeschutz *Graf Vitzthum*, JZ 1985, 201 (204 f.).

[452] vgl. auch *Stern*, Staatsrecht III/1, § 58 II 2; v. Münch/*Kunig*, GG, Art. 1 Rn. 4.

[453] *Dreier*, GG, Art. 1 I Rn. 1 begründet die Probleme bei Verständnis, Auslegung und Konkretisierung vor allem mit dem „ethisch-philosophischen Gehalt des Menschenwürde-Satzes“; ähnlich *Lindner*, Theorie der Grundrechtsdogmatik, S. 183 f.; umfassend zu Begriff und Interpretation der Menschenwürde *Enders*, Menschenwürde in der Verfassungsordnung.

[454] BVerfGE 45, 187 (227).

[455] BVerfGE 30, 173 (193); 33, 23 (29).

mäßigen wertgebundenen Ordnung[456]. Inhaltliche Klarheit wurde hierdurch jedoch nicht erreicht.
Trotz der Auslegungsprobleme wird durch die Anerkennung der Menschenwürde zumindest eine grobe Richtlinie für die Gestaltung und Durchführung des Strafverfahrens vorgegeben, die inzwischen für verschiedene Teilbereiche konkretisiert wurde.[457] Als Reaktion auf den Nationalsozialismus sollte die ausdrückliche Anerkennung der Menschenwürde im Verfassungstext nach der Intention der Verfassungsgeber vor Verfolgung, Mißhandlung und Diskriminierung schützen.[458] Sie ist die „höchste positivierte Rechtsquelle"[459] für das Verhältnis des Menschen zum Staat geworden. Dies war schon im Herrenchiemseer Entwurf (HCE) angeklungen, der formulierte:

> Der Staat ist um des Menschen willen da, nicht der Mensch um des Staates willen.
>
> Die Würde der menschlichen Persönlichkeit ist unantastbar. Die öffentliche Gewalt ist in allen ihren Erscheinungsformen verpflichtet, die Menschenwürde zu achten und zu schützen.[460]

Diese Grundidee wurde vom Abgeordneten Dr. *Süsterhenn* (CDU) noch in der zweiten Plenarsitzung vorgetragen.[461] Allerdings argumentierte der Abgeordnete *Heuß* (FDP), eine so negative Deklaration, welche die Würde des Staates kränke, dürfe nicht an den Anfang gestellt werden.[462] Dennoch wird der Art.1 I des HCE auch heute noch als Leitgedanke im Verständnis des Art. 1 GG herangezogen, wenn es gilt, das Verhältnis von Staat und Bürger zu bestimmen. Und dies zu Recht. Kommt in den Beratungen des Parlamentarischen Rates doch vor allem zum Ausdruck, daß es eine Hauptaufgabe des Staates sein soll, die Rechte des Menschen, welche ihm kraft seiner Würde zukommen, zu achten und zu schützen.[463] Die endgültige Fassung bringt zum Ausdruck, daß der Staat nicht um seiner selbst willen geschaffen wurde, sondern damit die in ihm lebenden Menschen ihr Leben in Sicherheit und Würde führen können.[464] Aus dem Achtungsanspruch des Art. 1 I 2 GG resultiert eine Pflicht des Staates, menschenwürdebeeinträchtigende Handlungen zu unterlassen.[465] Der Satz von der Menschenwürde

---

[456] BVerfGE 7, 198 (205); 35, 79 (114); 35, 202 (225); 50, 166 (175).

[457] Vgl. z.B. den Überblick bei *Niebler*, BayVBl 1989, 737 ff.

[458] *Benda*, in HdbVR,§ 6 Rn. 15 ; *Dreier*, GG, Art. 1 I Rn. 22 u. 39; *Lindner*, Theorie der Grundrechtsdogmatik, S. 192; *Stern*, Staatsrecht III/1, § 58 II 1 c.

[459] *Stern*, Staatsrecht III/1, § 58 II 6.

[460] Vgl. den Herrenchiemseer Verfassungsentwurf zu Art. 1 I; erläuternd *Stern*, Staatsrecht III/1, § 58 II 1 c, 6.

[461] Stenober. S. 20.

[462] Stenober. S. 44.

[463] Vgl. zusammenfassend *Doemming/Füsslein/Matz*, JöR n.F. Band 1 (1951), 48 ff.

[464] V. Mangoldt/Klein/*Starck*, Art. 1 Abs. 1 Rn. 10 ff.; *Stern*, Staatsrecht III/1, § 58 II 6 c m.w.N.

[465] *Dreier*, GG, Art. 1 I Rn. 135; v. Mangoldt/Klein/*Starck*, Art. 1 Abs. 1 Rn. 39.

postuliert damit eine „umfassende Orientierungsnorm für staatliches Handeln“.[466]

b) Besondere Rechtsfolgen der Würdegarantie im Strafverfahren

Da im Strafverfahren „Kollektiv- und Individualinteressen in nirgendwo sonst anzutreffender Schärfe miteinander in Widerstreit treten“, kommt der Menschenwürdegarantie hier eine besondere Orientierungsfunktion zu.[467] Die im Strafrecht zur Verfügung stehenden Sanktionsmöglichkeiten sind die einschneidendsten Eingriffe des Staates in den Freiheitsraum des Individuums.[468] Daher kann nicht oft genug betont werden, daß diese Achtungs- und Schutzpflicht auch und im besonderen gegenüber dem Beschuldigten und verurteilten Straftäter gilt.
Im Strafverfahren sind vor allem zwei aus dem Achtungs- und Schutzauftrag resultierende konsentierte Grundaussagen[469] relevant: Der einzelne soll erstens vor Ungleichbehandlung, Diskriminierung und Demütigung geschützt werden.[470] Zum zweiten besteht grundsätzlich Einigkeit darüber, daß der Mensch eine selbstverantwortliche und selbstbestimmte Persönlichkeit ist.[471] Diese Freiheit macht ihn zum Subjekt.[472] Aus dieser an die *Dürig*'sche Objektformel[473] anknüpfenden Negativ-Definition[474] vom Verletzungsvorgang her folgt die Anerkennung der Willensausübungsfreiheit.
Allerdings hat das *Bundesverfassungsgericht* hervorgehoben, der Mensch werde nicht selten durch Regeln und Anordnungen, denen er sich ohne Rücksicht auf eigene Interessen fügen müsse, in seiner Freiheit eingeschränkt. Daher hat es

---

466 V. Münch/*Kunig*, Art. 1 Rn. 29; vgl. auch *Stern*, Staatsrecht III/1, § 58 II 6.

467 *Roxin*, Strafverfahrensrecht, § 2 Rn. 1; vgl. auch *Rzepka*, Fairneß im Strafverfahren, S. 287 f. mit Fn. 2.

468 In bezug auf die Strafe so auch *Roxin*, Strafverfahrensrecht, § 2 Rn. 1.

469 Vgl. *Dreier*, GG, Art. 1 I Rn. 58ff.

470 AK-GG-*Podlech*, Art. 1 Abs. 1 Rn. 29 ff.; *Benda*, HdbVR, § 6 Rn. 15; BK-*Zippelius*, Art. 1 Abs. 1 u. 2 Rn. 58 ff.; *Dreier*, GG, Art. 1 I Rn. 59; *Lindner*, Theorie der Grundrechtsdogmatik, S. 188f.

471 BVerfGE 5, 147 (204); 45, 187 (227); AK-GG-*Podlech*, Art. 1 Abs. 1 Rn. 20 u. 34; *Benda*, HdbVR, § 6 Rn. 167; BK-*Zippelius*, Art. 1 Abs. 1 u. 2 Rn. 57; *Dreier*, GG, Art. 1 I Rn. 60; *Enders*, Menschenwürde, S. 491 ff.

472 *Enders*, Menschenwürde, S. 491.

473 Vgl. *Dürig*, AöR 81 (1956), 117 ff.

474 Eine überzeugende Positivdefinition ist bisher noch nicht gefunden. Für das Strafverfahren kann aber unproblematisch auf die „Objektformel“ zurückgegriffen werden. Dort, wo es um die Sicherung individueller Rechte gegenüber der staatlichen Gewalt, um die Abwehr staatlicher Eingiffe geht, ist die Negativdefinition ausreichend zur Bestimmung der Menschenwürde, vgl. dazu Maunz/Dürig-*Herdegen*, Art. 1 Abs. 1 Rn. 34 ff. Zu den positiven Würdebegriffen *Dreier*, GG, Art. 1 I Rn. 54 ff. Es lassen sich drei Gruppen bilden: Werttheorien, Leistungstheorien und Kommunikationstheorien. Die Werttheorien basieren auf naturrechtlichen-idealistischen oder christlichen Würdeinterpretationen. Die Leistungstheorien begreifen die Menschenwürde als Ergebnis einer gelungenen Identitätsbildung und Selbstdarstellung. Nach den Kommunikationstheorien ist Würde ein Relations- oder Kommunikationsbegriff.

durch die Hinzufügung eines einschränkenden Kriteriums versucht, den seiner Auffassung nach weiten Anwendungsbereich der Objektformel einzugrenzen. Ergänzend wurde gefordert, die mißachtende Handlung müsse eine willkürliche Mißachtung der Würde des Menschen sein, die seine Subjektqualität prinzipiell in Frage stelle.[475] Diese Relativierung der Objektformel ist auf heftige Kritik gestoßen.[476] Unstreitig ist allerdings auch nach der Hinzufügung des Relativierungskriteriums, daß der Beschuldigte nicht zum bloßen Objekt staatlicher Verbrechensbekämpfung gemacht werden darf. Er darf nicht dadurch erniedrigt werden, daß er als bloßes Objekt behandelt, insbesondere als bloßes Mittel zum Zweck gebraucht wird, sondern ist als eine über sich selbst verfügende, das eigene Verhalten selbst bestimmende Persönlichkeit zu behandeln.[477] Damit korrespondiert die Feststellung, daß die Wahrheit nicht um jeden Preis erforscht werden darf.[478] Die Anerkennung der Person als Verfahrenssubjekt folgt damit zwingend aus Art. 1 I GG. Deshalb muß dem Bürger in staatlichen Verfahren eine Mindestausstattung an verfahrensrechtlichen Befugnissen gewährt werden, die es ihm ermöglichen, auf das Verfahren Einfluß zu nehmen.[479] Hiermit korrespondiert die Anerkennung eines unantastbaren Kernbereichs der Grundrechte sowie die Anerkennung der Freiheit der Ausübung des Willens.

2. Anforderungen an das Strafverfahren aus den Grundrechten

Dies verdeutlicht nochmals, daß sich auch aus den Grundrechten selbst Beschränkungen der staatlichen Strafgewalt ergeben. Da § 81 a StPO Eingriffe in die körperliche Integrität legitimiert, ist für die zugrundeliegende Fragestellung jedenfalls das Recht auf körperliche Unversehrtheit, Art. 2 II 1 GG, relevant. Wie die Diskussion zum genetischen Fingerabdruck zeigt, ist aber auch ein Eingriff in das allgemeine Persönlichkeitsrecht in die Überlegungen einzubeziehen.[480]

---

475 BVerfGE 30, 1 (25 f.)

476 Vgl. z.B. BVerfGE 30, 1 (33 ff.); *Geddert-Steinacher*, Menschenwürde, S. 47.

477 *Benda*, HdbVR, § 6 Rn. 17 und 20; BK-*Zippelius*, Art. 1 Abs. 1 u. 2 Rn. 63 ff.; *Hofmann*, AöR 118 (1993), 353 (363); *Jarass*/Pieroth, GG, Art. 1 Rn. 7; *Pieroth/Schlink*, Staatsrecht II, Rn. 361; einschränkend z.B. *Dreier*, GG, Art. 1 I Rn. 53: zur Identifizierung evidenter Menschenrechtsverletzungen herkömmlicher Art.

478 BGHSt 14, 358 (365); LR-*Rieß*, Einl. Abschn. G Rn. 48; *Roxin*, Strafverfahrensrecht, § 1 Rn. 3.; *H. Schorn*, Schutz der Menschenwürde, S. 103.

479 BVerfGE 9, 89 (95); 26, 66 (71); 38, 105 (114); 46, 202 (210); 57, 250 (275); 63, 380 (390); 65, 171 (174f.); BVerfG, StV 1993, 313; BGHSt 38, 372 (374); AK-GG-*Podlech*, Art. 1 Abs. 1 Rn. 42; SK-StPO-*Rogall*, Vor § 133 Rn. 59.

480 Einen Bezug zum allgemeinen Persönlichkeitsrecht stellen auch her: KMR-*Paulus*, § 81a Rn. 3; *Harbort*, nach dessen Ansicht der Schutzbereich des Rechts auf informationelle Selbstbestimmung betroffen ist, vgl. Beweiswert der Blutprobe Rn. 63 ff. Zum Recht auf informationelle Selbstbestimmung im Zusammenhang mit dem nemo tenetur-Gedanken vgl. unten Kapitel 4 III 2 b) cc) (2) β) αα).

a) Das Recht auf körperliche Unversehrtheit

Das Recht auf körperliche Unversehrtheit hat keine Vorläufer in der deutschen Verfassungsgeschichte. Seine Formulierung im Grundgesetz ist eine Reaktion auf die Verbrechen des Nationalsozialismus, zu denen neben den bereits erwähnten Zwangssterilisationen Zwangsversuche am lebenden Menschen, Folterungen physischer und seelischer Art sowie psychischer Terror und entsprechende Verhörmethoden zählten.[481] Da erniedrigende körperliche Behandlungen zugleich eine menschliche Demütigung darstellen, besteht ein enger Zusammenhang mit dem aus Art. 1 I GG resultierenden Gebot, die menschliche Identität und Integrität zu schützen.[482] Schutzgut des Art. 2 II 1 GG ist demnach nicht nur die Gesundheit im biologisch-physiologischen Sinn, sondern auch die Gesundheit im psychologischen Bereich, soweit die Wirkungen einer Verletzung körperlichen Schmerzen vergleichbar sind.[483]

Art. 2 II 3 GG unterstellt das Recht auf körperliche Unversehrtheit dem Gesetzesvorbehalt. Dieser formellen Anforderung genügt die Regelung des § 81 a StPO.[484] Der Gesetzgeber hat allerdings bei der Legitimierung von Eingriffen in die körperliche Unversehrtheit verfassungsrechtliche Schranken zu beachten. Hierzu zählt insbesondere die Wesensgehaltsgarantie des Art. 19 II GG. Aufgrund der Unschärfe des Begriffs „Wesensgehalt" bereitet seine Bestimmung erhebliche Schwierigkeiten. Er kann absolut als eine vom Einzelfall unabhängige Größe betrachtet oder relativ durch eine Abwägung der konkreten Umstände des Einzelfalles gedeutet werden. Zudem kann die Bestimmung individuell auf den betroffenen Grundrechtsinhaber oder generell auf die Bedeutung des Grundrechts im allgemeinen abgestellt werden.[485] Die Rechtsprechung hat bis heute keine klare Linie gefunden. Allerdings hat das *Bundesverfassungsgericht* festgestellt: „Worin der unantastbare Wesensgehalt eines Grundrechts besteht, muß für jedes Grundrecht aus seiner besonderen Bedeutung im Gesamtsystem der Grundrechte ermittelt werden."[486] Zudem sei der Wesensgehalt nicht mit dem Menschenwürdegehalt gleichzusetzen.[487] Das Gericht hat in seiner grundlegenden Entscheidung zu § 81 a StPO aus dem Jahre 1963 aber auch klargestellt, daß die Wesensgehaltsgarantie eine „absolute Grenze" bil-

---

[481] *Epping*, Grundrechte, Rn. 94; *Jarass*/Pieroth, GG, Art. 2 Rn. 80; *Pieroth/Schlink* Staatsrecht II, Rn. 390 und 393; vgl. auch BVerfGE 56, 54 (75).

[482] *D. Lorenz*, HdbStR, § 128 Rn. 4; *Pieroth/Schlink*, Staatsrecht II, Rn. 391.

[483] BVerfGE 56, 54 (74 ff.); *Epping*, Grundrechte, Rn. 98; *Jarass*/Pieroth, GG, Art. 2 Rn. 62; v. Münch/*Kunig*, GG, Art. 2 Rn. 62 f.; *D. Lorenz*, HdbStR, §128 Rn. 16 und 18; *Pieroth/Schlink*, Staatsrecht II, Rn. 393.

[484] BVerfGE 16, 194 (199).

[485] Dazu ausführlich z.B. AK-GG-*Denninger*, Art. 19 Abs. 2 Rn. 8 ff.; *Dreier*, GG, Art. 19 II Rn. 11 ff.; *Middendorf*, JURA 2003, S. 232 ff. jeweils m.w.N.

[486] BVerfGE 22, 180 (219).

[487] BVerfG, NJW 2004, 999 (1001).

det.[488] Dieses grundsätzliche Bekenntnis zur absoluten Theorie wird vom *Bundesverfassungsgericht* allerdings praktisch nicht umgesetzt.[489]

b) Das allgemeine Persönlichkeitsrecht

Aus Art. 2 I i.V.m. Art. 1 I GG hat das *Bundesverfassungsgericht* für Bereiche, die einen besonderen Kontext zur Menschenwürde aufweisen, in richterlicher Rechtsfortbildung das Grundrecht des allgemeinen Persönlichkeitsrechts anhand einzelner Fallgruppen entwickelt.[490] Es soll „im Sinne des obersten Konstitutionsprinzips der Würde des Menschen (Art. 1 Abs. 1 GG) die engere persönliche Lebenssphäre und die Erhaltung ihrer Grundbedingungen gewährleisten."[491] Sein Schutzbereich setzt sich aus zwei Zielrichtungen zusammen. Zum einen gewährt es ein „Recht auf Respektierung des geschützten Bereichs"[492] und soll somit einen Bereich privater Lebensgestaltung sichern. Zum anderen dient es dem Schutz des sozialen Geltungsanspruchs in der Öffentlichkeit.[493]
Zur Beschränkung des Persönlichkeitsrechts bezog sich das Gericht zunächst auf den Gesetzesvorbehalt in Art. 2 II GG,[494] näherte sich dann aber verbal an die Schrankentrias des Art. 2 I GG an.[495] Die Frage nach den Schranken ist von besonderer Bedeutung, da einerseits das Zitiergebot des Art. 19 I GG im Rahmen des Art. 2 I GG nicht zum Tragen kommt und andererseits Art. 2 II 3 GG anders als die Klausel der verfassungsmäßigen Ordnung in Art. 2 I GG grundsätzlich ein förmliches Gesetz voraussetzt.[496] Grenzen der Einschränkbarkeit sollen sich aus dem Verhältnismäßigkeitsgrundsatz ergeben,[497] aus dem das Gericht anhand der Sphärentheorie einen gestuften Schutzbereich entwickelt hat. Der mit „Intim-

---

[488] BVerfGE 16, 194 (201).

[489] Dazu sogleich unten III 2 und IV 1.

[490] Für die Strafgewalt sind vor allem relevant das Recht auf informationelle Selbstbestimmung, BVerfGE 65, 1 (38 ff.) und das Recht auf Resozialisierung, BVerfGE 35, 202 (235); zustimmend z.B. *D. Lorenz*, JZ 2005, 1121 (1124); v. *Münch/Kunig*, GG, Art. 2 Rn. 30; *Stein/Frank*, Staatsrecht, § 31 II 2 c bb). Vgl. i.ü. den Überblick zu weiteren Fallgruppen bei *Dreier*, GG, Art. 2 I Rn. 70 ff. m.w.N.

[491] BVerfGE 54, 148 (153); 72, 155 (170); 96, 56 (61).

[492] BVerfGE 54, 148 (153); *Pieroth/Schlink*, Staatsrecht II, Rn. 375 f.; *Stein/Frank*, Staatsrecht, § 31 II 2 c bb).

[493] BVerfGE 63, 131 (142); v. Münch/*Kunig*, GG, Art. 2 Rn. 32; *Pieroth/Schlink*, Staatsrecht II, Rn. 377.

[494] BVerfGE 32, 373 (379); 34, 238 (246).

[495] BVerfGE 65, 1 (44); 78, 77 (85); 79, 256 (269); 82, 192 (195); vgl. dazu *Dreier*, GG, Art. 2 I Rn. 86.

[496] *Jarass*, NJW 1989, 857 (859) m.w.N.

[497] BVerfGE 27, 344 (351); 32, 373 (379); 33, 367 (377); 35, 35 (39); 65, 1 (44 ff.); 89, 69 (82 f.); 97, 228 (269).

sphäre" umschriebene Kernbereich genießt absoluten Schutz und ist keiner Abwägung unterworfen.[498]

Einen Bezug körperlicher Eingriffe zum allgemeinen Persönlichkeitsrecht hat das *OLG Frankfurt* hergestellt. Nach Ansicht des Ersten Strafsenats stellt die zwangsweise Verabreichung von Brechmitteln im Strafverfahren nicht nur einen Eingriff in das Recht auf körperliche Unversehrtheit, sondern auch einen entwürdigenden Eingriff in das allgemeine Persönlichkeitsrecht des Betroffenen dar.[499]

3. Rechtsstaatsprinzip

Neben den subjektivrechtlichen Gewährleistungen der Grundrechte soll insbesondere das Rechtsstaatsprinzip als zentrale Leitlinie bei der Ausübung der Strafgewalt zu beachten sein.[500] Grundsätzlich besteht weitgehend Einigkeit, daß Rechtsstaatlichkeit bedeutet, staatliche Macht dürfe nur auf der Grundlage der Verfassung und von formell und materiell verfassungsmäßigen Gesetzen mit dem Ziel der Gewährleistung von Menschenwürde, Freiheit, Gerechtigkeit und Rechtssicherheit ausgeübt werden.[501] Der Rechtsstaatgedanke fungiert somit als Leitziel für den Gesetzgeber.[502]

a) Eigenständiger Gehalt?

Das Rechtsstaatsprinzip wird darüber hinaus vielfach mit dem Hinweis auf die Verpflichtung des Staates, ein rechtsstaatliches Verfahren zu gewährleisten, als Abwägungskriterium herangezogen.[503] Ein solches Verfassungsprinzip mit einem eigenständigen Gehalt gibt es jedoch nicht. Vielmehr handelt es sich um eine Sammelbezeichnung, unter der verschiedene eigenständige, teilweise widerstreitende Verfassungsprinzipien zusammengefaßt werden.[504] Soweit der Rechtsstaatsbegriff als Rechtsgrundlage für einzelne Verfassungsprinzipien verwendet wird, ist dies bei näherer Betrachtung nicht nur überflüssig, sondern auch unpräzise.[505]

---

[498] BVerfGE 6, 32 (41); 32, 373 (378f.); 34, 238 (245); 35, 35 (39); 38, 312 (320); 75, 369 (380); 80, 367 (373f.); 103, 21 (31 f.).

[499] OLG Frankfurt, NJW 1997, 1647 (1648).

[500] *Dreier-Schulze-Fielitz*, GG, Art. 20 Rn. 43; *Hill*, HdbStR, § 156 Rn. 11 ff.

[501] *Stern*, Staatsrecht I, § 20 III 1 m.w.N.

[502] *Hill*, HdbStR, § 156, Rn. 13.

[503] Vgl. z.B. *Dreier-Schulze-Fielitz*, GG, Art. 20 Rn. 43.

[504] Überblick z.B. bei *Dreier-Schulze-Fielitz*, GG, § 20 Rn. 61 ff.; *Stern*, Staatsrecht I, § 20 IV.

[505] Vgl. zum ganzen *Kunig*, Rechtsstaatsprinzip; v. *Münch/Kunig-Schnapp*, GG, § 20 Rn. 24 ff.; kritisch auch *Stein/Frank*, Staatsrecht, § 20 IV.

b) Das Recht auf ein faires Verfahren

Als besondere Ausprägung des Rechtsstaatsprinzips mit besonderer Relevanz für das Strafverfahren soll das Recht auf ein faires Verfahren gelten.[506] Auch hierbei handelt es sich jedoch nicht um ein eigenständiges Verfassungsprinzip, sondern um eine Zusammenfassung verschiedener einzelner Verfahrensgarantien,[507] die sich unmittelbar aus der Verfassung ergeben bzw. deren verfassungsrechtlicher Bezug gegebenenfalls selbständig begründet werden muß. Zu den geschriebenen Verfahrensprinzipien mit Verfassungsrang gehören beispielsweise das Recht auf den gesetzlichen Richter nach Art. 101 GG und das Recht auf rechtliches Gehör nach Art. 103 GG. Zu den ungeschriebenen Verfahrensprinzipien zählen beispielsweise der nemo tenetur-Gedanke und die Unschuldsvermutung.[508]

4. *Funktionstüchtigkeit der Strafrechtspflege*

Vorwiegend zur Rechtfertigung staatlicher Maßnahmen zu Lasten des Beschuldigten wird verschiedentlich auf das vom *Bundesverfassungsgericht* entwickelte Postulat von der Aufrechterhaltung einer funktionstüchtigen Strafrechtspflege und wirksamen Strafverfolgung zurückgegriffen.[509] Es soll aber nicht nur dem verfassungsrechtlichen Gebot der effizienten Ausübung der Strafgewalt durch die in der Verfassung zugewiesenen Aufgaben Rechnung tragen,[510] sondern auch der gleichmäßigen Verwirklichung und Durchsetzung bestehender Normen und damit dem Gebot der Gerechtigkeit in Form der Gleichheit dienen.[511]

Die Verpflichtung des Staates zur Gewährleistung einer funktionstüchtigen Strafrechtspflege ergibt sich aus dem Zusammenspiel der Art. 74 Nr. 1, 103 II, 95 I GG und den Grundrechten, welche teilweise den Gesetzgeber verpflichten können, einzelne Rechtsgüter durch Mittel des Strafrechts zu schützen. Folglich ergibt sich aus den Grundrechten auch die Verpflichtung der Strafverfolgungs-

---

506 BVerfGE 26, 66 (71); 38, 105 (111); 39, 238 (243); 40, 95 (99); 65, 171 (174); 66, 313 (318); 77, 65 (76); 86, 288 (317); BVerfG, StV 2002, 578; HK-*Krehl*, Einleitung Rn. 17; LR-*Gollwitzer*, Art. 6 MRK Rn. 64 b; *Pieroth/Schlink*, Staatsrecht II, Rn. 99; *Stein/Frank*, Staatsrecht, § 54 II 3 b); *Steiner*, Fairneßprinzip, S. 113 ff.; *Volk*, Strafprozeßrecht, § 18 Rn. 9; kritisch zur Entwicklung des Prinzips durch die Rechtsprechung *Heubel*, „fair trial", S. 95 ff.

507 KK-*Pfeiffer*, Einl.Rn. 28; LR-*Rieß*, Einl. Abschn. H Rn. 102; vgl. dazu insgesamt den Überblick bei *Rzepka*, Fairneß im Strafverfahren, S. 340 ff.

508 Zu den einzelnen Begründungsansätzen der Unschuldsvermutung vgl *Stuckenberg*, Unschuldsvermutung, S. 46 ff. m.w.N.; zur verfassungsrechtlichen Verankerung des nemo tenetur-Gedankens unten Kapitel 4 III 2 b.

509 BVerfGE 32, 373 (381); 33, 367 (383); 77, 65 (76); *Hill*, HdbStR § 156 Rn. 39 ff.; *Kunig*, Rechtsstaatsprinzip, S. 441 ff.; LR-*Rieß*, Einl. Abschn. G 13; *Niemöller/Schuppert*, AöR 107 (1982), 387 (394 ff.); *Roxin*, Strafverfahrensrecht, § 1 Rn. 7; *Tiedemann*, Verfassungsrecht und Strafrecht, S. 24 ff.

510 BVerfGE 19, 342 (347); 20, 45 (49); *Hill*, HdbStR § 156 Rn. 40; *Kunig*, Rechtsstaatsprinzip, S. 441, 443; LR-*Rieß*, Einl. Abschn. G 14.

511 BVerfGE 51, 324 (343); 57, 9 (28); *Hill*, HdbStR, § 156 Rn. 40; LR-*Rieß*, Einl. Abschn. G 15; *Roxin*, Strafverfahrensrecht, § 1 Rn. 7.

behörden, für die Einhaltung und Durchsetzung der Gesetze Sorge zu tragen.[512] Die Grundrechte können aber auch darüber Aufschluß geben, welches Gewicht der Effektivität der Strafrechtspflege im Einzelfall zugemessen werden soll, indem berücksichtigt wird, welche Tat dem Beschuldigten zur Last gelegt wird, und überprüft wird, in welchem Umfang die Verfassung dem beim Opfer verletzten Grundrecht Schutz gewährt.[513] Eine absolute Grenze finden staatliche Bestrebungen bei der Gewährleistung einer funktionstüchtigen Strafrechtspflege dort, wo sie nur auf Kosten der Menschenwürde des Beschuldigten durchgesetzt werden können. Zugunsten des Beschuldigten braucht dann auf dieses Postulat nicht mehr zurückgegriffen werden. Hier finden zu seinem Schutz der Achtungs- und Schutzauftrag des Art. 1 I GG und die Grundrechte unmittelbar Anwendung, so z.B. bei der Untersuchungshaft Art. 2 II 2 GG.[514]

5. Übermaßverbot und Verhältnismäßigkeit

Ein Ausgleich zwischen den einzelnen, teils divergierenden verfassungsrechtlichen Vorgaben ist durch die Anwendung des Verhältnismäßigkeitsgrundsatzes zu erzielen. Dementsprechend fordert das *Bundesverfassungsgericht* auch bei Eingriffen nach § 81 a StPO die besondere Beachtung des Verhältnismäßigkeitsgrundsatzes.[515]

Dieses vorwiegend aus dem Rechtsstaatsprinzip hergeleitete Prinzip ergibt sich bereits aus dem Wesen der Grundrechte selbst.[516] In der Literatur wird es teilweise auch als Übermaßverbot bezeichnet.[517] Die Berücksichtigung des Übermaßverbots wird typischerweise anhand einer Drei-Stufen-Prüfung vorgenommen. Zunächst ist zu fragen, ob das gewählte Mittel grundsätzlich geeignet ist, den beabsichtigten Zweck der Maßnahme zu erreichen. Daran schließt sich die Frage an, ob die Maßnahme zur Erreichung des Zwecks erforderlich ist oder ob ein milderes Mittel in Betracht kommt. Schließlich muß die Maßnahme auch noch angemessen sein, d.h., die Beeinträchtigung, welche aus dem Grundrechtseingriff für den Betroffenen folgt und der mit dem Eingriff verfolgte Zweck müssen in einem angemessenen Verhältnis zueinander stehen.[518]

Im Strafrecht bedeutet dies, daß Maßnahmen unter Würdigung aller persönlichen und tatsächlichen Umstände des Einzelfalles zur Erreichung des angestrebten

---

512 Vgl. zum ganzen *Kunig*, Rechtsstaatsprinzip, S. 441 ff.

513 *Kunig*, Rechtsstaatsprinzip, S. 443 ff.

514 *Kunig*, Rechtsstaatsprinzip, S. 449. Dieser Ansatz wird auch den gegen ein solches Prinzip vorgebrachten Bedenken (vgl. z.B. *Hassemer*, StV 1982, 275 ff.) gerecht.

515 BVerfGE 16, 194 (202): Liquorentnahme; 17, 108 (117): Hirnkammerluftfüllung.

516 So ursprünglich BVerfGE 19, 342 (348); und 20, 45 (49); ebenso *Kunig*, Rechtsstaatsprinzip, S. 195 ff; *Schnapp*, JuS 1983, 850 (852 f.); *Pieroth/Schlink*, Staatsrecht II, Rn. 273; so wohl auch BVerfG, StV 1994, 295 (296).

517 Vgl. z.B. *Schnapp*, JuS 1983, 850 (852).

518 Vgl. zum ganzen *Pieroth/Schlink*, Staatsrecht II, Rn. 279 ff.; *Stern*, Staatsrecht III/2, § 84 II.

Zweckes geeignet, erforderlich und angemessen sein müssen.[519] Eine Verhältnismäßigkeitsprüfung kann aber nur dort ansetzen, wo der abwägungsfreie Kernbereich von Individualinteressen nicht angetastet ist. Andernfalls steht Art. 19 II GG einer Abwägung entgegen. Außerhalb dieses Bereichs soll je nach Schwere des Grundrechtseingriffs auch der Grad des Tatverdachts als Abwägungskriterium heranzuziehen sein. In diesem Sinne knüpft die Strafprozeßordnung an verschiedenen Stellen die Zulässigkeit von Grundrechtseingriffen an einen bestimmten Verdachtsgrad. Dies läßt sich auf § 81 a StPO dergestalt übertragen, daß schwere Eingriffe einen höheren Verdachtsgrad erfordern.[520] Im Rahmen der Verhältnismäßigkeitsprüfung sollen die Schwere der jeweiligen Maßnahme, der Grad des Tatverdachts und die Schwere der zur Last gelegten Tat abgewogen werden. Als Folge dieser Abwägung können zur Aufklärung von schweren Straftaten auch gravierende Eingriffe zulässig sein. Beispiele hierfür sind die Hirnkammerluftfüllung zur Ermöglichung von Röntgenaufnahmen oder die Entnahme von Gehirn- und Rückenmarksflüssigkeit.[521]

An diesen Beispielen wird deutlich, daß rationale, allgemeingültige Maßstäbe für die Abwägung schwer zu finden sein werden, zumal schon methodisch nicht ersichtlich ist, nach welchen Kriterien eine Abwägung verschiedener Güter erfolgen soll.[522] Aus diesem Grunde wird dieser „Verhältnismäßigkeitsprüfung im engeren Sinne" auch häufig entgegengehalten, sie sei das Einfallstor für subjektive Wertungsmaßstäbe der entscheidenden Richter, welchen letztendlich die gerichtliche Prüfung der Rechtmäßigkeit einer Maßnahme obliegt, und beeinträchtige die Rechtssicherheit.[523] Dieser Bereich der Abwägung und Unsicherheit kann reduziert werden, wenn man Erwägungen, die vielfach erst dem Bereich der Abwägung zugeordnet werden, bereits im Bereich der Erforderlichkeit berücksichtigt. So kann bezüglich der bereits genannten Entscheidung des *Bundesverfassungsgerichts* zur Liquorentnahme[524] festgestellt werden, daß die Liquorentnahme zur Klärung der Schuldfrage bei einer Bagatellstraftat eine tatschuldunangemessene Übelzufügung darstellt, welche zur Erreichung des Verfahrensziels nicht notwendig ist.[525]

---

[519] *Albrecht*, Kriminologie, § 9 C II; *Hill*, HdbStR, § 156 Rn. 22; LR-*Rieß*, Einl. Abschn. H Rn. 92 ff.; *Meyer-Goßner*, StPO, Einl. Rn. 20.

[520] Vgl. BVerfGE 17, 117; Dreier-*Schulze-Fielitz*, GG, Art. 2 II Rn. 71.

[521] BVerfG 16, 194 (202) - Liquorentnahme; 17, 108 (117) - Hirnkammerluftfüllung. Dazu unten ausführlich III.

[522] *Köhler*, ZStW 107 (1995), 10 (16); *Pieroth/Schlink*, Staatsrecht II, Rn. 293.

[523] So z.B. *Degener*, Verhältnismäßigkeit, S. 167 ff.; *Köhler*, ZStW 107 (1995), 10 (15 ff.); LR-*Rieß*, Einl. Abschn. G Rn.8; *Roxin*, Strafverfahrensrecht, § 2 Rn. 7.

[524] BVerfGE 16, 194.

[525] Vgl. zum ganzen *Pieroth/Schlink*, Staatsrecht II, Rn. 295.

6. Konsequenzen für das Strafverfahren

Aus den dargestellten verfassungsrechtlichen Vorgaben folgt für das Strafverfahren vor allem eins. Das rechtsstaatliche Grundverständnis verbietet es, den Beschuldigten ohne Schutz der staatlichen Strafverfolgung auszusetzen, da er so zum bloßen Objekt des Verfahrens würde. Der auf eine bestimmte Person bezogene Tatverdacht bewirkt neben dem deskriptiven Zuschreibungsprozeß zugleich, daß er den Status eines Verfahrenssubjekts erhält.

a) Subjektstatus des Beschuldigten

Verschiedene rechtsstaatliche Sicherungsinstrumente sollen gewährleisten, daß der Beschuldigte am Verfahren partizipieren kann und nicht zum bloßen Objekt des Verfahrens degradiert wird. Zu der im Grundgesetz ausdrücklich vorgegebenen Mindestausstattung an verfahrensrechtlichen Befugnissen gehören die sogenannten Prozeßgrundrechte des IX. Abschnitts des Grundgesetzes und die bereits angesprochene Anerkennung eines unantastbaren Kernbereichs der Grundrechte. Darüber hinaus gelten einige ungeschriebene Verfassungssätze im Strafverfahren. Hierzu zählen insbesondere der nemo tenetur-Gedanke, der Schuldgrundsatz und die Unschuldsvermutung.

Bedeutung erlangt der Subjektstatus nicht zuletzt im Bereich der Grundrechtseingriffe. Hier entfaltet er eine regulative, schützende Funktion. Er verdeutlicht, daß das Interesse an der Wahrheitsfindung seine Grenze in rechtsstaatlichen Grundsätzen, insbesondere im Wesensgehalt der Grundrechte und der Verpflichtung des Staates, die Menschenwürde zu achten und zu schützen, findet.

b) Schuldgrundsatz

Notwendige Bedingung für die Verhängung einer Strafe ist neben dem Nachweis der Tat das Vorliegen von Schuld. Die Verhängung und Vollstreckung einer Strafe ohne Schuld macht den einzelnen zum bloßen Objekt staatlicher Gewalt.[526] Daher müssen sich Art und Maß der Strafe nach dem Umfang seiner Schuld richten.[527] Hieraus folgt der verfassungsrechtliche Auftrag an die staatliche Strafgewalt, die materielle Wahrheit möglichst umfassend zu ermitteln.[528] Dies umfaßt nicht nur das äußere Tatgeschehen, sondern alle Umstände, „die für die Beurteilung der strafrechtlichen Schuld und für die Strafzumessung von Bedeutung sind".[529] In diesem Sinne kann der Schuldgrundsatz als eine verfas-

---

[526] BVerfGE 57, 250 (275); AK-GG-*Podlech*, Art. 1 Abs. 1 Rn. 42; *Benda*, HdbVR, § 6 Rn. 22; *Rzepka*, Fairneß im Strafverfahren, S. 304; *H. Schorn*, Schutz der Menschenwürde, S. 23.

[527] BVerfGE 9, 167 (169); 20, 323 (331); 45, 187 (228 und 259); 50, 205 (214 f.); 54, 100 (108); 72, 105 (114); 86, 288 (313); BGHSt 2, 199 (200f.); *Pieroth/Schlink*, Staatsrecht II, Rn. 374.

[528] BVerfGE 32, 373 (381); 33, 367 (383); *Albrecht*, Kriminologie, § 24 II 1; zur verfassungsrechtlichen Begründung vgl. *Frister*, Schuldgrundsatz, S. 19 ff.

[529] BVerfGE 80, 367 (378); 86, 288 (317).

sungsrechtliche Legitimation staatlicher Ermittlungstätigkeit verstanden werden.[530]

c) *Unschuldsvermutung*

Es darf dabei aber nicht vergessen werden, daß bis zur Feststellung der Schuld für den Beschuldigten die Unschuldsvermutung spricht. Sie soll den Beschuldigten vor einem Schuldspruch oder strafähnlichen Maßnahmen schützen, solange nicht in einem rechtsstaatlichen, prozeßordnungsgemäßen Verfahren seine Schuld festgestellt worden ist.[531] Sie ist daher inbesondere bei der Regelung und Anwendung von Zwangsmitteln zu beachten.[532] Dabei ist allerdings umstritten, wann eine prozessuale Maßnahme strafähnlichen Charakter hat. Das *Bundesverfassungsgericht* stellt darauf ab, ob die Maßnahme eine der Strafe vergleichbare Übelszufügung enthält.[533] In der Literatur wird vorwiegend darauf abgestellt, ob die Maßnahme ein der Strafe gleichartiges Unwerturteil enthält.[534] Nach teilweise vertretener Ansicht soll entscheidend sein, ob die Maßnahme mit einer strafähnlichen Rechtfertigung begründet wird.[535]

III. Kontrolle der staatlichen Strafgewalt durch das Bundesverfassungsgericht am Beispiel des § 81 a StPO

Die Kontrolle der verfassungsrechtlichen Gewährleistungen obliegt dem *Bundesverfassungsgericht*, Art. 93 GG. Dieses erklärte die Regelung des § 81 a StPO trotz der vorgetragenen Bedenken für verfassungsgemäß und forderte lediglich eine verfassungskonforme Auslegung der Vorschrift.[536] Anlaß war ein Verfahren, in dem der Beschwerdeführer wegen eines Vergehens angeklagt worden war. Zur Prüfung seiner Zurechnungsfähigkeit, die erst ein Jahr zuvor nach ärztlicher Begutachtung bejaht worden war, hatte der zuständige Amtsrichter zunächst eine ärztliche Untersuchung angeordnet. Nachdem der Gerichtsarzt daraufhin den Verdacht auf eine Erkrankung des Zentralnervensystems äußerte, wurde durch das Amtsgericht eine Liquorentnahme (Untersuchung der Gehirnbzw. Rückenmarksflüssigkeit) angeordnet. Diese Untersuchung erfolgt mittels eines Einstichs in den Wirbelkanal mit einer langen Hohlnadel. Sie kann entwe-

---

530 Vgl. BVerfGE 57, 250 (275); 77, 65 (76).

531 BVerfGE 19, 342 (347); 35, 311 (320); BVerfG, StV 1987, 326 f.; BVerfG, EuGRZ 1992, 120 (122); *Albrecht*, Kriminologie, § 9 F III; *Geppert*, JURA 1993, 160 (161); *Paeffgen*, Vorüberlegungen, S. 52 ff.

532 *Geppert*, JURA 1993, 160 (161); *Rzepka*, Fairneß im Strafverfahren, S. 342 f.; vgl. auch *Paeffgen*, Vorüberlegungen, S. 56 ff.

533 BVerfGE 19, 342 (347); 35, 311 (320).

534 Z.B. *Kühl*, Unschuldsvermutung, S. 14 f.; *Sax*, Grundsätze der Strafrechtspflege, in Bettermann/Nipperdey/Scheuner (Hrsg.), Grundrechte III/2, S. 909 (971); *H. Schorn*, Schutz der Menschenwürde, S. 23 f.

535 *Frister*, Schuldprinzip, S. 92.

536 Grundlegend BVerfGE 47; 239 (248); vgl. auch BVerfGE 16, 194 (202); 17, 108 (117); 27, 211.

der als Lumbalpunktion im Bereich der oberen Lendenwirbel oder als Okzipitalfunktion im Nacken zwischen Schädel und oberstem Halswirbel durchgeführt werden. Welcher dieser möglichen Eingriffe durchgeführt werden sollte, hatte das Gericht nicht angeordnet. Im Falle der Lumbalpunktion treten nach dem Gutachten des zugezogenen Sachverständigen in etwa 10% der Fälle Störungen des Gesundheitszustandes, wie Kopf- und Rückenschmerzen sowie Übelkeit für mehrere Tage auf. Diese Störungen träten bei der Okzipitalpunktion nicht auf. Diese sei im allgemeinen auch weniger schmerzhaft. Dennoch kann die Liquorentnahme, wie das Gericht feststellte, in besonderen Fällen auch zu ernsten Komplikationen führen.[537]

1. Formelle Verfassungsmäßigkeit

Der Erste Senat prüfte in seinem Beschluß zunächst die formelle Verfassungsmäßigkeit des § 81a StPO, namentlich die Beachtung des Gesetzesvorbehalts in Art. 2 II 3 GG.
Der Senat stellte fest, das Vereinheitlichungsgesetz nenne das Grundrecht des Art. 2 II GG zwar nicht als eingeschränkt. Dies habe jedoch keine Auswirkungen auf die Verfassungsmäßigkeit der Bestimmung, da die den Strafverfolgungsbehörden gegebenen Befugnisse bereits in Art. 2 Nr. 4 des AGGewVerbG und damit vor dem Inkrafttreten des Grundgesetzes enthalten gewesen seien. Das Vereinheitlichungsgesetz habe sie neu gefaßt, jedoch nicht verschärft, so daß Art. 19 I 2 GG in diesem Fall nicht zutreffe.[538] In einer früheren Entscheidung hatte das Gericht bereits festgestellt, Art. 19 I 2 GG sei nicht anwendbar für Gesetze, die nach Inkrafttreten des Grundgesetzes erlassen worden seien und lediglich bereits geltende Grundrechtsbeschränkungen unverändert oder mit geringen Abweichungen wiederholten. Denn Art. 19 I 2 GG solle lediglich verhindern, daß neue, dem bisherigen Recht fremde Möglichkeiten des Eingriffs in Grundrechte geschaffen würden, ohne daß der Gesetzgeber darüber Rechenschaft ablege und dies ausdrücklich zu erkennen gebe.[539]

2. Materielle Verfassungsmäßigkeit

Auch einen materiellrechtlichen Widerspruch zum Grundgesetz vermochte das Gericht nicht zu erkennen. Der Beschluß greift zunächst die von *Sax* vorgetragene Kritik auf, es werde kein bestimmter Grad des Tatverdachts gefordert, so daß die Unschuldsvermutung verletzt sei. Der Senat führt aus, „elementare Bedürfnisse des Strafrechts“ forderten, „daß die besondere Stellung des Beschuldigten ihm gegenüber besondere Eingriffe erlaubt“. Eine sinngemäße Auslegung des § 81a StPO müsse aber „selbstverständlich dazu führen, vor einer richterlichen

---

537 BVerfGE 16, 194ff.

538 BVerfGE 16, 194 (199f.).

539 BVerfGE 5, 13 (16).

Anordnung zu prüfen, ob der jeweils bestehende Grad von Tatverdacht die Maßnahme rechtfertigt". Aus diesem Grund könne hingenommen werden, daß keine formelle Feststellung eines bestimmten Tatverdachtsgrades gefordert werde wie etwa für die Eröffnung des Hauptverfahrens oder in § 112 StPO.[540]
Weiter geht der Senat auf die von *Sarstedt* vorgetragenen Bedenken ein, die in der Bestimmung verwandten Begriffe entbehrten scharfer Grenzen. Der Senat stimmt dieser Kritik zwar zu, führt aber aus, diese Unbestimmtheit führe nicht zur Ungültigkeit der Norm. Der Gehalt einer unvollkommen gefaßten Vorschrift könne durch Auslegung unter Berücksichtigung ihres Zwecks erschlossen werden und finde eine absolute Grenze dort, wo der Wesensgehalt des betroffenen Grundrechts angetastet würde. Es sei zudem zu berücksichtigen, daß die Anordnung von Maßnahmen auf der Grundlage des § 81 a StPO in die Hand des Richters gelegt sei. Den Befugnissen der Staatsanwaltschaft und ihrer Hilfsbeamten bei Gefahr in Verzug nach § 81 a II StPO komme bei schwereren Eingriffen wie der Liquorentnahme keine praktische Bedeutung zu.[541] Der Senat räumt allerdings ein, einzelne Eingriffe könnten im Widerspruch zur Verfassung stehen und nimmt insoweit eine verfassungskonforme Auslegung vor. Das öffentliche Interesse an der Aufklärung von Straftaten rechtfertige staatliche Eingriffe in die Freiheitssphäre des einzelnen um so weniger, je schwerer der Eingriff sei. Der beabsichtigte Eingriff müsse deshalb in einem angemessenen Verhältnis zur Schwere der Tat stehen. Die mit der Aufklärung der Tat verbundenen Folgen dürften den Täter nicht stärker belasten als die zu erwartende Strafe.[542]

3. Konkretisierung

Die Entscheidung wurde im gleichen Jahr durch einen Beschluß, bei dem es unter anderem um die Zulässigkeit einer Hirnkammerluftfüllung (Pneumoenzephalographie) zur Feststellung der Zurechnungsfähigkeit ging, bestätigt und präzisiert.[543]
Der Senat hat in dieser Entscheidung noch einmal hervorgehoben, daß ein Gesetz, welches einen Eingriff in ein Grundrecht erlaubt, seinerseits im Lichte dieses Grundrechts ausgelegt werden müsse. Für die Anordnung eines erheblichen Eingriffs wie der Pneumoenzephalographie bedeute dies, daß „die Schwere des Tatverdachts selbständig und unter Anlegung eines strengen Maßstabes gewürdigt werden" müsse. Unter Umständen könne die Untersuchung sogar unzulässig

540 BVerfGE 16, 194 (200).

541 BVerfGE 16, 194 (200 f.).

542 BVerfGE 16, 194 (201 f.).

543 BVerfGE 17, 108. Bei der Pneumoenzephalographie wird durch Lumbal- oder Okzipitalpunktion Gehirn- bzw. Rückenmarksflüssigkeit entnommen, um durch die Entleerung und Luftfüllung der Gehirnkammern zu erreichen, daß diese sich in einem Röntgenbild abzeichnen, vgl. BVerfGE 17, 108 (115).

sein, bis die Beweisaufnahme in der Hauptverhandlung den Nachweis eines strafbaren Tatbestands ergeben habe und nur noch die Schuldfrage offen sei.[544]

IV. Lücken in der Argumentation des *Bundesverfassungsgerichts*

Das Gericht erklärt damit ohne detaillierte Ausführungen zu den verfassungsrechtlichen Vorgaben § 81a StPO für verfassungsgemäß. Die formelle Verfassungsmäßigkeit der Norm wird ohne weiteres bejaht, der historische Kontext der Einführung des § 81a StPO nicht berücksichtigt.[545] Im Schrifttum und Bundestag geäußerte Bedenken, die Regelung enthalte eine Verletzung des nemo tenetur-Gedankens, werden nicht beachtet. Die materielle Rechtmäßigkeitsprüfung läßt damit wesentliche verfassungsrechtliche Vorgaben unberücksichtigt. Auch darüber hinaus bleiben die Ausführungen lückenhaft.

1. Keine Bestimmung des Wesensgehalts von Art. 2 II 1 GG

Der Wesensgehalt des Art. 2 II 1 GG soll anhand des einzelnen Eingriffs ermittelt werden. Das Gericht nimmt eine Gesamtabwägung vor, in die es öffentliche und private Interessen einbezieht. Der Wesensgehalt soll nicht betroffen sein, weil dem beeinträchtigten Grundrecht das geringere Gewicht beizumessen sei.[546] Damit wird eine Verhältnismäßigkeitsprüfung vorgenommen, bei der dem Wesensgehalt keine eigenständige Bedeutung mehr zukommt.[547] Ähnlich war bereits der *Bundesgerichtshof* vorgegangen, der festgestellt hatte, die wesensmäßige Geltung und Entfaltung eines Grundrechts dürfe nicht stärker eingeschränkt werden, als dies der sachliche Anlaß und Grund, welcher zu dem Eingriff geführt habe, unbedingt und zwingend geböte.[548]
So wird eine Inhaltsbestimmung des Wesensgehalts des Rechts auf körperliche Unversehrtheit durch die Rechtsprechung umgangen. Dabei hätte es angesichts der Entstehungsgeschichte des § 81a StPO nahegelegen zu überprüfen, ob es sich nicht um eine Rechtsnorm handelt, die den Wesensgehalt des Rechts auf körperliche Unversehrtheit berührt. Die Wesensgehaltsgarantie des Art. 19 II GG ist ebenfalls eine Reaktion auf historische Erfahrungen. Eine gravierende Einschränkung der Grundrechte war in der Weimarer Republik auf Grund des Art. 48 WRV und die exzessive Inanspruchnahme der Gesetzesvorbehalte möglich. Ihre totale Negierung erfolgte durch die Verbrechen der Nationalsozialisten. Der Aushöhlung und Negierung der Grundrechte zugunsten staatlicher Interessen und des angeblichen Gemeinwohls sollte durch Art. 19 II GG eine Grenze gesetzt werden. Die Einschränkungsmöglichkeiten der Grundrechte durch den

---

544 BVerfGE 17, 108 (118 f.).

545 Ausdrücklich zustimmend *Rossmanith*, Verfassungsmäßigkeit von körperlichen Eingriffen, S. 9.

546 BVerfGE 16, 194 (200 ff.); vgl. auch BVerfGE 47, 330 (358).

547 *Dreier*, GG, Art. 19 II Rn. 16; *Epping*, Grundrechte, Rn. 132; *Stern*, Staatsrecht III/2, § 85 II 4 d.

548 BGHSt 4, 375 (377).

Gesetzgeber sollten nicht dazu führen, daß die Grundrechtsgarantien leerlaufen.[549] Insgesamt bringen die Art. 2 II 1 und 19 II GG den Gedanken zum Ausdruck, daß der staatliche Zugriff auf die Person und ihre körperliche Integrität begrenzt ist. Gerade weil die Normierung des § 81a StPO den Beginn der Mißachtung der körperlichen Integrität im nationalsozialistischen Staat darstellt, hätte es deshalb einer Bestimmung des Wesensgehalts durch das *Bundesverfassungsgericht* bedurft.
Auch in der Literatur findet man wenig zur Frage, wann der Wesensgehalt des Rechts auf körperliche Unversehrtheit nach Art. 2 II 1 GG betroffen sein soll. Er sei zumindest dann tangiert, wenn der einzelne zum Objekt staatlichen Handelns herabgewürdigt wird, wenn durch gezielte Einwirkung auf den Körper als physische Erscheinungsweise des Menschen über diesen hoheitlich verfügt und dessen Personalität beeinträchtigt wird.[550]
Da der Beschuldigte bei der Durchführung eines körperlichen Eingriffs nach § 81a StPO auf seine physische Existenz reduziert und diese zum Objekt der staatlichen Strafverfolgung gemacht wird, kann eine Verletzung seiner Personalität nur dann verneint werden, wenn die normative Trennung von Körper und Persönlichkeit aufrechterhalten werden kann.

2. Nichtberücksichtigung des allgemeinen Persönlichkeitsrechts

Die Ausführungen des Gerichts beschränken sich allein auf das Grundrecht der körperlichen Unversehrtheit. Ausführungen zu Art. 2 I GG erfolgen nicht. Zwar hatte es zum Zeitpunkt der Entscheidung das allgemeine Persönlichkeitsrecht mit Bezügen zum Strafverfahren noch nicht entwickelt, dennoch hätte es auf Grund der grundsätzlichen Kritik an der Verfassungsmäßigkeit des § 81a StPO und der Tatsache, daß auf den Beschuldigten staatlicher Zwang ausgeübt wird, um eine Zwangsmaßnahme durchzusetzen, nahegelegen, sich nicht auf die körperliche Unversehrtheit zu beschränken. Auch in späteren Entscheidungen zur DNA-Analyse wird eine Prüfung der Verfassungsmäßigkeit des § 81a StPO im Hinblick auf das allgemeine Persönlichkeitsrecht nicht vorgenommen.

3. Bindungswirkung der Entscheidung

Die Entscheidung hat gemäß § 31 i.V.m. § 13 Nr. 8a BVerfGG Gesetzeskraft. Das bedeutet jedoch nicht, daß eine kritische Auseinandersetzung mit der Frage obsolet geworden wäre, auch wenn Rechtsprechung und Literatur ihr grundsätzlich zugestimmt haben. Dies gilt insbesondere, weil die Vorgehensweise des Gerichts, einzelne strafprozessuale Regelungen einer verfassungskonformen Auslegung zu unterziehen, auf Kritik gestoßen ist. Es wird hervorgehoben, diese Vorgehensweise berge die Gefahr der Fehlbewertung strafprozessualer Zusam-

---

[549] *Dreier*, GG, Art. 19 II Rn. 1 u. 7; *Stern*, Staatsrecht III/2, § 85 III 1.
[550] *D. Lorenz*, HdbStR, §128 Rn. 40; *Stein/Frank*, Staatsrecht, § 33 IV.

menhänge und verunsichere so die dogmatische Geschlossenheit und die Praktikabilität des Rechts.[551]

V. Der Schutz des Beschuldigten vor staatlichem Zwang nach europäischem Recht

Durch die Europäisierung des Rechts ist das *Bundesverfassungsgericht* mittlerweile nicht mehr die einzige Institution, an die sich der Bürger mit der Rüge einer Verletzung seiner persönlichen Freiheitsrechte in einem staatlichen Strafverfahren wenden kann. Darüber hinaus besteht die Möglichkeit der Individualbeschwerde aufgrund einer möglichen Verletzung der Europäischen Menschenrechtskonvention. Diese wurde inzwischen in Zusammenhang mit einem Brechmitteleinsatz auf der Grundlage des § 81a StPO genutzt.[552] Aber nicht nur deshalb sind die durch die EMRK gewährten Rechte für die vorliegende Untersuchung relevant, sondern auch, weil die Vorgaben der EMRK bei der Verfassungsauslegung und im Strafverfahren in Zukunft verstärkt berücksichtigt werden müssen.[553] Dies insbesondere deshalb, weil es Ziel der EMRK ist, in den Konventionsstaaten festgelegte Mindeststandards hinsichtlich der normierten Rechte zu gewährleisten.

1. Die EMRK als Rechtsquelle im deutschen Recht

Die EMRK hat als völkerrechtlicher Vertrag nach Art. 59 II GG den Rang eines einfachen Bundesgesetzes inne.[554] Sie ist deshalb kein unmittelbarer verfassungsrechtlicher Prüfungsmaßstab, eine Verfassungsbeschwerde vor dem *Bundesverfassungsgericht* kann nicht unmittelbar auf die Verletzung eines in der EMRK enthaltenen Menschenrechts gestützt werden.[555]

Das *Bundesverfassungsgericht* verlangt allerdings, den Konventionstext in seiner Auslegung durch die Rechtsprechung des *Europäischen Gerichtshofs für Menschenrechte (EGMR)* im Rahmen methodisch vertretbarer Gesetzesauslegung als Auslegungshilfe bei der Bestimmung des Inhalts und der Reichweite von Grundrechten und rechtsstaatlichen Grundsätzen des Grundgesetzes einzubeziehen; allerdings nur, soweit dies nicht zu einer Einschränkung des grundgesetzlichen

---

551 *Meyer*, FS-Kleinknecht, 267 ff.; kritisch auch *Schlaich*, Bundesverfassungsgericht, Rn. 414 ff.; *Gilles*, JuS 1981, 402 (405) für das Zivilrecht.

552 *Jalloh vs. Germany* (application no. 54810/00), Urt. v. 11.07.06.

553 Vgl. bereits *Wolter*, Aspekte einer Strafprozeßreform, S. 24 hinsichtlich Art. 8 I EMRK.

554 BVerfGE 74, 358 (370); BVerfG, JZ 2004, 1171 f.; *Cremer*, EuGRZ 2004, 683 (686); *Kühne*, Strafprozessrecht, Rn. 29; a.A. z.B. *Bleckmann*, EuGRZ 1994, 149 (153 ff.): Völkergewohnheitsrecht i.S.d. Art. 25 GG; *Hoffmeister*, Der Staat 40 (2001), 349 (368 ff.): Inkorporation der EMRK als Grundrechtsverfassung i.S.d. Art. 1 II GG; *Walter*, ZaöRV 1999, 961 (976): erweiterte Auslegung des Art. 24 I GG; vermittelnd z.B. *Grabenwarter*, EMRK, § 3 Rn. 8.

555 BVerfGE 10, 271 (274); 34, 384 (395); 41, 126 (149); 64, 135 (157); 74, 102 (128); Beschluß der 1. Kammer des Zweiten Senats des BVerfG, EuGRZ 2004, 317 (318); BVerfG, JZ 2004, 1171 (1172).

Grundrechtsschutzes führt.[556] Auch Gesetze wie die Strafprozeßordnung seien unter Berücksichtigung der EMRK auszulegen.[557] Durch die Berücksichtigung der EMRK bei der Auslegung grundgesetzlicher Vorschriften wird sie in Zukunft ein größeres Gewicht bei der Verfassungsauslegung erlangen.[558] Insoweit könnten sich der EMRK in ihrer Auslegung durch den *EGMR* auch Vorgaben für den Geltungsbereich des nemo tenetur-Gedankens und eine konventionskonforme Auslegung des § 81a StPO entnehmen lassen. Zwar ist der nemo tenetur-Gedanke auch in der EMRK ohne ausdrückliche Erwähnung geblieben, der *EGMR* rechnet ihn jedoch dem Kernbereich eines fairen Verfahrens im Sinne des Art. 6 EMRK zu.[559] Demnach handelt es sich nicht um ein Recht mit primär abwehrrechtlichem Charakter, sondern um eine Verfahrensgarantie.[560]

2. Der nemo tenetur-Gedanke in der Rechtsprechung des EGMR

a) Das Recht auf ein faires Verfahren

In Art. 6 EMRK findet der in der Konvention insgesamt zum Ausdruck kommende Rechtsstaatsgedanke eine wesentliche Ausprägung.[561] Das Recht auf ein faires Verfahren wird nach der Rechtsprechung der Kommission und des *EGMR* in Art. 6 I 1 EMRK garantiert. Dieses sei „eines der grundlegenden Prinzipien jeder demokratischen Gesellschaft im Sinne der Konvention".[562] Es gilt nicht nur

---

[556] Grundlegend BVerfGE 74, 358 (370); BVerfG, JZ 2004, 1171 (1172); zustimmend z.B. KK-*Schmidt*, § 359 Rn. 39; *Meyer-Ladewig/Petzold*, NJW 2005, 15 ff.; mit Einschränkungen *Klein*, JZ 2004, 1176 ff.; kritisch *Cremer*, EuGRZ 2004, 683 (686 ff.). Eine Entscheidung des *EGMR* hat Bindungswirkung für alle staatlichen Organe (vgl. BVerfG, JZ 2004, 1171 [1172]). Da Art. 35 I EMRK die Zulässigkeit der Individualbeschwerde nach Art. 34 EMRK an die Erschöpfung des innerstaatlichen Rechtsweges knüpft, bezieht sich die Feststellung einer Verletzung der ERMK in der Regel auf ein rechtskräftiges Urteil. Der vom *BVerfG* festgestellten Pflicht zur Beendigung des festgestellten Rechtsverstoßes kommt der Bundesgesetzgeber im Strafverfahren dadurch nach, daß § 359 Nr. 6 StPO inzwischen einen Grund zur Wiederaufnahme des Verfahrens zugunsten des Verurteilten einräumt, wenn der *EGMR* eine Verletzung der EMRK oder ihrer Protokolle festgestellt hat und das Strafurteil auf dieser Verletzung beruht. Vgl. dazu z.B. *Klein*, JZ 2004, 1176 (1177).

[557] BVerfGE 74, 358 (370); dies gelte auch für den Fall, daß sie zeitlich später erlassen worden seien, da nicht anzunehmen sei, daß der Gesetzgeber von völkerrechtlichen Verpflichtungen abweichen wolle, sofern er dies nicht ausdrücklich bekundet habe. A.A. *Kühne*, Strafprozessrecht, Rn. 30.

[558] Kritisch z.B. *Dreier*, GG, Vorb. Rn. 50 ff.

[559] EGMR, Urt. v. 25.2.1993, *Funke*, Urt. v. 8.2.1996, *Murray*, EuGRZ 1996, 587, Z. 45; Urt. v. 17.12.1996, *Saunders* = ÖJZ 1998, 32; Urt. v. 5.11.2002, *Allan*, StV 2003, 257, Z. 44; Urt. v. 8.4.2004, *Weh* = JR 2005, 423; zustimmend *Meyer-Ladewig*, EMRK, Artikel 6 Rn. 52; *Weiß*, NJW 1999, 2236.

[560] Dazu *Grabenwarter*, EMRK, § 18 Rn. 1 ff.

[561] *Grabenwarter*, EMRK, § 24 Rn. 2; *Pache*, NVwZ 2001, 1342; SK-StPO-*Paeffgen*, Art. 6 EMRK Rn. 70.

[562] EGMR , Urt. v. 28.6.1984, *Campbell und Fell*, Z. 69 = EuGRZ 1985, 534; ähnlich z.B. EuGRZ, Urt. v. 8.12.1983, *Pretto u.a.*, Z. 21 =1985, 548; Urt. v. 7.7.1989, *Soering*, Z. 113 = EuGRZ 1989, 314. Zum ganzen ausführlich *Rzepka*, Fairneß im Strafverfahren, S. 23 ff.

für Verhandlungen vor Gericht, sondern grundsätzlich auch im Ermittlungs- und Zwischenverfahren.[563]

aa) Das Verhältnis des Art. 6 I EMRK zu den Einzelgarantien des Art. 6 II und III EMRK

Die in Art. 6 II und III EMRK genannten strafrechtlichen Verfahrensgarantien werden als konkretisierende Teilaspekte des allgemeinen *right to a fair trial* angesehen.[564] Der Gerichtshof geht davon aus, die in Art. 6 EMRK genannten Einzelgarantien seien keine abschließende Aufzählung dessen, was die Garantie eines fairen Verfahrens ausmacht.[565] In der Entscheidungspraxis zeigt sich außerdem die Tendenz, weniger auf eine mögliche Verletzung einzelner Teilgarantien abzustellen, als vielmehr zu überprüfen, ob das Verfahren insgesamt den Anforderungen eines fairen Verfahrens genügt.[566]

Aus dem Gebot eines fairen Verfahrens folge, daß die beteiligte Person nicht Objekt in dem gerichtlichen Verfahren sein darf, sondern als Subjekt angemessene Mitwirkungsrechte haben muß.[567] Diese Feststellung entspricht den verfassungsrechtlichen Vorgaben des Grundgesetzes. Insgesamt dienen die zum Recht auf ein faires Verfahren gehörenden Teilgarantien dem Ziel, einen Verfahrensablauf zu garantieren, in dem die Parteien unter im wesentlichen gleichartigen Bedingungen ihren Prozeßstandpunkt effektiv vertreten können.[568]

---

[563] Dazu ausführlich *Rzepka*, Fairneß im Strafverfahren, S. 29 ff. m.w.N. und Frowein/*Peukert*, EMRK, Artikel 6 Rn. 48.

[564] Z.B. EKMR, Beschw. Nr. 6694/74, Z. 87 = EuGRZ 1979, 495; EGMR, Urt. v. 25.4.1983, *Lüftü Pakelli*, Z. 42 = EuGRZ 1983, 344; Urt. v. 27.9.1990, *Windisch* = StV 1991, 193; zustimmend z.B. Frowein/*Peukert*, EMRK, Artikel 6 Rn. 2; IK-EMRK-*Vogler*, Art. 6 Rn. 467; LR-*Gollwitzer*, MRK Art. 6 Rn. 70; *Meyer-Ladewig*, EMRK, Artikel 6 Rn. 35; SK-StPO-*Paeffgen*, Art. 6 EMRK Rn. 70.

[565] Vgl. z.B. EGMR, Urt. v. 27.2.1980, *Deweer*, Z56 = EuGRZ 1980, 667; Urt. v. 12.2.1985, *Colozza*, Z. 26 ff. = EuGRZ 1985, 631; zustimmend z.B. Frowein/*Peukert*, EMRK, Artikel 6 Rn. 71; IK-EMRK-*Vogler*, Art. 6 Rn. 467; LR-*Gollwitzer*, MRK Art. 6 Rn. 70; SK-StPO-*Paeffgen*, Art. 6 EMRK Rn. 70.

[566] Vgl. z.B. EKMR, Beschw. Nr. 12350/86 =ÖJZ 1991, 319; EGMR, Urt. v. 23.5.1991, *Oberschlick*, EuGRZ 1991, 216 (219); *Jalloh vs. Germany* (application no. 54810/00), Urt. v. 11.07.06, Z. 95f.; ebenfalls für entbehrlich halten klare Abgrenzungen IK-EMRK-*Miehsler/Vogler*, Art. 6 Vorbemerkung; ausführlicher Überblick zur Rechtsprechung bei *Rzepka*, Fairneß im Strafverfahren, S. 99ff. Vgl. auch LR-*Gollwitzer*, MRK Art. 6 Rn. 70; *Pache*, NVwZ 2001, 1342; *Rzepka*, Fairneß im Strafverfahren, S. 26; kritisch *Schroeder*, GA 2003, 293 (294 ff.).

[567] EGMR, Urt. v. 26.3.1996, *Doorson* = ÖJZ 1996, 715; LR-*Gollwitzer*, MRK Art. 6 Rn. 71; *Meyer-Ladewig*, EMRK, Art. 6 Rn. 35. Zum persönlichen Geltungsbereich des Art. 6 EMRK vgl. z.B. LR-*Gollwitzer*, MRK Art. 6 Rn. 12 ff.; *Rzepka*, Fairneß im Strafverfahren, S. 33.

[568] *Grabenwarter*, EMRK, § 24 Rn. 60; IK-EMRK-*Miesler/Vogler*, Art. 6 Rn. 341.

bb) Berücksichtigung der EMRK in der Rechtsprechung des Bundesverfassungsgerichts

Im Grundgesetz sind in den Art. 19 IV, 101, 103 GG lediglich einzelne der in Art. 6 EMRK genannten Gewährleistungen ausdrücklich normiert. Daher haben die Verfahrensgarantien des Art. 6 EMRK in der Rechtsprechung des *Bundesverfassungsgerichts* bei der Entwicklung und Ausgestaltung einzelner Verfahrensrechte vor allem in Bereichen Beachtung gefunden, in denen das Grundgesetz weitgehend konkrete Regelungen zur Gestaltung eines fairen, rechtsstaatlichen Strafverfahrens vermissen läßt.[569] Dies gilt allerdings nicht für den nemo tenetur-Gedanken, mit dem sich der *EGMR* erst in neuerer Rechtsprechung auseinandergesetzt hat.[570]

b) Der nemo tenetur-Gedanke als Kernbereich eines fairen Verfahrens i.S.d. Art. 6 I EMRK

Seit dem Fall *Funke gegen Frankreich* aus dem Jahre 1993[571] hat sich der *EGMR* wiederholt mit dem nemo tenetur-Gedanken beschäftigt.[572] Nach dem Verständnis des Gerichtshofs gehören die Anerkennung des Schweigerechts des Beschuldigten und sein Recht, sich nicht selbst belasten zu müssen, als allgemein anerkannte Grundsätze zum Kernbereich eines rechtsstaatlichen Verfahrens. Beide Rechte schützen nach Ansicht des Gerichtshofs den Beschuldigten vor unzulässigem Zwang staatlicher Organe. Dabei lagen ihm bis zur kürzlich ergangenen Entscheidung im Fall *Jalloh*[573] nur Fälle vor, in denen der Betroffene staatlichem Zwang in Form der vis compulsiva ausgesetzt war. Wie noch zu zeigen sein wird, wird aber nicht jede Form der vis compulsiva mit einer unzulässigen Zwangsanwendung gleichgesetzt. Auch der Gerichtshof bestimmt den normativen Gehalt des nemo tenetur-Gedankens demnach anhand der drei auch im nationalen Recht zugrunde gelegten Komponenten des Schutzes von Wissen, des Schutzes der Willensausübung und des Schutzes vor staatlichem Zwang.

---

[569] Vgl. z.B. zur Unschuldsvermutung BVerfGE 35, 311 (320); 74, 358 (370); 82, 106 (115 und 120); zum Recht auf ein faires Verfahren Beschluß der 3. Kammer des Zweiten Senats des BVerfG, NJW 2001, 2245 ff. Dazu ausführlich *Rzepka*, Fairneß im Strafverfahren; vgl. auch *Grabenwarter*, EMRK, § 3 Rn. 6.

[570] Vlg. dazu *R. Müller*, EuGRZ 2001, 546 (550).

[571] EGMR, Urt. v. 25.2.1993, *Funke* = ÖJZ 1993, 33 MRK 532.

[572] Überblick bei *R. Müller*, EuGRZ 2001, 546 (550 ff.); EGMR, Urt. v. 8.4.2004, *Weh* = JR 2005, 423.

[573] *Jalloh vs. Germany* (application no. 54810/00), Urt. v. 11.07.06

aa) Anerkennung des Schweigerechts und der Selbstbelastungsfreiheit

(1) Differenzierung zwischen Schweigerecht und Selbstbelastungsfreiheit

In dem Fall *Funke* nahmen die französischen Zollbehörden an, der Beschwerdeführer sei im Besitz von Dokumenten über angebliches Auslandsvermögen. Nachdem sich der Beschwerdeführer weigerte, die bei ihm vermuteten Dokumente herauszugeben, versuchten die Zollbehörden, ihre Herausgabe im Wege eines Gerichtsbeschlusses durch die Verhängung von Zwangs- und Beugestrafen zu erzwingen. Der *EGMR* sah darin eine Verletzung des Rechts einer jeden einer Strafsache beschuldigten Person, im Sinne der autonomen Bedeutung dieses Ausdrucks in Artikel 6, zu schweigen und sich nicht selbst belasten zu müssen.[574]

Der Gerichtshof erkennt damit zwei Verteidigungsrechte des Beschuldigten an, das Schweigerecht und die Selbstbelastungsfreiheit. Auch der aus Art. 6 EMRK abgeleitete nemo tenetur-Gedanke bleibt damit nicht auf das Schweigerecht und eine Anwendbarkeit im Rahmen von Aussagen beschränkt, auch wenn der Gerichtshof in späteren Entscheidungen deutlich gemacht hat, daß die Selbstbelastungsfreiheit in erster Linie das Schweigerecht umfaßt.[575] Daneben wird zudem die eigenhändige Herausgabe von Beweismaterial erfaßt. Der sachliche Geltungsbereich erstreckt sich auch auf die Zeit vor der förmlichen Anklageerhebung.[576]

(2) Grenzen des Schweigerechts

Drei Jahre später machte der Gerichtshof im Fall *Murray gegen Vereinigtes Königreich* deutlich, daß zumindest das Schweigerecht keinen absoluten Charakter hat. Anlaß der Entscheidung war eine Verurteilung, bei der die „Criminal Evidence (Northern Ireland) Order 1988" angewandt wurde. Der Beschwerdeführer war in einem Haus festgenommen worden, in dem zuvor ein „Doppelinformant" von der IRA gefangen gehalten worden war. Der Beschwerdeführer hatte während des gesamten Verfahrens geschwiegen und war schließlich wegen Freiheitsberaubung zu acht Jahren Haft verurteilt worden. Bei der Verurteilung

---

574 "The special features of customs law … cannot justify such an infringement of the right of anyone 'charged with a criminal offence', within the autonomous meaning of this expression in Article 6, to remain silent and not to contribute to incraminating himself." EGMR, Urt. v. 25.2.1993, *Funke*, Z. 44 = ÖJZ 1993, 33 MRK 532; zustimmend *Grabenwarter*, EMRK, § 24 Rn. 119; *A. Peters*, Einführung, S. 131; zu den Divergenzen in der Rechtsprechung von EGMR und EuGH, *Schohe*, NJW 2002, 492 (493).

575 Vgl. EGMR, Urt. v. 17.12.1996, *Saunders*, Z. 69 = ÖJZ 1998, 1 MRK 32; *Jalloh vs. Germany* (application no. 54810/00), Urt. v. 11.07.06, Z. 102.

576 Im Fall *Saunders gegen Vereinigtes Königreich* (dazu sogleich) verneinte der *EGMR* allerdings die Anwendbarkeit von Art. 6 EMRK auf Verfahren von Verwaltungsbehörden. EGMR, Urt. v. 17.12.1996, *Saunders*, Z. 60 ff. = ÖJZ 1998, 1 MRK 32; vgl. auch die zustimmenden Sondervoten der Richter *Walsh, DeMeyer* und *Morenilla* sowie die abweichenden Sondervoten der Richter *Martens, Küris, Vatlicos und Gölcüklü.*

machte der Richter von der „Criminal Evidence (Northern Ireland) Order 1988" Gebrauch, die es in Art. 3 II c (ii) sowie Art. 4 II b und IV erlaubt, aus dem Schweigen unter bestimmten Umständen nachteilige Schlüsse zu ziehen.[577]
Der *EGMR* sah hierin keine Verletzung des Art. 6 EMRK. Die Information des Beschwerdeführers darüber, daß sein Schweigen unter bestimmten Voraussetzungen gegen ihn verwendet werden könne, sei jedenfalls für den Fall zulässig, daß die „belastenden Beweise geradezu nach einer Erklärung ‚rufen', die der Angeschuldigte ohne weiteres geben können müßte".[578] Der Gerichtshof erkennt aber grundsätzlich an, daß die Berücksichtigung des Schweigens in der Beweiswürdigung nicht zu einer Verschiebung der Beweislast zu Lasten des Angeklagten führen und die Unschuldsvermutung des Art. 6 II EMRK verletzen dürfe.[579] Der Gerichtshof stellt damit zum einen den nemo tenetur-Gedanken in Zusammenhang mit der Unschuldsvermutung. Zum anderen macht er deutlich, daß das Recht zu schweigen seiner Ansicht nach kein absolutes Verbot beinhaltet, aus dem Schweigen nachteilige Schlußfolgerungen zu ziehen. Der Schutz des Schweigerechts nach Art. 6 I EMRK in der Rechtsprechung des *EGMR* bleibt insoweit hinter dem Grundrechtsschutz des Grundgesetzes zurück.[580]

bb) Schutz vor staatlichem Zwang

In der *Murray*-Entscheidung ergänzte der Gerichtshof zugleich sein Verständnis von Umfang und Bedeutung des nemo tenetur-Gedankens.

(1) Schutz des Willens vor Beeinträchtigung durch staatlichen Zwang

Unter Verweis auf die *Funke*-Entscheidung hob er zunächst hervor, das Recht, während einer polizeilichen Vernehmung zu schweigen, und das Recht, sich nicht selbst zu belasten, stellten zweifellos international anerkannte Grundsätze dar, die den Kern eines fairen Verfahren ausmachten, auch wenn sie in Art. 6 EMRK keine ausdrückliche Erwähnung fänden. Zudem wurde der Schutzbereich mit der Feststellung ergänzt, durch den Schutz des Beschuldigten vor unzulässigem Zwang staatlicher Organe trügen diese Rechte dazu bei, Fehlurteile zu vermeiden und das von Art. 6 EMRK angestrebte Ergebnis zu garantieren.[581] Als dritte Komponente des nemo tenetur-Gedankens wird damit der

---

577 EGMR Urt. v. 8.2.1996, *Murray*, Z. 11 ff. = EuGRZ 1996, 587; Criminal Evidence (Nothern Ireland) Order 1988 in Z. 27.

578 EGMR Urt. v. 8.2.1996, *Murray*, Z. 51 = EuGRZ 1996, 587; vgl. auch EGMR, Urt. v. 8.4.2004, *Weh* = JR 2005, 423; zustimmend *A. Peters*, Einführung, S. 132; kritisch z.B. *Kühne*, EuGRZ 1996, 571 (572) und *Matt*, GA 2006, 323 (327).

579 EGMR Urt. v. 8.2.1996, *Murray* = EuGRZ 1996, 587.

580 Vgl. auch *Matt*, GA 2006, 323 (327 f.).

581 EGMR Urt. v. 8.2.1996, *Murray*, Z. 45 = EuGRZ 1996, 587; bestätigt in EGMR, Urt. v. 17.12.1996, *Saunders*, Z. 68 = ÖJZ 1998, 1 MRK 32.

Schutz vor staatlichem Zwang ausdrücklich anerkannt.[582] Allerdings weigerte sich der Gerichtshof ausdrücklich, Ausführungen zur normativen Reichweite der drei Rechte zu machen, insbesondere machte er keine Ausführungen dazu, was in diesem Zusammenhang als „unzulässiger Zwang“ einzuordnen sein soll.[583] Die Entscheidung des Gerichts, die drohende Verwertung des Schweigens zum Nachteil des Beschuldigten nicht als Verstoß gegen Art. 6 I EMRK zu werten, zeigt aber, daß nach Auffassung des Gerichtshofs nicht jede Form der vis compulsiva einen unzulässigen Zwang zur Selbstbelastung darstellt.

In der Entscheidung zum Fall *Saunders gegen Vereinigtes Königreich* präzisierte der *EGMR* zwar wenig später sein Verständnis von unmittelbarem Zwang, warf aber zugleich weitere Fragen auf. *Saunders* war Generaldirektor von Guinness. Nachdem sich die Firma im Kampf um eine Übernahme gegen eine andere Gesellschaft durchgesetzt hatte, begann das britische Handelsministerium eine Untersuchung anläßlich des Verdachts, Guinness habe während des Übernahmekampfes ungesetzliche Mittel eingesetzt. In diesem Zusammenhang wurde *Saunders* neunmal vernommen, wobei er unter der Androhung von Geld- oder Freiheitsstrafe von bis zu zwei Jahren gesetzlich verpflichtet war, die gestellten Fragen zu beantworten. In dem folgenden Gerichtsverfahren wurden sieben der unter Aussagezwang entstandenen Vernehmungsprotokolle verlesen und bildeten die Grundlage für die Verurteilung zu einer Haftstrafe von fünf Jahren.[584]
Der *EGMR* beschränkte seine rechtliche Prüfung auf die Verwendung der Protokolle im Strafverfahren und stellte diesbezüglich eine Verletzung des Rechtes, sich nicht selbst belasten zu müssen, fest.[585]
Er hob unter Verweis auf die *Murray*-Entscheidung nochmals hervor, das Recht, sich nicht selbst beschuldigen zu müssen, diene dem Schutz des Beschuldigten vor unzulässigem Zwang. Daraus folgerte der Gerichtshof, es setze insbesondere voraus, daß die Anklage in einem Strafverfahren den Beweis über die Schuld des Angeklagten führe, ohne zu Beweisen Zuflucht zu nehmen, welche durch Methoden des Zwangs oder des Drucks unter Mißachtung des Willens des Beschuldigten erlangt wurden. In diesem Sinne sei das Recht eng mit der Unschuldsvermutung verbunden.[586] Nach Ansicht des Gerichtshofs zielt der Schutz von Schweigerecht und Selbstbelastungsfreiheit vor staatlichem Zwang demnach auf den Schutz vor Beugung des *Willens* durch staatlichen Zwang.

---

582 Die Entscheidung im Fall *Funke* setzte das Verbot der Anwendung staatlichen Zwangs nur implizit voraus.

583 EGMR Urt. v. 8.2.1996, *Murray*, Z. 46 = EuGRZ 1996, 587.

584 EGMR, Urt. v. 17.12.1996, *Saunders* = ÖJZ 1998, 1 MRK 32.

585 EGMR, Urt. v. 17.12.1996, *Saunders*, Z. 67 ff. = ÖJZ 1998, 1 MRK 32.

586 EGMR, Urt. v. 17.12.1996, *Saunders*, Z. 68 = ÖJZ 1998, 1 MRK 32; zustimmend *Grabenwarter*, EMRK, § 24 Rn. 119; ablehnend SK-StPO-*Paeffgen*, Art. 6 EMRK Rn. 81.

Allerdings soll nicht jede Beugung des Willens durch vis compulsiva einen Verstoß gegen Art. 6 I EMRK darstellen. Die Verwertung des Schweigens des Beschuldigten während des Verfahrens im Rahmen der gerichtlichen Beweiswürdigung stellt nach Ansicht des Gerichtshofs zumindest dann keinen Verstoß gegen die Selbstbelastungsfreiheit dar, wenn der Beschuldigte/Angeklagte aufgrund der belastenden Beweise geradezu dazu angehalten sein müßte, eine Erklärung abzugeben, die er ohne weiteres geben können müßte. Andererseits ist die Verwertung von Aussagen, die in einem außergerichtlichen Verfahren unter der Androhung von Geld- oder Freiheitsstrafe erlangt wurden, in einem Strafverfahren unzulässig.

(2) Grenzen des Schutzes vor staatlichem Zwang

In den weiteren Ausführungen schränkt der Gerichtshof den Schutz vor staatlichem Zwang weiter ein. Nach Auffassung des Gerichtshofs erstreckt sich die Selbstbelastungsfreiheit nicht auf die Verwertung von Material, welches zwar durch Zwangsanwendung erlangt werden könne, aber unabhängig vom Willen des Beschuldigten existiere, wie z.B. Schriftstücke, die durch einen Gerichtsbefehl erlangt wurden, Atem-, Blut- und Harnproben sowie Gewebeproben zum Zweck einer DNA-Untersuchung. Der Gerichtshof führt als Begründung an, diese Differenzierung entspreche dem allgemeinen Verständnis der Rechtssysteme der Mitgliedsstaaten und anderer Rechtsordnungen.[587] Diese Aussage ist allerdings nur zutreffend, soweit sich der Gerichtshof auf die Anwendung von vis compulsiva bezieht. In einigen Ländern, z.B. der Schweiz und Österreich, ist die Verletzung der körperlichen Integrität durch Anwendung von vis absoluta etwa zur Erlangung einer Blutprobe untersagt. In beiden Ländern ist die Weigerung, die Maßnahme durchführen zu lassen, jedoch mit Sanktionen bedroht.[588]

a) Begrenzung des Schutzbereichs

Der Gerichtshof bestätigt damit zunächst, daß der Beschuldigte nicht zur eigenhändigen Herausgabe von Beweismaterial gezwungen werden darf.[589] Gleichzeitig begrenzt er aber auch die normative Reichweite der Selbstbelastungsfreiheit. Der Schutz des Willens vor Beugung durch staatlichen Zwang soll nur Informa-

---

[587] EGMR, Urt. v. 17.12.1996, *Saunders*, Z. 69 = ÖJZ 1998, 1 MRK 32; zustimmend z.B. *A. Peters*, Einführung, S. 131.

[588] Vgl. dazu ausführlich *Dzendzalowski*, Körperliche Untersuchung, S. 122 ff.; *Geppert*, FS-Spendel, 655 (657); *Harbort*, Beweiswert der Blutprobe, Rn. 409 ff. (insbes. Rn. 411 und 419); zur Rechtslage in Österreich ferner *R. Müller*, EuGRZ 2001, 546 (547 ff.). Zur Zulässigkeit körperlicher Integritätsverletzungen in anderen Ländern vgl. *Kühne*, Strafprozessrecht, §§ 71 ff.

[589] Insofern ist die Behauptung *R. Müllers* (EuGRZ 2001, 546 [551]), das Urteil enthalte eine Relativierung des *Murray*-Rechtssatzes, da nunmehr zwischen unmittelbar erzwungenen *Aussagen* des Beschuldigten einerseits und wirkungsgleichen Verpflichtungen zur Mitwirkung in der Beweisführung durch die erzwungene Zurverfügungstellung von biologischem Testmaterial andererseits unterschieden werde, unpräzise.

tionen erfassen, deren Existenz vom Willen des Beschuldigten abhängt. Informationen, die willensunabhängig entstehen, unterliegen nicht dem Schutzbereich der Selbstbelastungsfreiheit.[590] Dabei ist auffällig, daß die genannten Beispiele sich allesamt auf willensunabhängige Informationen beziehen, bei denen der Körper als Informationsträger fungiert. Hier scheint sich anzudeuten, daß der Kasuistik des Gerichtshofs ebenfalls eine unausgesprochene Differenzierung zwischen Wissen und Körper zugrunde liegt.

β) Versteckter Leib-Seele-Dualismus

Hierauf deutet auch folgende Feststellung in der *Saunders*-Entscheidung hin: „Das Recht, sich nicht selbst belasten zu müssen, betrifft in erster Linie die Achtung des Willens eines Beschuldigten zu schweigen.“[591] Zudem ist der Gerichtshof in einer späteren Entscheidung von der Terminologie der *Saunders*-Entscheidung abgewichen. In der Steuersache *J.B. gegen Schweiz* wurde ausgeführt, es liege ein Unterschied darin, ob es sich um Material handele, das unabhängig von der *Person* existiere, wie Tachographen in LKW oder Verpflichtungen zu Blut- und Harntests, oder ob es durch Mittel des Zwangs und in Mißachtung des Willens des Betroffenen erlangt werde.[592]

Hieran ist zweierlei bedenklich. Zum einen handelt es sich bei Blut und Harn nicht um Material, das grundsätzlich unabhängig von der betroffenen Person existiert. Solange sich die Stoffe im Körper befinden, sind sie notwendiger Bestandteil der menschlichen Existenz und existieren daher nur aufgrund der Existenz der Person. Etwas anderes könnte man nur behaupten, wenn in den Ausführungen ein Leib-Seele-Dualismus vorausgesetzt wird, wie er dem nationalen Recht zugrunde liegt. Der zuvor vom Gerichtshof in der *Saunders*-Entscheidung zugrunde gelegten Differenzierung folgend, müßte es richtigerweise heißen, beide Stoffe existieren unabhängig vom Willen.

Dies führt zum zweiten Problem. Der *EGMR* spricht von der Verpflichtung zu Blut- und Harntests, wobei unklar bleibt, ob auch solche in einem Strafverfahren gemeint sind. Da die Verwendung von Blut- und Urinproben aber bereits im Fall *Saunders* angesprochen wurde, liegt diese Vermutung nahe. Geht der Gerichtshof aber von einer Verpflichtung zu Blut- und Harntests aus, käme dies einer Pflicht zur eigenhändigen Herausgabe von Beweismaterial gleich, die der *EGMR* im Fall *Funke* noch abgelehnt hatte. Dieses Ergebnis wäre zwar im Hinblick auf die Differenzierung zwischen willensabhängigen und willensunabhängigen In-

---

590 Daher unzutreffend SK-StPO-*Paeffgen*, Art. 6 EMRK Rn. 81, der in seiner Kritik vernachlässigt, daß der *EGMR* neben der Mißachtung des Willens bei der Beweis*erlangung* auch eine vom Willen des Beschuldigten abhängige Beweis*entstehung* verlangt.

591 „The right not to incriminate oneself is primarily concerned, however, with respecting the will of an accused person to remain silent.“; EGMR, Urt. v. 17.12.1996, *Saunders*, Z. 69 = ÖJZ 1998, 1 MRK 32

592 EGMR, Urt. v. 3.5.2001, *J.B.*, Z. 64; bestätigt in *Jalloh vs. Germany* (application no. 54810/00), Urt. v. 11.07.06, Z. 102.

formationen konsequent, bedeutete gleichzeitig aber eine Einschränkung der über das Schweigerecht hinausgehenden Selbstbelastungsfreiheit, die sich nach der *Funke*-Entscheidung auch auf die Herausgabe von Beweismaterial erstrecken sollte.

γ) Abgrenzungsfragen

Unklar bleibt nach der Kasuistik des Gerichtshofs, ob tatsächlich alle willensabhängigen Informationen vom Schutzbereich der Selbstbelastungsfreiheit erfaßt sein sollen. Die allgemeine Feststellung, Schriftstücke dürften per Gerichtsbefehl beschlagnahmt werden, legt die Vermutung nahe, daß willentlich entäußerte materialisierte geistige Informationen (z.B. Tagebücher) ebenfalls nicht dem Schutzbereich unterfallen sollen.

Hinsichtlich der Erlangung von materiellen Informationen, deren Existenz vom Willen des Betroffenen abhängt und bei denen der Körper als Informationsmittler fungiert, hat der Gerichtshof inzwischen einen klaren Standpunkt eingenommen. Die zwangsweise Verabreichung von Brechmitteln zur Erlangung von verschluckten Kokainbömbchen ist nach Ansicht des Gerichtshofs ein Verstoß gegen das Recht, sich nicht selbst belasten zu müssen.[593] Berücksichtigt wurde in diesem Zusammenhang allerdings auch, daß die zwangsweise Verabreichung von Brechmitteln nach Ansicht des *EGMR* gegen Art. 3 EMRK verstößt.[594] Wenig überzeugend ist an der Argumentation jedoch die Differnzierung im Vergleich zu Informationen, bei denen der Körper als unmittelbarer Informationsträger fungiert.

Der Gerichtshof räumt ein, daß der Fall der zwangsweisen Verabreichung von Brechmitteln in die Kategorie der Fälle eingeordnet werden könnte, in denen es um die Erlangung von Material geht, welches unabhängig vom Willen des Beschuldigten existiert. Er sieht jedoch einige entscheidende Unterschiede im Vergleich zu den in den Entscheidungsgründen des Falles *Saunders* aufgestellten Kriterien. Zum einen sei die Maßnahme wie in den Fällen *Funke* und *J.B.* erfolgt, um einen körperlichen Beweis zu erlangen, während die im Fall *Saunders* genannten menschlichen Stoffe Materialien betroffen hätten, die gerichtsmedizinisch untersucht wurden, um z.B. die BAK zu bestimmen.[595] Das Kriterium der erforderlichen gerichtsmedizinischen Untersuchung ist indes wenig geeignet eine Abgrenzung vorzunehmen. Denn auch der mittels Brechmittelvergabe erlangte Mageninhalt ist in seiner bloßen Präsenz kein geeignetes Beweismittel. Erst wenn der Inhalt der eventuell zutage beförderten Behalter untersucht und analysiert wurde, steht fest ob und gegebenenfalls in welcher Konzentration und Menge Drogen enthalten waren. Auch hier ist eine gerichtsmedizinische Untersuchung erforderlich um die mittels Emetika zutage geförderten Stoffe als Be-

---

[593] *Jalloh vs. Germany* (application no. 54810/00), Urt. v. 11.07.06, Z. 103 ff.

[594] *Jalloh vs. Germany* (application no. 54810/00), Urt. v. 11.07.06, Z. 104.

[595] *Jalloh vs. Germany* (application no. 54810/00), Urt. v. 11.07.06, Z. 113.

weismittel im Strafverfahren verwerten zu können. Ein Unterschied besteht lediglich darin, daß in einem Fall körpereigenes und in dem anderen Fall körperfremdes Material untersucht wird.
Einen zweiten Unterschied sieht der Gerichtshof in dem Grad der Gewaltanwendung, die im zu entscheidenden Fall angewendet wurde und signifikant von dem Grad des Zwanges abweiche, der nötig sei, um die im Fall *Saunders* genannten Materialien zu erlangen.[596] Diese Behauptung ist in Zweifel zu ziehen. Im Fall *Jalloh* hat der Gerichtshof festgestellt, der Antragsteller sei, nachdem er die freiwillige Einnahme des Brechmittels abgelehnt habe, von vier Polizisten durch eine Gewaltanwendung auf dem Boden fixiert worden, die an Brutalität grenze. Die gewaltsame Einführung eines Schlauches durch die Nase in seinen Magen, um seinen körperlichen und geistigen Widerstand zu überwinden, müsse Schmerzen und Angstgefühle bei ihm ausgelöst haben. Indem man ihm ein anderes Brechmittel injizierte, sei er einer weiteren körperlichen Verletzung gegen seinen Willen unterworfen worden. Beachtung finden müssen zudem die seelischen Leiden des Antragstellers während er auf die Wirkung des Brechmittels wartete. Daß er während dieses Zeitraums unter Aufsicht gestanden habe und gezwungen worden sei, sich unter diesen Umständen zu übergeben, müsse für ihn demütigend gewesen sein.[597] Diese Feststellungen treffen im wesentlichen auch auf Fälle zu, in denen sich ein Beschuldigter weigert, sich Blut abnehmen zu lassen. Hier ist ebenfalls eine zum Teil erhebliche Gewaltanwendung erforderlich, um die Maßnahme zwangsweise durchführen zu können. Ebenso wie in dem zu entscheidenden Fall ist es gegenüber dem sich wehrenden Beschuldigten bei der zwangsweisen Blutabnahme erforderlich, den Betroffenen gewaltsam zu fixieren, um Blut abnehmen zu können. Zudem besteht auch die Gefahr von Gesundheitsgefährdungen, da der Beschuldigte mit der Injektionsnadel verletzt werden kann, wenn der Körperteil, aus dem das Blut entnommen werden soll, nicht vollständig ruhig gestellt ist. Es fehlt einzig am erzwungenen Erbrechen unter Aufsicht. Dies kann aber keinen entscheidenden Unterschied ausmachen, da der Gerichtshof ausdrücklich auf den Grad des angewandten Zwanges abstellt.
Der dritte Unterschied besteht für den Gerichtshof darin, daß Maßnahmen wie Atemtests oder Blutentnahmen nur in wenigen Ausnahmefällen den Schutzbereich des Art. 3 EMRK verletzen könnten. Sie beträfen grundsätzlich den Schutzbereich des Art. 8 II EMRK.[598] Auch dies ist in der vom Gerichtshof vorgetragenen Pauschalität nicht überzeugend. Warum die Gewaltanwendung gegenüber einem sich wehrenden Betroffenen im Falle der Brechmittelvergabe schwerer wiegen soll als bei der erzwungenen Blutentnahme, ist auf den ersten

[596] *Jalloh vs. Germany* (application no. 54810/00), Urt. v. 11.07.06, Z. 114.
[597] *Jalloh vs. Germany* (application no. 54810/00), Urt. v. 11.07.06, Z. 79.
[598] *Jalloh vs. Germany* (application no. 54810/00), Urt. v. 11.07.06, Z. 115.

Blick nicht einleuchtend. In beiden Fällen scheint das erforderliche Maß körperlicher Gewalt ähnlich zu sein.

Insgesamt fehlt der Kasuistik des Gerichtshofs damit eine klare Linie. Deutlich wird allerdings, daß die Frage, wann in der erzwungenen Durchführung körperlicher Eingriffe ein Verstoß gegen die Selbstbelastungsfreiheit begründet wird, in der jüngesten Entscheidung des *EGMR* entscheidend von der Feststellung eines Verstoßes gegen Art. 3 EMRK abhängig gemacht wird.

c) nemo tenetur im Ableitungszusammenhang mit der Unschuldsvermutung nach Art. 6 II EMRK

Zur Begründung des menschenrechtlichen Bezuges des Schweigerechts stellt der Gerichtshof in den Fällen *Murray* und *Saunders* einen Ableitungszusammenhang zwischen dem nemo tenetur-Gedanken und der Unschuldsvermutung, Art. 6 II EMRK, her,[599] aus dem er zugleich das – allerdings nicht absolut geltende – Verbot ableitet, aus dem Schweigen nachteilige Schlüsse zu ziehen.[600] Dieser enge Begründungszusammenhang vermag jedoch nicht zu überzeugen. Unschuldsvermutung und Selbstbelastungsfreiheit bedingen sich nicht notwendigerweise gegenseitig. Eine Verfahrensordnung, welche die Selbstbelastungsfreiheit des Beschuldigten anerkennt, muß nicht notwendigerweise auch die Unschuld des Beschuldigten vermuten. Umgekehrt ist eine Verfahrensordnung denkbar, welche zwar die Unschuld des Beschuldigten vermutet, gleichzeitig aber die Pflicht des Beschuldigten zu wahrheitsgemäßer Aussage, z.B. zur Förderung des Verfahrensfortgangs, statuiert. Dies implizierte im Falle der tatsächlichen Schuld die Pflicht zur Selbstbelastung. Ob es sich in beiden Fällen noch um ein rechtsstaatliches Verfahren handelte, ist keine Frage des dogmatischen Zusammenhangs des nemo tenetur-Gedankens und der Unschuldsvermutung, sondern verdeutlicht lediglich, daß beide zu den Grundelementen eines rechtsstaatlichen Strafverfahrens gehören.[601]

3. Schutz der körperlichen Integrität durch die EMRK

Die Rechtsprechung des *EGMR* zum Schweigerecht und zur Selbstbelastungsfreiheit war vor der Entscheidung im Fall *Jalloh* entscheidend von der Einordnung des nemo tenetur-Gedankens als Verfahrensrecht geprägt. Der Gerichtshof

[599] EGMR Urt. v. 8.2.1996, *Murray* = EuGRZ 1996, 587; EGMR, Urt. v. 17.12.1996, *Saunders*, Z. 68 = ÖJZ 1998, 1 MRK 32; Urt. v. 21.12. 2000, *McGuinness*, Z. 17 ff.; ebenso IK-EMRK-*Vogler*, Art. 6 Rn. 466; *Meyer-Ladewig*, EMRK, Artikel 6 Rn. 52.

[600] EGMR Urt. v. 8.2.1996, *Murray*, Z. 46 ff. = EuGRZ 1996, 587; vgl. auch *R. Müller*, EuGRZ 2001, 546 (550).

[601] Nach Auffassung von *Paeffgen* unterscheiden sich beide Rechtsinstitute methodologisch. Der nemo tenetur-Satz treffe eine Aussage über die Zulässigkeit der Beweisgewinnung, während die Unschuldsvermutung im gesamten Verfahren wirke; vgl. SK-StPO, Art. 6 EMRK Rn. 81.

konzentrierte sich wesentlich auf das Ziel, einen rechtsstaatlichen Verfahrensablauf zu garantieren. Der aus der Entstehungsgeschichte des Schweigerechts resultierende abwehrrechtliche Gehalt des nemo tenetur-Gedankens wurde dabei vernachlässigt. Folglich fehlte eine Bezugnahme auf jene Abwehrrechte der Konvention, deren Schutzbereich ausdrücklich auf die Abwehr staatlichen Zwangs, insbesondere körperlicher Integritätsverletzungen, zielt.[602] Dies hat sich mit der *Jalloh*-Entscheidung geändert. Der *EGMR* verbindet die Frage der unzulässigen Selbstbelastung im Falle der Anwendung von unmittelbarem körperlichen Zwang nunmehr mit der Frage, ob eine erniedrigende oder unmenschliche Behandlung vorliegt. Zugleich macht er deutlich, daß nicht jede Verletzung eines Abwehrrechts durch die Anwendung körperlichen Zwangs zum Zwecke der Informationserlangung einen Verstoß gegen die Selbstbelastungsfreiheit begründet, indem mit der Bezugnahme auf den Fall *Saunders* Eingriffe, die lediglich den Schutzbereich des Art. 8 II EMRK berühren eindeutig ausgenommen werden. Inwieweit diese Differenzierung im Hinblick auf den abwehrrechtlichen Gehalt der Selbstbelastungsfreiheit trägt, hängt auch von der Interpretation der dem Schutz der körperlichen Integrität dienenden Art. 3 und 8 II EMRK ab.

a) Verbot der Folter und unmenschlicher oder erniedrigender Behandlung, Art. 3 EMRK

Art. 3 EMRK beinhaltet das Verbot der Folter und unmenschlicher oder erniedrigender Behandlung. Dort werden zentrale Komponenten des Menschenwürdeschutzes umschrieben.[603] Das Verbot des Art. 3 EMRK gilt vorbehaltlos, so daß jeder Eingriff zugleich eine Verletzung darstellt.[604] Geschützt wird die physische und psychische Integrität. Erforderlich ist ein Eingriff, der eine bestimmte Schwere erreicht und eine Mißachtung der Person in ihrem Menschsein zum Ausdruck bringt.[605]

Folter als die schwerste Form eines Verstoßes gegen Art. 3 EMRK setzt eine vorsätzliche unmenschliche Behandlung voraus, die sehr schwere und grausame Leiden verursacht.[606] Der Gerichtshof hat inzwischen darauf hingewiesen, daß die Beurteilung der Schwere von Schmerzen relativ sein muß und er wegen der zunehmenden Standards im Bereich des Menschenrechtsschutzes zukünftig eher bereit sein könnte, Folter anzunehmen.[607]

---

602 Zum Zusammenhang zwischen Art. 6 und Art. 8 EMRK in der Rechtsprechung der Konventionsorgane vgl. IK-EMRK-*Miehsler*, Art. 6 Rn. 116 ff.

603 Maunz/Dürig-*Herdegen*, Art. 1 Abs. 1 Rn. 39.

604 *Grabenwarter*, EMRK, § 20 Rn. 20; *Meyer-Ladewig*, EMRK, Artikel 3 Rn. 1.

605 *Grabenwarter*, EMRK, § 20 Rn. 21.

606 EGMR, Urt. v. 18.1.1978, *Irland/GB* = EuGRZ 1979, 149; zustimmend *Meyer-Ladewig*, EMRK, Artikel 3 Rn. 6; *A. Peters*, Einführung, S. 43.

607 EGMR, Urt. v. 28.7.1999, *Selmouni* = NJW 2001, 56.

Eine unmenschliche Behandlung liegt vor, wenn vorsätzlich schwere psychische oder physische Leiden verursacht werden.[608] Eine erniedrigende Behandlung hat der Gerichtshof in Fällen angenommen, in denen bei dem Betroffenen Gefühle von Furcht, Todesangst und Minderwertigkeit verursacht wurden, die geeignet waren, ihn zu erniedrigen oder zu entwürdigen und möglicherweise seinen physischen oder moralischen Widerstand zu brechen.[609] Ein subjektives Element ist hier nicht erforderlich.[610] Damit eine Behandlung tatsächlich als „unmenschlich" oder „erniedrigend" bezeichnet werden kann, müssen die damit verbundenen Leiden oder Erniedrigungen nach Ansicht des Gerichtshofs über das in rechtmäßigen Bestrafungsmethoden enthaltene, unausweichliche Leidens- oder Erniedrigungselement hinausgehen.[611] Grundsätzlich reicht der Schutz des Art. 3 EMRK weiter als das aus den Art. 1 und 104 I 2 GG abgeleitete Folterverbot und sollte daher in Zukunft bei der Auslegung berücksichtig werden.[612] In diesem Sinne setzt *Dallmeyer* die Verabreichung von Brechmitteln zur Erzwingung der Herausgabe belastenden Beweismaterials mit der Anwendung der Folter zur Erlangung eines Geständnisses im Inquisitionsprozeß gleich und folgert daraus konsequent eine Verletzung der Menschenwürde.[613] Zurückhaltender war der Erste Strafsenat des *OLG Frankfurt* mit seiner Bewertung des Brechmitteleinsatzes. Demnach kann die zwangsweise Verabreichung eines Vomitivs eine unmenschliche und erniedrigende Behandlung darstellen.[614]
Aus den Ausführungen des Gerichtshofs zu Art. 6 EMRK läßt sich jedoch schließen, daß die staatliche Einwirkung auf den Körper des Beschuldigten grundsätzlich für zulässig erachtet wird.

b) Das Recht auf Achtung des Privatlebens, Art. 8 I EMRK

Soweit staatliche Handlungen die für die Anwendung von Art. 3 EMRK erforderliche Schwere nicht erreicht haben, kommt allerdings eine Verletzung von Art. 8 I EMRK in Betracht. Das Recht auf Achtung des Privatlebens umfaßt auch das Recht, selbst über den eigenen Körper zu bestimmen, so daß Art. 8 I EMRK den in den Art. 2 und 3 EMRK verbürgten Schutz der körperlichen Unversehrt-

---

608 EGMR, Urt. v. 7.7.1989, *Soering*, Z. 100 = EuGRZ 1989, 314; zustimmend z.B. *A. Peters*, Einführung, S. 43.

609 EGMR, Urt. v. 18.1.1978, *Irland gegen Vereinigtes Königreich*, Z. 162 = EuGRZ 1979, 153; Urt. v. 7.7.1989, *Soering*, Z. 100 = EuGRZ 1989, 314.

610 *A. Peters*, Einführung, S. 43.

611 EGMR, Urt. v. 7.7.1989, *Soering*, Z. 100 = EuGRZ 1989, 314.

612 V. Mangoldt/Klein/Starck-*Gusy*, Art. 104 Rn. 30.

613 *Dallmeyer*, KritV 2000, 252 (259).

614 OLG Frankfurt, NStZ-RR 2003, 23 (25). Dabei ist bemerkenswert, daß diese Feststellung auf den bereits angesprochenen Fall von 1997 verweist (vgl. OLG Frankfurt, NJW 1997, 1647), ohne daß dort Art. 3 EMRK erwähnt worden wäre. Ein Bezug zur EMRK wird also durch den Senat erst im nachhinein hergestellt.

heit ergänzt.[615] Im Falle eines betrunkenen, wegen Verweigerung einer Blutprobe bestraften Autofahrers hatte die Kommission 1978 bemerkt, jede physische Einwirkung gegen den Willen einer Person könne den Schutzbereich von Art. 8 EMRK berühren.[616]

Eingriffe in Art. 8 I EMRK sind nach Absatz 2 gerechtfertigt, sofern der Eingriff gesetzlich vorgesehen und in einer demokratischen Gesellschaft zur Verfolgung der in Art. 8 II EMRK genannten Ziele notwendig ist. Absatz 2 nennt als legitime Ziele für die Rechtfertigung von Eingriffen die nationale und öffentliche Sicherheit, das wirtschaftliche Wohl eines Landes, die Aufrechterhaltung der Ordnung, die Verhütung von Straftaten, den Schutz der Gesundheit und Moral sowie den Schutz der Rechte und Freiheiten anderer. Die betroffenen Rechtsgüter sind mit den öffentlichen Interessen abzuwägen.[617]

Aus den Ausführungen des *EGMR* zu Art. 6 EMRK läßt sich schließen, daß eine Abwägung im Bereich körperlicher Eingriffe im Strafverfahren wohl grundsätzlich zu einer Rechtfertigung des staatlichen Handelns führen würde.[618]

c) Unzulässiger Zwang zur Blutabnahme in der Rechtsprechung des Verfassungsgerichtshofes (Österreich)

Zu einer gegensätzlichen Bewertung von gegen den Willen des Beschuldigten durchgeführten körperlichen Eingriffen gelangt der *österreichische Verfassungsgerichtshof (ÖVfGH)* unter Berücksichtigung des nemo tenetur-Gedankens im Rahmen der Prüfung einer Verletzung von Art. 8 EMRK.[619]

Er leitet den nemo tenetur-Gedanken aus dem Anklageprinzip ab, das in Art. 90 II Bundes-Verfassungsgesetz (B-VG)[620] festgelegt ist, und weist ihm damit Verfassungsrang zu.[621] Aus dem Anklageprinzip folgt nach Meinung des *ÖVfGH* auch, daß die zwangsweise Durchführung einer Blutentnahme unzulässig ist.[622]

---

[615] *Grabenwarter*, EMRK, § 22 Rn. 7; *Meyer-Ladewig*, EMRK, Artikel 3 Rn. 29 sowie Art. 8 Rn. 5.

[616] Gleiches entschied die Kommission hinsichtlich einer zwangsweisen Blutentnahme für einen Vaterschaftstest, EKMR, bei *Bleckmann*, EuGRZ 1981,114, Z. 105; zustimmend *Grabenwarter*, EMRK, § 22 Rn. 25; *Meyer-Ladewig*, EMRK, Artikel 3 Rn. 29 sowie Art. 8 Rn. 5.

[617] Dazu ausführlich *Grabenwarter*, EMRK, § 22 Rn. 37 mit umfassenden Nachweisen zur Rechtsprechung.

[618] Vgl. aber auch *Jalloh vs. Germany* (application no. 54810/00), Urt. v. 11.07.06, Z. 86. Für eine Rechtfertigung auch IK-EMRK-*Wildhaber*, Art. 8 Rn. 255; *A. Peters*, Einführung, S. 157.

[619] ÖVfGH, EuGRZ 1990, 162. Der EMRK kommt in Österreich (als einzigem Mitgliedsstaat) Verfassungsrang zu. Alle Rechte der EMRK können daher wie innerstaatliche Grundrechte vor dem österreichischen Verfassungsgerichtshof geltend gemacht werden; vgl. dazu *Bleckmann*, EuGRZ 1994, 149 (150 f.); *Grabenwarter*, EMRK, § 2 Rn. 2.

[620] Art. 90 II B-VG lautet: „Im Strafverfahren gilt der Anklageprozeß".

[621] Vgl. zur Rechtsprechung des ÖVfGH ausführlich *R. Müller*, EuGRZ 2001, 546 (547 ff.).

[622] ÖVfGH, EuGRZ 1990, 162 (164).

Anlaß für diese Feststellung war ein Fall, bei dem der Beschwerdeführer nach einem Verkehrsunfall bewußtlos in ein Krankenhaus eingeliefert worden war. Zur Feststellung des Blutalkoholgehalts war ihm über Ersuchen von Beamten des Gendarmeriepostenkommandos Blut abgenommen worden. Der Gerichtshof sieht hierin eine Verletzung des verfassungsrechtlich gewährleisteten Rechts auf Achtung des Privatlebens gemäß Art. 8 I EMRK, da eine gesetzliche Grundlage im Sinne des Art. 8 II EMRK fehle.
Die Blutabnahme wird in § 5 VI Straßenverkehrsordnung (Österreich) (ÖStVO) geregelt, der lautet:

> „(6) (Verfassungsbestimmung.) Steht der Vorgeführte im Verdacht, in einem durch Alkohol beeinträchtigten Zustand einen Verkehrsunfall verursacht zu haben, bei dem eine Person getötet oder erheblich verletzt worden ist, so hat die Untersuchung, wenn dies erforderlich und ärztlich unbedenklich ist, eine Blutentnahme zu umfassen."

Dazu führte der *ÖVfGH* aus, ebenso wie die Weigerung, sich einem Alkoholtest zu unterziehen, dürfe die Verweigerung einer Blutabnahme nicht durch Anwendung physischen Zwanges durchgesetzt, sondern nur durch Verhängung einer Verwaltungsstrafe sanktioniert werden.[623] Dieses Ergebnis ergebe sich zum einen aus den Gesetzesmaterialien, folge aber auch systematisch aus dieser Verfassungsbestimmung als Ausnahmevorschrift zu Art. 90 II B-VG.
Das Anklageprinzip nach Art. 90 II B-VG bewirke, daß der Beschuldigte eines Strafverfahrens nicht Objekt dieses Verfahrens, sondern Subjekt, also Prozeßpartei ist. Jeder gegen einen Beschuldigten gerichtete behördliche Eingriff, der diesen unter Strafsanktion verpflichte, „an der Wahrheitsfindung durch ein mündliches Geständnis oder dergestalt mitzuwirken, daß er seinen Körper für medizinische Eingriffe, mit anderen Worten als Beweismittel (gegen sich selbst), zur Verfügung stellt, widerspricht dem Anklageprinzip." Mit Rücksicht auf diesen verfassungsrechtlichen Grundsatz habe der Verfassungsgesetzgeber § 5 VI ÖStVO als Verfassungsbestimmung beschließen und bezeichnen müssen, um damit zum Zwecke der erleichterten strafrechtlichen Verfolgung von Verkehrsdelikten eine Ausnahmebestimmung zu schaffen. Es widerspreche jedoch dem Charakter als Ausnahmebestimmung, ihr in extensiver Auslegung die Ermächtigung zur zwangsweisen behördlichen Blutabnahme gegen den Willen des Betroffenen zu entnehmen.
Bei bewußtlosen Personen scheide eine Blutabnahme schon deshalb aus, weil bei diesen eine Blutabnahme zum Zwecke der Blutalkoholfeststellung von vorneherein lediglich als unmittelbare behördliche Zwangsmaßnahme denkbar und möglich sei.[624]

---

[623] Zur Sanktionierung der verweigerten Blutentnahme ausführlich *Harbort*, Beweiswert der Blutprobe, Rn. 418.

[624] ÖVfGH, EuGRZ 1990, 162 (164).

Der nemo tenetur-Gedanke steht nach diesen Ausführungen einer Rechtspflicht zur Durchführung einer Blutabnahme, wie sie § 5 VI ÖStVO begründet, zwar nicht entgegen und schließt auch Sanktionen zur Durchsetzung der Rechtspflicht nicht aus.[625] Bemerkenswert ist aber, daß der *ÖVfGH* – anders als das *BVerfG* und der *EGMR* – der Ansicht ist, bei einem medizinischen Eingriff stelle der Beschuldigte seinen Körper als Beweismittel gegen sich selbst zur Verfügung. Für die Anwendung des nemo tenetur-Gedankens soll es dabei unbeachtlich sein, ob der Betroffene überhaupt einen der Durchführung der Maßnahme entgegenstehenden Willen bilden konnte oder ob eine Willensbildung wie im Falle der Bewußtlosigkeit gar nicht möglich war. Der nemo tenetur-Gedanke ist demnach umfassender als die bloße Anerkennung der Willensbildungs- und -betätigungsfreiheit. Geschützt wird darüber hinaus die körperliche Integrität unabhängig von der Willensbildung.

VI. Zusammenfassung

Aus dem Grundgesetz ergibt sich der staatliche Auftrag zur Ausübung der Strafgewalt. Hierzu gehört die Durchführung eines Strafverfahrens mit dem Ziel, eine materiell richtige, prozeßordnungsgemäß zustande gekommene und Rechtsfrieden schaffende Entscheidung über die Strafbarkeit des Beschuldigten zu treffen. Dieses Ziel wird durch die in der Verfassung enthaltenen Vorgaben über ein rechtsstaatliches Strafverfahren konkretisiert und begrenzt. Hierzu zählt der unmittelbar aus Art. 1 I GG resultierende Achtungs- und Schutzauftrag, der es verbietet, den Beschuldigten zum Zwecke der Durchsetzung des staatlichen Strafanspruchs zum Objekt des Verfahrens zu machen. Diese Vorgabe wird durch den der EMRK zugrundeliegenden und in Art. 6 EMRK zum Ausdruck kommenden Rechtsstaatsgedanken bestätigt, der bei der Auslegung des Grundgesetzes zu berücksichtigen ist. Hieraus folgen die Anerkennung der Subjektstellung des Beschuldigten im Strafverfahren, der Schuldgrundsatz, die Unschuldsvermutung und das Recht des Beschuldigten, sich nicht selbst belasten zu müssen.

Das Bundesverfassungsgericht hält die Regelung des § 81a StPO für verfassungsgemäß, verlangt aber eine verfassungskonforme Auslegung unter Berücksichtigung des Verhältnismäßigkeitsgrundsatzes. Dabei wurden die in der Literatur vorgebrachten Bedenken hinsichtlich einer möglichen Verletzung von Unschuldsvermutung und nemo tenetur-Gedanken nur unzureichend berücksichtigt. Zudem wurde eine Bestimmung des Wesensgehalts von Art. 2 II 1 GG umgangen sowie eine mögliche Verletzung des allgemeinen Persönlichkeitsrechts außer acht gelassen. Der meistgeäußerte Kritikpunkt hinsichtlich der Durchführung körperlicher Eingriffe bezieht sich auf die damit verbundene erzwungene Selbstbelastung. Der *ÖVfGH* hat in diesem Sinne die Durchführung körperlicher Eingriffe gegen oder ohne den Willen des Beschuldigten unter Bezugnahme auf die

[625] Vgl. § 99 I lit. c ÖStVO.

EMRK für rechtswidrig erklärt, da der Betroffene so zum Objekt des Verfahrens werde.

Demgegenüber wird der Beschuldigte nach ganz überwiegender Ansicht in der nationalen Diskussion bei der Durchführung von Maßnahmen nach § 81a StPO durch den nemo tenetur-Gedanken vor einer Degradierung zum bloßen Objekt des Verfahrens geschützt. Dem liegt die Annahme zugrunde, der Zugriff auf den Körper unter Anwendung staatlichen Zwanges beeinträchtige die Subjektstellung des Beschuldigten nicht. Daher liege kein Verstoß gegen den nemo tenetur-Gedanken vor. Die Bestimmung der Reichweite des nemo tenetur-Satzes wird dabei bisher anhand von drei Elementen vorgenommen. Er erfaßt demnach den Schutz des Wissens, den Schutz der Willensausübungsfreiheit und den Schutz vor staatlicher Zwangsausübung. Dies deckt sich mit dem nemo tenetur-Verständnis des *EGMR*. Die Beschränkung der Inhaltsbestimmung des nemo tenetur-Gedankens auf diese drei Elemente führt zu den im ersten Kapitel aufgezeigten Problemen. Der Körper des Beschuldigten läßt sich nicht klar von seiner Persönlichkeit trennen. Die Rechtsprechung des *ÖVfGH* zeigt eine mögliche Lösung des Problems auf. Eine vollständige Beschreibung des normativen Gehalts könnte erfordern, die Schutzbereichsbestimmung des nemo tenetur-Gedankens durch eine vierte Komponente, den Schutz der körperlichen Integrität, zu ergänzen. Im folgenden soll daher überprüft werden, ob sich die aus der stilisierten Trennung zwischen der Person des Beschuldigten und seinem Körper ergebenden Probleme bei der Durchführung von Maßnahmen auf der Grundlage des § 81a StPO durch eine modifizierte Inhaltsbestimmung des nemo tenetur-Gedankens lösen lassen.

Kapitel 4: Der Schutz des Beschuldigten vor Selbstbelastungen

Daß die Regelung des § 81a StPO im Widerspruch zu einem konsequenten Verständnis des alten Rechtssatzes „nemo tenetur se ipsum accusare/prodere" steht, ist in der Vergangenheit mehrfach festgestellt worden.[626] Trotzdem hält die herrschende Meinung an dem Differenzierungskriterium des abgenötigten Verhaltens fest, ohne die im ersten Kapitel aufgezeigten Widersprüche erklären zu können, welche sich aus der Differenzierung von aktiver Mitwirkung und passiver Duldung ergeben.

I. Andere Ansätze zur Bestimmung des normativen Gehalts des nemo tenetur-Gedankens

Die daraus resultierenden Probleme waren bereits mehrfach Anlaß, den Schutzbereich des nemo tenetur-Gedankens durch andere Differenzierungskriterien zu bestimmen.

1. Differenzierung nach der Art der Zwangsanwendung (Grünwald)

Nach *Grünwald* ist für die Zulässigkeit der Heranziehung des Beschuldigten zu Beweiszwecken entscheidend, daß kein unzulässiger Zwang auf seine Willensbildung ausgeübt wird.[627] Zum entscheidenden Faktor bei der Bestimmung des normativen Gehalts des nemo tenetur-Gedankens wird damit die *Art des staatlichen Handelns* und nicht das vom Beschuldigten erwartete *Verhalten* im Sinne der herkömmlichen Inhaltsbestimmung. Der Schutzbereich wird so auf die Willensbildungsfreiheit beschränkt.

a) Begrenzung auf vis absoluta

Seiner Ansicht nach dient der nemo tenetur-Satz dem Schutz der Subjektstellung des Beschuldigten und folgt damit letztlich aus der Menschenwürde. Dem Beschuldigten solle die Qual zwischen der Mitwirkung an der eigenen Überführung oder dem Hinnehmen anderer Übel, wie z.B. Beugehaft, erspart bleiben. Daher dürfe er lediglich vis absoluta unterworfen werden, soweit das Gesetz dies vorsehe. Die Anwendung von vis compulsiva sowie die Androhung von Übeln sei unzulässig.

Die Differenzierung begründet *Grünwald* mit der Regelung des § 81a StPO. Während zum Zwecke der Informationserlangung nach § 81a StPO nur vis absoluta in Betracht komme, würden gegenüber Zeugen bei unberechtigter Zeugnisverweigerung die in der StPO vorgesehenen Mittel eingesetzt und nur äußerstenfalls die Anwendung von unmittelbarem Zwang für zulässig erachtet,

---

[626] *Günther*, GA 1978, 193 (196); *Sautter*, AcP 161, 215 (248 ff.); *Wolfslast*, NStZ 1987, 103 (104). Für die Ausdehnung des nemo tenetur-Prinzips auf Passivität im Bereich des materiellen Strafrechts *Kühne*, Strafprozessuale Beweisverbote, S. 53 ff.

[627] *Grünwald*, JZ 1981, 423 (428).

§ 81c IV StPO. Wenn gegenüber dem Beschuldigten andererseits nur vis absoluta in Betracht komme, so folge daraus, daß Verhaltensweisen, die im Falle der Verweigerung einer Mitwirkungshandlung nicht mittels vis absoluta herbeigeführt werden könnten, überhaupt nicht erzwingbar seien.[628]

b) Schwächen des Begrenzungsversuches

Abgesehen von den wenig einleuchtenden Ergebnissen bei der Anwendung des entwickelten nemo tenetur-Verständnisses auf verschiedene Gegenüberstellungsprozeduren,[629] vermag der formale Begründungsansatz *Grünwalds* auch im Hinblick auf den bezweckten Schutz der Willensbildung des Beschuldigten nicht zu überzeugen.[630] Denn auch bei der Androhung der zwangsweisen Durchführung einer Maßnahme mittels vis absoluta steht der Beschuldigte vor der Wahl, an der Maßnahme freiwillig mitzuwirken oder sich dem staatlichen Zwang zu unterwerfen. Der einzige Unterschied besteht darin, daß bei der zwangsweisen Durchführung einer Maßnahme auf der Grundlage des § 81a StPO der Zwang nicht unmittelbar auf seinen Willen, sondern auf seinen Körper ausgeübt wird. *Grünwald* bestreitet, daß durch die Androhung von vis absoluta eine Wahlmöglichkeit zwischen zwei Übeln geschaffen wird.[631] Dabei verkennt er, daß die drohende Alternative der zwangsweisen Heranziehung des eigenen Körpers zu Beweiszwecken durch die staatliche Gewalt die Entscheidung des Beschuldigten beeinflussen kann, an seiner Überführung mitzuwirken. Sie wirkt somit als mittelbarer Zwang auf die Willensbildungsfreiheit des Beschuldigten ein.[632] Es kann zudem nicht davon ausgegangen werden, diese Entscheidung bedeute für den Beschuldigten keine „Qual" im Sinne des *Grünwald*'schen Verständnisses.[633] Letztendlich macht es für den Beschuldigten kaum einen Unterschied, ob sein Wille mittels vis compulsiva gebeugt oder durch die Anwendung von vis absolu-

---

628 *Grünwald*, JZ 1981, 423 (428).

629 Dazu ausführlich *Verrel*, Selbstbelastungsfreiheit, S. 212 und *N. Bosch*, Aspekte des nemo-tenetur-Prinzips, S. 291.

630 Dabei ist bereits die Beschränkung des nemo tenetur-Gedankens allein auf die Willensbildungsfreiheit im Hinblick auf § 136a StPO wenig einleuchtend. Dieser erfaßt einen Teil möglicher Verletzungen des nemo tenetur-Satzes und verbietet ausdrücklich Beeinträchtigungen der „Willensentschließung und Willensbetätigung". Er schützt damit auch die Freiheit, getroffene Willensentscheidungen umzusetzen. Vgl. *Dallmeyer*, KritV 2000, 252 (260).

631 *Grünwald*, JZ 1981, 423 (428).

632 *Paeffgen*, Vorüberlegungen, S. 70; *Reiß*; Besteuerungsverfahren und Strafverfahren, S. 174; *Verrel*, Selbstbelastungsfreiheit, S. 214; ebenso *N. Bosch*, Aspekte des nemo-tenetur-Prinzips, S. 281 f., der darauf hinweist, daß nach dieser Auffassung Zwangsmaßnahmen vor ihrem Vollzug konsequenterweise nicht angedroht werden dürften.

633 *N. Bosch*, Aspekte des nemo-tenetur-Prinzips, S. 282 f.; Neumann, FS-E.A.Wolff, 373 (380 f.); *Verrel*, Selbstbelastungsfreiheit, S. 214; Wolfslast, NStZ 1987, 103 (104).

ta ausgeschaltet wurde.[634] Berücksichtigt man zudem, daß das nonverbale Beschuldigtenverhalten nur in wenigen Ausnahmefällen nicht durch vis absoluta erzwingbar sein wird, hätte die konsequente Anwendung von *Grünwalds* nemo tenetur-Verständnis eine Erweiterung der zulässigen Ermittlungseingriffe zur Folge.[635]

Hinzu kommt, daß *Grünwald* den normativen Gehalt des nemo tenetur-Gedankens anhand der einfachgesetzlichen Regelung des § 81a StPO zu begründen versucht, ohne zuvor die Frage zu beantworten, ob dieser dem Prinzip nicht zuwider läuft, was auf der Grundlage seines verfassungsrechtlichen, an der Menschenwürde orientierten Begründungsansatzes naheliegend wäre.[636]

Im Ergebnis läuft auch der von *Grünwald* vorgeschlagene modale Ansatz auf eine Differenzierung zwischen Duldungspflichten und Mitwirkungsfreiheit hinaus.[637] Allerdings bleibt der Schutz der Willensausübungsfreiheit durch die Reduzierung auf die Willensbildung hinter dem durch die Konzeption der herrschenden Meinung Erreichten zurück. Der Zugriff auf das Wissen des Beschuldigten mittels vis absoluta wäre nach dem Lösungsansatz *Grünwalds* zulässig.[638] Die Trennungslinie zwischen dem Zugriff auf geistige Informationen und den Körper als Träger materieller Informationen wird somit aufrechterhalten und lediglich ein wenig verschoben. Die im ersten Kapitel beschriebenen Probleme blieben bestehen. Die Art der Zwangsanwendung ist demnach nicht geeignet, die grundsätzlichen Probleme bei der Inhaltsbestimmung des nemo tenetur-Satzes zu lösen.

2. Differenzierung nach der Qualität des Beweismittels

Von anderer Seite wird die Qualität des Beweismittels als modifizierendes Differenzierungskriterium herangezogen.

*a) Keine Ausforschung des Unbewußten (*Haas*)*

Haas hat die Problematik der Beobachtung des nonverbalen Aussageverhaltens des Beschuldigten zum Anlaß genommen, den Bereich der zulässigen Eingriffe auf der Grundlage des § 81a StPO unter Berücksichtigung des nemo tenetur-

---

634 *N. Bosch*, Aspekte des nemo-tenetur-Prinzips, S. 281; *Reiß*; Besteuerungsverfahren und Strafverfahren, S. 180; *Verrel*, Selbstbelastungsfreiheit, S. 213; in diesem Punkt ebenso *Paeffgen*, Vorüberlegungen, S. 70.

635 *N. Bosch*, Aspekte des nemo-tenetur-Prinzips, S. 281; *Dencker*, NStZ 1982, 152 (154); *Neumann*, FS-E.A.Wolff, 373 (380); *Reiß*; Besteuerungsverfahren und Strafverfahren, S. 180; SK-StPO-*Rogall*, Vor § 133 Rn. 139; *Verrel*, Selbstbelastungsfreiheit, S. 213.

636 Zu den möglichen Folgen dieses Begründungsansatzes vgl. *N. Bosch*, Aspekte des nemo-tenetur-Prinzips, S. 281.

637 *N. Bosch*, Aspekte des nemo-tenetur-Prinzips, S. 280f.; ähnlich *Weßlau*, ZStW 110 (1998), 1 (31 mit Fn. 83).

638 *N. Bosch*, Aspekte des nemo-tenetur-Prinzips, S. 282; *Dencker*, NStZ 1982, 152 (154), *Reiß*, Besteuerungsverfahren und Strafverfahren, S. 178; *Verrel*, Selbstbelastungsfreiheit, S. 213.

Gedankens einzugrenzen. Seiner Ansicht nach hat er seine verfassungsrechtlichen Grundlagen in Art. 2 I i.V.m. Art. 1 I GG. Hieraus ergebe sich das Verbot eines Ausforschungsbeweises des Unbewußten. Infolgedessen erlaube die Regelung des § 81 a StPO nicht die Feststellung psychischer Vorgänge, sondern nur die Feststellung der äußeren körperlichen Beschaffenheit.[639]

*b) Kein Zugriff auf das Wissen des Beschuldigten (*Nothhelfer*)*

Auch *Nothhelfer* stellt zur Inhaltsbestimmung des nemo tenetur-Gedankens auf die Qualität des durch die Beweiserhebung gewonnenen Beweismittels ab. Seiner Ansicht nach ist der Beschuldigte nur vor der staatlichen Erwirkung neuer Beweismittel in Form eines Geständnisses geschützt, wohingegen die Erhebung bereits existenter Informationen zulässig sein soll.[640]

Nothhelfer leitet den nemo tenetur-Gedanken aus dem Recht auf informationelle Selbstbestimmung ab. Dies habe zur Konsequenz, daß dieses individuelle Beschuldigtenrecht im Einzelfall mit anderen Individual- und Kollektivinteressen abgewogen werden müsse. Im Strafverfahren kollidiere der Schutz des Beschuldigten vor Selbstbelastungszwang mit dem staatlichen Interesse an einer wirksamen Strafverfolgung. Die einfachgesetzlichen Belehrungsvorschriften der §§ 136 I 2; 243 IV 1; 115 III 1; 128 I 2; 163 a III 2 und 163 a IV 2 StPO sowie das Beweisverwertungsverbot des § 136a StPO zeigten durch die Einräumung eines Wahlrechts des Beschuldigten, ob er aussagen oder schweigen wolle, die gesetzgeberische Entscheidung, der Selbstbelastungsfreiheit den Vorrang vor dem staatlichen Strafverfolgungsinteresse einzuräumen.[641] Dies entspreche auch der Wertung des Art. 1 I GG, der es verbiete, vom Bürger Informationen zu Zwecken einer gegen ihn gerichteten Strafverfolgung zu erzwingen, da der Beschuldigte dadurch zum bloßen Objekt des staatlichen Strafanspruchs degradiert werde.[642] Für die Interessenabwägung komme es daher nicht nur auf die Rolle der Auskunftsperson, sondern auch auf den Zweck der abverlangten Information an.[643]

Aus dem Vorrang der Selbstbelastungsfreiheit im Strafverfahren folge aber nicht, daß der Beschuldigte auch von einer Mitwirkung am Strafverfahren im Sinne einer passiven Duldung entbunden sei. So würden dem Beschuldigten gegenüber den in § 81 a StPO auferlegten Duldungspflichten keine einfachgesetzlichen Weigerungsrechte eingeräumt. *Nothhelfer* folgert aufgrund des historisch gewachsenen nemo tenetur-Verständnisses und der von ihm vorgenomme-

---

[639] *Haas*, GA 1997, 368 (370).

[640] *Nothhelfer*, Freiheit vom Selbstbezichtigungszwang, S. 89 ff. Anders als die Formulierung „Beweismittel in Form eines *Geständnisses*" vermuten läßt, spricht sich *Nothhelfer* ausdrücklich dafür aus, daß § 81a StPO dem Beschuldigten keine Handlungspflichten auferlegt; vgl. S. 91.

[641] *Nothhelfer*, Freiheit vom Selbstbezichtigungszwang, S. 89 f.

[642] *Nothhelfer*, Freiheit vom Selbstbezichtigungszwang, S. 73 ff. und 90.

[643] *Nothhelfer*, Freiheit vom Selbstbezichtigungszwang, S. 90.

nen verfassungsrechtlichen Ableitung aus dem Recht auf informationelle Selbstbestimmung die Verfassungskonformität des § 81a StPO. Wenn nämlich dem einzelnen das Recht gewährt werde, selbst zu entscheiden, wann und in welchem Umfang er dem Staat persönliche Lebenssachverhalte zur Kenntnis bringen wolle, so folge daraus, daß der nemo tenetur-Gedanke als Teilaspekt des Rechts auf informationelle Selbstbestimmung nur darauf abzielen könne, dem einzelnen die Entscheidungsfreiheit darüber zu belassen, welche Informationen er durch sein aktives Tun offenbare. Während diese Informationen der seelisch-geistigen Sphäre zuzurechnen seien, welche dem staatlichen Zugriff entzogen sei, weil hierüber dem einzelnen die ausschließliche Dispositionsfreiheit gebühre, diene die Beweiserhebung auf der Grundlage des § 81a StPO der Beschaffung von bereits real verkörperten Informationen. Diese seien dadurch Teil der realen Umwelt und somit einem objektiven Beweisverfahren, wie etwa dem Augenschein, zugänglich.[644]

c) Schwächen des Differenzierungsansatzes

Auch der Ansatz, den normativen Gehalt des nemo tenetur-Satzes durch eine qualitative Unterscheidung des in Anspruch genommenen Beweismittels zu bestimmen, basiert auf der Annahme eines Leib-Seele-Dualismus.

Wenn *Haas* die Ausforschung des Unbewußten für unzulässig hält, dann schränkt er dadurch zwar den Anwendungsbereich des § 81a StPO ein. Grundsätzlich hält er aber die Trennung zwischen geistiger und materieller Information aufrecht, ohne die daraus resultierenden Wertungswidersprüche zu erklären.

Ebensowenig vermag *Nothhelfer* die Schwächen der Aktiv/Passiv-Differenzierung mit seinem Ansatz aufzuheben. Er vermag zudem nicht zu begründen, warum auf das Körperinnere des Beschuldigten zugegriffen werden darf. Er verkennt, daß das durch die Körperhülle verborgene Körperinnere durch die abgrenzende Körpersphäre gerade nicht Teil der Umwelt, sondern von ihr getrennt ist. *Nothhelfer* ist schließlich ebenfalls entgegenzuhalten, daß er den normativen Gehalt des nemo tenetur-Gedankens anhand der einfachgesetzlichen Regelung des § 81a StPO zu begründen versucht. Auch hier hätte es aufgrund des hergestellten Bezuges zur Menschenwürde nahegelegen, zunächst die Regelung des § 81a StPO auf ihre Verfassungskonformität zu überprüfen.

3. Begründung anhand der Zielsetzung der Beweisermittlung

Um eine Grenzziehung zwischen der dem staatlichen Zugriff entzogenen Freiheit der Willensausübung und dem aufgrund fehlender Willenskontrolle dem Sachbeweis zugänglichen Körper des Beschuldigten zu ermöglichen, wird wegen der oben dargestellten Probleme der Differenzierung teilweise bei der Zielsetzung der Beweisermittlung angesetzt. Während der staatliche Zugriff auf den Be-

---

[644] *Nothhelfer*, Freiheit vom Selbstbezichtigungszwang, S. 90 ff.

schuldigten als Wissensträger unzulässig sein soll, könne auf den Körper als Informationsträger zugegriffen werden.

*a) Schutz des Beschuldigten als Wissensträger (*Reiß*)*

Reiß nimmt Bezug auf den Ansatz *Grünwalds*, die Strafprozeßordnung verbiete die Erzwingung unvertretbarer Handlungen des Beschuldigten,[645] und kommt aufgrund einer an der historischen Entwicklung der Selbstbelastungsfreiheit orientierten Argumentation unter Berücksichtigung rechtsstaatlicher Erwägungen für das Strafverfahren zu dem Ergebnis, der nemo tenetur-Satz verbiete nicht nur mittelbaren Zwang, sondern auch die zwangsweise Inanspruchnahme des Beschuldigten als Wissensträger.[646]

Reiß betrachtet den Grundsatz nemo tenetur als Bestandteil des Rechtsstaatsprinzips, welches sich seiner Ansicht nach aus den Art. 20 und 1 GG ableitet.[647] Für die Inhaltsbestimmung sei vor allem die Entwicklungsgeschichte wesentlich. Seiner Meinung nach ist die aus dem Inquisitionsprozeß folgende Diskussion um die Stellung des Beschuldigten im Strafprozeß Ausgangspunkt für die Entwicklung des nemo tenetur-Gedankens. Die daraus resultierende Stellung des Beschuldigten in der Strafprozeßordnung wählt er als Ausgangspunkt seiner Argumentation.[648]

Reiß vergleicht zunächst die Eingriffsintensität von Eingriffen in die körperliche Integrität beim Zeugen auf der Grundlage des § 81c StPO mit jener bei körperlichen Eingriffen beim Beschuldigten und stellt fest, die zulässige Eingriffsintensität gegenüber dem Beschuldigten sei größer als gegenüber Zeugen. Dürfe gegenüber dem Beschuldigten ausschließlich vis absoluta angewandt werden, komme beim Zeugen die Anwendung des unmittelbaren Zwanges nur als ultima ratio in Betracht. *Reiß* ist der Ansicht, durch diese Reduzierung der staatlichen Zwangsmittel auf den unmittelbaren Zwang werde verhindert, daß der Beschuldigte zu einer unvertretbaren Handlung gezwungen wird. Da es in einem rechtsstaatlichen Strafverfahren Aufgabe des Staates sei, den Beweis der Schuld auch ohne Mitwirkung des Beschuldigten zu führen, sei jeder zwangsweise Zugriff auf den

---

[645] Trotz einiger Parallelen zur Ansicht *Grünwalds* hält *Reiß* dessen Begründungsansatz im Hinblick auf die Verpflichtung des Staates zur Wahrheitsermittlung für zu undeutlich. *Grünwald* betrachte die Beweisgewinnung unter dem Gesichtspunkt der Freiheit der Willensbildung und vernachlässige dabei, daß die Beweisgewinnung mittels vis compulsiva bedeute, daß sich die Strafverfolgungsorgane die erlangten Beweismittel nicht unabhängig vom Beschuldigten beschafft hätten. Der sachliche Unterschied der beiden Ansätze bestehe darin, daß *Grünwald* sich allein auf die Willensbildung beziehe, was zur Folge hätte, daß mit vis absoluta auf das Wissen zugegriffen werden dürfte, sofern dies technisch möglich sei. Genau dies verbiete aber das historisch gewachsene Verständnis vom nemo tenetur-Prinzip; vgl. *Reiß*, Besteuerungsverfahren und Strafverfahren, S. 180.

[646] *Reiß*, Besteuerungsverfahren und Strafverfahren, S. 173 ff.; zustimmend *Weßlau*, ZStW 110 (1998), 1 (31 ff.).

[647] *Reiß*, Besteuerungsverfahren und Strafverfahren, S. 170.

[648] *Reiß*, Besteuerungsverfahren und Strafverfahren, S. 172.

Beschuldigten als Wissensträger unzulässig. Deshalb dürfe dem Beschuldigten kein Wissen über die Tat oder Beweismittel gegen seinen Willen entrissen werden.[649]

Ein Zugriff auf die körperliche Existenz des Beschuldigten sei jedoch möglich, da dieser als „materieller Gegenstand“[650] ein Beweisgegenstand wie jedes andere Augenscheinsobjekt sei. Die Grenze sei dort zu ziehen, wo der Beschuldigte nicht als materielles Objekt in Anspruch genommen werde, sondern sein Wissen in den Dienst der Strafverfolgung stellen solle. Auf das Wissen dürfe auch dann nicht zurückgegriffen werden, wenn sich der Beschuldigte an der Preisgabe nicht aktiv beteiligen müßte.[651]

*b) Willentlich kontrollierte Preisgabe von Wissen (*Frister*)*

Frister[652] hat den Ansatz von *Reiß* im Zusammenhang mit Überlegungen zur Zulässigkeit von Polygraphentests aufgenommen. Allerdings betrachtet er die Verfügungsbefugnis des Beschuldigten über sein Wissen nicht als Teil des nemo tenetur-Gedankens, welchen er im Sinne der herrschenden Meinung als „Verbot des Zwanges zu einer aktiven Selbstbelastung“ interpretiert. Er ordnet das Wissen einer weiter reichenden Aussagefreiheit zu. Trotzdem ist der Ansatz auch für die vorliegende Fragestellung von Bedeutung, weil *Frister* damit einerseits an dem beschriebenen Leib-Seele-Dualismus festhält, andererseits aber versucht, eine von der verbalen Selbstbelastung losgelöste Grenzziehung zwischen Vernehmung und Sachbeweis zu erreichen.[653] Durch seine Einordnung des Lügendetektors als eine die Willenskontrolle des Beschuldigten umgehende und damit gemäß § 136a StPO unzulässige Vernehmungsmethode[654] auch für den Fall, daß die Reaktionen des Beschuldigten ohne verbale Äußerung im Wege des sogenannten „silent answer test“ erfaßt werden,[655] ergänzt er die durch § 136a StPO geschützte Willensentschließungs- und -betätigungsfreiheit um das grundsätzliche Erfordernis der willentlichen kontrollierten Preisgabe beim Zugriff auf das Wissen des Beschuldigten im Rahmen staatlicher Beweiserhebung.

Freilich vermag *Frister* diese Grenzziehung nicht konsequent durchzuhalten, wenn er die Berücksichtigung von physiologischen Reaktionen des Beschuldigten, welche ohne besondere Hilfsmittel wahrnehmbar sind (Zittern, Erröten, etc.), bei der richterlichen Beweiswürdigung mit der Begründung für zulässig hält, sie seien ein untrennbarer Bestandteil jeder zwischenmenschlichen Kommunikation und ihre Verwertung durch rechtliche Verbote, die nicht gleichzeitig

[649] *Reiß*, Besteuerungsverfahren und Strafverfahren, S. 173 ff.

[650] *Reiß*, Besteuerungsverfahren und Strafverfahren, S. 178.

[651] *Reiß*, Besteuerungsverfahren und Strafverfahren, S. 176 ff.

[652] *Frister*, ZStW 106 (1994), 303.

[653] *Frister*, ZStW 106 (1994), 303 (318 f.).

[654] *Frister*, ZStW 106 (1994), 303 (320).

[655] Dazu ausführlich *Frister*, ZStW 106 (1994), 303 (318).

einen Verstoß gegen den Grundsatz des rechtlichen Gehörs zur Folge hätten, ohnehin nicht zu verhindern.[656]

*c) Handlungen mit eigenständigem Beweiswert dürfen nicht erzwungen werden (*Bosch*)*

Einen ähnlichen Ansatz verfolgt *Bosch*, der einen Verstoß gegen den nemo tenetur-Gedanken bei denjenigen Mitwirkungshandlungen erblickt, denen Aussagequalität oder zumindest ein eigenständiger Beweiswert zukommt. Andere Mitwirkungshandlungen hält er aus Verhältnismäßigkeitsgesichtspunkten für zulässig, soweit sie schwerwiegendere Eingriffe vom Beschuldigten abwenden.[657]
Bei Maßnahmen auf der Grundlage des § 81 a StPO führe die Berücksichtigung des spezifischen Interesses des Beschuldigten – gemeint ist das Interesse an der Verweigerung jeglicher Mitwirkung und effektiver Verteidigung im Strafverfahren –[658] und des Zwecks des § 81 a StPO, der lediglich gestatte, den Beschuldigten zum Gegenstand des Augenscheins zu machen, dazu, daß vom Beschuldigten verlangt werden dürfe, diejenigen Handlungen zur Unterstützung der Untersuchung auszuführen, denen kein unmittelbarer Beweiswert und damit keine selbstbelastende Wirkung zukomme. Der Beschuldigte sei daher verpflichtet, den Mund zu öffnen oder den Arm auszustrecken, um die Blutabnahme zu ermöglichen. Finger- oder Gehproben zur Feststellung der Fahruntüchtigkeit dürften jedoch nicht verlangt werden, da diese selbst Gegenstand des Beweises seien.[659]

d) Schwächen des Begründungsansatzes

Auch durch eine Differenzierung anhand der Zielsetzung der Beweisermittlung wird gegenüber dem herkömmlichen Abgrenzungskriterium keine Präzisierung erreicht, sondern an der Differenzierung aktiv/passiv festgehalten. *Reiß* hat dies selbst eingeräumt.[660] Bedenklich ist dabei, daß er seine Behauptung, der Zugriff auf den Körper des Beschuldigten sei keine Selbstbelastung im Sinne einer Beeinträchtigung der Willensausübungsfreiheit des Beschuldigten, weil durch den Zugriff auf den Körper allein der Staat ohne Mithilfe des Beschuldigten den Beweis der Schuld führe, auf die Annahme stützt, der Körper werde hier als materieller Gegenstand in Anspruch genommen.[661] Diese Formulierung entspricht nicht nur dem sprachlichen Duktus der Diskussion um die Zeit des aus-

---

656 *Frister*, ZStW 106 (1994), 303 (321); kritisch auch *Verrel*, Selbstbelastungsfreiheit, S. 204 ff.

657 *N. Bosch*, Aspekte des nemo-tenetur-Prinzips, S. 284 ff.

658 Vgl. *N. Bosch*, Aspekte des nemo-tenetur-Prinzips, S. 294.

659 *N. Bosch*, Aspekte des nemo-tenetur-Prinzips, S. 296 f.

660 *Reiß*, Besteuerungsverfahren und Strafverfahren, S. 176; *H. Schneider* (Grund und Grenzen, S. 36) spricht von einer Verlagerung des Problems; ähnlich *Verrel*, Selbstbelastungsfreiheit, S. 247 ff.

661 *Reiß*, Besteuerungsverfahren und Strafverfahren, S. 178.

gehenden 19. und dem Beginn des 20. Jahrhunderts.[662] Sie erscheint auch befremdlich, weil *Reiß* in seiner Argumentation zur Begründung des normativen Gehalts des nemo tenetur-Gedankens den Schwerpunkt auf die Rechtsstaatlichkeit des Strafverfahrens im Gegensatz zum Inquisitionsprozeß legt und dabei als verfassungsrechtliche Norm neben Art. 20 GG auch Art. 1 GG heranzieht. Eine Auseinandersetzung mit der Frage, ob und wie seine Bewertung des Körpers als Gegenstand mit der Verpflichtung des Staates zu Achtung und Schutz der Menschenwürde zu vereinbaren ist, findet sich aber weder bei *Reiß* noch bei den Autoren, die sich mit diesem Ansatz auseinandersetzen.[663] Schließlich kann man *Reiß* auch das von ihm selbst gegen die herrschende Meinung vorgetragene Argument[664] entgegenhalten, die Androhung von vis absoluta wirke sich mittelbar auf die Willensausübung des Beschuldigten aus und könne ihn veranlassen, sein Wissen über die im Körper verborgenen Tatsachen mitzuteilen oder das mittels vis absoluta erzwingbare Verhalten durch eine unvertretbare Handlung selbst vorzunehmen.[665] Der Beschuldigte kann durch die Androhung der Verabreichung eines Brechmittels entweder dazu veranlaßt werden, Auskunft über seinen Mageninhalt zu geben oder den Vorgang des Erbrechens selbst in Gang zu setzen.

Auch *Bosch* überwindet die Trennung zwischen aktiv und passiv nur scheinbar, wenn das nonverbale Verhalten des die Aussage und Mitwirkung verweigernden Beschuldigten bei der Beweiswürdigung nicht berücksichtigt werden soll. *Bosch* betrachtet Mimik und Gestik, wie Erröten oder Erbleichen, des schweigenden Angeklagten als Aussagesurrogate, die das Gericht aufgrund der Aussagequalität dieser Persönlichkeitsäußerungen nicht verwerten dürfe.[666] Hierbei handelt es sich jedoch bei genauerer Betrachtung lediglich um die konsequente Umsetzung des nemo tenetur-Gedankens, in dem Sinne, daß die Entscheidung des Beschuldigten, sich nicht zum Gegenstand der Beweiswürdigung zu machen, zu respektieren ist.[667] Unklar bleibt dann allerdings, warum *Bosch* andererseits die Beobachtung von Mimik und Gestik des Angeklagten bei einer Gegenüberstellung in der Hauptverhandlung als aktive Ausdrucksgesten bewertet, welche den Zeugen beeinflussen könnten, ohne daß sich der Beschuldigte dessen entziehen könne.[668]

---

662 S. dazu im einzelnen oben Kapitel 2 II 1.

663 Vgl. z.B. *Frister*, ZStW 106 (1994), 303 (319); *H. Schneider*, Grund und Grenzen, S. 36; *Verrel*, Selbstbelastungsfreiheit, insbes. S. 14 u. 246 ff.

664 *Reiß*, Besteuerungsverfahren und Strafverfahren, S. 174.

665 Kritisch zum Kriterium der Unmittelbarkeit auch *H. Schneider*, Grund und Grenzen, S. 36.

666 *N. Bosch*, Aspekte des nemo-tenetur-Prinzips, S. 293 f.

667 wie hier *Verrel*, Selbstbelastungsfreiheit, S. 207, der *N. Bosch* allerdings dahingehend versteht, daß das nonverbale Aussageverhalten auch beim nicht schweigenden Beschuldigten als Aussagesurrogat nicht verwertet werden dürfe.

668 *N. Bosch*, Aspekte des nemo-tenetur-Prinzips, S. 293 f.

4. Zusammenfassung

Versuche, den normativen Gehalt des nemo tenetur-Gedankens durch eine Differenzierung nach Art der Zwangsanwendung oder der Qualität des Beweismittels oder der Zielsetzung der Beweisermittlung zu bestimmen, vermögen die grundsätzlichen Schwierigkeiten der Inhaltsbestimmung nicht zu lösen, da sie an der Trennung von Körper und Person festhalten. Die Diskussion zum normativen Gehalt des nemo tenetur-Gedankens bleibt damit auf die drei Kriterien Schutz des Wissens, Schutz der Willensausübungsfreiheit und Schutz vor staatlicher Zwangsausübung beschränkt. *Reiß* und *Frister* haben versucht, den Schutz der Willensausübungsfreiheit durch die willentlich kontrollierte Preisgabe von Wissen zu präzisieren. Auch damit konnten die grundsätzlichen Probleme aber nicht gelöst werden. Damit deutet sich an, daß die Inhaltsbestimmung des nemo tenetur-Gedankens um das Kriterum des Schutzes der körperlichen Integrität ergänzt werden muß.

II. Schutz von Wissen und Willensausübung

Zuvor soll aber überprüft werden, ob bereits durch eine umfassende Berücksichtigung der herkömmlichen drei Kriterien eine Problemlösung erreicht werden kann. Denn es scheint eine Ursache des Problems zu sein, daß keiner dieser möglichen Schutzgegenstände für sich allein genommen eine vollständige Beschreibung dessen zu liefern vermag, was den nemo tenetur-Gedanken ausmacht. Der Schutz des Wissens kann nur wirksam gewährleistet werden, wenn die Kommunikation des Wissens nicht erzwungen werden darf. Gleiches gilt für die Freiheit der Willensausübung. Auch sie kann nur gewährleistet werden, wenn die Ausübung des Willens nicht durch staatlichen Zwang beeinflußt wird. Das Verbot staatlichen Zwangs scheint in beiden Fällen lediglich ein Sicherungsinstrument zur Gewährleistung individueller Freiheitsrechte zu sein. Welche Form der Zwangsanwendung für unzulässig gehalten wird, hängt nach herkömmlichem Verständnis von ihren Auswirkungen auf den Beschuldigten als Prozeßsubjekt ab. Im Bereich des § 81a StPO soll sowohl die Anwendung von vis compulsiva als auch von vis absoluta zulässig sein, weil der Beschuldigte nicht als Prozeßsubjekt in Anspruch genommen wird. § 136a StPO verbietet beide Formen der Zwangsanwendung, um zu verhindern, daß der Beschuldigte zum bloßen Objekt staatlicher Ermittlungstätigkeit wird. Es scheint daher sinnvoll, einen genaueren Blick darauf zu werfen, wie der Schutz des Beschuldigten als Prozeßsubjekt durch die Anerkennung der Freiheit bei der Ausübung seines Willens umgesetzt wird.

1. Keine Beschränkungen auf selbstbelastende Handlungen

Dabei zeigt sich, daß der nemo tenetur-Gedanke in seiner Umsetzung durch § 136a StPO nicht zwingend auf selbstbelastende Handlungen beschränkt blei-

ben muß. Der *Bundesgerichtshof* hat ihn kürzlich auch auf einen durch Zwang erwirkten Rechtsmittelverzicht erstreckt.
In dem zugrundeliegenden Fall war der Angeklagte wegen schweren Menschenhandels zu einer Freiheitsstrafe von 2 Jahren und 6 Monaten verurteilt worden, nachdem sein Verteidiger den Tatvorwurf eingeräumt hatte und der Angeklagte diese Einlassung ausdrücklich als eigene bestätigt hatte. Gegen den Angeklagten war ursprünglich Haftbefehl erlassen worden, der außer Vollzug gesetzt wurde. Die damit verbundenen Auflagen hatte er erfüllt. Während der Beweisaufnahme hatte der Verteidiger erkennen lassen, im Falle eines ungünstigen Ausgangs der Beweisaufnahme werde er die Vernehmung zweier in der Dominikanischen Republik lebender Zeugen beantragen. Daraufhin hatte der Vorsitzende erklärt, von dieser Vernehmung sei nichts zugunsten des Angeklagten zu erwarten. Im Falle der Aussetzung des Verfahrens durch das Gericht müsse allerdings die Außervollzugsetzung des Haftbefehls „überdacht werden", denn der Angeklagte müsse „klar erkannt haben ..., daß seine Behauptungen widerlegt und bei einer Aussetzung bei vernünftiger Betrachtungsweise kein anderes Beweisergebnis zu erwarten sei, so daß damit die Fluchtgefahr des Angeklagten, der über umfangreiche Auslandskontakte ... (verfüge), in einem anderen Licht betrachtet werden müsse". Sofern der Angeklagte keinen Beweisantrag stelle, sondern ein Geständnis ablege, würde sich das Gericht mit einer Freiheitsstrafe von 2 Jahren und 9 Monaten zufriedengeben. Gleichzeitig wurde vom Angeklagten ein Rechtsmittelverzicht erwartet. Insgesamt stellte sich die Situation für den Angeklagten und seinen Verteidiger so dar, daß bei weiterem Bestreiten und Stellen des Beweisantrags der sofortige Vollzug des Haftbefehls und eine höhere Strafe drohten, bei einem Geständnis und Rechtsmittelverzicht aber mit sofortiger Haft nicht zu rechnen war. Nach Verkündung des Urteils und Erteilung der Rechtsmittelbelehrung fragte der Vorsitzende den Angeklagten, ob das Urteil angenommen werde. Nachdem dieser nicht reagierte, forderte er ihn mehrmals auf zu nicken. Der Angeklagte senkte daraufhin seinen Kopf, was als Zustimmung gewertet werden konnte. Auch der Verteidiger und Staatsanwalt erklärten dann Rechtsmittelverzicht.
Der Senat bewertete den Vorgang als unzulässige Drohung im Sinne des § 136a StPO, da die Invollzugsetzung des Haftbefehls wegen fehlender Gründe nach § 116 IV StPO offensichtlich rechtswidrig gewesen wäre. Dadurch sei nicht nur das Geständnis wegen einer Verletzung von § 136a StPO unverwertbar. Auch der Rechtsmittelverzicht sei durch eine unzulässige Willensbeeinflussung „abverlangt" worden und daher unwirksam. Infolgedessen sei auch der Rechtsmittelverzicht des Verteidigers unwirksam.[669]
Hieraus ergibt sich, daß die Freiheit der Ausübung des Willens nicht auf diejenigen geistigen Informationen beschränkt ist, die in unmittelbarem Zusammenhang mit der Wahrheitsfindung stehen. Es scheint daher angebracht, die Bedeutung

---

669 BGH, StV 2004, 636.

geistiger Informationen und den damit verbundenen Schutz der Willensausübung bei der Inhaltsbestimmung noch einmal genauer zu überprüfen.

2. Erstreckung des Schutzbereichs auf materialisierte Informationen

Es sei noch einmal daran erinnert, daß geistige Informationen uneingeschränkt zum unantastbaren Bereich des Verfahrenssubjekts gehören, solange sie nicht kommuniziert wurden. Willentlich vermittelte Informationen sind grundsätzlich im Strafverfahren verwertbar. Allerdings gibt es eine Ausnahme. Für die Fallgruppe der materialisierten geistigen Information unabhängig vom menschlichen Körper hat das Bundesverfassungsgericht in der Tagebuchentscheidung von 1989 festgestellt, tagebuchähnliche Aufzeichnungen unterlägen dem Schutz des allgemeinen Persönlichkeitsrechts. Demnach kommt es für die Frage nach der Verwertbarkeit der darin enthaltenen Informationen zunächst darauf an, ob die Information dem unantastbaren Kernbereich des allgemeinen Persönlichkeitsrechts zuzuordnen ist. Hierfür ist nach Meinung des Gerichts entscheidend, (1.) ob der Betroffene die Information geheimhalten wollte, (2.) ob die Information höchstpersönlichen Charakter hat und (3.) in welcher Art und Intensität sie die Sphäre anderer oder die Belange der Gesellschaft berührt. [670]
Die Materialisierung von Wissen bedeutet also auch nach dieser Ansicht noch nicht per se, daß die Information dem staatlichen Zugriff unterliegt. Der Kernbereich der allgemeinen Handlungsfreiheit ist ihm entzogen. Zutreffend ist, daß dort, wo die Information der Umwelt zugänglich gemacht werden sollte, der Kernbereich des allgemeinen Persönlichkeitsrechts nicht betroffen ist. Demnach liegt keine Verletzung des Kernbereichs vor, wenn der Beschuldigte selbst anderen Personen Informationen vermitteln wollte. So liegt der Fall z.B. bei einer Tätowierung.

Die benannten Zuordnungskriterien sind jedoch nicht nur für den Bereich der willentlich entäußerten geistigen Information relevant, sondern können auf alle materialisierten Informationen angewandt werden. Denn das allgemeine Persönlichkeitsrecht schützt die engere persönliche Lebenssphäre und die Erhaltung ihrer Grundbedingungen. Das in diesem Zusammenhang gewährte Recht auf Respektierung des geschützten Bereichs zur Sicherung eines Bereichs privater Lebensgestaltung setzt nicht voraus, daß diese Lebensgestaltung bewußt im Sinne von „willensgesteuert" erfolgt. Daher ist die Zuordnung einer materialisierten geistigen Information zum Kernbereich des allgemeinen Persönlichkeitsrechts davon unabhängig, ob es sich um eine willensgesteuert materialisierte Information handelt.
Für den von seinem Schweigerecht Gebrauch machenden Beschuldigten sind aus den drei Kriterien des *Bundesverfassungsgerichts* folgende Schlüsse zu ziehen: Der Beschuldigte, der von seinem Schweigerecht Gebrauch macht, will

---

[670] BVerfGE 80, 367 (373 ff.).

nicht kommunizieren und erklärt damit, daß er auch diejenigen Informationen geheimhalten möchte, die er unwillentlich preisgibt. Ob die trotzdem vermittelte Information höchstpersönlichen Charakter hat, kann in diesem Falle nicht festgestellt werden. Dies muß aber zu seinen Gunsten unterstellt werden. Einen unmittelbaren Bezug zu Belangen anderer oder der Außenwelt wird man der Information zudem nicht entnehmen können. Folglich gehört die nicht willentlich kommunizierte materialisierte geistige Information zum Kernbereich des allgemeinen Persönlichkeitsrechts und ist dem staatlichen Zugriff im Strafverfahren entzogen.

3. Erstreckung auf den Körper als Informationsmittler

Wenn schon bezüglich einzelner Informationen, welche aufgrund einer Handlung des Beschuldigten die schützende Körpersphäre verlassen haben und auf einen physischen Informationsträger manifestiert wurden, die Beweiserhebung und -verwertung nicht uneingeschränkt möglich ist, sollte eine derartige Einschränkung ebenfalls oder erst recht für Informationen in Betracht gezogen werden, die sich in der Körperhülle des Beschuldigten befinden oder wieder in diese zurückgeführt wurden.

a) Rücknahme der Materialisierung

Die Rückführung der materialisierten geistigen Information kann die Zerstörung der Materialisierung zur Folge haben, etwa wenn die elektronischen Daten eines verschluckten USB-Sticks durch die Magensäure zerstört werden. In diesem Fall entzieht § 136a StPO die geistige Information dem staatlichen Zugriff. Es bietet sich daher an, die Rückführung des Informationsträgers in die Körpersphäre mit der Zerstörung des Informationsmediums der materialisierten geistigen Information zu vergleichen. Sobald im Falle der Beschädigung oder Zerstörung des physischen Informationsträgers Informationen nicht mehr zugänglich sind oder aus anderen Gründen nicht mehr auf ihn zugegriffen werden kann, bleibt als einzige Informationsquelle das Wissen des Beschuldigten.

In diesem Falle würde niemand auf die Idee kommen, daß die Regelung des § 136a StPO außer Kraft gesetzt würde, weil der Täter zwischenzeitlich seinem Wissen über die Tat durch ihre körperliche Fixierung außerhalb seiner Körpersphäre eine eigene physische Gestalt gegeben hat. Die Freiheit der Willensausübung steht dem Zugriff auf die Information entgegen.

b) Kontrolle über den Körper

Aber auch dort, wo die Rückführung der materiellen oder materialisierten Information nicht mit der Zerstörung des Informationsmediums gleichgesetzt werden kann, kann durch die Verletzung der körperlichen Integrität zugleich auf den

Körper als Medium der Willensausübung zugegriffen werden, wie der dem Ersten Strafsenat des *OLG Frankfurt*[671] vorliegende Fall zeigt.

aa) Die Brechmittelentscheidung des OLG Frankfurt

Der Senat hatte über die von Staatsanwaltschaft und Angeklagtem eingelegte Revision zu entscheiden, die sich gegen die Verurteilung zu einer Freiheitsstrafe von drei Monaten wegen unerlaubten Handels mit Betäubungsmitteln richteten. Der Angeklagte hatte ein Kokainbömbchen verkauft. Die Tatsache, daß er zudem noch 20 weitere Kokainbömbchen mitgeführt hatte, konnte nach Ansicht des Berufungsgerichts und des *OLG Frankfurt* nicht bei der Urteilsfindung berücksichtigt werden. Diese waren, nachdem sie der Beschuldigte im Moment seiner Festnahme verschluckt hatte, durch die Verabreichung verschiedener Brechmittel zwangsweise erlangt worden. Das Revisionsgericht sah hierin einen Verstoß gegen den nemo tenetur-Satz, aus dem ein Verwertungsverbot hinsichtlich der erlangten Gegenstände resultierte. Die besonderen Umstände des Falles – Verabreichung eines zweiten Brechmittels, nachdem der Beschuldigte die festen Bestandteile seines Magens durch Zusammenbeißen der Zähne zurückgehalten und anschließend wieder heruntergeschluckt hatte – heben ihn von ähnlich gelagerten Fällen ab und sind geeignet, Bezüge zur Willensausübungsfreiheit des Beschuldigten deutlich zu machen. Nachdem der Beschuldigte, mit dem eine Verständigung mangels Dolmetschers nicht möglich gewesen war, sich geweigert hatte, freiwillig ein Vomitiv zu trinken, wurde dem sich Wehrenden zunächst auf staatsanwaltschaftliche Anordnung gewaltsam eine Magensonde durch die Nase eingeführt. Der Beschuldigte mußte dazu an Armen und Beinen niedergedrückt werden und erlitt Prellungen an Stirn und Schulter. Die Verabreichung von 100 ml Sirup (der Regelfall ist eine Dosierung von 30 ml) zusammen mit 1,5 l Wasser dauerte dabei eine gewisse Zeit. Während des ausgelösten Brechvorgangs hielt der Beschuldigte die festen Bestandteile seines Erbrochenen durch das Schließen der Zähne zurück und schluckte diese anschließend wieder hinunter. Daraufhin wurden dem Beschuldigten 10 ml Apomorphin injiziert. Apomorphin wirkt auf das zentrale Nervensystem und löst so krampfhaftes Erbrechen aus, während Sirup Ipecacuanhae durch Einwirkung auf die Magenschleimhaut Erbrechen auslöst.[672]

Der Senat geht in seiner Entscheidung davon aus, die zwangsweise Verabreichung von Brechmitteln sei nicht von § 81 a StPO gedeckt. Es handele sich dabei weder um eine körperliche Untersuchung, noch um einen körperlichen Eingriff. Zwar könne eine Untersuchung nach § 81 a StPO grundsätzlich auch dem Zweck dienen, Fremdkörper im Körper des Beschuldigten zu suchen, bei der Vergabe

---

[671] OLG Frankfurt, NJW 1997, 1647 ff.

[672] Zu den Einzelheiten des Falles vgl. die Sachverhaltsschilderung bei OLG Frankfurt, NJW 1997, 1647; die medizinischen Einzelheiten sind oben in Kapitel 1 2 b) bb) (2) β) erläutert.

von Brechmitteln gehe es jedoch nicht um die Suche *nach* Fremdkörpern, sondern vielmehr um die Sicherstellung der wahrscheinlich *vorhandenen* Fremdkörper, da durch das Handeln des Arztes die Emission des Mageninhalts bewirkt werden solle und es auf die körperliche Beschaffenheit des Beschuldigten und deren Feststellung nicht ankomme. Daher ähnele die Vergabe eines Vomitivs eher einer Durchsuchung oder Beschlagnahme als einer Untersuchung der körperlichen Beschaffenheit, wobei diese Maßnahmen einen zwangsweisen Eingriff in die körperliche Unversehrtheit nicht rechtfertigten.[673]

Darüber hinaus verstoße die Verabreichung von Brechmitteln gegen den Grundsatz der Passivität, da der Beschuldigte gezwungen werden solle, aktiv etwas zu tun, das er nicht wolle, nämlich sich zu erbrechen. Damit stelle sich die Maßnahme als unerlaubter Eingriff in die körperliche Unversehrtheit dar, die nicht nur die biologisch-physiologische Integrität umfasse, sondern auch das psychische Wohlbefinden. Zudem liege ein Verstoß gegen die Verpflichtung zum Schutz der Menschenwürde und eine Verletzung des allgemeinen Persönlichkeitsrechts vor. Der Mensch als geistig-sittliches Wesen sei darauf angelegt, in Freiheit über sich selbst zu bestimmen und sich zu entfalten, weshalb er nicht zum bloßen Objekt herabgewürdigt werden dürfe.[674] Werde der Beschuldigte durch die Verabreichung eines Vomitiv gegen seinen Willen zum Erbrechen gezwungen, so werde ihm die Entschlußfreiheit darüber, ob er sich seines Mageninhalts auf diese Weise entledigen will, genommen. Ihm werde eine körperliche Reaktion aufgezwungen, die als Ergebnis medikamentöser Einwirkungen unabhängig von seinem Willen ablaufe. Hinzu kämen weitere entwürdigende Umstände, welche sich aus der Verabreichungsprozedur als solcher ergäben.[675]

bb) Die Brechmittelvergabe dient der Erlangung von Tatsachen i.S.d. § 81a StPO

Die Argumentation des Gerichts bezüglich der dogmatischen Einordnung der Maßnahme erinnert an die Argumente aus der Zeit vor der Einführung des § 81a StPO[676] und widerspricht dem Wortlaut der Norm. Entgegen der Auffassung des Gerichts sind Maßnahmen nach § 81a StPO nicht auf die Feststellung der Körperbeschaffenheit beschränkt.[677] Sie sollen vielmehr der Feststellung von Tatsachen dienen. Die Feststellung, daß der Beschuldigte sogenannte Kokain-

---

673 OLG Frankfurt, NJW 1997, 1647 (1648 l.), ebenso, jedoch ohne nähere Begründung *Rüping*, Strafverfahren, Rn. 266.

674 OLG Frankfurt, NJW 1997, 1647 (1648 l.).

675 OLG Frankfurt, NJW 1997, 1647 (1648 r.).

676 Dazu siehe oben Kapitel 2 II 1.

677 Wie OLG Frankfurt auch *Dallmeyer*, KritV 2000, 252 (254 f.).

bömbchen verschluckt hat, ist eine solche Tatsache.[678] Da diese durch den Einsatz von biologischen bzw. chemischen Substanzen, die dem Körper zugeführt werden, zutage befördert werden sollen, handelt es sich um einen körperlichen Eingriff i.S.d. § 81a I 2 StPO. Daß die im Körper aufgefundenen Fremdkörper u.U. im Anschluß an ihr Auffinden sichergestellt werden können und gegebenenfalls dem Verfall oder der Einziehung unterliegen, steht dem nicht entgegen.[679] Vielmehr handelt es sich dabei um eine Nebenfolge des Eingriffs.
Diese Auslegung wird gestützt durch die oben ausführlich dargelegte Gesetzgebungsgeschichte. Sowohl im Entwurf eines Einführungsgesetzes zum Allgemeinen Deutschen Strafgesetzbuch und zum Strafvollzugsgesetz von 1928 als auch in der amtlichen Begründung zu § 81a StPO wurde ausdrücklich erwähnt, unter den Begriff der Untersuchung fielen auch jene Fälle, wo zwecks Auffindung von Sachen, die als Beweismittel oder Einziehungsstücke in Frage kommen, eine Untersuchung des Körperinneren erforderlich werde.[680]

cc) Willensausübung und körperliche Integrität

Abgesehen davon zeigen die Ausführungen des Gerichts zum Passivitätsgrundsatz und zur Menschenwürde deutlich diejenigen Probleme auf, denen sich die herrschende Meinung im Rahmen des nemo tenetur-Grundsatzes durch die Abgrenzung zwischen aktiven Mitwirkungs- und passiven Duldungspflichten grundsätzlich gegenüber sieht. Wenn das Gericht einerseits ausführt, der Beschuldigte solle durch die Verabreichung des Brechmittels gezwungen werden, etwas *aktiv*[681] zu tun, wozu er nicht bereit sei, und andererseits feststellt, bei dem dadurch verursachten Vorgang des Erbrechens handele es sich um eine körperliche Reaktion auf die Medikamentierung, welche unabhängig von seinem Willen ablaufe, so schließen sich beide Überlegungen gegenseitig aus, da eine Handlung ein willensgesteuertes Verhalten voraussetzt.
Richtig ist, daß es sich bei dem durch Medikamente verursachten Erbrechen um einen körperlichen Vorgang handelt, welcher nicht vom menschlichen Willen gesteuert werden kann, so daß nach dem herkömmlichen Verständnis nicht von einer selbstbelastenden Handlung gesprochen werden kann. Während der Beschuldigte bei der Verabreichung des ersten Brechmittels (Ipecacuanha Sirup) das Heraustreten eines Teils des Mageninhalts aus seiner Körpersphäre dadurch

---

678 *Binder/Seemann*, NStZ 2002, 234; *Rogall*, NStZ 1998, 66 (67); i. Erg. ebenso aber mit abweichender Begründung *Vetter*, Problemschwerpunkte, S. 36 f.

679 So die überwiegende Meinung. Vgl. z.B. Entscheidung des KG Berlin vom 08.Mai 2000, Az.1 Ss 180/99; KK-*Senge*, § 81 a, Rn.6; SK-StPO-*Rogall*, § 81 a Rn. 48; *ders.*, NStZ 1998, 66 (67); jeweils mit weiteren Nachweisen; allgemein zum Auffinden von Gegenständen im Körperinneren BGHSt 5, 332 (336); LR-*Krause*, § 81 a Rn. 16.

680 Vgl. oben Kapitel 2 II 3 f.) und 4 a). Hierauf verweisen auch *Binder/Seemann*, NStZ 2002, 234 (235); *Rogall*, NStZ 1998, 66. Zu Recht kritisch hinsichtlich der von *Rogall* als Belege angeführten Schriften aus dem Jahre 1934 *Dallmeyer*, KritV 2000, 252 (255 f.).

681 Hervorhebung von Verfasserin.

verhindern konnte, daß er die Zähne zusammenbiß und die festen Anteile wieder herunterschluckte und insofern zumindest nach dem nicht willensgesteuerten Brechreiz ein gesteuertes (Gegen-)Verhalten vorlag, konnte bei dem durch die Injektion von Apomorphin verursachten krampfhaften Erbrechen eine solch kontrollierte Handlung nicht mehr erfolgen. Insofern wird der Beschuldigte nach dem herkömmlichen nemo tenetur-Verständnis nicht zu einer aktiven Handlung gezwungen, sondern „nur" zur Duldung der Verabreichung des Brechmittels.[682] Allerdings muß er im Anschluß die ungewollte Reaktion seines Körpers ertragen, also ebenfalls dulden, wobei eine willensgesteuerte Gegenmaßnahme (wie hier das Herunterschlucken) durch die Zwangseinwirkung verhindert wird. Die Verabreichung des Vomitivs erzwingt damit gleichzeitig die Unterlassung einer willensgesteuerten Abwehrreaktion des Betroffenen.

Darüber hinaus wird die Entscheidung des Beschuldigten, kein Brechmittel zu sich zu nehmen und den Mageninhalt nicht durch einen so ausgelösten Brechvorgang preiszugeben, mißachtet. Durch die Verabreichung des Brechmittels wird die Entschließungs- und negative Willensbetätigungsfreiheit (Nichtvornahme einer Handlung) des Beschuldigten im wahrsten Sinne des Wortes gebrochen. Durch die zwangsweise Hervorrufung einer nicht willensgesteuerten körperlichen Reaktion werden Informationen aus dem Körper des Beschuldigten erlangt, die er nicht preisgeben wollte und die ohne die Ausschaltung des Willens durch Medikamente nicht auf diesem Wege und zu diesem Zeitpunkt erlangt worden wären. Die staatliche Zwangsanwendung dient hier der Ausschaltung des der Informationserlangung entgegenstehenden Willens. Sie richtet sich damit nicht nur gegen den Körper, sondern auch gegen den Beschuldigten als am Verfahren beteiligtes Prozeßsubjekt. Der Widerstand des Betroffenen wird durch gezielte Gewaltanwendung gebrochen. Allein sie bestimmt die Reaktion des Beschuldigten. Dadurch wird er zum bloßen Objekt staatlichen Handelns.[683]

4. Umfassender Schutz der Willensausübung

Der Schutz der Willensausübung muß deshalb alle Bereiche umfassen, die durch die Ausübung des Willens kontrollierbar sind. Hierzu zählen alle geistigen und körperlichen Vorgänge der menschlichen Innensphäre, die in ihrem Verlauf bewußt durch den menschlichen Willen gesteuert werden können und deren Durchführung die Preisgabe von Tatsachen bewirken kann. Dies gilt auch für diejenigen körperlichen Vorgänge, welche durch vorübergehende pathologische Zustände in einem begrenzten Zeitraum der Kontrolle durch den menschlichen

---

[682] Daher wird ein Verstoß gegen den nemo tenetur-Gedanken durch die Verabreichung von Brechmitteln verneint, vgl. KG Berlin, NStZ-RR 2001, S.204; *Grüner*, JuS 1999, 122 (124f.); *Rogall*, NStZ 1998, 66 (67f.); *Weßlau*, StV 1997, 343; insoweit zustimmend *N. Bosch*, Aspekte des nemo-tenetur-Prinzips, S. 289, der den Eingriff aber für unverhältnismäßig hält; anders *Dallmeyer*, KritV 2000, S.260ff., der darin eine aktive Selbstbelastung sieht.

[683] So bereits bezüglich der Gegenüberstellung *Odenthal*, Gegenüberstellung, S. 99f.

Willen entzogen werden können, unabhängig davon, wie der pathologische Zustand im Einzelfall verursacht werden kann (z.B. durch Virusinfektion verursachter Brechreiz oder Verabreichung eines Brechmittels).

5. Aufrechterhaltung des Leib-Seele-Dualismus

Dieser erweiterte Schutz der Willensausübung hebt die Trennung von Körper und Geist jedoch nicht auf. Es erfolgt lediglich eine Grenzverschiebung. Die Annahme, von der physischen Existenz der Person lasse sich ein Abstraktum unterscheiden, welches in seiner metaphysischen Existenz alle ihre Subjektqualitäten verkörpert, steht im Widerspruch zu den Ergebnissen des ersten Kapitels der Untersuchung, in dem gezeigt wurde, daß die Trennung von Körper und Geist keine kongruente Entsprechung in den tatsächlichen Möglichkeiten des Zugriffs auf den Beschuldigten als Informationsquelle findet. Er findet auch keinen Ausdruck in den Regelungen des geltenden Verfahrensrechts ohne Einbeziehung des § 81a StPO. Weder ist der Zugriff auf geistige Informationen, die der Beschuldigte entäußert, vollständig versagt, noch darf auf den Körper als Informationsquelle uneingeschränkt zugegriffen werden.
Damit wird deutlich, daß neben dem Schutz des Wissens und der Willensausübung vor staatlichem Zwang noch eine vierte Komponente für die Inhaltsbestimmung des nemo tenetur-Gedankens relevant ist, der Schutz der körperlichen Integrität. Wenn in der bisherigen Diskussion davon ausgegangen wird, der Schutz des Wissens oder der Willensausübung lasse sich von der körperlichen Integrität des Beschuldigten trennen, wird der Schutz der körperlichen Integrität zum unselbständigen Annex des Schutzes der freien Willensausübung. Dabei wird übersehen, daß der staatliche Zugriff auf das Wissen des Beschuldigten nicht eindeutig vom Zugriff auf seinen Körper getrennt werden kann und auch der Schutz der Willensausübungsfreiheit nicht unabhängig von der Körpersphäre des Beschuldigten gewährleistet werden kann. Beide setzen notwendig eine physische Existenz voraus. Ohne ein physisches Medium, welches sich durch die Willensbetätigung steuern läßt, kann niemand an der Gesellschaft partizipieren. Daher ist die Normierung des Beweismethodenverbots in § 136a StPO eine zwingende Konsequenz aus der Anerkennung der Subjektstellung.[684] Dort wo auf den Körper als Medium des Wissens bzw. der Willensentschließungs- und -betätigungsfreiheit zugegriffen wird, ist die Subjektqualität verletzt. Sie kommt durch die in § 136a I 1 StPO erfaßten Arten körperlich wirkender Beeinflussungen zum Ausdruck, die sich nicht präzise von den im gleichen Satz genannten unmittelbar seelischen Einwirkungen abgrenzen lassen.[685] Zu den körperlichen Beeinflussungen zählen Mißhandlung, Ermüdung, Verabreichung von Mitteln und körperliche Eingriffe.[686] Körperliche Eingriffe sind alle Maßnahmen, die auf

---

[684] *Roxin*, Strafverfahrensrecht, § 25 Rn. 14; *Wintrich*, Problematik der Grundrechte, S. 17f.
[685] KK-*Boujong*, § 136a Rn. 9; LR-*Hanack*, § 136a Rn. 16.
[686] KK-*Boujong*, § 136a Rn. 10; *Roxin*, Strafverfahrensrecht, § 25 Rn. 14.

die Veränderung der körperlichen Konstitution gerichtet sind, insbesondere die körperliche Unversehrtheit beeinträchtigen und erfüllen damit häufig zugleich Gesichtspunkte der Verabreichung von Mitteln, der Mißhandlung oder Quälerei.[687] Auch hier wird deutlich, daß sich die Einwirkung auf den Körper nicht von der Einwirkung auf die Person des Beschuldigten trennen läßt.

III. Schutz der körperlichen Integrität

Die Zugrundelegung des Leib-Seele-Dualismus führt aufgrund der Unschärfe der damit verbundenen Abgrenzungskriterien zu stark divergierenden Ergebnissen bei der Bewertung der Zulässigkeit einzelner Maßnahmen. Exemplarisch sei hier nochmals auf die genannten Beispiele der zwangsweisen Gegenüberstellung und die Frage der Zulässigkeit des Brechmitteleinsatzes verwiesen. Eine Überwindung der dargestellten Probleme scheint nur möglich, wenn man sich von vorgefaßten Inhaltsbestimmungen löst und den normativen Gehalt des nemo tenetur-Gedankens deduktiv aus den verfassungsrechtlichen Vorgaben ableitet. Nur so kann festgestellt werden, ob der nemo tenetur-Gedanke den Schutz der körperlichen Integrität umfaßt, und in welchem Umfang der Schutz der körperlichen Integrität gegebenenfalls einer Abwägung mit staatlichen Interessen unterliegt. Die Bestimmung des Schutzbereichs und die Bestimmung seiner abwägungsfesten Grenzen sind somit entscheidend für die Beantwortung der Frage, ob Eingriffe nach § 81 a StPO im Einzelfall oder grundsätzlich gegen den dem nemo tenetur-Satz zugrundeliegenden Rechtsgedanken verstoßen.

1. Vorüberlegungen zur Bestimmung des normativen Gehalts des nemo tenetur-Gedankens

Der Versuch einer konsensfähigen Inhaltsbestimmung bereitet allerdings schon deshalb Probleme, weil er weder einfachgesetzlich[688] noch im Verfassungstext ausdrücklich kodifiziert ist und somit ein auslegungsfähiger Normtext fehlt. Insofern verwundert es nicht, daß die Palette von Verständnis- und Begründungsansätzen breit gestreut ist. Die Suche nach dem normativen Gehalt und den rechtlichen Grenzen des nemo tenetur-Gedankens gleicht daher trotz des allgemeinen Konsenses über die Existenz eines aus dem nemo tenetur-Satz resultierenden Rechtsinstituts mit verfassungsrechtlichen Bezügen und Gültigkeit im Strafverfahren strafverfahrensrechtlicher „Chaosforschung".

---

687 KK-*Boujong*, § 136 a Rn. 9 ff.; LR-*Hanack*, § 136 a Rn. 23.

688 Die Belehrungsvorschriften der StPO (§§ 136 I 2; 243 IV 1; 115 III 1; 128 I 2; 163 a III 2 und 163 a IV 2) setzen ebenso wie § 55 I StPO das Bestehen eines Schweigerechts voraus und beinhalten damit lediglich eine einfachgesetzliche Konkretisierung; vgl. dazu *Rogall*, Der Beschuldigte als Beweismittel, S. 42 ff. u. 104 f. sowie *Nothhelfer*, Freiheit vom Selbstbezichtigungszwang, S. 9 f. Auch die völkerrechtlichen Regelungen der Art. 14 III lit. g IPBPR und Art. 6 I 1 EMRK bieten keinen ausreichenden Anhaltspunkt für eine Inhaltsbestimmung; vgl. dazu *N. Bosch*, Aspekte des nemo-tenetur-Prinzips, S. 24 ff.

a) Zum Vorverständnis: prodere versus accusare

Schon der den Gedanken umschreibende Satz *„nemo tenetur se ipsum accusare/ prodere"* bietet durch die Wahl der in der Literatur teils synonym[689] verwendeten Verben *accusare*[690] und *prodere*[691] zwei Handlungsalternativen mit divergentem Interpretationsspielraum.

Die Wahl der Handlungsalternative des zweiten Satzteils *se ipsum accusare/prodere* hat allerdings einen deutlichen Einfluß auf den vollständigen Bedeutungsgehalt. Die Handlung *accusare* leitet sich ab von *ad causa* und bedeutet *jemanden in einer Kriminalsache anklagen.*[692] In diesem Sinne ist der *accusator* gewöhnlich ein Ankläger in Strafsachen[693] im Gegensatz zum *petitor*, dem Kläger in Zivilsachen.[694] Die Handlung *accusare* weist damit einen prozessualen Bezug auf, der sich nach ihrer gebräuchlichen Verwendung auf das Strafverfahren einengen läßt. „Nemo tenetur se ipsum accusare" kann demnach übersetzt werden mit: Niemand ist verpflichtet, sich selbst in einem (Straf-)Verfahren einer Tat anzuklagen. Demgegenüber hat die Handlung *prodere* einen weiteren Interpretationsspielraum. *Prodere* ist ein Kompositum von *pro* und *dare* – weitergeben – und hat im Zusammenhang mit einem Geheimnis die Bedeutung von *(etwas) verraten.*[695] In diesem Sinne kann der Satz „Nemo tenetur se ipsum prodere" übersetzt werden mit: Niemand ist verpflichtet, sich selbst zu verraten. Die Handlung des Verratens von Geheimnissen bzw. Informationen bleibt im Vergleich zur Selbstanklage im Strafverfahren allgemeiner ohne einen mit dem Wort unmittelbar verknüpften Bezug zum staatlichen (Straf-)Verfahren.[696] Damit kann schon in der Wahl des Verbs eine Weichenstellung zugunsten eines weiter oder enger gefaßten Verständnisses von Inhalt und Grenzen des nemo tenetur-Gedankens angelegt sein oder anders herum die Wortwahl auf ein bestimmtes Vorverständnis zurückzuführen sein.

---

689 Z.B. *Kopf*, Selbstbelastungsfreiheit, S. 1; LR-*Gollwitzer*, Art. 14 IPBPR Rn. 248; LR-*Rieß*, Einl. Abschn. I Rn. 88; *Nothhelfer*, Freiheit vom Selbstbezichtigungszwang, S. 1 (prodere) und S. 9 (accusare) und weitere; *Ranft*, Strafprozeßrecht, Rn. 292 in Fn. 2; SK-StPO-*Paeffgen*, Art. 6 EMRK Rn. 80.

690 So z.B. BVerfGE 56, 37 (43); *Böse*, GA 2002, 1; *Dingeldey*, JA 1984, 407; *Dreier*, GG, Art. 1 I Rn. 1; *Kahlo*, KritV 1997, 183 (205); *Kühne*, Strafprozessrecht, Rn. 103; *Mäder*, Betriebliche Offenbarungspflichten, S. 49.

691 So z.B. *H.-L. Günther*, GA 1978, 193 (194); *Jerouschek*, ZStW 102 (1990), 793 (795 f.); *Paeffgen*, Vorüberlegungen, S. 68; *Ransiek*, Polizeivernehmung, S. 47; *Rogall*, Der Beschuldigte als Beweismittel, S. 17 und 19; *ders.*, SK-StPO, Vor § 133 Rn. 130.

692 *Menge*, Großwörterbuch Latein, s.v. accuso.

693 *Menge*, Großwörterbuch Latein, s.v. accusator.

694 *Menge*, Großwörterbuch Latein, s.v. petitor.

695 *Menge*, Großwörterbuch Latein, s.v. prodo.

696 Im Kanonischen Recht galt der nemo tenetur-Satz sogar nur so lange, wie keine offizielle Beschuldigung erhoben worden war. Ab diesem Zeitpunkt war der Beschuldigte zur Aussage verpflichtet. Vgl. dazu ausführlich *Rogall*, Der Beschuldigte als Beweismittel, S. 70.

Dementsprechend existiert eine breite Palette an sprachlichen Umschreibungen, welche bei der Interpretation und Bestimmung der Reichweite des nemo tenetur-Satzes verwendet werden. Sie reichen von „Schweigerecht“[697] und „Aussagefreiheit“[698] über „Selbstbelastungsfreiheit“[699], „Mitwirkungsfreiheit“[700] „Freiheit vom Selbstbezichtigungszwang“[701] und „Schutz vor Selbstbezichtigung“[702] bis hin zu „Selbstverteidigungsfreiheit“[703]. Zu Recht hat *Verrel* hinsichtlich dieser Vielfalt darauf hingewiesen, es bestehe „offenbar mehr Klärungsbedarf, als die lange Tradition des Verbots vom Selbstbelastungszwang vermuten läßt“.[704]

b) Kein einheitlicher Ansatz zur Inhaltsbestimmung

Auch der Ansatz für eine Inhaltsbestimmung wird nicht einheitlich gewählt. Überwiegend ist die verfassungsrechtliche Verankerung des nemo tenetur-Gedankens Ausgangspunkt der Überlegungen. *Reiß* verknüpft diesen Ansatz mit einer historischen Argumentation im Hinblick auf seine Entwicklungsgeschichte.[705] Dagegen verfolgt *Bosch*[706] einen funktionsorientierten Ansatz, während *Verrel*[707] den Versuch einer „induktiven, fallorientierten“ Inhaltsbestimmung unternimmt.

Schließlich beschränkt sich sogar der Konsens hinsichtlich seines verfassungsrechtlichen Gehalts[708] auf die allgemeine Feststellung, der nemo tenetur-Satz habe Verfassungsrang, ohne daß Einigkeit über seine genaue Verortung im Grundgesetz bestünde. Trotz der vielfältigen Versuche, den nemo tenetur-Gedanken verschiedenen Verfassungsnormen zuzuordnen, ist zudem die Bedeutung unterschiedlicher verfassungsrechtlicher Herleitungen für seine Inhaltsbestimmung umstritten. Während *H. Schneider* der Auffassung ist, die Begründung des nemo tenetur-Gedankens durch unterschiedliche Verfassungsnormen wirke

---

697 BVerfGE 56, 37 (43).

698 Z.B. *Rüping*, ZStW 91 (1979), 351 (352).

699 SK-StPO-*Rogall*, Vor § 133 Rn. 136ff.; *Verrel*, Selbstbelastungsfreiheit; *Kopf*, Selbstbelastungsfreiheit. Gleichgesetzt werden können die Bezeichnungen „Selbstbezichtigungsfreiheit“ bzw. „Freiheit vom Selbstbezichtigungszwang“, so z.B. *Nothhelfer*, Freiheit vom Selbstbezichtigungszwang, S. 9; *Rossmanith*, Verfassungsmäßigkeit von körperlichen Eingriffen, S. 62; *N. Bosch*, Aspekte des nemo-tenetur-Prinzips, S. 21.

700 *Weßlau*, ZStW 110 (1998), 1; *Rogall*, Der Beschuldigte als Beweismittel, S. 54 ff.

701 *Albrecht*, Kriminologie, § 9 F I 1.

702 *Eser*, ZStW Beiheft 86 (1974), 136; ähnlich *Nothhelfer*, Freiheit vom Selbstbezichtigungszwang, S. 9.

703 *Hoffmann*, Selbstbegünstigung, S. 21.

704 *Verrel*, Selbstbelastungsfreiheit, S. 1.

705 *Reiß*, Besteuerungsverfahren und Strafverfahren, S. 171 ff.; dazu ausführlich oben I 3 a).

706 Aspekte des nemo-tenetur-Prinzips aus verfassungsrechtlicher und strafprozessualer Sicht – Ein Beitrag zur Funktionsorientierten Auslegung des Grundsatzes „nemo tenetur se ipsum accusare“.

707 *Verrel*, Selbstbelastungsfreiheit, insbes. S. 8.

708 Ablehnend noch *K. Peters*, ZStW 91 (1979), 96 (123).

sich auf seine Schutzrichtung aus,[709] hält *Rogall* dies für „eine enorme Überschätzung“[710].

c) Rechtsnatur des nemo tenetur-Gedankens

Ungeachtet dieser Unklarheiten wird der nemo tenetur-Gedanke gemeinhin als ein anerkannter Grundsatz[711] oder Prinzip[712] bezeichnet, obwohl beide Termini wenig inhaltliche Aussagekraft besitzen. Unter welchen Voraussetzungen ein Rechtsgedanke als Prinzip oder – vielfach gleichgesetzt –[713] als Grundsatz bezeichnet werden kann, wird in der rechtstheoretischen Diskussion uneinheitlich bewertet.[714] Dabei spielen in der überwiegend am Zivil- und öffentlichen, insbesondere Verfassungsrecht orientierten Prinzipienlehre strafrechtliche oder strafverfahrensrechtliche Prinzipien so gut wie keine Rolle. Eine Begründung für die Einordnung des nemo tenetur-Gedankens als Prinzip unter Bezugnahme auf die rechtstheoretische Diskussion findet man daher kaum.[715]
Trotz der Faszination, die dem Wort „Prinzip“ anhaftet,[716] birgt somit auch diese Einordnung des nemo tenetur-Gedankens weiteres Konfliktpotential. Wenn z.B. vielfach die Abwägungsfähigkeit als Charakteristikum von Prinzipien betrachtet wird,[717] ist dies eine Überlegung, die zum nemo tenetur-Gedanken dann nicht so recht zu passen vermag, wenn man ihn auf das Strafverfahren beschränkt und zum „Unverfügbaren“ im Strafverfahren[718] zählt. Auch die Prinzipienbildung durch Rechtsanalogie[719] unter Einbeziehung des § 81a StPO ist vor dem Hintergrund der aufgezeigten Sonderstellung und Wertungswidersprüche bedenklich.

---

709 *Schneider*, Grund und Grenzen, S. 38; ähnlich *N. Bosch*, Aspekte des nemo-tenetur-Prinzips, S. 29.

710 *Rogall*, StV 1996, 63 (64); ähnlich *Verrel*, Selbstbelastungsfreiheit, S. 6: „weitgehend akademischer“ Streit; hiergegen *Böse*, GA 2002, 98 (128).

711 So z.B. *Nothhelfer*, Freiheit vom Selbstbezichtigungszwang, S. 1 u.a.; *Schneider*, Grund und Grenzen, S. 27 ff.

712 So z.B. *Lozenz*, JZ 1992, 1000 (1006); *Ransiek*, Polizeivernehmung, S. 48; *Reiß*, Besteuerungsverfahren und Strafverfahren, S. 140 ff. (anders S. 171).

713 Vgl. z.B. *N. Bosch*, Aspekte des nemo-tenetur-Prinzips, S. 31 ff.; *Dingeldey*, JA 1984, 407 ff.; *Mäder*, Betriebliche Offenbarungspflichten, S. 49 ff.; SK-StPO-*Rogall*, Vor § 133, Rn. 130.

714 Dazu Überblicke z.B. bei *Reimer*, Verfassungsprinzipien, S. 171 ff. und *Rüthers*, Rechtstheorie, Rn. 756 jeweils m.w.N.

715 *F.L. Lorenz*, JZ 1992, 1000 (1005 f.): „rechtserzeugtes Rechtsprinzip“.

716 Dazu z.B. *Reimer*, Verfassungsprinzipien, S. 19 f.

717 Vgl. z.B. *Alexy*, Theorie der Grundrechte, S. 78 f.; *F.L. Lorenz*, JZ 1992, 1000 (1004); *Röhl*, Allgemeine Rechtslehre, S. 251 ff. und 622 ff.; *Schilling*, Rang und Geltung von Normen, S. 85 ff.; *Sieckmann*, Regelmodelle und Prinzipienmodelle, S. 52 ff.; dazu ausführlich *Reimer*, Verfassungsprinzipien, S. 174 ff. m.w.N.; anders ausdrücklich für „strafprozessuale Gundprinzipien“ *Grünwald*, StV 1987, 453 (457).

718 *Hassemer*, FS-Maihofer, 183 (203); *Wolter*, Aspekte einer Strafprozeßreform, S. 26 f.; für das Schweigerecht ebenso *Grünwald*, StV 1987, 453 (457).

719 Dazu ausführlich z.B. *Larenz*, Methodenlehre, S. 368 ff.

Gleiches gilt, wenn zur Begründung der inhaltlichen Differenzierung zwischen passiven Duldungspflichten und der Freiheit zur aktiven Mitwirkung neben der den §§ 136, 136a und 95 II StPO zugrundeliegenden ratio legis auch § 81a StPO in die Argumentation einbezogen wird, ohne sich zuvor mit den aufgezeigten Wertungswidersprüchen ausreichend auseinandergesetzt zu haben und so die Frage nach der Verfassungskonformität weitgehend unberücksichtigt bleibt. Die herrschende Meinung schließt ungeachtet der aufgezeigten Problematik aus der in § 81a StPO statuierten Duldungspflicht einerseits und der Anerkennung der Aussagefreiheit durch die §§ 136, 136a StPO sowie der Verneinung einer Editionspflicht in § 95 II 2 StPO andererseits, daß der Beschuldigte zwar nicht zur aktiven Mitwirkung am Strafverfahren, wohl aber zur Duldung von Ermittlungsmaßnahmen, die gegen seinen Willen durchgeführt werden, verpflichtet sei.[720] Das damit korrespondierende strafprozessuale Argument zur Begründung der Duldungspflicht lautet, der Beschuldigte werde bei der Durchführung dieser Maßnahmen lediglich als „Augenscheinsobjekt" betrachtet.[721] Es handele sich daher im Vergleich zu (erzwungenen) Aussagen um eine „anders geartete Angriffsrichtung"[722]. Solle der Beschuldigte durch das Schweigerecht nämlich davor bewahrt werden, aktiv und gegen seinen Willen zu seiner eigenen Belastung beizutragen, werde vom Beschuldigten bei Maßnahmen wie der Entnahme einer Blutprobe lediglich ein passives Dulden verlangt, welches in die Freiheit der Willensentschließung weniger eingreife als eine aktive Offenbarungspflicht.[723] Über die gesetzlich normierten Duldungspflichten hinaus dürfe der Beschuldigte aber keiner Maßnahme unterworfen werden, durch die er aktiv zu seiner Selbstbezichtigung beitragen könnte.[724] Damit wird zwar einerseits deutlich, daß die Reichweite des nemo tenetur-Gedankens nicht auf die Selbstbelastung durch Aussagen beschränkt ist,[725] es folgt daraus aber andererseits die Konsequenz, daß die Inaugenscheinnahme des Körpers des Beschuldigten oder seines Inhalts nicht als unzulässige Einwirkung auf die Willensentschließungs- und -betätigungsfreiheit des Beschuldigten angesehen wird.

---

720 So z.B. BVerfGE 56, 37 (42); BGHSt 34, 39 (45 f.); *Dingeldey*, JA 1984, 407 (412); *Eser*, ZStW Beiheft 86 (1974), 136 (145 f.); *Haas*, GA 1997, 368 (369f.); HK-*Krehl*, Einleitung Rn. 17; *Nothhelfer*, Freiheit vom Selbstbezichtigungszwang, S. 91; *Paeffgen*, Vorüberlegungen, S. 68 mit Fn. 274; SK-StPO-*Rogall*, Vor § 133 Rn. 73; *Verrel*, Selbstbelastungsfreiheit, S. 11; ähnlich bereits für die Aussage *Günther*, GA 1978, 193 (196); kritisch bezüglich dieser Vorgehensweise z.B. *Kopf*, Selbstbelastungsfreiheit, S. 161 ff.

721 *Eser*, ZStW Beiheft 86 (1974), 136 (146); *Ranft*, Strafprozeßrecht, Rn. 712; *Eb. Schmidt*, Lehrkommentar Teil II, § 81 a Anm. 3.

722 *Eser*, ZStW Beiheft 86 (1974), 136 (146).

723 BVerfGE 56, 37 (42); *Eser*, ZStW Beiheft 86 (1974), 136 (146); *Haas*, GA 1997, 369 f.; *Ranft*, Strafprozeßrecht, Rn. 712 u. 725, *Rogall*; Der Beschuldigte als Beweismittel, S. 33 f.; *ders.*, SK-StPO, Vor § 133, Rn. 141.

724 *Eser*, ZStW Beiheft 86 (1974), 136 (153).

725 A.A. *F.L. Lorenz*, JZ 1992, 1000 (1006); einschränkend *Schöch*, DAR 1996, 44 (49 f.); *Verrel*, NStZ 1997, 415 (417 ff.).

Diese Einbeziehung des § 81a StPO zur Bestimmung des normativen Gehalts des nemo tenetur-Grundsatzes ist vor dem Hintergrund der aufgezeigten Wertungswidersprüche fragwürdig, solange die Richtigkeit der Aktiv/Passiv-Dichotomie nicht zweifelsfrei begründet ist.

2. Ableitung des nemo tenetur-Gedankens aus dem Grundgesetz

Will man Inhalt und Grenzen des nemo tenetur-Gedankens nicht zur freien Disposition des nachkonstitutionellen Gesetzgebers stellen, der durch die Schaffung weiterer strafprozessualer (oder auch anderer staatlicher) Eingriffsbefugnisse neue einfachgesetzliche „Interpretationshilfen" zur Verfügung stellen könnte,[726] ist die Auseinandersetzung mit der verfassungsrechtlichen Verortung und den daraus folgenden Vorgaben für seine Inhaltsbestimmung unerläßlich. Im Hinblick auf die aufgezeigten Wertungswidersprüche stellt sich weiterhin die Frage, ob über die vom *Bundesverfassungsgericht* vorgenommene verfassungskonforme Auslegung hinaus eine weitere teleologische Reduktion des Anwendungsbereichs erforderlich ist. Im Falle eines durch verfassungsrechtliche Vorgaben gebotenen nemo tenetur-Verständnisses, das jegliche zwangsweise Inanspruchnahme verbietet, wäre die zwingende Konsequenz die Verfassungswidrigkeit des § 81a StPO.[727]

a) Wechselwirkung zwischen Vorverständnis und verfassungsrechtlicher Zuordnung

Die Verortung eines nicht ausdrücklich kodifizierten Rechtsgedankens im grundgesetzlichen System ist allerdings ohne eine ungefähre Vorstellung seines inhaltlichen Regelungsgehalts nicht möglich. Es liegt folglich nahe, sich diese Vorstellung anhand einfachgesetzlicher Regelungen mit Bezug zum nemo tenetur-Gedanken zu bilden. Dabei besteht freilich die Gefahr, daß die Rückführung des nemo tenetur-Gedankens auf bestimmte Verfassungsnormen von einem vorgefaßten Inhaltsverständnis beeinflußt wird. Und in der Tat kann man feststellen, daß zur Begründung der verfassungsrechtlichen Verortung immer wieder mit umstrittenen Inhaltsbestimmungen des nemo tenetur-Satzes argumentiert wird, ohne in Frage zu stellen, ob diese überhaupt von den verfassungsrechtlichen Vorgaben gedeckt sind. Eine solche Vorgehensweise kann sich verfälschend auf eine an die verfassungsrechtlichen Grundlagen anschließende detaillierte Inhaltsbestimmung auswirken.[728] Insofern birgt der von *Bosch* vorgeschlagene Weg, Anwendungsbereich und Verfassungsbestimmung wechselseitig durch ein Hin-und-her-wandern-lassen des Blickes zu ermitteln, weil „die verfassungsrechtliche Standortbestimmung wesentlich davon beeinflußt wird, wel-

---

[726] Man stelle sich z.B. die ausdrückliche gesetzliche Legitimierung der im Hinblick auf den nemo tenetur-Satz umstrittenen Hörfalle vor.

[727] Vgl. auch *Verrel*, Selbstbelastungsfreiheit, S. 233.

[728] Ähnlich *Böse*, GA 2002, 98 (99).

che Funktion der nemo tenetur-Grundsatz im Strafverfahren zu übernehmen hat",[729] die Gefahr eines Zirkelschlusses. Um dem vorzubeugen, muß für die Annäherung an diese Fragestellungen auf ein allgemein anerkanntes, auf den innersten Kern beschränktes, rudimentäres Inhaltsverständnis vom nemo tenetur-Gedanken zurückgegriffen werden.
Die Frage, ob sich unterschiedliche verfassungsrechtliche Grundlagen auf die inhaltlichen Grenzen auswirken können, kann in diesem Sinne erst dann zufriedenstellend beantwortet werden, wenn man sich von einem vorschnell gefaßten Inhaltsverständnis löst und ohne den Blick auf Detailfragen zu lenken zunächst allgemein fragt, welche Leitlinien für die Inhaltsbestimmung von der jeweiligen Verfassungsnorm vorgegeben werden. Sicher ist aber bereits, daß nur eine Festlegung auf die verfassungsrechtlichen Grundlagen des nemo tenetur-Satzes die für die Inhaltsbestimmung erforderliche Klarheit bringen kann. Da die aktuelle Diskussion von vielen Unklarheiten auf unterschiedlichen Ebenen beherrscht wird, bietet es sich hierbei an, einen genaueren Blick auf die Entwicklungs- und Ideengeschichte des nemo tenetur-Gedankens zu werfen.

b) Verfassungsrechtliche Zuordnung

Die Darstellung zum Meinungsstand bezüglich der verfassungsrechtlichen Grundlagen des nemo tenetur-Gedankens wird sich im folgenden auf die für die Erläuterung des eigenen Standpunkts wesentlichen Aspekte beschränken, da eine Auseinandersetzung um die verfassungsrechtlichen Wurzeln des nemo tenetur-Gedankens in der Vergangenheit bereits ausführlich erfolgt ist[730] und das Für und Wider einzelner Begründungsansätze dabei umfassend erörtert wurde.

aa) Das Schweigerecht als Kernbereich des nemo tenetur-Gedankens

Als gesicherter Kernbereich des nemo tenetur-Gedankens kann der in Art. 14 III lit. g des Internationalen Paktes über bürgerliches und politisches Recht (IPBPR) normierte strafverfahrensrechtliche Grundsatz angesehen werden, daß der Beschuldigte nicht gezwungen werden darf, eine Aussage zur Sache zu machen.[731] Das Verbot der Anwendung staatlichen Zwangs zur Erlangung einer Aussage im Strafverfahren wird explizit in § 136a StPO ausgesprochen und liegt auch den zahlreichen Belehrungsvorschriften der Strafprozeßordnung zugrun-

---

729 *N. Bosch*, Aspekte des nemo-tenetur-Prinzips, S. 31; ähnlich *F.L. Lorenz*, JZ 1992, 1000 (1006).

730 Grundlegend *Rogall*, Der Beschuldigte als Beweismittel, S. 124 ff.; daneben z. B. in den Monographien von *N. Bosch*, Aspekte des nemo-tenetur-Prinzips, S. 27 ff.; *Nothhelfer*, Freiheit vom Selbstbezichtigungszwang, S. 10 ff.; *Reiß*, Besteuerungsverfahren und Strafverfahren, S. 157 ff.; *Schneider*, Grund und Grenzen, S. 37 ff. jeweils m.w.N.

731 BGHSt 41, 139 (152); *Böse*, GA 2002, 98 (99); *H. Schneider*, Selbstbegünstigungsprinzip, S. 29; *Verrel*, Selbstbelastungsfreiheit, S. 9 f.; *ders.*, NStZ 1997, 361 (365); a.A. *Lesch*, ZStW 111 (1999), 624 (636 ff.), demnach ist die Aussagefreiheit gerade nicht Ausdruck des nemo tenetur-Prinzips.

de.[732] Neben dem impliziten Verbot der Anwendung staatlichen Zwangs wird in den Belehrungsvorschriften die Freiheit der Entscheidung über das Aussageverhalten als weiterer Aspekt aufgezeigt. So spricht § 115 III 1 StPO ausdrücklich von einem *Recht* des Beschuldigten, „sich zur Beschuldigung zu äußern oder nicht zur Sache auszusagen". In der zentralen Belehrungsvorschrift § 136 I 2 StPO heißt es: Der Beschuldigte „ist darauf hinzuweisen, daß es ihm nach dem Gesetz *frei*stehe, sich zu der Beschuldigung zu äußern oder nicht zur Sache auszusagen". Hier finden die häufig verwendeten Termini *Schweigerecht* und *Aussagefreiheit* ihre gesetzliche Entsprechung. Mit der einfachgesetzlichen Anerkennung des Schweigerechts korrespondiert der akzessorische strafrechtliche Schutz vor Aussageerpressung durch staatliche Organe in § 343 StGB.[733]
Aus dem Wortlaut der strafprozessualen Regelungen lassen sich über die grundsätzliche Anerkennung der Aussagefreiheit hinaus zwei Funktionen ableiten. Mit dem Verbot der staatlichen Zwangsanwendung zur Erlangung von Informationen korrespondiert das Recht des Beschuldigten, nicht auszusagen. Daneben wird aber auch deutlich, daß der Beschuldigte auch das Recht hat, sich zu äußern.[734] Die Gesamtschau der strafprozessualen und materiellrechtlichen Regelungen zeigt dabei, daß der Schwerpunkt der Aussagefreiheit auf dem Schweigerecht liegt. Die Funktion, sich durch Aussage am Verfahren beteiligen zu können, tritt in den Hintergrund. Nur die Zwangsanwendung zur Informationserlangung wird in § 136a StPO verboten und in § 343 StGB unter Strafe gestellt. Das Schweigerecht genießt damit gegenüber der allgemeinen Aussagefreiheit einen besonderen Schutz.[735]
Trotz der vielen umstrittenen Einzelfragen kann aufgrund der grundsätzlichen Anerkennung der Gültigkeit dieser Regelungen festgehalten werden, daß der nemo tenetur-Gedanke zwei Komponenten umfaßt, die vom Minimalkonsens getragen werden: einerseits das an den Staat gerichtete Verbot der Zwangsanwendung und zum zweiten ein subjektives Recht des einzelnen auf eine freie Entscheidung über das Aussageverhalten, wobei die negative Funktion, nicht aussagen zu müssen, gegenüber dem Recht, eine Aussage machen zu dürfen, dominiert.
Dieses Ergebnis wird durch einen Blick auf die Entstehungsgeschichte des nemo tenetur-Gedankens unter Einbeziehung der genannten Normen bestätigt und konkretisiert.

---

[732] S.o. Fn. 688.

[733] LR-*Hanack*, § 136a, Rn. 2; SK-StPO-*Rogall*, § 136a, Rn. 2.

[734] *Rogall*, Der Beschuldigte als Beweismittel, S. 59.

[735] Ähnlich *Rogall*, Der Beschuldigte als Beweismittel, S. 87 f.

bb) Entwicklungsgeschichte des Schweigerechts

Der aus dem anglo-amerikanischen Rechtsraum stammende nemo tenetur-Gedanke war bis zur Mitte des 19. Jahrhunderts in Deutschland weitestgehend unbekannt.[736]

Im Gegenteil bestanden in den unterschiedlichen Rechtsepochen für denjenigen, der der Verletzung von Gesetzen bzw. Rechtsgütern anderer beschuldigt wurde, unterschiedliche Mitwirkungspflichten, für deren Entwicklung das germanische Verfahren prägend war. Zu diesen Mitwirkungspflichten gehörte im germanischen Verfahren die Aussagepflicht im Thing. In diesem Verfahren, das nicht zwischen Straf- und Zivilprozeß trennte, mußte der Beklagte auf die vom Kläger vorgetragene Klage antworten und gegebenenfalls zu seiner Verteidigung die Klage in ihrem vollen Umfang Wort für Wort verneinen. Alles was nicht bestritten wurde, galt als zugestanden, so daß dem vollständigen Schweigen die Bedeutung eines umfassenden Geständnisses zukam.[737] Da sich der Beschuldigte durch sein Schweigen zugleich seiner Mitwirkungspflicht verweigert hatte, wurde es wie jede Verweigerung der Mitwirkung mit Friedloslegung geahndet; d.h., der Beklagte wurde aus der Sippe ausgestoßen, die Stammesgenossen waren zu seiner Tötung aufgerufen.[738]

Die Mitwirkungspflichten im germanischen Verfahren resultierten aus der Auffassung, jeder Rechtsgenosse müsse einem anderen zu seinem Recht verhelfen und zwar auch dann, wenn er sich mit diesem in Streit befand. Trotzdem wurde unmittelbarer Zwang weitestgehend als unzulässig betrachtet, da die persönliche Freiheit eine hohe Wertschätzung erfuhr. In diesem Sinne wurde die Möglichkeit der Friedloslegung trotz ihrer mittelbaren Zwangswirkung auch nicht als Zwangsmittel betrachtet, das durch die Beugung des Willens ein künftiges Verhalten bestimmen sollte, sondern als Ungehorsamsstrafe, die eine vorangegangene Pflichtverletzung ahndet.[739]

In der anschließenden fränkischen Zeit blieben diese Mitwirkungspflichten erhalten. Eine Neuerung ergab sich aber bei der zwangsweisen Durchsetzung dieser Pflichten. Neben die Ungehorsamsstrafen für vergangenes Fehlverhalten traten nun auf künftiges Verhalten gerichtete Beugemittel. Auch unmittelbarer, obrigkeitlicher Zwang durfte ausgeübt werden, etwa durch Verhaftung und Vorführung. Erstmals wurde im gerichtlichen Verfahren die Folter eingesetzt, vorwiegend um Unfreie zu einem Geständnis zu bringen.[740]

---

736 *Rogall*, Der Beschuldigte als Beweismittel, S. 87.

737 Zum ganzen *Plöger*, Mitwirkungspflichten, S. 6 ff. m.w.N.; *Walder*, Vernehmung des Beschuldigten, S. 32.

738 *Plöger*, Mitwirkungspflichten, S. 6 ff. m.w.N.; *Nickel*, Schweigen des Beschuldigten, S. 7 f.

739 Zum ganzen *Plöger*, Mitwirkungspflichten, S. 6 ff. m.w.N.; *Eb. Schmidt*, Einführung, § 29.

740 Ausführlich *Plöger*, Mitwirkungspflichten, S. 25 ff. m.w.N.

Im Mittelalter erfuhr das Strafverfahren durch die Einführung des Inquisitionsprozesses eine gravierende Veränderung.[741] Der Beschuldigte wurde staatlichen Interessen und der Wahrheitserforschung völlig untergeordnet. Dies beinhaltete eine Degradierung zum Objekt der Inquisition mit noch umfassenderen Mitwirkungspflichten. Hierzu gehörte insbesondere die Pflicht zur wahrheitsgemäßen Aussage. Die inquisitorischen Beweisregeln und die Stellung des Beschuldigten als Objekt des Verfahrens erlaubten schon begrifflich keinen Schutz vor Selbstbelastungen. Im Gegenteil wurde mit der Folter auf das für die Verurteilung notwendige Geständnis hingearbeitet.[742]

Aus Mitwirkungspflichten, die aus der persönlichen Freiheit abgeleitet wurden, hatte sich damit die Unterordnung und Negierung persönlicher Freiheit des Beschuldigten zur Durchsetzung staatlicher Interessen entwickelt.

Obwohl im 17. Jahrhundert, vor allem aber während der Aufklärung, kritische Stimmen gegen diese Praxis zunahmen,[743] vermochten weder die Abschaffung der Folter im Zuge der Aufklärung noch die Forderungen nach einer Reformierung des deutschen Strafprozesses im Liberalismus dem staatlichen Verlangen, ein Geständnis zu erlangen, ein den Beschuldigten vor staatlichem Zwang schützendes Recht entgegenzustellen.[744] Trotz der Abschaffung der Folter bestand weiterhin eine Mitwirkungs- und Wahrheitspflicht des Beschuldigten. die durch die Verhängung von Lügen- und Ungehorsamsstrafen durchgesetzt werden sollte. Ihr Gebrauch unterschied sich nur formell von der Anwendung der Folter. Statt auf ein Geständnis wurde durch die Zwangsanwendung nun lediglich auf eine Aussage hingewirkt.[745] Die trotz Abschaffung der Folter weiter bestehende Verpflichtung des Beschuldigten auszusagen zeigt, daß es zwar eine zeitliche und ideengeschichtliche Verknüpfung zwischen der Ablehnung von Folter und dem nemo tenetur-Gedanken gibt, jedoch keinen unmittelbaren Zusammenhang des Folterverbots mit dem nemo tenetur-Gedanken.[746] Aufgrund der gemeinsamen philosophisch-anthropologischen Grundlage[747] existiert aber eine Schnittmenge dort, wo Folter eingesetzt wird, um den schweigenden Beschuldigten zur Aussage zu zwingen.

---

741 Ausführlich *Ignor*, Geschichte des Strafprozesses, S. 41 ff.; *Eb. Schmidt*, Einführung, §§ 70 ff.

742 Ausführlich zum Inquisitionsprozeß *Ignor*, Geschichte des Strafprozesses, S. 41 ff.; *Plöger*, Mitwirkungspflichten, S. 55 ff., *Rogall*, Der Beschuldigte als Beweismittel, S. 87 f.; *Rüping/Jerouschek*, Grundriß, Rn. 84; *Walder*, Vernehmung des Beschuldigten, S. 39 ff. jeweils m.w.N.

743 Dazu *Ignor*, Geschichte des Strafprozesses, S. 153 ff. (insbes. 162 ff.); *Plöger*, Mitwirkungspflichten, S. 302 ff.; *Walder*, Vernehmung des Beschuldigten, S. 35 ff.

744 Ausführlich *Hoffmann*, Selbstbegünstigung, S. 16 f.; *Rogall*, Der Beschuldigte als Beweismittel, S. 87 f. m.w.N.

745 Dazu *Ignor*, Geschichte des Strafprozesses, S. 252 f.; *Nickel*, Schweigen des Beschuldigten, S. 11 f.; *Sellert*, FS-Scupin, 161 (177); *Walder*, Vernehmung des Beschuldigten, S. 43 ff.

746 *Dingeldey*, JA 1984, 407 (408); *Nothhelfer*, Freiheit vom Selbstbezichtigungszwang, S. 6; *Rieß* JA 1980, 293; *Rogall*, Der Beschuldigte als Beweismittel, S. 105 f.; *Wessels* JuS 1966, 169 (170).

747 *Dingeldey*, JA 1984, 407 (408).

Seine Objektstellung verliert der Beschuldigte erst mit der Reform des Strafprozesses. Der reformierte Strafprozeß erkennt seinen Status als Verfahrenssubjekt an und billigt ihm eigene Rechte zu.[748] Ein zentraler Ausdruck der Anerkennung der Subjektstellung des Beschuldigten war die Anerkennung der Mitwirkungsfreiheit des Beschuldigten im Strafprozeß.[749] Im Zuge der konkreten Diskussion über die Reform des deutschen Strafprozesses und die Anerkennung strafprozessualer Beschuldigtenrechte setzte sich langsam die Ansicht durch, daß der Beschuldigte im Anklageprozeß, dessen konkrete Gestaltung noch umstritten war,[750] nicht zu einer Aussage gegen sich selbst gezwungen werden und zudem nicht bloßes Untersuchungsobjekt sein dürfe. In diesem Sinne wurde die Vernehmung des Beschuldigten bereits in den Motiven zur StPO als „freiwillig dargebotenes Untersuchungsmittel" bezeichnet.[751] Aus der Gesetzesfassung des § 136 StPO a.F. wurde allgemein geschlossen, es stehe dem Beschuldigen frei zu entscheiden, ob er aussagen wolle.[752] Die Anerkennung einer solchen Rechtsstellung korrespondierte mit einem gewandelten, rechtsstaatlicheren Staatsverständnis.[753] Dieses drückte sich durch die Aufnahme von Verfahrensprinzipien, die liberalen und rechtsstaatlichen Grundsätzen entsprachen, in die Strafprozeßordnung von 1877 aus. Dem Beschuldigten wurden die gleichen Rechte wie der zur Objektivität verpflichteten Staatsanwaltschaft eingeräumt. Durch diese Waffengleichheit erhielt der Beschuldigte zumindest formal eine Stellung als gleichberechtigtes Prozeßsubjekt. Daneben fanden z.B. der Unmittelbarkeitsgrundsatz und die freie Beweiswürdigung Eingang in die Strafprozeßordnung.[754]
Durch die Normierung des § 136 StPO a.F. war zunächst klargestellt, daß sich der schweigende Beschuldigte prozeßordnungsgemäß verhält.[755] In diesem Sinne sollte die Vernehmung neben der Wahrheitsermittlung auch dazu dienen, dem Beschuldigten Gelegenheit zur Verteidigung zu geben.[756] Der staatliche Straf- und Wahrheitsermittlungsanspruch wurde durch die Anerkennung der Rechtsstellung des Beschuldigten begrenzt, obwohl man sich der Bedeutung eines Ge-

---

[748] SK-StPO-*Rogall*, Vor § 133 Rn. 60.

[749] *Kahlo*, KritV 1997, 183 (192); *Eb. Schmidt*, Deutsches Strafverfahrensrecht, Rn. 73 f.

[750] Zur Reformdiskussion ausführlich *Böse*, GA 2002, 98 (113 ff.); *Hoffmann*, Selbstbegünstigung, S. 17 f.; *Eb. Schmidt*, Einführung, §§ 284 ff.

[751] *Hahn*, Materialien Band 3 Abt. 1, S. 138.

[752] *Rogall*, Der Beschuldigte als Beweismittel, S. 43 mit ausführlichen Verweisen auf die zeitgenössische Literatur.

[753] *Böse*, GA 2002, 98 (113 ff.); *Reiß*, Besteuerungsverfahren und Strafverfahren, S. 155 ff.; *Rogall*, Der Beschuldigte als Beweismittel, S. 93 ff.; *ders.*, SK-StPO, Vor § 133 Rn. 60.; zu den Unterschieden im Verständnis des nemo tenetur-Gedankens in England und Deutschland, vor allem für die Zulässigkeit der Beschuldigtenvernehmung vgl. insbes. die Ausführungen von *Reiß* und *Böse* a.a.O.

[754] *Hoffmann*, Selbstbegünstigung, S. 19.

[755] *Rogall*, Der Beschuldigte als Beweismittel, S. 44.

[756] *Böse*, GA 2002, 98 (115 ff.); *N. Bosch*, Aspekte des nemo-tenetur-Prinzips, S. 162 f.; *Lesch*, ZStW 111 (1999), 624 (631 ff.).

ständnisses für den späteren Prozeßverlauf, insbesondere für eine Verurteilung, bewußt war.[757]
Trotz dieser grundsätzlichen Anerkennung des Schweigerechts des Beschuldigten wurde bei der Schaffung der Strafprozeßordnung auf entsprechende Belehrungsvorschriften verzichtet, unter anderem, weil man weiterhin überwiegend von einer sittlichen Pflicht des Beschuldigten zur Wahrheit ausging[758] und damit den staatlichen Interessen ein wesentliches Gewicht einräumte.

Es läßt sich festhalten, daß sich das Recht des Beschuldigten zu schweigen in Deutschland im Zuge eines geistesgeschichtlichen, staatstheoretischen und damit gekoppelten rechtlichen Wandels entwickelt hat und bereits von den Vätern der Strafprozeßordnung in § 136 StPO i.d.F. vom 1.2.1877 anerkannt wurde. Ziel der damit verbundenen Abkehr von den dargelegten inquisitorischen Grundauffassungen war es, die staatliche Gewaltanwendung zur Erlangung eines Geständnisses auszuschließen. In diesem Sinne wurden die Aussage und insbesondere das Geständnis als freiwillige Handlung des Beschuldigten betrachtet. Berücksichtigt man zudem, daß weiterhin eine sittliche Pflicht des Beschuldigten zur wahrheitsgemäßen Aussage angenommen wurde, so bestätigt all dies die im vorherigen Abschnitt aufgestellte These, der wesentliche Aspekt der Aussagefreiheit sei das Schweigerecht des Beschuldigten.

Obwohl man nach der menschenverachtenden Negierung rechtsstaatlicher Verfahrensgrundsätze im Nationalsozialismus das Schweigerecht als „prozessuale Binsenweisheit“[759] in der Bundesrepublik wieder anerkannte, sah sich der Gesetzgeber 1950 veranlaßt, durch die Einführung des § 136a StPO mit dem *Rechtsvereinheitlichungsgesetz*[760] eine weitere Regelung mit engem Bezug zum Schweigerecht in die Strafprozeßordnung aufzunehmen.
Die im einzelnen nicht unumstrittene[761] Regelung des § 136a StPO war ein wesentlicher Bestandteil des Versuchs, mit dem *Rechtsvereinheitlichungsgesetz* den verfassungsrechtlichen Vorgaben des Grundgesetzes im Strafverfahren Geltung zu verschaffen.[762] Das Verbot der Einwirkung auf die Freiheit der Willensentschließung und -betätigung resultierte dabei nicht nur aus dem menschenwürdeverachtenden Vorgehen der NS-Zeit. Auch die Entwicklung von neuen Ausforschungsmitteln und -methoden im Zuge des wissenschaftlichen Fortschritts schien das ausdrückliche Verbot der staatlichen Einwirkung auf die Willensbil-

---

[757] *Böse*, GA 2002, 98 (116).

[758] *Hahn*, Motive I, S. 701 ff. Ausführlich dazu *Degener*, GA 1992, 443 (456 ff.); *Hoffmann*, Selbstbegünstigung, S. 19 f.; *Rogall*, Der Beschuldigte als Beweismittel, S. 43 u. 100 f.

[759] *Niese*, ZStW 63 (1951), 199 (219).

[760] Vom 12. Sept. 1950, BGBl. I, S. 455.

[761] Dazu *Eb. Schmidt*, Nachtrag I, § 136a Rn. 3 u. 4.

[762] *Dallinger*, SJZ 1950, 732 (732 u. 734).

dung erforderlich zu machen.[763] In diesem Sinne verfolgt § 136a StPO zumindest in Teilen als Ausformung der Menschenwürdegarantie den Zweck, die Subjektstellung des Beschuldigten zu sichern und zu verhindern, daß dieser durch staatliche Zwangseinwirkung zum bloßen Objekt des Strafverfahrens wird.[764] Eng verknüpft ist hiermit der Schutz der Aussagefreiheit. Mit der Anerkennung der Willensausübungsfreiheit des Beschuldigten durch das Beweismethodenverbot in den Absätzen 1 und 2 kommt seine Subjektstellung zum Ausdruck, indem die Wahrheitserforschung hinter der freien Entscheidung des Beschuldigten und seiner körperlichen Integrität zurücktreten muß. Er soll frei und unbeeinflußt in der Willens*entschließung* sein, ob und wie er im Verfahren aussagen will, und durch freie Willens*betätigung* über die Ausführung dieser Entschlüsse entscheiden können.[765] Hiermit wird verdeutlicht, daß sich der einzelne dem staatlichen Strafverfolgungsanspruch nicht bedingungslos unterwerfen muß, sondern als Verfahrenssubjekt selbst frei über seine Aussage entscheiden kann.[766] Ob sich hieraus eine unmittelbare Verbindung mit dem nemo tenetur-Gedanken ableiten läßt, ist allerdings umstritten. Jedenfalls läßt sich festhalten, daß § 136a StPO neben seinem würderechtlichen Bezug den objektiv-rechtlichen Gehalt des Schweigerechtes unterstreicht und gleichzeitig die Anerkennung der Freiheit der Willensausübung als subjektives Recht des Beschuldigten hinsichtlich seines Aussageverhaltens verdeutlicht.

Mit der Normierung der Belehrungsvorschriften durch die kleine Strafrechtsreform[767] 1964 werden die Selbstbeschränkung des Staates bei der Durchsetzung

[763] Vgl. die Ausführungen des Berichterstatters des Ausschusses für Rechtswesen und Verfahrensrecht, *Dr. Greve*, in der 79. Sitzung des Dt. BT vom 26. Juli 1950; S. 2882; *Dallinger*, SJZ 1950, 732 (734); Darstellung des Meinungsstandes vor Einführung des § 136a StPO bei *Niese*, ZStW 63 (1951), 199.

[764] Die Frage, ob darüber hinaus ein überindividueller Zweck verfolgt wird, kann an dieser Stelle dahin stehen, da es hier nur um die Darstellung des Konsenses bezüglich des Schweigerechts geht. Ohnehin besteht zwischen denjenigen, die die Existenz des Absatzes 3 aus einer aus dem Rechtsstaatsprinzip resultierenden Selbstbindung des Staates ableiten wollen (so z.B. AK-StPO-*Gundlach*, § 136a Rn. 72; *Amelung*, StV 1985, 257 [259]; LR-*Hanack*, § 136a Rn. 60; SK-StPO-*Rogall*, § 136a Rn. 80) und denjenigen, die ihn daraus ableiten, daß § 136a StPO eine Ausformung des Art. 1 I GG darstellt (so z.B. BGHSt 5, 332 [333]; KK-*Boujong*, § 136a Rn. 37; *Roxin*, Strafverfahrensrecht, § 25 IV Rn. 16; *Sellert*, FS-Scupin, S. 161 [180]) nur dann ein Dissens über die überindividualistische Zweckrichtung, wenn man Art. 1 I GG nicht als Verfassungsprinzip, sondern als subjektives Grundrecht begreift. Daneben werden die Wahrheitsfindung und die Funktionsfähigkeit des Strafverfahrens als weitere Schutzzwecke angesehen, vgl. *Krack*, NStZ 2002, 120 (121 ff.).

[765] KK-*Boujong*, § 136a Rn. 8; *Rogall*, Der Beschuldigte als Beweismittel; S. 51 m.N. zur älteren Literatur; *ders.;* SK-StPO; § 136a Rn. 25.

[766] BGHSt 38, 214 (220 f.); LR-*Hanack*, § 136a Rn.1; *Rogall*, Der Beschuldigte als Beweismittel, S. 108, *Sax*, Grundsätze der Strafrechtspflege, in *Bettermann/Nipperdey/Scheuner* (Hrsg.), Grundrechte III/2, S. 909 (967); *Wintrich*, Problematik der Grundrechte, S. 17 f.; *Wolter*, GA 1999, 158 (172).

[767] BGBl. I, S. 1067.

seiner Interessen und dem Ziel der Wahrheitserforschung sowie die Anerkennung der Rechte des Beschuldigten durch das Sicherungsinstrument der Belehrung über die eigenen Rechte noch einmal deutlich zum Ausdruck gebracht.

cc) Doppelfunktionaler Gehalt des nemo tenetur-Satzes

Das Schweigerecht des Beschuldigten im Strafverfahren entfaltet seine normative Wirkung damit in zwei Richtungen.

(1) Objektiv-rechtlicher Gehalt des nemo tenetur-Gedankens

Objektiv-rechtlich folgt die Anerkennung des nemo tenetur-Gedankens aus einem rechtsstaatlichen Staatsverständnis und ist damit dem Rechtsstaatsprinzip im Sinne der oben beschriebenen Leitzielbestimmung zuzuordnen.[768] Die teilweise vertretene Zuordnung des nemo tenetur-Gedankens zu einem aus dem Rechtsstaatsprinzip abgeleiteten fair-trial-Prinzip[769] kommt nur in Betracht, soweit man ihm überhaupt einen eigenständigen Regelungsgehalt zuerkennt und ihn nicht lediglich als Sammelbegriff versteht, unter den einzelne verfahrensrechtliche „Spielregeln" zusammengefaßt werden, an die sich der Staat im Strafverfahren aus rechtsstaatlichen Erwägungen zu halten hat.[770]
Eng verknüpft mit der objektiv-rechtlichen Komponente des nemo tenetur-Gedankens ist die Begrenzung der Zulässigkeit staatlicher Zwangsausübung im Strafverfahren durch die Hervorhebung der Verpflichtung des Staates, die Würde des einzelnen zu achten und ihn nicht zum Objekt des staatlichen Verfahrens sowie der Wahrheitsermittlung zu machen. Ob diese Verpflichtung jedoch als Teil des nemo tenetur-Gedankens angesehen und als dessen unantastbarer Kernbereich betrachtet werden kann, ist umstritten und wird sogleich zu erörtern sein.

(2) Der abwehrrechtliche Gehalt des nemo tenetur-Gedankens

Mit dem objektiv-rechtlichen Gehalt korrespondiert ein subjektives Recht auf Freiheit der Willensausübung. Es sind verschiedene Ansätze entwickelt worden, diese einem speziellen Grundrecht zuzuordnen. Dabei soll an dieser Stelle nicht auf frühere Ansätze einer Ableitung aus der Freiheit des Gewissens, Art. 4 I GG, oder der Freiheit der Person, Art. 2 II GG, eingegangen werden, da sie aufgrund

---

768 Auf das Rechtsstaatsprinzip als eigenständiges Verfassungsprinzip (vgl. oben Kapitel 3 II 3) beziehen sich z.B. *Dallemyer*, KritV 2000, 252 (264); *Paeffgen*, Vorüberlegungen, S. 71; *Schneider*, Grund und Grenzen, S. 49; *Reiß*, Besteuerungsverfahren und Strafverfahren, S. 155 ff, der den nemo tenetur-Gedanken allerdings unzutreffend als „Informationsverfügungsrecht" betrachtet; vgl. dazu unten cc) (2) β) αα) und *F.L. Lorenz*, JZ 1992, 1000 (1006).

769 So *Albrecht*, Kriminologie, § 9 F I; *Bringewat*, JZ 1981, 289 (294); *Günther*, GA 1978, 193 (198f); *Müller-Dietz* ZStW 93 (1981), 1177 (1208); *Ransiek*, Polizeivernehmung, S. 7; *Rieß*, JA 1980, 293 (295); *Stern*, Staatsrecht I, § 20 IV 5 d η;.

770 Dazu ausführlich *Hill*, HdbStR, § 156 Rn. 35 ff. m.w.N.

gewichtiger Gegenargumente auf die neuere Diskussion keinen wesentlichen Einfluß mehr haben.[771]

a) Ableitung aus den Justizgrundrechten

In die Überlegungen sind allerdings auch die Prozeßgrundrechte mit einzubeziehen, da sie ebenfalls subjektive Rechte begründen und außerdem zumindest als grundrechtsgleiche Rechte angesehen werden müssen. Sie unterfallen ebenfalls dem Schutz der Art. 1 III und 19 I und II GG. Nach Art. 93 I Nr. 4a GG kann ihre Verletzung mit der Verfassungsbeschwerde gerügt werden.[772]

Der nemo tenetur-Gedanke entfaltet seine Wirkung (vor allem) im Strafverfahren und ist deshalb immer wieder mit den Prozeß- oder Justizgrundrechten in Verbindung gebracht worden. So weist heute z.B. *Rogall* darauf hin, man könne ihn, sofern er seine Wirkungen im oder wenigstens in Hinblick auf das Strafverfahren entfaltet, als Justizgrundrecht bezeichnen. Gleichzeitig betont er aber auch, dies könne nur im weiteren Sinne gelten, da er auch außerhalb des Prozesses von Bedeutung sei.[773]

Frühere Ansätze, die den nemo tenetur-Gedanken aus dem Gebot des rechtlichen Gehörs der Art. 103 I und 104 III GG ableiten wollten,[774] wurden von *Böse* aufgegriffen, der die Auffassung vertritt, der nemo tenetur-Gedanke sei aus Art. 103 I GG abzuleiten, da dieser ein Recht zur Selbstbehauptung im Prozeß gewähre, wovon auch die Verteidigung durch Schweigen erfaßt sei.[775] Allgemeiner vertritt neuerdings *Rau* die Ansicht, das Schweigerecht sei „im Kern" als Justizgrundrecht einzustufen. Hierfür spreche der Umstand, daß der Ursprung dieses Rechts eindeutig im Verfahren der Strafgerichte liege. Als systematisches Argument führt er an, der besondere Schutzzweck sei es, den Beschuldigten vor einer Instrumentalisierung zu schützen, die daraus resultiere, daß bestimmte Informationen nur zum Zwecke der strafrechtlichen Überführung erlangt werden. Bei der Ausdehnung des Schweigerechts auf andere Lebenssachverhalte handele es sich lediglich um einen notwendigen Annex des eigentlichen Prozeßgrundrechts.[776]

Der allgemeine Bezug auf Justiz- oder Prozeßgrundrechte ist schon deshalb nicht unproblematisch, weil in Literatur und Rechtsprechung unter diesen und ähnlichen Sammelbezeichnungen unterschiedliche geschriebene und ungeschriebene

---

[771] Vgl. dazu ausführlich *Nothhelfer*, Freiheit vom Selbstbezichtigungszwang, S. 54 ff.; *Rogall*, Der Beschuldigte als Beweismittel, S. 125 ff.

[772] Zur dogmatischen Einordnung z.B. *Dreier*, GG, Vorb. Rn. 63; ausführlich *Stern*, FS-Ule, 359 (362 ff.); zur Begründung von subjektiven Rechten durch die Prozeßgrundrechte *Bruns*, Prozeßgrundrechte, S. 10 ff.

[773] SK-StPO-*Rogall*, Vor § 133 Rn. 135; ähnlich *Schneider*, Grund und Grenzen, S. 49: „justizgrundrechtsähnliches Rechtsinstitut".

[774] Dagegen z.B. *Rogall*, Der Beschuldigte als Beweismittel, S. 124 f.

[775] *Böse*, GA 2002, 98 (118 ff.).

[776] *Rau*, Schweigen als Indiz der Schuld, S. 38 ff.

justitielle Einzelrechte mit Verfassungsrang zusammengefaßt werden.[777] Allerdings bieten die Ausführungen *Raus* diesbezüglich einen Anhaltspunkt, da sich aus seinem Hinweis, im Falle einer Verfassungsergänzung würde es naheliegen, das Schweigerecht bei den Art. 103 f. GG zu verankern,[778] schließen läßt, daß er sich bei seiner Darstellung auf die im IX. Abschnitt des Grundgesetzes genannten Verfahrensrechte bezieht.

Rau ist allerdings entgegenzuhalten, daß sich seine Argumentation zu einseitig auf den sachlichen Schutzbereich des Schweigerechts beschränkt. Zwar führt er zur Begründung seines Standpunktes neben dem Schutz im Strafverfahren einen vermeintlichen zweiten Schutzzweck des Schweigerechts an, wenn er hervorhebt, der Beschuldigte solle im Strafverfahren vor staatlicher Instrumentalisierung geschützt werden. Doch ist der Hinweis auf den Schutz vor staatlicher Instrumentalisierung wenig geeignet, den Gewährleistungsgehalt[779] des Schweigerechts zu bestimmen. Denn diese grundsätzliche Feststellung entspricht dem allgemeinen Achtungs- und Schutzauftrag des Art. 1 I GG, der im Strafverfahren ohnehin zu berücksichtigen ist.[780] Die Prozeßgrundrechte konkretisieren den Menschenwürdesatz lediglich, indem sie dem Beschuldigten Schutz durch und im staatlichen Verfahren gewähren.[781] Dies führt zum wesentlichen Teil der Argumentation *Raus*, dem Schutz *im* Verfahren.

Die Prozeßgrundrechte gewähren dem Berechtigten subjektive (Beteiligungs-) Rechte zur Wahrung seiner Rechtsstellung als Prozeßrechtssubjekt in einem staatlichen Verfahren.[782] Ihre Funktion ist damit eine andere als die des Schweigerechts.

In diesem Sinne wurde bereits gegen eine Ableitung aus den Art. 103 I und 104 III GG eingewandt, die Struktur beider Gedanken sei nicht vergleichbar. Während die Gewähr des rechtlichen Gehörs dem Beschuldigten durch die Möglichkeit der aktiven Beteiligung am Strafverfahren ein aktives Verteidigungsrecht einräume, komme dem nemo tenetur-Gedanken eine passive Funktion zu, indem ein „negatives Abwehrrecht" statuiert werde.[783] Zwar liegt diesem Argument das bereits kritisierte Vorverständnis der Trennbarkeit von aktiven Mitwirkungs- und passiven Duldungspflichten zugrunde, richtig ist allerdings, daß die Art. 103 I und 104 III 1 GG dem Betroffenen das Recht zugestehen, Einfluß auf das Verfahren zu nehmen, indem er sein Wissen über den Prozeßgegenstand vermitteln oder seine rechtliche Meinung, etwa durch Anträge, in das Verfahren

---

[777] Dazu ausführlich *Bruns*, Prozeßgrundrechte, S. 5 u. 16 ff. m.w.N.

[778] *Rau*, Schweigen als Indiz der Schuld, S. 38.

[779] Dazu z.B. *Hoffmann-Riem*, Der Staat 2004, 203 ff. m.w.N.

[780] Dazu oben Kapitel 3 II 1.

[781] BVerfGE 55, 1 (6); *Bruns*, Prozeßgrundrechte, S. 12 ff. m.w.N.; *Knemeyer*, HdbStR, § 155 Rn. 16; *Stern*, FS-Ule, 359 (367 ff.).

[782] *Stern*, FS-Ule, 359 (370).

[783] *Dingeldey*, JA 1984, 407 (409); *Eser*, ZStW 79 (1967), 565 (571); *Rau*, Schweigen als Indiz der Schuld, S. 38; *Rogall*, Der Beschuldigte als Beweismittel, S. 125.

einbringen kann.[784] Demgegenüber gestattet der nemo tenetur-Satz dem Beschuldigten gerade, sein Wissen nicht zu vermitteln, sondern es vorzuenthalten.[785]

Böse sieht hierin keinen Widerspruch. Der nemo tenetur-Gedanke begründe kein Informationsbeherrschungsrecht, der Beschuldigte werde nicht als Wissensträger, sondern als Verfahrens- und Kommunikationsteilnehmer erfaßt und sei damit nur insoweit vor einem Zwang zur Offenbarung von Informationen geschützt, als dieser seine Möglichkeiten zur verfahrensinternen Kommunikation und konsistenten Selbstdarstellung im Strafverfahren beeinträchtige. Folglich sei der nemo tenetur-Gedanke ein Ausfluß eines Rechts auf Verteidigung.[786] Auch *Böse* konzentriert sich damit einseitig auf den sachlichen Schutzbereich des nemo tenetur-Gedankens und läßt die Grundrechtsfunktion des Art. 103 I GG sowie die Funktion des nemo tenetur-Gedankens unberücksichtigt. Ob die von *Böse* hergestellte Verbindung von Aussagefreiheit und Verteidigungsfreiheit zutreffend ist, kann an dieser Stelle dahin stehen, da das von *Böse* dargelegte Verständnis der Verteidigungsfreiheit keine wesentlichen Unterschiede zum Minimalkonsens der Aussagefreiheit aufweist.

Das Recht auf Verteidigung ergibt sich nach *Böses* Ausführungen aus der Anerkennung der Subjektstellung des Beschuldigten.[787] Diese resultiert, wie eben dargelegt, aus dem allgemeinen Achtungs- und Schutzauftrag des Art. 1 I GG, ohne den Gewährleistungsgehalt des Schweigerechts zu konkretisieren. Der Staat gewährt dem Beschuldigten aber nicht nur ein Recht auf Verteidigung, denn dieses könnte auch bei einem Aussagezwang gewahrt werden, sondern räumt darüber hinaus, wie *Böse* ausführlich darlegt, dem Beschuldigten das Recht ein, selbst über die Art und Weise seiner Verteidigung zu entscheiden.[788] Auch wenn man nicht der Ansicht folgt, die Aussagefreiheit resultiere aus der Verteidigungsfreiheit, sind beide insofern kongruent, als sie dem Beschuldigten das Recht einräumen, sich aufgrund einer freien Willensentschließung und -betätigung für oder gegen ein bestimmtes Verhalten zu entscheiden.

Damit geht es bei der von *Böse* in den Mittelpunkt gestellten Verteidigungsfreiheit wie auch bei der Aussagefreiheit nicht nur darum, daß der Beschuldigte einen Anspruch gegen den Staat auf Verteidigung oder Aussagemöglichkeit hat. Er hat vor allem das Recht, sein Verhalten selbst frei zu bestimmen. Hieraus folgt ein Anspruch auf Unterlassung staatlicher Beeinflussung durch Zwangsanwendung.[789] Nicht die Verfahrenssituation als solche steht im Vordergrund. Es

---

784 Ausführlich zu den einzelnen Aspekten des rechtlichen Gehörs *Knemeyer*, HdbStR, § 155 Rn. 24 ff.

785 *Nothhelfer*, Freiheit vom Selbstbezichtigungszwang, S. 53 f.; *Rogall*, Der Beschuldigte als Beweismittel, S 60.

786 *Böse*, GA 2002, 98 (121).

787 *Böse*, GA 2002, 98 (116 ff.).

788 *Böse*, GA 2002, 98 (120).

789 *Ransiek*, Polizeivernehmung, S. 47.

prävalieren die Gewähr der Freiheit, in dieser Situation das eigene (Aussage-) Verhalten frei bestimmen und gegebenenfalls schweigen zu können, sowie der dafür notwendige Schutz vor staatlichen Verletzungen. Mit dem Schweigerecht wird folglich die Freiheit der Willensausübung des Beschuldigten anerkannt und das Recht auf autonome Selbstbestimmung bezüglich des eigenen Aussageverhaltens – oder mit den Worten *Böses*, Verteidigungsverhaltens – zugestanden. Demgemäß sind im Strafverfahren Eingriffe, welche die Willensentschließungs- oder -betätigungsfreiheit beeinträchtigen, zu unterlassen. Der Schwerpunkt des Schweigerechts liegt mithin in seiner abwehrrechtlichen Funktion gegen staatliche Eingriffe.[790] Die Berücksichtigung der Willensausübungsfreiheit *im Verfahren* ist dabei nur ein notwendiges Element der wirksamen Umsetzung, aber nicht ihr Hauptzweck.[791]
Einer Zuordnung des nemo tenetur-Gedankens zu den Prozeßgrundrechten steht deshalb entgegen, daß dort ganz überwiegend die Leistungsfunktion im Vordergrund steht; der unter Umständen auch vorhandene Abwehrgehalt dagegen nur eine untergeordnete Rolle spielt.[792] Sie normieren insbesondere durch die Gewährleistung des rechtlichen Gehörs oder den Anspruch auf den gesetzlichen Richter die Pflicht des Staates, eine positive Leistung zu erbringen.[793] Mit den objektiv-rechtlichen Leistungspflichten des Staates[794] korrespondieren entsprechende subjektive Rechte des Beschuldigten.[795] Eine Ausnahme bildet Art. 104 I 2 GG, der als Ergänzung zu Art. 2 II 2 und 3 GG eine abwehrrechtliche Funktion innehat.[796] Da die Freiheit der Person tatbestandlich aber nur die körperliche Bewegungsfreiheit umfaßt,[797] kann hier kein Bezug zum Schweigerecht hergestellt werden. Auch schiene eine Verknüpfung des nemo tenetur-Satzes mit den Prozeßgrundrechten insgesamt nur aufgrund eines singulären Bezugs zu Art. 104 I 2 GG verfehlt.

---

790 I. Erg. ebenso, aber ohne oder mit anderer Begründung *Eser* ZStW 79 (1967), 565 (571); *Kühl*, JuS 1986, 115 (117); *Nothhelfer*, Freiheit vom Selbstbezichtigungszwang, S. 12 f., SK-StPO-*Rogall*, Vor § 133 Rn. 135. Zum Begriff des Abwehrrechts z.B. *Dreier*, GG, Vorb. Rn. 84 ff.; *Jarass*, AöR 120 (1995), 345 (347 f.);

791 Zur Wirkung der Grundrechte im Verfahren z.B. *Stern*, Staatsrecht III/1, § 69 V.

792 Zur Grundrechtsdogmatik *Jarass*, AöR 120 (1995), 345.

793 *Jarass*, AöR 120 (1995), 345 (350).

794 Dazu *Stern*, Staatsrecht III/1, § 67 II 2; *ders.*, FS-Ule, 359 (370).

795 *Bruns*, Prozeßgrundrechte, S. 10. Die Prozeßgrundrechte können daneben auch einen Abwehrgehalt aufweisen. Dieser spielt bei Leistungsgrundrechten aber nur eine untergeordnete Rolle. Vgl. *Bruns*, Prozeßgrundrechte, S. 56 ff.; *Jarass*, AöR 120 (1995), 345 (355).

796 Vgl. zur ergänzenden Funktion des Art. 104 I GG z.B. v. Mangold/Klein/Starck-*Gusy*, Art. 104 Rn. 16 u. 29.

797 Dreier/*Schulze-Fielitz*, GG, Art. 2 II, Rn. 98 m.w.N.

β) Nemo tenetur als Teil des allgemeinen Persönlichkeitsrechts

Im Bereich der Abwehrrechte läßt sich die Sicherung personaler Autonomie im Sinne eines Integritätsschutzes dem Schutzbereich des allgemeinen Persönlichkeitsrechts zuordnen.[798] Das Schweigerecht und damit der nemo tenetur-Gedanke sind folglich Teil des allgemeinen Persönlichkeitsrechts.[799]

αα) Keine Ableitung aus dem Recht auf informationelle Selbstbestimmung

Teilweise wird vertreten, der nemo tenetur-Gedanke sei speziell dem Recht auf informationelle Selbstbestimmung zuzuordnen.[800] Diese Möglichkeit steht allerdings nur dann offen, wenn es sich hierbei um eine eigenständige Grundrechtsgewährleistung handelt und nicht um eine Zusammenfassung verschiedener Aspekte traditioneller Gewährleistungen des allgemeinen Persönlichkeitsrechts.[801] Das Recht auf informationelle Selbstbestimmung räumt dem einzelnen die Befugnis ein, selbst zu entscheiden, wann und wem er zu welchem Zweck personenbezogene Daten offenbart. Dabei geht es vor allem darum, dem einzelnen die Kenntnis zu ermöglichen, welche persönlichen Daten über ihn bekannt sind und die Bekanntgabe zu steuern. Der Schwerpunkt liegt im Schutz vor der umfassenden Herstellung eines Persönlichkeitsbildes.[802] Eine Zuordnung des nemo tenetur-Gedankens zum Recht auf informationelle Selbstbestimmung setzt voraus, daß Schutzgut des Schweigerechts die strafprozessuale Information ist. Die vorangegangenen Ausführungen haben indes gezeigt, daß durch den nemo tenetur-Gedanken vor allem die Freiheit der Willensausübung geschützt und daneben auch das Recht auf Partizipation am Verfahren erfaßt wird. Aufgrund des unterschiedlichen Schutzbereichs kann der nemo tenetur-Gedanke damit nicht dem Recht auf informationelle Selbstbestimmung zugeordnet werden.[803]

ββ) Rechtsfolgen der Verortung im allgemeinen Persönlichkeitsrecht

Für die Schutzbereichsbestimmung bedeutet die Zugehörigkeit zum allgemeinen Persönlichkeitsrecht allgemein, daß der nemo tenetur-Gedanke nicht zwingend auf Aussagen und das Strafverfahrensrecht beschränkt bleiben muß. Ob ein ein-

---

798 *Dreier*, GG, Art. 2 I Rn. 68.

799 Ebenso z.B. BVerfGE 56, 37 (42); *Dallmeyer*, KritV 2000, 252 (265); *Dingeldey*, JA 1984, 407 (409); KK-*Pfeiffer*, Einl. Rn. 29; SK-StPO-*Rogall*, Vor § 133 Rn. 132; *Stürner*, NJW 1981, 1757; ähnlich bereits *Eser*, ZStW Beiheft 86 (1974), 136 (145); *Nickel*, Schweigen des Beschuldigten, S. 35.

800 *Nothhelfer*, Freiheit vom Selbstbezichtigungszwang, S. 82 f.; einschränkend *N. Bosch*, Aspekte des nemo-tenetur-Prinzips, S. 49 ff.

801 Vgl. dazu ausführlich *Dreier*, GG, Art. 2 I Rn. 79; einschränkend differenzierend *D. Lorenz*, JZ 2005, 1121 (1126 f.); demnach wäre der nemo tenetur-Gedanke dem spezielleren Persönlichkeitsrecht zuzuordnen.

802 *Dreier*, GG, Art. 2 I Rn. 78.

803 I. Erg. ebenso *F.L. Lorenz*, JZ 1992, 1000 (1006).

zelner Eingriff zulässig ist, bestimmt sich nach der Sphärentheorie. Dabei genießt der häufig als Intimsphäre umschriebene Kernbereich der Persönlichkeitssphäre absoluten Schutz.[804] Außerhalb des Kernbereichs ist der nemo tenetur-Geanke abwägungsfähig. Insofern ist die Bezeichnung nemo tenetur-Prinzip zutreffend.

Für die vorliegende Fragestellung folgt aus der Zuordnung des nemo tenetur-Gedankens zum allgemeinen Persönlichkeitsrecht konkret, daß Maßnahmen auf der Grundlage des § 81 a StPO einen Grundrechtseingriff darstellen, da es sich hier um staatliche Informationserhebungen handelt.[805] Entscheidend für die Frage nach der Zulässigkeit ist, welche Rechtssphäre durch derartige Eingriffe betroffen ist. Sollte die staatliche Informationserhebung im Strafverfahren als Eingriff in die Intimsphäre des Beschuldigten zu werten sein, hätte dies zwingend ihre Unzulässigkeit zur Folge.

dd) Achtung und Schutz der Menschenwürde als Kernbereich des nemo tenetur-Gedankens

Ob der nemo tenetur-Gedanke einen unantastbaren normativen Kernbereich aufweist oder diesem gar vollständig zuzuordnen ist, hängt davon ab, ob sich ein Bezug zur Menschenwürde herstellen läßt.

Hierfür spricht grundsätzlich die Überlegung, daß der nemo tenetur-Gedanke ansonsten entgegen der heute verbreiteten Auffassung auch im Strafverfahren abwägungsfähig wäre, was zur Folge haben könnte, daß er auch bei Aussagen im Strafverfahren hinter übergeordneten Interessen zurücktreten müßte. Die objektiv-rechtliche Ableitung aus dem Rechtsstaatsgedanken bietet hiergegen keinen ausreichenden Schutz, ist seine konkrete Ausgestaltung doch entwicklungsoffen.[806]

(1) Würdeverständnis

Der vollständigen oder auf Teilbereiche bezogenen Rückführung des nemo tenetur-Gedankens auf die Menschenwürde[807] liegt entweder ein an der Objektformel

---

[804] Dazu oben Kapitel 3 II 2 b).

[805] Zu Eingriffen in die allgemeine Handlungsfreiheit allgemein *Dreier*, GG, Art. 2 I Rn. 83 f.

[806] *Hill*, HdbStR, § 156 Rn. 13 f.; Vgl. i.ü. zum Rechtsstaatsprinzip oben Kapitel 3 II 3.

[807] Vgl. z.B. BVerfGE 38, 105 (114f.), 55, 144 (150); 56, 37 (43); BGH, EuGRZ 1986, 491; *Benda*, HdbVR Teil 1, S. 116; *Bottke*, DAR 1980, 238 (240); *Dreier*, GG, Art. 1 I Rn. 81; *Eser*, ZStW 79 (1967), 565 (571 insbes. Fn. 24); *KK-Boujong*, § 136 Rn. 10; *Kühl*, JuS 1986, 115 (117); *Kunert*, MDR 1967, 539; *Kunig* Rechtsstaatsprinzip, S. 380; *Pieroth/Schlink*, Staatsrecht II, Rn. 377; *Sautter*, AcP 161, 215 (247 ff.); *H. Schorn*, Schutz der Menschenwürde im Strafverfahren, S. 72 f. u. 117 f.; *Seebode*, JA 1980, 493 (496); teilw. m.w.N. Bereits *Beling*, Beweisverbote als Grenzen der Wahrheitserforschung im Strafprozeß, 1903, S. 37.

des *Bundesverfassungsgerichts*[808] orientiertes oder naturrechtlich geprägtes Würdeverständnis zugrunde.

α) Naturrechtliche Begründungsansätze

Den naturrechtlichen Begründungsansätzen liegt die Annahme zugrunde, der normative Schwerpunkt des nemo tenetur-Gedankens sei die Freiheit vor Selbstbelastung.

Die Selbstbelastungsfreiheit wird zum einen damit begründet, dem Beschuldigten solle die unzumutbare Qual erspart werden, die bei einer Selbstbelastungspflicht mit der Wahl zwischen Selbstbelastung oder Lüge einherginge.[809] Durch diese Argumentation wird allerdings das subjektive Empfinden des Beschuldigten in den Mittelpunkt der Argumentation gerückt, so daß der objektive Gehalt des nemo tenetur-Gedankens nicht mehr vollständig erfaßt werden kann. Er wird so zu einem bloßen „Sensibilitätsgebot", welches die Steuerung des Aussageverhaltens objektiv nicht verbietet, solange es der Beschuldigte subjektiv nicht merkt.[810]

Diesem Einwand sieht sich nicht ausgesetzt, wer die Selbstbelastungsfreiheit auf das natürliche Selbsterhaltungsinteresse des Beschuldigten zurückführt.[811] In diesem Sinne hat *Rogall* in seiner grundlegenden Arbeit zum nemo tenetur-Gedanken frühere Ansätze aufgegriffen, die auf der Grundlage der Objektformel für eine Verankerung des nemo tenetur-Gedankens in Art. 1 I GG plädierten. *Rogall* lehnt diesen Begründungsansatz ab und vertritt einen Definitionsansatz anhand einer Falltypenbildung nach Tatbestandsgruppen. Er stützt seine nemo tenetur-Konzeption auf ein normatives Verständnis, bei welchem die Selbstbelastungsfreiheit des Beschuldigten als Hauptzweck im Mittelpunkt steht. Diese resultiert seiner Ansicht nach aus dem natürlichen Selbsterhaltungsinteresse des Beschuldigten. Die Fallgruppe der „Objekterniedrigung" reiche zur Fundierung des nemo tenetur-Gedankens nicht aus. Hierdurch könnten nur Fälle der erzwungenen Selbstbelastung durch Folter oder ähnliche Methoden erfaßt werden. Das damit geschützte Recht auf autonome Selbstbestimmung decke aber lediglich

---

808 BVerfGE 9, 89 (95); 27, 1 (6); 38, 105 (114f.); 45, 187 (228); 50, 125 (133); 57, 250 (275); 63, 380 (390); 87, 209 (228).

809 BVerfGE 56, 37 (41 f.); *N. Bosch*, Aspekte des nemo-tenetur-Prinzips, S. 283; *Grünwald*, StV 1981, 423 (428); *Keller*, Provokation von Straftaten, S. 133; *Ransieck*, Polizeivernehmung, S. 50; *Wolfslast*, NStZ 1987, 103 (104); dem entspricht im wesentlichen die Überlegung, der Beschuldigte solle vor der Demütigung bewahrt werden, selbst das Material zu seiner Überführung zu liefern; so *Puppe*, GA 1978, 289 (303 f.); *Günther*, GA 1978, 193 (194).

810 *Keller*, Provokation von Straftaten, S. 134; *Pawlik*, GA 1998, 378 (379); *Weßlau*, ZStW 110 (1998), 1 (25).

811 So z.B. BGHSt 11, 356; *Eser* ZStW 79 (1967), 565 (571 insbes. Fn 24); *Kopf*, Selbstbelastungsfreiheit, S. 62 f.; *Rogall*, Der Beschuldigte als Beweismittel, S. 146; *ders.* in SK-StPO, Vor § 133 Rn. 132; *Rüping*, JR 1974, 135 (136 f.); *Rossmanith*, Verfassungsmäßigkeit von körperlichen Eingriffen, S. 72 f.; *Sautter*, AcP 161, 215 (249 f.); *Eb. Schmidt*, NJW 1969, 1137 (1139); bereits RGSt 63, 233 (236).

einen Teilbereich des normativen Schutzbereichs des nemo tenetur-Gedankens ab. Neben dem Schutz der personalen Autonomie rückt *Rogall* den Gedanken der Selbstbelastungsfreiheit als seinen Hauptzweck in den Vordergrund. Anknüpfend an die Rechtsprechung des *Bundesverfassungsgerichts* zum allgemeinen Persönlichkeitsrecht versteht *Rogall* den nemo tenetur-Gedanken als Persönlichkeitsrecht mit hohem Menschenwürdegehalt. Der Grund für die Anerkennung des „Verbots der Selbstbelastung" liege darin, daß es nicht akzeptabel erscheine, wenn sich jemand selbst der Strafverfolgung aussetzen müsse. In diesem Sinne sei der nemo tenetur-Gedanke auch naturrechtlich mit dem Gebot der Selbsterhaltung begründet worden. Unabhängig von der Richtigkeit des naturrechtlichen Ansatzes sei zu berücksichtigen, daß sich der Beschuldigte im Strafverfahren in einer „Abwehrsituation" befinde, in der es ihm möglich sein müsse, seine Individualität zu wahren. Ein Zwang zur Selbstbelastung würde das natürliche Selbsterhaltungsinteresse des Beschuldigten verletzen und zudem das Vertrauen in die Rechtssicherheit gefährden. Der Schutz der eigenen Ehre und der eigenen Existenz, die ja vom Strafverfahren betroffen seien, stelle ein völlig legitimes Anliegen dar.

Wann eine Verletzungshandlung den unantastbaren Kernbereich des Persönlichkeitsrechts berühre, sei zwar in jedem Einzelfall zu prüfen, jedoch dürfe es „letztlich nicht zweifelhaft sein, daß *jeder* Versuch, den Beschuldigten zum Beweismittel gegen sich selbst zu machen, den unantastbaren Kernbereich des Persönlichkeitsrechts generell verletzen müsste". Zumindest aber gehöre der nemo tenetur-Gedanke zu dem vom Menschenwürdegehalt zu unterscheidenden und durch Art. 19 II GG geschützten Wesensgehalt des Art. 2 I GG. Das Strafverfolgungsinteresse finde seine Grenze dort, wo es ausschließlich auf Kosten des Persönlichkeitsrechts des Beschuldigten durchgesetzt werden könne. Der unantastbare Kernbereich dieses Persönlichkeitsrechts ende da, wo das Verhalten einen Gemeinschafts- oder Sozialbezug aufweise. Hierzu reiche die schlichte Konfrontation mit staatlicher Macht im Strafverfahren jedoch nicht aus.[812]

β) Schutz vor einer Vergegenständlichung des Beschuldigten zu Zwecken der Wahrheitsfindung

Im Sinne der Objekttheorie wird betont, der Mensch dürfe nicht zum bloßen Objekt staatlicher Gewalt degradiert und im Strafverfahren nicht zum bloßen Objekt der Wahrheitsfindung gemacht werden. Der Schutz der Freiheit der Selbstbestimmung durch die Menschenwürde verbiete es, den Beschuldigten zum Werkzeug seiner eigenen Überführung zu machen.[813]

---

[812] *Rogall*, Der Beschuldigte als Beweismittel, S. 139 ff. Hervorhebung im Original.

[813] BVerfGE 38, 105 (113); BGHSt 5, 333; 14, 364; 31, 308; 38, 220; 38, 374; *Dreier*, GG, Art. 1 I Rn. 81; *Eser*, ZStW Beiheft 86 (1974), 136 (144 f.); *Keller*, Provokation von Straftaten, S. 132 u. 135; *Kühl*, JuS 1986, 115 (117); *Rossmanith*, Verfassungsmäßigkeit von körperlichen Eingriffen, S. 62; *Sautter*, AcP 161, 215 (248 f.). *Dingeldey*, JA 1984, 407 (409) ordnet diese Funktion dem

(2) Kritik an der würderechtlichen Argumentation

Die Rückführung des nemo tenetur-Gedankens auf den Menschenwürdesatz hat verschiedentliche Kritik erfahren.[814] Diese knüpft einerseits an die mit ihr verbundenen Rechtsfolgen an, zum anderen handelt es sich um Kritik, welche sich aus der jeweiligen Verfassungsinterpretation ergibt.

a) Rechtsfolgenorientierte Argumentation

Auf die mit der Rückführung des nemo tenetur-Gedankens auf den Menschenwürdesatz verbundenen Rechtsfolgen bezieht sich *H. Schneider*. Er führt unter Bezugnahme auf den Beschluß des *Bundesverfassungsgerichts* zur Verfassungskonformität des § 142 StGB a.F.[815] aus, die Freiheitsverbürgungen des Grundgesetzes unterlägen einer gesellschaftlichen Rückkoppelung und beanspruchten aufgrund ihrer Gemeinschaftsbezogenheit und -gebundenheit prinzipiell keine absolute Geltung. Daher könne die Ableitung des nemo tenetur-Gedankens aus Art. 1 I GG zu einer verfassungsrechtlich nicht akzeptablen Überhöhung führen.[816] Die Annahme, das Wissen des Täters genieße „unantastbaren Geheimhaltungsschutz", müsse letztlich die Unzulässigkeit staatlicher Strafverfolgung zur Folge haben, da den Strafverfolgungsorganen durch Art. 20 III GG ja gerade die Aufgabe zugeschrieben werde, zum Zwecke der Aufklärung einer Straftat in den Geheimhaltungsbereich des Beschuldigten einzudringen.[817] Aus kriminalpolitischer Sicht gibt er zu bedenken, der Rückgriff auf die Menschenwürde könne eine kontraproduktive Wirkung zeigen, da mit Blick auf die eindeutigen Rechtsfolgen und zum Schutze vor inflationärem Gebrauch ein Verstoß gegen den Menschenwürdesatz an enge Grenzen gebunden sei und nur selten angenommen werde.[818]

Das kriminalpolitische Argument *Schneiders* vermag schon deshalb nicht zu überzeugen, weil es bei der Frage nach dem würderechtlichen Bezug des nemo tenetur-Gedankens ja gerade um die Beantwortung der Frage geht, ob im Falle der erzwungenen Aussage ein seltener Fall der Würdeverletzung vorliegt. Zudem

---

Auffanggrundrecht des Art. 2 I GG zu, bezieht sich bei seiner Argumentation allerdings auf die Gemeinschuldnerentscheidung des BVerfG (E 56, 42).

814 Ansätze, die sich mit dem Argument gegen die Anknüpfung an die Objektformel richten, hieraus lasse sich die von der herrschenden Meinung vorgenommene Differenzierung zwischen unzulässiger aktiver Mitwirkung und passiven Duldungspflichten nicht erklären, betreffen die Validität dieser Dichotomie und werden dort erörtert, sogleich β).

815 BVerfGE 16, 191 ff.

816 *Schneider*, Grund und Grenzen, S. 46 f.

817 *Schneider*, Grund und Grenzen, S. 47; ebenso *Reiß*, Besteuerungsverfahren und Strafverfahren, S. 164 f.; ähnlich AK-GG-*Podlech*, Art. 1 I Rn. 73; *BK-Zippelius*, Art. 1 Rn. 37; *Günther*, GA 1978, 193 (197 u. 205); *Helgerth*, Der „Verdächtige" als schweigeberechtigte Auskunftsperson, S. 169; v. Mangoldt/Klein/*Stark*, Art. 1 Rn. 20 u. 28 a.E.

818 *Schneider*, Grund und Grenzen, S. 49, vgl dazu auch *Ransieck*, Polizeivernehmung, S. 53.

ist die Frage nach der praktischen Anwendbarkeit kein Argument für die Einschlägigkeit einer rechtlichen Wertung.

Auch die Überlegung, die Ableitung des nemo tenetur-Gedankens aus der Menschenwürde könne zu einer verfassungsrechtlichen Überhöhung führen, ist nicht überzeugend. Die Grundüberlegung, die Freiheitsverbürgungen des Grundgesetzes hätten aufgrund ihrer Gemeinschaftsbezogen- und -gebundenheit keine absolute Geltung, spricht nur gegen die vollständige, steht aber einer partiellen Rückführung nicht entgegen. Denn auch die Grundrechte weisen einen nach Art. 19 II GG unantastbaren Kernbereich auf, unabhängig von der Frage, ob man diesen mit ihrem Menschenwürdegehalt gleichsetzt oder als eigenständigen Wesenskern begreift.[819] Aus der Uneinschränkbarkeit der Würdegarantie folgt auch nicht zwingend der Vorrang von Individualinteressen des Bürgers bei der Informationsvermittlung gegenüber staatlichen Interessen.[820]

Das anschließende Argument, die Verbindung mit dem Menschenwürdesatz müsse die Unzulässigkeit staatlicher Strafverfolgung zur Folge haben, beruht auf der irrigen Annahme, durch den nemo tenetur-Gedanken genieße das Wissen des Täters absoluten Geheimhaltungsschutz. Der Schutz des Wissens greift nur soweit, als es um seine Vermittlung durch einen kommunikativen Akt des Beschuldigten geht. Schweigerecht und Aussagefreiheit überlassen dem Beschuldigten die Entscheidung darüber, ob er sein Wissen durch eine Aussage vermitteln möchte. Der Schutzbereich des nemo tenetur-Gedankens erfaßt – wie sich bereits aus dem Satzbestandteil „nemo tenetur" ergibt – nur die Wissens*vermittlung* durch den Beschuldigten, nicht aber jede Beweiserhebung über das Tatgeschehen. Informationen, die dem Wissen des Beschuldigten entsprechen und auf anderem Wege als durch seine Aussage erlangt werden können, z.B. Aussagen von Zeugen, die das Tatgeschehen beobachtet haben, dürfen deshalb von den Strafverfolgungsorganen ermittelt werden, ohne daß hierin ein dem Schweigerecht widersprechendes Eindringen in den von *Schneider* beschriebenen „Geheimhaltungsbereich" zu sehen ist.

β) Verfassungsinterpretation

Die Kritik an der würderechtlichen Ableitung bezieht sich zum anderen auf die Schwierigkeiten bei der Definition des verfassungsrechtlichen Würdebegriffs,[821] welche wie jede Verfassungsinterpretation immer auch vom Vorverständnis des Interpreten abhängig ist.[822]

Speziell gegen den naturrechtlichen Begründungsansatz wird eingewandt, ihm lägen zu undifferenzierte Wertmaßstäbe zugrunde. Grundsätzlich wird zudem die

---

[819] Dazu SK-StPO-*Wolter*, Vor § 151 Rn. 26cff.

[820] Ebenso *Nothhelfer*, Freiheit vom Selbstbezichtigungszwang, S. 74f.

[821] Vgl. dazu den Überblick bei *Nothhelfer*, Freiheit vom Selbstbezichtigungszwang, S. 64f.

[822] *Böckenförde*, Grundrechtstheorie, in *Dreier/Schwegmann*, Probleme der Verfassungsinterpretation, S. 266ff.; *Ossenbühl*, HGR I, § 15 Rn. 1.

Rezeption eines naturrechtlichen Selbstschutzinteresses durch das Grundgesetz bestritten.[823]

Allgemein wird gegen die Ableitung einer *Selbstbelastungsfreiheit* aus dem Menschenwürdesatz angeführt, die Selbstbelastung sei eine Pflicht des Beschuldigten, der sich durch diesen Akt der Verantwortungsübernahme des in Art. 1 I GG verbürgten Achtungs- und Schutzauftrages überhaupt erst würdig erweise.[824] Ähnlich argumentiert *v. Mangoldt*, der die Ableitung des nemo tenetur-Gedankens aus Art. 1 I GG ablehnt, weil sich der Unschuldige durch seine Mitwirkung am Prozeß entlasten könne und der Schuldige lediglich die Konsequenzen seiner Handlung tragen müsse, worin niemals ein Verstoß gegen die Menschenwürde liege.[825] An dieser Argumentation ist allerdings schon die Grundhypothese unzutreffend, die Mitwirkung eines Unschuldigen trage immer zu seiner Entlastung bei. Berücksichtigt man die Möglichkeit, daß sich auch der Unschuldige durch seine Mitwirkung am Verfahren selbst belasten kann, fehlt es an einer logisch geschlossenen Argumentationskette.

In die gleiche Richtung zielen die grundsätzlichen normtheoretischen Bedenken von *Pawlik*[826] und *Lesch*[827]. Sie bestreiten, daß sich aus der rechtlich geschützten Personalität ein Interesse des Beschuldigten, nicht an der eigenen Überführung teilnehmen zu müssen, legitimieren läßt. Ihrer Ansicht nach läßt sich die Selbstbelastungsfreiheit nur aus der Legitimationsfunktion des Strafverfahrens im Sinne *Luhmanns* herleiten.[828]

Pawlik führt aus, die Anerkennung eines Selbsterhaltungsinteresses sei nur plausibel, wenn man den Beschuldigten allein als ein auf Lustmaximierung ausgerichtetes und Unlust vermeidendes Individuum wahrnehme. Dann aber könne die Beziehung zwischen ihm und dem strafverfolgenden Staat nicht mehr als *Rechts*verhältnis begriffen werden. Die Personalität des Beschuldigten müsse daher den legitimations- und gesellschaftstheoretischen Bedingungen Rechnung tragen, welche die Etablierung und Durchsetzung einer Lehre, die auf der Vorstellung freier und gleicher Rechtspersonen basiere, erst ermögliche. Ausgehend von der *Hobbes*'schen Gesellschaftstheorie hebt *Pawlik* hervor, den Beschuldigten träfen als Kehrseite der durch die Inanspruchnahme der Personhaftigkeit gewährten Freiheit entsprechende Rechtspflichten. Da der einzelne seinen Status als Rechtsperson nicht alleine aufrechterhalten könne, bedürfe es der „Organisa-

---

823 *Fischer*, Divergierende Selbstbelastungspflichten nach geltendem Recht; *Keller*, Provokation von Straftaten, S. 135 f; *Reiß*, Besteuerungsverfahren und Strafverfahren, S. 169 f.; *Schneider*, Grund und Grenzen, S. 48 f.; ähnlich *Ransieck*, Polizeivernehmung, S. 49 ff.

824 *Günther*, GA 1978, 193 (197); vgl. auch *Paeffgen*, Vorüberlegungen, S. 48 insbes. Fn. 169.

825 V. Mangoldt/Klein/*Starck*, Art. 1 Rn. 37; kritisch *Nothhelfer*, Freiheit vom Selbstbezichtigungszwang, S. 75 f.

826 *Pawlik*, GA 1998, 379 ff.

827 *Lesch*, ZStW 111 (1999), 624 ff.

828 Vgl. dazu die Kritik von *Paeffgen*, Vorüberlegungen, S. 34 ff.

tionszuständigkeit des Staates". Dieser müsse bei Verdacht der Nichtbefolgung der Bewertungsmaßstäbe der Rechtsordnung mit Hilfe von Verfahren reagieren. Zur Feststellung, ob sich ein Bürger rechtskonform verhalten habe, sei der Staat häufig auf die Mitwirkung des Bürgers bei der Tatsachenfeststellung angewiesen. Mit der Erfüllung dieser Mitwirkungspflichten trügen die Bürger mittelbar zur Festigung ihres eigenen Status als Rechtsperson bei. Sie stellten nichts anderes dar als die Aktualisierung der allgemeinen Verpflichtung, Verantwortung für die aus der Freiheit resultierenden Konsequenzen zu übernehmen, denn (Rechts-) Person könne nur derjenige sein, der auf die Einheit seiner Lebensgeschichte festgelegt sei, und dem es daher nicht gestattet werde, vor seiner Vergangenheit, genauer vor den objektiv verdachtsbegründeten Momenten dieser Vergangenheit davonzulaufen. Hieraus folge, daß das Schweigerecht eine Ausnahme der grundsätzlichen Mitwirkungspflicht darstelle, die dem Beschuldigten nur deshalb eingeräumt werde, „weil sich ansonsten das zu einer autoritativen Rechtsentscheidung führende Verfahren gegenüber der gesellschaftlichen Umwelt des Rechtssystems nicht überzeugend legitimieren ließe".[829]

Lesch hat sich dieser Argumentation fast vollumfänglich angeschlossen.[830] Lediglich der Folgerung, aus der synallagmatischen Verknüpfung von Informationsfreiheit und Folgenverantwortung ließen sich die von *Pawlik* abgeleiteten Mitwirkungspflichten begründen, hat er widersprochen, denn diese träfen auch denjenigen, der rein zufällig ohne ein zuständigkeitsbegründendes Verhalten in Verdacht gerate. Seiner Ansicht nach ist das Privileg der Aussagefreiheit keine Folge eines eigenständigen Rechts auf Selbstbezichtigungsfreiheit, sondern die Konsequenz des Rechts auf freie Bestimmung über die Art und Weise der Verteidigung im Verfahren.[831]

(3) Umfassende Anerkennung des Subjektstatus

Die Idee von Pflichten des Bürgers gegenüber dem Staat und seinen Mitbürgern ist nicht neu, sondern wurde im wesentlichen in der Zeit der Aufklärung entwikkelt.[832] Heute spielen Grundpflichten des einzelnen in westlichen Demokratien im Gegensatz zu den Rechten des einzelnen gegenüber dem Staat nur eine untergeordnete Rolle.[833] Auch der Grundrechtsteil des Grundgesetzes enthält nur wenige explizite Pflichten. Sie sind dem Grundgesetz aber nicht völlig fremd,

---

829 *Pawlik*, GA 1998, 378 (379 ff.)

830 *Lesch*, ZStW 111 (1999), 624 (636 ff.).

831 *Lesch*, ZStW 111 (1999), 624 (637 f).

832 *Hofmann*, HbdStR, § 114 Rn. 4 ff.; *Isensee*, DÖV 1982, 609; *Zippelius/Würtenberger*, Staatsrecht, § 20 I; ausführlicher Überblick bei *T. Schmidt*, Grundpflichten, S. 58 ff.

833 *Zippelius/Würtenberger*, Staatsrecht, § 20 I. Auf völkerrechtlicher Ebene wird über die Anerkennung von Bürgerpflichten diskutiert; vgl. z.B. den vom InterActionCouncil den Vereinten Nationen vorgelegten Entwurf einer Allgemeinen Erklärung der Menschenpflichten (Die ZEIT 1997, Ausgabe 41).

wie die Art. 5 III 2, 6 II, 12a und 14 II GG zeigen. Die Steuerpflicht wird in den Art. 105ff. GG selbstverständlich vorausgesetzt.[834]
Diese Schwerpunktsetzung durch die Betonung der Grundrechte des einzelnen gegenüber dem Staat unter Vernachlässigung von Grundpflichten des Bürgers resultiert auch aus der „völkischen Totalpflichtnahme durch den NS-Staat".[835] Insbesondere die Statuierung der Menschenwürde als obersten Verfassungssatz ist eine Reaktion auf verschiedene Vorgehensweisen im Nationalsozialismus, zu denen Folter und willensbeeinträchtigende Vernehmungsmethoden zählten.[836] Ob sich aus der Verfassung trotzdem Pflichten des einzelnen gegenüber dem Staat z.B. in Form einer „Gehorsamspflicht"[837] oder „Gemeinverträglichkeit"[838] ableiten lassen, ist umstritten.[839] Da jedes Recht eines Rechtsträgers mit der Pflicht eines anderen Rechtsträgers korrespondiert, kann der Staat – und bei Drittwirkung der Grundrechte auch der einzelne Bürger – in seiner Bindung an die Grundrechte als Träger von Grundpflichten bezeichnet werden, ohne daß hierdurch neue Rechtserkenntnisse gewonnen würden.[840]

a) Keine Pflicht zur Mitwirkung an der Aufklärung des Tatgeschehens

Zuzugeben ist, daß den Bürger als „gemeinschaftsbezogenem Individuum" eine allgemeine Justizpflicht trifft.[841] Dort wo dem Staat durch die Verfassung mit der Ausübung der Judikative eine friedensstiftende Aufgabe zugewiesen wird, muß sich der Bürger grundsätzlich der staatlichen Gewalt unterwerfen, um den Verfahrenszweck zu erreichen. Hieraus resultieren für die am Prozeß beteiligten Verfahrenssubjekte, ebenso wie für Sachverständige und Zeugen zumindest Anwesenheitspflichten, unter Umständen auch Mitwirkungs- und Duldungspflichten. Aber auch hier gilt das im vorangegangenen Kapitel Gesagte. Der Bürger darf durch die Inpflichtnahme nicht zum bloßen Objekt des staatlichen Verfahrens degradiert werden.
Das Strafverfahren weist dabei im Vergleich zu anderen Verfahrensarten eine Besonderheit auf. Es dient dem Ziel, in einem prozeßordnungsgemäßen Verfahren einen Straftatverdacht zu klären und eine Rechtsfrieden schaffende Entschei-

---

834 Zu den im Grundgesetz statuierten Pflichten vgl. *Hofmann*, HbdStR, § 114 Rn. 17ff. und *M. Sachs*, Verfassungsrecht II, A 9 Rn. 61.

835 *M. Sachs*, Verfassungsrecht II, A 9 Rn. 60; vgl. auch *Hofmann*, HbdStR, § 114 Rn. 1; a.A. z.B. *Isensee*, DÖV 1982, 609 (611).

836 *Böckenförde*, FAZ v. 3.9.2003; *Nothhelfer*, Freiheit vom Selbstbezichtigungszwang, S. 73; *Rüping*, JR 1974, 135 (136f.); *Sellert*, FS-Scupin, 161 (180); vgl. auch oben Kapitel 2 II 4 b) bb) β).

837 *Isensee*, DÖV 1982, 609 (612); *M. Sachs*, Verfassungsrecht II, A 9 Rn. 59 u. 62.

838 *Zippelius/Würtenberger*, Staatsrecht, § 20 II 3.

839 Vgl. dazu ausführlich *Hofmann*, HbdStR, § 114; *T. Schmidt*, Grundpflichten, S. 71ff.; kritisch *Pieroth/Schlink*, Staatsrecht II, Rn. 192ff.

840 *Pieroth/Schlink*, Staatsrecht II, Rn. 192.

841 Vgl. dazu z.B. *Köhler*, ZStW 107 (1995), 10 (19ff.).

dung über Strafbarkeit und Schuld des Beschuldigten zu treffen.[842] Der Beschuldigte ist in diesem Verfahren zwar Prozeßsubjekt, nicht aber Prozeßpartei. Bis zur Feststellung seiner Schuld gilt die Unschuldsvermutung, so daß seine Justizpflicht nicht aus einer (vorweggenommenen) Unrechtsverantwortung resultiert. Da das Verfahren erst auf die Klärung der Schuldfrage zielt, kann sich eine Inpflichtnahme des Beschuldigten nicht auf eine Präsumtion von Unrecht und Schuld[843] oder vermeintlich verdachtsbegründendes Verhalten[844] stützen. Daraus folgt auch, daß den Beschuldigten keine weitreichenderen Beweismittelpflichten treffen, als andere Prozeßbeteiligte.[845] Aus dem gegen den Beschuldigten gerichteten Tatverdacht folgt insoweit nur, daß das Auffinden von verfahrenserheblichen Informationen im Rechtskreis des Beschuldigten wahrscheinlicher ist, als bei anderen Personen, weshalb eine staatliche Zwangsmaßnahme ihm gegenüber eher geeignet und erforderlich sein kann. Ein intensiverer Eingriff in die Persönlichkeitsrechte des Beschuldigten als gegenüber anderen Personen läßt sich durch den Tatverdacht allerdings nicht rechtfertigen, denn dies käme einer Schuldpräsumtion gleich.[846] Insoweit ist die von *Sax* vorgetragene Kritik hinsichtlich der in § 81a StPO und § 81c StPO unterschiedlich geregelten zulässigen Eingriffsintensität gerechtfertigt.

Eine über die Teilnahme hinausreichende Mitwirkungspflicht an der Sachverhaltsaufklärung im Strafverfahren läßt sich auch nicht aus Art. 1 I GG herleiten. Eine allein auf die Leistungstheorie abstellende Inhaltsbestimmung der Menschenwürde widerspräche zunächst grundsätzlichen strafrechtlichen Feststellungen zur Steuerungs- und Einsichtsfähigkeit. Dieses Würdeverständnis setzt voraus, daß der Mensch fähig ist, sein eigenes Verhalten selbst zu bestimmen. Die hieraus abgeleitete prozessuale Mitwirkungspflicht träfe aber auch denjenigen, der aufgrund mangelnder Einsichtsfähigkeit die Verantwortung für die aus der Freiheit resultierenden Konsequenzen gar nicht im Sinne *Pawliks* ausüben kann. Gleichwohl wird auch er von der Würdegarantie erfaßt.

Die Annahme einer Verpflichtung zur Übernahme von Verantwortung vermag zudem nicht zwingend eine Mitwirkungspflicht an der eigenen Überführung zu statuieren.[847] Sie legitimiert zunächst nur die Verhängung einer Sanktion gegenüber dem durch ein staatliches Verfahren festgestellten Schuldigen. Das Schweigerecht gestattet dem Beschuldigten folglich nicht, sich seiner Verantwortung zu

---

842 S.o. Kapitel 3 I.

843 *Köhler*, ZStW 107 (1995), 10 (21); *Lesch*, JR 2005, 302; *Neumann*, FS-E.A. Wolff, 373 (391); *Paeffgen*, Vorüberlegungen, S. 52 ff.

844 *Lesch*, JR 2005, 302.

845 *Geppert*, JURA 1993, 160 (161 f.); *Köhler*, ZStW 107 (1995), 10 (24); kritisch auch *Neumann*, FS-E.A. Wolff, 373 (390 f.); einschränkend *Gropp*, JZ 1991, 804 (807): keine willkürliche Ungleichbehandlung.

846 *Köhler*, ZStW 107 (1995), 10 (24); kritisch auch *Neumann*, FS-E.A. Wolff, 373 (391).

847 Bereits *Rossmanith*, Verfassungsmäßigkeit von körperlichen Eingriffen, S. 69.; ebenso *Verrel*, Selbstbelastungsfreiheit, S. 241.

entziehen, sondern lediglich, die Aufklärung des Tatgeschehens den Strafverfolgungsorganen zu überlassen.[848]
Dagegen widerspräche eine aus der Menschenwürde abgeleitete Pflicht zur Verantwortungsübernahme für eigenes Handeln in dem geforderten Umfang und mit den daraus resultierenden Konsequenzen den anerkannten Rechtsfolgen der überwiegend vertretenen Auffassung von der Umsetzung der Menschenwürde im Gebiet der Strafrechtspflege.[849] Aus dem Schuldgrundsatz folgt, daß jede Strafe – also jede damit verbundene Verantwortungszuschreibung – in einem gerechten Verhältnis zur Schwere der Straftat und zum Verschulden des Täters stehen muß.[850] Diese Anknüpfung der Strafe an die Schuld folgt aus der Anerkennung der freien selbstbestimmten Willensentscheidung des Täters als einer eigenverantwortlichen Persönlichkeit.[851] In diesem Sinne ist die Verbüßung der Strafe eine Verantwortungszuschreibung. Daher sollte im Rahmen der Resozialisierung eine Verantwortungsübernahme durch den Verurteilten erfolgen. Verlangt werden kann sie grundsätzlich nicht. Denn auch, wer die Verantwortungsübernahme ablehnt (z.B. indem er die Tat leugnet), muß nach Verbüßung der Strafe entlassen werden.
Umgekehrt könnte die zwangsweise Durchsetzung einer etwaigen Mitwirkungspflicht die Verletzung des Schuldgrundsatzes zur Folge haben. So hat *Nothhelfer* darauf hingewiesen, die Effektivität der notwendigen Zwangsmittel könne nur gewährleistet werden, wenn sie einen höheren Leidensdruck aufbauten als das zu erwartende Strafübel und sie außerdem dem mit der Strafe verbundenen individuellen Strafmakel entsprächen. Sobald aber die Selbstüberführung als das kleinere Übel erscheine, würden unrichtige Geständnisse provoziert. Sofern daraus die Bestrafung Unschuldiger resultiere, läge ein Verstoß gegen den Schuldgrundsatz vor.[852]

β) Schutz der körperlichen Integrität als Teil des unantastbaren Kernbereichs des nemo tenetur-Gedankens

Die Menschenwürde steht der Selbstbelastungsfreiheit damit nicht entgegen. Im Gegenteil, sie fordert sie. Denn sie ist ein wesentlicher Ausdruck des Subjektstatus des Beschuldigten.[853] Es geht dabei um mehr als die Verhinderung körperlicher Integritätsverletzungen zum Zwecke einer Beeinflussung der Willensaus-

---

[848] *Verrel*, Selbstbelastungsfreiheit, S. 241.

[849] Vgl. dazu den Überblick bei *Hill*, HdbStR, § 156 Rn. 8 ff.

[850] Vgl. oben Kapitel 3 II 6 b).

[851] BVerfGE 20, 323 (331); 57, 250 (275); *Sax*, Grundsätze der Strafrechtspflege, in *Bettermann/Nipperdey/Scheuner* (Hrsg.), Grundrechte III/2, S. 909 (933 ff.).

[852] *Nothhelfer*, Freiheit vom Selbstbezichtigungszwang, S. 76.

[853] *Dallmeyer*, KritV 2000, 252 (264); *Kahlo*, KritV 1997, 183 (192 u. 205); *Keller*, Provokation von Straftaten, S. 134 f.; *Köhler*, ZStW 107 (1995), 10 (24); *Odenthal*, Gegenüberstellung, S. 99; *Eb. Schmidt*, Deutsches Strafverfahrensrecht, Rn. 74 ff.; *Weßlau*, ZStW 110 (1998), 1 (26).

übung. Der Achtungsanspruch der Menschenwürde zielt darüber hinaus auf den Schutz vor einer Entpersonalisierung des Beschuldigten durch körperlichen Zwang, chemische oder medizinische Methoden, durch die der Mensch zu einem willenlosen Objekt gemacht wird.[854] Die Abstrahierung des Körpers von der Person des Beschuldigten hat genau dies zur Folge. Der Körper wird als willenlose Hülle deklassiert und dadurch der entgegenstehende Wille des Beschuldigten mißachtet.

Die Mißachtung des entgegenstehenden Willens zum Zwecke der Informationserlangung im Strafverfahren läßt sich sachlich nicht rechtfertigen. Soweit körperliche Eingriffe als notwendiges Mittel der Wahrheitserforschung dadurch legitimiert werden, die Ermittlungsmaßnahme richte sich gegen einen Straftäter, widerspricht dies dem Achtungsgebot der Menschenwürde. Denn der Staat darf den Menschen nicht nach seinem vermeintlichen sittlichen Wert klassifizieren.[855] Die Schlechterstellung eines Menschen mit der Begründung, es handele sich um einen „Verbrecher", beinhaltet eine Deklassierung der Person. Auch ohne diese klassifizierende Wortwahl wird der Beschuldigte durch die Inanspruchnahme mit der Begründung, er sei ein Straftäter, zum bloßen Objekt des Verfahrens. Der körperliche Eingriff stellt sich in diesem Fall als vorweggenommener strafähnlicher Eingriff und somit als Verletzung des Schuldgrundsatzes sowie der Unschuldsvermutung dar.

Die Rechtfertigung, die Ermittlungmaßnahme diene auch dem Schutz des Beschuldigten, da das Ergebnis seine Unschuld beweisen könne, steht ebenfalls im Widerspruch zur Menschenwürde, denn als eigenverantwortliche Persönlichkeit darf er nicht als Untertan einer um sein Wohl bemühten Obrigkeit behandelt werden.[856] Es muß ihm selbst überlassen bleiben, ob und wie er sich gegebenenfalls entlasten will.

Vor dieser Degradierung zum bloßen Objekt muß der Beschuldigte geschützt werden. Der Verfassungsgesetzgeber hatte bei der Formulierung des Art. 1 I GG als einen zentralen von der Anerkennung der Freiheit der Willensausübung unabhängigen Gesichtspunkt die Achtung und den Schutz der körperlichen Integrität im Auge.[857] Folter und unmenschliche Behandlungen sind nicht verboten, weil sie der Informationserlangung dienen. Denn vielfach werden sie gerade nicht ausgeübt, um Informationen zu erhalten. Sie sind unzulässig, weil sie die physische, psychische und moralische Integrität des Betroffenen beeinträchtigen.[858] Persönlichkeit und Körper sind nicht trennbar.

---

[854] *K. Peters*, Strafprozeß, § 4 I 4 S. 26.

[855] *Benda*, HdbVR, § 6 Rn. 16.

[856] BVerfGE 5, 85 (204); *Benda*, HdbVR, § 6 Rn. 16.

[857] Über die grundsätzliche Anerkennung des Schutzes der körperlichen Integrität als Schutzzweck besteht heute weitgehend Einigkeit, vgl. AK-GG-*Podlech*, Art. 1 Abs. 1 Rn. 22 u. 34ff.; *Dreier*, GG, Art. 1 I Rn. 22 u. 60; *Hofmann*, AöR 118 (1993); 353 (363); *Pieroth/Schlink*, Staatsrecht II, Rn. 366 u. 390ff.

[858] *Dreier*, GG, Art. 1 I Rn. 60.

Diese Feststellung liegt auch dem postmortalen Würdeschutz zugrunde. Der Leichnam darf nicht einfach wie tote Materie behandelt werden, sondern ist Teil der geschützten Persönlichkeit.[859] Daher dürfen auch Organe nicht ohne Zustimmung entnommen und verwertet werden.[860] Zumindest dort, wo mit dem Verbot der Organentnahme der Entscheidung des Verstorbenen Rechnung getragen wird, also nicht die Angehörigen über eine Organspende entscheiden, wirkt die Willensentscheidung über den Zeitpunkt des Todes fort und ist unabhängig von der Fähigkeit zur Willensausübung im Zeitpunkt des Zugriffs auf den Körper. Hier geht es nicht um den Schutz des sozialen Achtungsanspruchs der Angehörigen[861] oder einen von dem konkreten Individuum losgelösten Würdeschutz,[862] sondern um die Anerkennung der Freiheit der Willensausübung. Und zwar unabhängig davon, ob die Fähigkeit der Willensbetätigung noch besteht.[863] Die Organentnahme gegen den ausdrücklich erklärten Willen verletzt die postmortal zu achtende Würde des Verstorbenen.[864] Wenn damit sogar beim Toten nicht ohne Berücksichtigung seines (mutmaßlichen) entgegenstehenden Willens Teile des Körpers entnommen werden dürfen, weil er so zur „beliebig verfügbaren Organressource“[865] würde, so ist es erst recht nicht einsichtig, warum der Beschuldigte im Strafverfahren, obwohl er seinen entgegenstehenden Willen unmittelbar bilden und ausdrücken kann, zur beliebig verfügbaren „Informationsressource“ gemacht werden darf. Für diese Schlechterstellung gibt es keinen überzeugenden Grund. Der Würdeschutz des lebenden Menschen ist der unmittelbarste und weitreichendste Anwendungsfall der Würdegarantie. Hier findet das Bild vom frei verantwortlich handelnden Individuum seinen unmittelbaren Ausdruck. Dahingegen schwindet das postmortale Würdeschutzbedürfnis durch Zeitablauf.[866] Ebenso wie der Tote wird der Beschuldigte dadurch vergegenständlicht, daß auf seinen Körper als Ressource eines nützlichen Gutes zurückgegriffen wird. Im einen Fall geht es um Organe zur Rettung von Menschenleben, im anderen um Informationen zur Verfolgung und Durchsetzung des staatlichen

---

[859] VGH München, NJW 2003, 1618 (1620); AK-GG-*Podlech*, Art. 1 Abs. 1 Rn. 49, 59; *Dreier*, GG, Art. 1 I Rn. 72; *Geddert-Steinacher*, Menschenwürde, S. 71; v.Mangoldt/Klein/*Starck*, Art. 1 Abs. 1 Rn. 95; Maunz/Dürig-*Herdegen*, Art. 1 Abs. 1 Rn. 53; v. Münch/*Kunig*, GG, Art. 1 Rn. 15.

[860] *Dreier*, GG, Art. 1 I Rn. 72; *Geddert-Steinacher*, Menschenwürde, S. 71; v.Mangoldt/Klein/*Starck*, Art. 1 Abs. 1 Rn. 95; Maunz/Dürig-*Herdegen*, Art. 1 Abs. 1 Rn. 53; Schmidt-Bleibtreu/Klein-*Hofmann*, GG, Art. 1 Rn. 38.

[861] So *Enders*, Menschenwürde, S. 470.

[862] Vgl. BVerfGE 30, 173 (196); *Enders*, Menschenwürde, S. 470. Ablehnend *Dreier*, GG, Art. 1 I Rn. 74; *Geddert-Steinacher*, Menschenwürde, S. 71 f.; Maunz/Dürig-*Herdegen*, Art. 1 Abs. 1 Rn. 53 f.

[863] *Geddert-Steinacher*, Menschenwürde, S. 71 f., spricht von Verfügungen, die über den Tod hinaus wirksam sind.

[864] Maunz/Dürig-*Herdegen*, Art. 1 Abs. 1 Rn. 54.

[865] *Dreier*, GG, Art. 1 I Rn. 73.

[866] *Dreier*, GG, Art. 1 I Rn. 73, v. Münch/*Kunig*, GG, Art. 1 Rn. 15.

Strafanspruchs. Der damit verbundene Tatverdacht bietet aber ebenfalls kein Differenzierungskriterium. Denn der Beschuldigte verliert seinen Achtungs- und Schutzanspruch nicht durch die Zuschreibung des Tatverdachts. Er darf aufgrund der Unschuldsvermutung nicht anders behandelt werden als der Nichtverdächtige. Im Gegenteil zählen gerade Situationen, in denen die persönliche Freiheit des einzelnen durch eine freiheitsentziehende Maßnahme des Staates beschränkt wird, zu den Fällen, die der konstitutionelle Gesetzgeber bei der Formulierung des Würdeschutzes im Auge hatte. Dies verdeutlicht die deklaratorische Konkretisierung[867] des aus Art. 1 I GG resultierenden Mißhandlungsgebots in Art. 104 I 2 GG.[868] Es dient der Kompensation der gesteigerten faktischen Abhängigkeit der vom Staat festgehaltenen Personen, da durch sie eine besonders eingriffsintensive Situation der Unfreiheit entsteht.[869] Die Menschenwürde verbietet daher die Verletzung der köperlichen Integrität des Beschuldigten zum Zwecke der Informationserlangung im Strafverfahren. Körperliche Eingriffe auf der Grundlage des § 81a StPO verletzen den nemo tenetur-Gedanken und auch den Wesensgehalt des Art. 2 II 1 GG.
Der Schutz der körperlichen Integrität im Strafverfahren ist damit mehr als ein unselbständiger Annex zum Schutz der Willensausübungsfreiheit. Er hat eine eigenständige Bedeutung bei der Sicherung des Subjektstatus.

IV. Zusammenfassung

Alle Versuche, die aus dem herkömmlichen Verständnis des nemo tenetur-Gedankens resultierenden Probleme durch eine Neukonzeption zu lösen, führen im Ergebnis lediglich zu einer Verschiebung, nicht aber zu einer Lösung der aufgezeigten Probleme. Ursache hierfür ist die allen Ansätzen zugrundeliegende stilisierte Trennung von Körper und Person, die sich in der Realität nicht umsetzen läßt. Den Schutzbereich des nemo tenetur-Gedankens allein auf die Freiheit der Willensausübung zu beschränken, ist inkonsequent und negiert die Anerkennung der Subjektstellung des Beschuldigten im Strafverfahren. Der Schutz der körperlichen Integrität des Beschuldigten gehört zum Kernbereich des nemo tenetur-Gedankens, der seine verfassungsrechtliche Grundlage im allgemeinen Persönlichkeitsrecht hat. Der Achtungs- und Schutzauftrag des Art. 1 I GG kann im Strafverfahren nur dann erfüllt werden, wenn die körperliche Integrität des Beschuldigten als absolute Grenze der staatlichen Wahrheitsermittlung respektiert wird. Das nemo tenetur-Prinzip verbietet daher die Verletzung der körperli-

---

[867] BVerfGE 36, 137 (138f.); v. Münch/*Kunig*, GG, Art. 104 Rn. 12; Sachs-*Degenhart*, GG, Art. 104 Rn. 45; v. Mangold/Klein/Starck-*Gusy*, Art. 104 Rn. 29.

[868] Aufgrund dieses Bezuges erübrigt sich die Frage, ob Art. 104 I GG nur für Freiheitsentziehungen oder auch für Freiheitsbeschränkungen gilt, vgl. v. Münch/*Kunig*, GG, Art. 104 Rn. 12, weitere Auslegung von v. Mangold/Klein/Starck-*Gusy*, Art. 104 Rn. 29.

[869] V. Mangold/Klein/Starck-*Gusy*, Art. 104 Rn. 32. Konsequent zählt für *Gusy* auch der Schutz der Körperintegrität zum Schutzbereich des Art. 104 I 2 GG, vgl. Rn. 33.

chen Integrität gegen den Willen des Beschuldigten zum Zwecke der Informationserlangung im Strafverfahren.

Zusammenfassung der Ergebnisse

Die Zulässigkeit des zwangsweisen Zugriffs auf den Beschuldigten als Informationsquelle im Strafverfahren hängt nach geltendem Verfahrensrecht nicht davon ab, ob der Beschuldigte als geistige oder materielle Informationsquelle in Anspruch genommen wird. Entscheidend ist auch nicht, ob der Beschuldigte die vorhandene Information vermittelt hat. Es kommt schließlich auch nicht darauf an, ob die Information willensgesteuert oder willensunabhängig entstanden ist. Entscheidend soll vielmehr sein, ob der staatliche Zugriff auf den Beschuldigten als Informationsquelle eine erzwungene Selbstbelastung des Beschuldigten impliziert. Die Grenze ist nach herrschender Meinung dort zu ziehen, wo sich der Beschuldigte gegen seinen Willen aktiv belastet.

Die vorgenommene Differenzierung zwischen nicht erzwingbarer aktiver Mitwirkung und passiven Duldungspflichten wird im geltenden Verfahrensrecht allerdings nicht konsequent umgesetzt. Sie läßt sich auch nicht anhand der in diesem Zusammenhang herangezogenen Abgrenzungskriterien begründen. Weder die Differenzierung anhand der substantiellen Unterscheidung zwischen dem Wissen des Beschuldigten und seinem Körper oder der Informationserlangung durch freie Ausübung des Willens einerseits und staatliche Zwangsanwendung andererseits, noch die prozessuale Begründung, die Subjektstellung des Beschuldigten verbiete lediglich eine erzwungene Mitwirkung an der Wahrheitsfindung, vermögen die Unschärfe des Begriffspaares zu erklären, die sich insbesondere dort zeigt, wo durch Verletzungen der körperlichen Integrität unmittelbar und ohne Einwilligung des Beschuldigten auf seine Person zugegriffen wird.

Im Fokus des ambivalenten Umgangs mit der Informationsquelle „Beschuldigter“ steht die Regelung des § 81 a StPO. Für die Sonderstellung, welche ihr im strafprozessualen System zukommt, gibt es im wesentlichen drei Ursachen. Der Regelung fehlt es zunächst an einer systematischen Grundstruktur, die das Spannungsverhältnis zwischen Augenschein, Sachverständigenbeweis und Zwangsmaßnahme ordnet. Zudem ist sie das Resultat des Wunsches, neue wissenschaftliche Methoden für die Wahrheitsfindung nutzbar zu machen, und durch naturwissenschaftliche Erkenntnismethoden die richterliche Beweiswürdigung zu erleichtern. In engem Zusammenhang damit steht die Einführung der Norm durch den nationalsozialistischen Gesetzgeber, der die vollständige Unterwerfung des Individuums unter staatliche Interessen verlangte und Persönlichkeitsrechte des einzelnen zur Durchsetzung staatlicher Belange mißachtete. Wenn trotz allem an der Regelung des § 81 a StPO festgehalten wird, liegt dem vor allem die kriminalpolitische Erwägung zugrunde, ohne sie würde die Wahrheitsfindung erheblich erschwert, in manchen Fällen gar unmöglich. Teilweise werden die zum Teil erheblichen Eingriffe in die körperliche Integrität zudem damit gerechtfertigt, sie richteten sich schließlich gegen einen Straftäter, der überführt werden müsse.

In die Strafprozeßordnung, welche die Neugestaltung des Strafverfahrens vom Inquisitionsprozeß zum reformierten Strafprozeß abschloß, zu deren wesentli-

chen Errungenschaften die Anerkennung der Persönlichkeitsrechte des Beschuldigten gehörte, wurde so nachträglich eine gesetzliche Regelung eingefügt, die fast zweihundert Jahre nach der Kritik an der Folter durch die Aufklärung den unmittelbaren Zugriff auf den menschlichen Körper wieder legitimierte und damit ein inquisitorisches Instrument der Informationserlangung in die Strafprozeßordnung einbrachte.
Der zwangsweise staatliche Zugriff auf den Körper des Beschuldigten im Strafverfahren steht allerdings im Widerspruch zu verfassungsrechtlichen Vorgaben und zur EMRK. Hieraus ergibt sich für die staatliche Strafgewalt das Verbot, den Beschuldigten durch das Ziel der Durchsetzung des staatlichen Strafanspruchs zum Objekt des Verfahrens zu machen. Dem widersprechen die bisherigen Ansätze zur Bestimmung des normativen Gehalts des nemo tenetur-Prinzips. Die Grundhypothese, der Körper lasse sich von der Person des Beschuldigten abstrahieren und könne daher dem zwangsweisen staatlichen Zugriff in weitem Umfang unterworfen werden, führt zu unauflösbaren Widersprüchen und macht den Beschuldigten zum bloßen Objekt staatlicher Informationsermittlung. Die aus dem Achtungsanspruch des Menschen resultierende Subjektstellung des Beschuldigten verlangt die Unantastbarkeit der körperlichen Integrität im Strafverfahren, um dem Beschuldigten einen letzten Rückzugsbereich vor staatlichen Eingriffen in seine Persönlichkeitsrechte zu gewähren. Der unmittelbare Zugriff auf den Beschuldigten als Informationsquelle ist nur zulässig, soweit die Freiheit der Willensausübung nicht durch staatlichen Zwang beeinträchtigt und seine körperliche Integrität respektiert wird. Den Schutzbereich des nemo tenetur-Gedankens allein auf die Freiheit der Willensausübung zu beschränken, hieße, einen wesentlichen Teil der menschlichen Persönlichkeit zu mißachten. Die Persönlichkeit läßt sich nicht vom Körper trennen. Das nemo tenetur-Prinzip verbietet auch die Verletzung der körperlichen Integrität gegen den Willen des Beschuldigten zum Zwecke der Informationserlangung im Strafverfahren. Körperliche Eingriffe im Sinne des § 81 a StPO stehen daher im Widerspruch zu den verfassungsrechtlichen Vorgaben eines rechtsstaatlichen Strafverfahrens.

Literaturverzeichnis

Albrecht, Peter-Alexis: Kriminologie, 3. Aufl., 2005

- *ders.:* Die vergessene Freiheit, 2003

Alexy, Robert: Theorie der Grundrechte, 3. Aufl., 1995

Alsberg, Max: Anmerkung zu RG, in JW 1931, S. 69

Alternativkommentar zum Grundgesetz: Kommentar zum Grundgesetz für die Bundesrepublik Deutschland (Reihe Alternativkommentare), hrsg. von Erhard Denninger, Wolfgang Hoffmann-Riem, Hans-Peter Schneider und Ekkehart Stein, 3. Aufl., 2001

Alternativkommentar zur Strafprozeßordnung: Kommentar zur Strafprozeßordnung, hrsg. von Rudolf Wassermann, Band 1: §§ 1-93, 1988

Amelung, Knut: Probleme der Einwilligung in strafprozessuale Grundrechtsbeeinträchtigungen, in StV 1985, S. 257

Amelung, Knut/ Wirth, Stefan: Die Rechtsprechung des Bundesverfassungsgerichts seit 1990 zum Schutz der materiellen Grundrechte im Strafverfahren, in StV 2002, S. 161

Arndt, Adolf: Umwelt und Recht, 2. Das Schweigen vor Gericht, in NJW 1966, S. 869

Arndt, Gottfried: Die Durchsuchung des menschlichen Körpers im geltenden Strafprozeßrecht, 1929

Bachmann, Dirk/ Püschel, Klaus/ Sonnen, Bernd-Rüdegger: Zwei Jahre Brechmitteleinsätze in Hamburg, in Kriminalistik 2004, S. 678

Bär, W.: Genetische „Fingerabdrücke“, in Kriminalistik 1989, S. 313

Becker, Walter: Blutentnahmepflicht im Prozeß, in JR 1953, S. 453

Beling, Ernst: Deutsches Reichsstrafprozeßrecht, 1928

- *ders.:* Die Beweisverbote als Grenzen der Wahrheitserforschung im Strafprozeß, 1903

- *ders.:* Die Vornahme von Untersuchungen am lebenden menschlichen Körper als Prozeßmaßregel, in ZStW 15 (1895), S. 471

Benda, Ernst: Menschenwürde und Persönlichkeit, in: Handbuch des Verfassungsrechts (HdbVR), hrsg. von Ernst Benda, Werner Maihofer und Hans-Jochen Vogel, 2. Aufl., 1994

Benfer, Jost: Einsatz brechreizerzeugender Mittel bei Drogendealern?, in JR 1998, S. 53

- *ders.:* Die strafprozessuale Haussuchung als implizierte Befugnis?, in NJW 1980, S. 1611

Bennecke, Hans/ Beling, Ernst: Lehrbuch des Deutschen Reichs-Strafprozessrechts, 1900

Beulke, Werner: Strafprozessrecht, 8. Aufl., 2005

Binder, Detlev/ Seemann, Ralf: Die Verabreichung von Brechmitteln, in NStZ 2002, S. 234

Binding, Karl: Grundriss des Deutschen Strafprozeßrechts, 5. Aufl., 1904

Birkholz, Michael/ Kropp, Stefan/ Bleich, Stefan/ Klatt, Alexander/ Ritter, Eugen: Exkorporation von Betäubungsmitteln, in Kriminalistik 1997, S. 277

Birkmeyer, Karl: Deutsches Strafprozeßrecht mit eingehender Bezugnahme auf die preußischen und bayerischen Ausführungsbestimmungen und unter Berücksichtigung des österreichischen Strafprozeßrechts, 1898

Bleckmann, Albert: Verfassungsrang der Europäischen Menschenrechtskonvention?, in EuGRZ 1994, S. 149

Böckenförde, Ernst-Wolfgang: Die Würde des Menschen war unantastbar, in FAZ v. 3.09.2003, S. 33

- *ders.:* Grundrechtstheorie und Grundrechtsinterpretation, in: Probleme der Verfassungsinterpretation, hrsg. von Ralf Dreier und Friederich Schwegmann, 1976, S. 266

Böhmer, K.: Die Blutgruppen als Beweismittel, in Kriminalistische Monatshefte 1929, S. 145

- *ders.:* Blutgruppen und Rechtspflege, in DJZ 1926, S. 1607

Bonner Kommentar zum Grundgesetz: hrsg. von Rudolf Dolzer, Klaus Vogel und Karin Graßhof, Stand Dez. 2005, 120. Aktualisierung

Bosch, F. W.: Von der richtigen Grenzziehung zwischen Pflicht und Freiheit, in DRiZ 1951, S. 107

Bosch, Nikolaus: Aspekte des nemo-tenetur-Prinzips aus verfassungsrechtlicher und strafprozessualer Sicht, 1998

Böse, Martin: Die verfassungsrechtlichen Grundlagen des Satzes „Nemo tenetur se ipsum accusare“, in GA 2002, S. 98

Bottke, Wilfried: Rechtsprobleme bei der Auflage eines Fahrtenbuches, in DAR 1980, S. 238

Bringewart, P.: Der „Verdächtige" als schweigeberechtigte Auskunftsperson?, in JZ 1981, S. 289

Bruns, Anja: Prozeßgrundrechte im System des Grundgesetzes, 2002

Burgdorf, Ralf/ Ehrentraut, Christoph/ Lesch, Heiko H.: Die Identifizierungsgegenüberstellung gegen den Willen des Beschuldigten - Eine unzulässige Ermittlungsmaßnahme?, in GA 1987, S. 106

Caro, Friedrich: Blutprobe und Kammergericht, in JW 1929, S. 2227

Cremer, Hans-Joachim: Zur Bindungswirkung von EGMR-Urteilen, in EuGRZ 2004, S. 683

Dahs, Hans/ Langkeit, Jochen: Das Schweigerecht des Beschuldigten und seine Auskunftsverweigerung als „verdächtiger Zeuge", in NStZ 1993, S. 213

Dahs, Hans/ Wimmer, Raimund: Unzulässige Untersuchungsmethoden bei Alkoholverdacht, in NJW 1960, S. 2217

Dallinger, Wilhelm: Zur Vereinheitlichung des Strafverfahrens, in SJZ 1950, S. 732

Dallmeyer, Jens: Die Integrität des Beschuldigten im reformierten Strafprozess – Zur zwangsweisen Verabreichung von Brechmitteln bei mutmaßlichen Drogendealern, in KritV 2000, S. 252

- *ders.:* Verletzt der zwangsweise Brechmitteleinsatz gegen Beschuldigte deren Persönlichkeitsrechte?, in StV 1997, S. 606

Degener, Wilhelm: § 136a StPO und die Aussagefreiheit des Beschuldigten, in GA 1992, S. 443

- *ders.:* Grundsatz der Verhältnismäßigkeit und strafprozessuale Zwangsmaßnahmen, 1985

Delius: Über Zulässigkeit von Eingriffen in die Unantastbarkeit des Körpers im Strafprozeß, in LZ 1914, S. 1254

Dencker, Friedrich: Besprechung von Aufsätzen und Anmerkungen zum Straf- und Strafprozeßrecht, in NStZ 1982, S. 152

Dettmeyer, Reinhard/ Mushoff, Frank/ Madea, Burkhard: Die zwangsweise Verabreichung von Vomitivmitteln als ärztlicher Eingriff gem. § 81a I StPO, in MedR 2000, S. 316

Deutsch, Erwin: Rechtsfragen der Genomanalyse, in: Genomanalyse: Ihre biochemischen und politischen Aspekte, hrsg. von Rolf Ellermann und Uwe Opolka, 1991, S. 78

Dingeldey, Thomas: Das Prinzip der Aussagefreiheit im Strafprozeßrecht, in JA 1984, S. 407

Dippel, Karlhans: Die Stellung des Sachverständigen im Strafprozeß, 1986

Dochow: Der Beweis im Strafprozeß, in: Handbuch des deutschen Strafprozeßrechts, hrsg. von Fr. v. Holtzendorff, Erster Band, 1879, S. 103

Doemming, Klaus-Berto/ Füsslein, Rudolf Werner/ Matz, Werner (Bearbeiter): Entstehungsgeschichte der Artikel des Grundgesetzes, in JöR n.F. Band 1 (1951)

Dohna, Alexander Graf zu: Das Strafverfahren, 1913

Dreier, Horst: Grundgesetz Kommentar,
Band I: Artikel 1 – 19, 2. Aufl., 2004
Band II: Art. 20 – 82, 1998
Band III: Artikel 83 – 146, 2000

Dürig, Günter: Der Grundrechtssatz von der Menschenwürde, in AöR 81 (1956), S. 117

Dzendzalowski, Horst: Die Körperliche Untersuchung – Eine strafprozessual-kriminalistische Untersuchung zu den §§ 81 a und 81 c StPO, 1969

Ehrenfreund, B: Eine strafprozessuale Frage, in GA 53 (1906), S. 19

Eidam, Lutz: Kontroversen um die strafprozessuale Selbstbelastungsfreiheit am Beginn des 21. Jahrhunderts, Dissertation Frankfurt/Main 2006 (erscheint demnächst im Druck)

Eisenberg, Ulrich: Beweisrecht der StPO, Spezialkommentar, 4. Aufl., 2002

Elwer: Die rechtliche Bedeutung der Blutuntersuchung, in DRiZ 1927, S. 188

Enders, Christoph: Die Menschenwürde in der Verfassungsordnung, 1997

Epping, Volker: Grundrechte, 2. Aufl., 2005

Ermel: Die schwedische Blutprobe auf Alkohol als Beweismittel im Strafverfahren, in LZ 1932, S. 674

Eser, Albin: Aussagefreiheit und Beistand des Verteidigers im Ermittlungsverfahren, in ZStW 79 (1967), S. 565

- *ders.:* Der Schutz vor Selbstbezichtigung im deutschen Strafrecht, in ZStW Beiheft 86 (1974), S. 136

Fiebig, Werner: Die Untersuchung des menschlichen Körpers im Strafverfahren, 1931

Foldenauer, Wolfgang: Genanalyse im Strafverfahren, 1995

Frank, Hans: Nationalsozialistisches Handbuch für Recht und Gesetzgebung, 1935

Frank, Reinhard: Rechtsprechung des Reichsgerichts, in ZStW 12 (1892), S. 277

Friedrichs, Karl: Der menschliche Körper als Beweismittel, in Zeitschrift für Deutschen Civilprozess Band XIX (1894), S. 390

Frister, Helmut: Der Lügendetektor – Zulässiger Sachbeweis oder unzulässige Vernehmungsmethode?, in ZStW 106 (1994), S. 303

- *ders.:* Schuldprinzip, Verbot der Verdachtsstrafe und Unschuldsvermutung als materielle Grundprinzipien des Strafrechts, 1988

Frowein, Jochen Abr./ Peukert, Wolfgang: Europäische MenschenrechtsKonvention, EMRK-Kommentar, 2. Aufl., 1996

Gaede, Karsten: Anmerkung zu EGMR, Urteil vom 5.11.2002, *Allan* (abgedruckt in StV 2003, S. 257), in StV 2003, S. 260

Geddert-Steinacher, Tatjana: Menschenwürde als Verfassungsbegriff, 1990

Geerds, Friedrich: Juristische Probleme des Sachverständigenbeweises, in Archiv für Kriminologie, Band 137 (1966), S. 61

- *ders.:* Über strafprozessuale Maßnahmen, insbesondere Entnahme von Blutproben bei Verdacht der Trunkenheit am Steuer, in GA 1965, S. 321

Geppert, Klaus: Grundlegendes und Aktuelles zur Unschuldsvermutung des Art. 6 Abs. 2 der Europ. Menschenrechtskonvention, in JURA 1993, S. 160

- *ders.:* Zur Einführung verdachtsfreier Atemalkoholkontrollen aus rechtlicher Sicht, in: Festschrift für Günter Spendel, 1992, S. 655

- *ders.:* Zum strafrechtlichen „Rechtmäßigkeits"-Begriff (§ 133 StGB) und zur strafprozessualen Gegenüberstellung, in JURA 1989, S. 274

Gerland, Heinrich: Der Deutsche Strafprozeß, 1927

Geyer, August: Der Beweis im Strafprozeß, in: Handbuch des deutschen Strafprozeßrechts, hrsg. von Fr. v. Holtzendorff, Erster Band, 1879, S. 185

Geyer, August: Lehrbuch des gemeinen deutschen Strafprozeßrechts, 1880

Gilles, Peter: Zum Bedeutungszuwachs und Funktionswandel des Prozeßrechts, in JuS 1981, S. 402

Glaser, Julius: Handbuch des Strafprozesses, Zweiter Band, 1885

Gössel, Karl Heinz: Behörden und Behördenangehörige als Sachverständige vor Gericht, in DRiZ 1980, S. 363

- *ders.:* Genetische Untersuchungen als Gegenstand der Beweisführung im Strafverfahren, in: Gedächtnisschrift für Karlheinz Meyer, 1990, S. 121

Götz, Michael: Echo zu Grüner, Die zwangsweise Vergabe von Brechmitteln (JuS 1999, S. 122), in JuS 2000, S. 727

Grabenwarter, Christoph: Europäische Menschenrechtskonvention, 2. Aufl., 2005

Gropp, Walter: Zum verfahrenslimitierenden Wirkungsgehalt der Unschuldsvermutung, in JZ 1991, S. 804

Grüner, Gerhard: Die zwangsweise Vergabe von Brechmittel – OLG Frankfurt a.M., NJW 1997, 1647 ff., in JuS 1999, S. 122

Grünwald, Gerald: Menschenrechte im Strafprozeß, in StV 1987, S. 453

- *ders.:* Anmerkung zu BGH, Urt. v. 28.4.1987 – 5 StR 666/86 (LG Hannover), in StV, S. 470

- *ders.:* Probleme der Gegenüberstellung zum Zwecke der Wiedererkennung, in JZ 1981, S. 423

- *ders.:* Anmerkung zu BGH, Beschluß v. 30.4.1968 – 1 StR 625/67 (OLG Karlsruhe) (abgedruckt in JZ 1968, S. 750), in JZ 1968, S. 752

Günther, Hans-Ludwig: Die Schweigebefugnis des Tatverdächtigen im Straf- und Bußgeldverfahren aus verfassungsrechtlicher Sicht, in GA 1978, S. 193

Gürtner, Franz/ Freisler, Roland : Das neue Strafrecht – Grundsätzliche Gedanken zum Geleit, 1936

Haas, Günther: Der Beschuldigte als Augenscheinsobjekt, in GA 1997, S. 368

Häberle, Peter: Die Menschenwürde als Grundlage der staatlichen Gemeinschaft, in: Handbuch des Staatsrechts (HdbStR), hrsg. von Josef Isensee und Paul Kirchhof, Band I, Grundlagen von Staat und Verfassung, 1987, S. 815

Hahn, Carl: Die gesamten Materialien zu den Reichsjustizgesetzen, Band 3 – Materialien zur Strafprozeßordnung, Abteilung 1, 1885, Nachdruck 1983

Harbort, Stephan: Der Beweiswert der Blutprobe, 1994

Hassemer, Winfried: Anmerkung zu BGH, Urt. v. 21.8.1990 – 5 StR 145/90 (abgedruckt u.a. NStZ 1990, 550), in JuS 1991, S. 336

- *ders.:* Unverfügbares im Strafprozeß, in Festschrift für Werner Maihofer, 1988, S. 183

- *ders.:* Die Voraussetzungen der Untersuchungshaft, in StV 1984, S. 38

- *ders.:* Die „Funktionstüchtigkeit der Strafrechtspflege" – ein neuer Rechtsbegriff?, in StV 1982, S. 275

Hattenhauer, Hans: Allgemeines Landrecht für die Preußischen Staaten von 1794; 2. Aufl., 1994

Heidelberger Kommentar zur Strafprozeßordnung: Heidelberger Kommentar zur Strafprozeßordnung, von Michael Lemke, Karl-Peter Julius, Christoph Krehl, Hans-Joachim Kurth, Erardo Cristoforo Rautenberg und Dieter Tenning, 3. Aufl., 2001

Heidelberger Kommentar zur Strafprozeßordnung: Heidelberger Kommentar zur Strafprozeßordnung, von Michael Lemke, Karl-Peter Julius, Christoph Krehl, Hans-Joachim Kurth, Erardo Cristoforo Rautenberg und Dieter Tenning, 1. Aufl., 1997

Hellgert, Roland: Der „Verdächtige" als Schweigeberechtigte Auskunftsperson und selbständiger Prozeßbeteiligter neben dem Beschuldigten und Zeugen, 1976

Hellwig, Albert: Die Beweiskraft der Blutgruppenprobe in Vaterschaftsprozessen, in JW 1930, S. 1556

- *ders.:* Größere Aufsätze III, in JW 1928, S. 870

Henke, Jürgen/ Hoffmann, K./ Henke, Lotte: Kurze Einführung in die gentechnologischen Voraussetzungen des DNA-Fingerprints in der forensischen Genetik, in: Die Genomanalyse im Strafverfahren, hrsg. von Jürgen Taschke und Felix Breidenstein, 1995, S. 13

Henke, Jürgen/ Schmitter, Hermann: DNA-Polymorphismen in forensischen Fragestellungen, in: Die Genomanalyse im Strafverfahren, hrsg. von Jürgen Taschke und Felix Breidenstein, 1995, S. 32

Henkel, Heinrich: Strafverfahrensrecht, 2. Aufl., 1968

Hentschel, Peter: Straßenverkehrsrecht, 38. Aufl. 2005

Herzog, Felix: Anmerkung zu BGH, Urt. v. 24.11.1992 – 5 StR 500/92, in: Die Genomanalyse im Strafverfahren, hrsg. von Jürgen Taschke und Felix Breidenstein, 1995, S. 153

Heubel, Horst: Der „fair trial" – ein Grundsatz des Strafverfahrens?, 1981

Hill, Hermann: Verfassungsrechtliche Gewährleistungen gegenüber der staatlichen Strafgewalt, in: Handbuch des Staatsrechts (HdbStR), hrsg. von Josef Isensee und Paul Kirchhof, Band VI - Freiheitsrechte, § 156, 1989

Hoffmann, Dieter: Die Selbstbegünstigung, 1965

Hoffmann-Riem, Wolfgang : Grundrechtsanwendung unter Rationalitätsanspruch, in Der Staat 2004, S. 203

Hoffmeister, Frank: Die Europäische Menschenrechtskonvention als Grundrechtsverfassung und ihre Bedeutung in Deutschland, in Der Staat 40 (2001), S. 349

Höfling, Wolfram: Die Unantastbarkeit der Menschenwürde – Annäherung an einen schwierigen Verfassungsrechtssatz, in JuS 1995, S. 859

Hofmann, Hasso: Die versprochene Menschenwürde, in AöR 118 (1993), S. 353

- *ders.:* Grundpflichten und Grundrechte, in: Handbuch des Staatsrechts (HdbStR), hrsg. von Josef Isensee und Paul Kirchhof, Band V – Allgemeine Grundrechtslehren § 114, 1992

Holtzendorff, Fr. von: Sicherungsmaßregeln zur Erhaltung des Thatbestandes und gegen die Person des Beschuldigten. Beschlagnahme. Durchsuchungen. Verhaftungen, in: Handbuch des deutschen Strafprozeßrechts, hrsg. von Fr. v. Holtzendorff, Erster Band, 1879, S. 305

Hruschka, Joachim: Die Nötigung im System des Strafrechts, in JZ 1995, S. 737

Huß, Otto Paul: Die körperliche Untersuchung im Strafverfahren, 1934

Ignor, Alexander: Geschichte des Strafprozesses in Deutschland 1532-1846, 2002

Internationaler Kommentar zur Europäischen Menschenrechtskonvention: hrsg. von Wolfram Karl, Loseblattsammlung, Stand Juni 2004 (zitiert: IK-EMRK-Bearbeiter)

Isenbart, W./ Samter, M.K.: Die Strafprozeßordnung für das Deutsche Reich nebst dem Gerichtsverfassungs-Gesetz und den Einführungsgesetzen, 1893

Isensee, Josef: Die verdrängten Grundpflichten des Bürgers, in DÖV 1982, S. 609

Jakobs, Günther: Bürgerstrafrecht und Feindstrafrecht, in HRRS 2004, S. 88

Jarass, Hans D.: Bausteine einer umfassenden Grundrechtsdogmatik, in AöR 120 (1995), S. 345

Jarass, Hans: Das allgemeine Persönlichkeitsrecht im Grundgesetz, in NJW 1989, S. 857

Jarass, Hans D./ Pieroth, Bodo: Grundgesetz für die Bundesrepublik Deutschland - Kommentar, 8. Aufl., 2006

Jerouschek, Günther: Jenseits von Gut und Böse: Das Geständnis und seine Bedeutung im Strafrecht, in ZStW 102 (1990), S. 793

Jung, Heike: Zum genetischen Fingerabdruck, in: Die Genomanalyse im Strafverfahren, hrsg. von Jürgen Taschke und Felix Breidenstein, 1995, S. 137

Kahlo, Michael: Der Begriff der Prozeßsubjektivität und seine Bedeutung im reformierten Strafverfahren, besonders für die Rechtsstellung des Beschuldigten, in KritV 1997, S. 183

Karlsruher Kommentar zur Strafprozessordnung: Karlsruher Kommentar zur Strafprozessordnung und zum Gerichtsverfassungsgesetz mit Einführungsgesetz, hrsg. von Gerd Pfeiffer, 5. Aufl., 2003

Karlsruher Kommentar zur Strafprozeßordnung: Karlsruher Kommentar zur Strafprozeßordnung und zum Gerichtsverfassungsgesetz mit Einführungsgesetz, hrsg. von Gerd Pfeiffer, 3. Aufl.,1993

Keiser, Claudia: Die Anwendung des „nemo-tenetur-Grundsatzes" auf das Prozeßverhalten des Angeklagten, in StV 2000, S. 633

Keller, Rainer: Die Genomanalyse im Strafverfahren, in: Die Genomanalyse im Strafverfahren, hrsg. von Jürgen Taschke und Felix Breidenstein, 1995, S. 160

- *ders.:* Rechtliche Grenzen der Provokation von Straftaten, 1989

Kimmich, H. / Spyra, W./ Steinke, Wolfgang: DNA-Amplifizierung in der forensischen Anwendung und der juristischen Diskussion, in NStZ 1993, S. 23

- *dies.:* Das DNA-Profiling in der Kriminaltechnik und der juristischen Diskussion, in: Die Genomanalyse im Strafverfahren, hrsg. von Jürgen Taschke und Felix Breidenstein, 1995, S. 87

Klaus, Arthur: Die Frage der Duldungspflicht körperlicher Untersuchungen, 1933

Klein, Eckart: Anmerkung zu BVerfG, Beschluss v. 14.10.2004 – 2 BvR 1481/04 (JZ 2004, 1171), in JZ 2004, S. 1176

Kleinknecht, Theodor: Die Anwendung unmittelbaren Zwangs bei der Blutentnahme nach § 81 a StPO, in NJW 1964, S. 2181

Klumpe, Birgit: Der „genetische Fingerabdruck" im Strafverfahren, 1993

KMR – Kommentar zur Strafprozessordnung: Herausgegeben von Bernd von Heintschel-Heinegg und Heinz Stöckel, Stand 41. Lieferung (Februar 2006)

Knemeyer, Franz-Ludwig: Rechtliches Gehör im Gerichtsverfahren, in: Handbuch des Staatsrechts (HdbStR), herausgegeben von Josef Isensee und Paul Kirchhof, Band VI - Freiheitsrechte, § 155, 1989

Koch, Wolf-Peter: Die Reform des Strafverfahrensrechts im Dritten Reich unter besonderer Berücksichtigung des StVO-Entwurfs 1939, 1972

Köhler, Michael: Prozeßrechtsverhältnis und Ermittlungseingriffe, in ZStW 107 (1995), S. 10

Kohlhaas, Max: Körperliche Untersuchung und erkennungsdienstliche Maßnahmen, 1972

König, Olaf: Die Entwicklung der strafprozessualen Zwangsmaßnahmen im Ermittlungsverfahren seit 1877, 1993

Kopf, Verena Angela: Selbstbelastungsfreiheit und Genomanalysen im Strafverfahren, 1999

Körner, Harald-Hans: Der Drogenschmuggel und der Handel mit Betäubungsmitteln in Körperöffnungen und im Körper, in StV 1988, S. 448

Krack, Ralf: Der Normzweck des § 136a StPO, in NStZ 2002, S. 120

Krause, Dietmar: Alte Fragen zum neuen § 81c StPO, in JZ 1976, S. 124

Krieglstein, Marco: Der genetische Fingerabdruck zur Personenidentifizierung im Strafverfahren, 1994

Kries, August von: Lehrbuch des Deutschen Strafprozeßrechts, 1892

- *ders.:* Das Prinzip der Unmittelbarkeit im Beweisverfahren der deutschen Prozeßordnungen, in ZStW 6 (1886), S. 88

Kühl, Kristian: Anmerkung zu BGH, Urt. v. 9.5.1985 – 1 StR 63/85 (LG Stuttgart) (abgedruckt in StV 1986, S. 185) in StV 1986, S. 187

- *ders.:* Freie Beweiswürdigung des Schweigens des Angeklagten und der Untersuchungsverweigerung eines angehörigen Zeugen – BGHSt 32, 140, in JuS 1986, S. 115

- *ders.:* Unschuldsvermutung, Freispruch und Einstellung, 1983

Kühl, Kristian/ Lackner, Karl: Strafgesetzbuch – Kommentar, 25. Aufl., 2004

Kühne, Hans Heiner: Anwaltlicher Beistand und das Schweigerecht des Beschuldigten im Strafverfahren, in EuGRZ 1996, S. 571

Kühne, Hans-Heiner: Strafprozessrecht, 6. Aufl., 2003

- *ders.:* Strafprozessuale Beweisverbote und Art. 1 I Grundgesetz, 1970

Kunert, Karl Heinz: Wie weit schützt die Strafprozeßordnung die Grundrechte des Beschuldigten?, in MDR 1967, S. 539

Kunig, Philip: Das Rechtsstaatsprinzip, 1986

Larenz, Karl: Methodenlehre der Rechtswissenschaft, 5. Aufl., 1983

Leipziger Kommentar zum Strafgesetzbuch: hrsg. von Burkhard Jähnke, Heinrich Wilhelm Laufhütte, Walter Odersky, 11. Aufl., 1993 bis 2003

Leonhard: Die Bedeutung der Blutgruppenuntersuchung im Straf- und Zivilprozeß, in DJZ 1929, S. 135

Lesch, Heiko: Anmerkung zu BGH Beschl. v. 12.1.2005 (abgedruckt in JR 2005, S. 300), in JR 2005, S. 302

- *ders.:* Inquisition und rechtliches Gehör in der Beschuldigtenvernehmung, in ZStW 111 (1999), S. 624

Lindner, Josef Franz: Theorie der Grundrechtsdogmatik, 2005

Liszt, Franz von: Besprechung von Löwe-Rosenberg, Die Strafprozeßordnung für das Deutsche Reich, 14. Aufl., in DStrZ 4 (1917), S. 444

- *ders.:* Die Reform des Strafverfahrens, 1906

Lorenz, Dieter: Allgemeines Persönlichkeitsrecht und Gentechnologie, in JZ 2005, S. 1121

- *ders.:* Das Recht auf Leben und körperliche Unversehrtheit, in: Handbuch des Staatsrechts (HdbStR), hrsg. von Josef Isensee und Paul Kirchhof, Band VI - Freiheitsrechte, 1989, § 128

Lorenz, Frank Lucien: „Operative Informationserhebung" im Strafverfahren, „Unverfügbares" und Grundrechtsschutz durch „institutionelle Kontrolle", in JZ 1992, S. 1000

Löwe-Rosenberg: Die Strafprozeßordnung und das Gerichtsverfassungsgesetz, 25. Aufl., 2001 bis 2005

Löwe-Rosenberg: Die Strafprozeßordnung für das Deutsche Reich vom 22. März 1924 nebst dem Gerichtsverfassungsgesetz und den Gesetzen vom 24. November und 6. Dezember 1930, 19. Aufl., 1934

Lührs, Wolfgang: Genomanalyse im Strafverfahren - BGH-Urteil und Gesetzgebungsinitiativen, in MDR 1992, S. 929

Machule, Walther: Der Körper des lebenden Menschen als Gegenstand kriminalpolizeilicher Erforschungsmittel, 1935

Mäder, Detlef: Betriebliche Offenbarungspflichten und Schutz vor Selbstbelastung, 1997

Mangoldt, Hermann v./ Klein, Friedrich/ Starck, Christian: Kommentar zum Grundgesetz, 5. Aufl., 2005

Mastronardi, Horaz: Die Stellung des Sachverständigen im Strafprozessrecht, 1936

Matt, Holger: Nemo tenetur se ipsum accusare – Europäische Perspektiven, in GA 2006, S. 323

Mayer, Artur: Augenscheinseinnahme und Durchsuchung im geltenden Strafprozessrechte unter Berücksichtigung des Entwurfes, 1911

Menge, Hermann: Langenscheidts Großwörterbuch Latein, Teil 1 – Lateinisch/Deutsch, 25. Aufl., 1996

Meyer, Karlheinz: Notwendigkeit und Grenzen der Heilung von Grundrechtsverletzungen durch die Strafgerichte, in: Festschrift für Theodor Kleinknecht, 1985, S. 267

Meyer-Goßner, Lutz: Strafprozessordnung, Gerichtsverfassungsgesetz, Nebengesetze und ergänzende Bestimmungen, 48. Aufl., 2005

Meyer-Ladewig, Jens/ Petzold, Herbert: Die Bindung deutscher Gerichte an Urteile des EGMR, in NJW 2005, S. 15

Middendorf, Max: Zur Wesensgehaltsgarantie des Grundgesetzes, in JURA 2003, S. 232

Mittermaier, Carl Josef Anton: Das deutsche Strafverfahren in der Fortbildung durch Gerichts-Gebrauch und Landes-Gesetzbücher und in genauer Vergleichung mit dem englischen und französischen Strafverfahren, 1845

Müller, Christian: Das Gewohnheitsverbrechergesetz vom 24. November 1933: Kriminalpolitik als Rassenpolitik, 1997

Müller, Ingo: Das Strafprozeßrecht des Dritten Reiches, in: Strafjustiz und Polizei im Dritten Reich, hrsg. von Udo Reifner und Bernd-Rüdegger Sonnen, 1984, S. 59

Müller, Rudolf: Neue Ermittlungsmethoden und das Verbot des Zwanges zur Selbstbelastung, in EuGRZ 2001, S. 546

Müller-Dietz, Heinz: Die Stellung des Beschuldigten im Strafprozeß, in ZStW 93 (1981), S. 1177

Münch, Ingo/ Kunig, Philip: Grundgesetz-Kommentar,
Band 1: Präambel bis Art. 19, 5. Aufl., 2000
Band 2: Art. 20 bis Art. 69, 5. Aufl., 2001
Band 3: Art. 70 bis Art. 146, 4./5. Aufl., 2003

Münchner Kommentar zum Strafgesetzbuch: hrsg. von Wolfgang Joecks und Klaus Miebach, Band 3: §§ 185 – 262 StGB, 2003

Mushoff, Tobias: „War on drugs" und Verfassung – Plädoyer für die Abschaffung des Brechmitteleinsatzes im Strafverfahren, in KritV 2005; S. 83

Naucke, Wolfgang: Anmerkung zu BVerfG, 2. Kammer des 2. Senats, Beschl. v. 15.9.1999- 2 BvR 2360/95 (abgedruckt u.a. in StV 2000, S. 1), in StV 2000, S. 1

- *ders.:* Kants Rechtslehre im Alltag, in: Freiheit, Gleichheit, Selbständigkeit – Zur Aktualität der Rechtsphilosophie Kants für die Gerechtigkeit in der modernen Gesellschaft, hrsg. von Götz Landwehr, 1999, S. 89

- *ders.:* NS-Strafrecht als Teil einer längeren Entwicklungslinie im Strafrecht?, in: Recht und Rechtslehre im Nationalsozialismus, hrsg. von Franz Jürgen Säcker, 1992, S. 233

Neumann, Ulfrid: Mitwirkungs- und Duldungspflichten des Beschuldigten bei körperlichen Eingriffen im Strafverfahren, in: Festschrift für E.A. Wolff, 1998, S. 373

Nickel, Rolf: Das Schweigen des Beschuldigten und seine Bedeutung für die Beweiswürdigung, 1978

Niebler, Engelbert: Die Rechtsprechung des Bundesverfassungsgerichts zum obersten Rechtswert der Menschenwürde, in BayVBl 1989, S. 737

Niemöller, Martin/ Schuppert, Gunnar Folke: Die Rechtsprechung des Bundesverfassungsgerichts zum Strafverfahrensrecht, in AöR 107 (1982), S. 387

Niese, Werner: Narkoanalyse als doppelfunktionelle Prozeßhandlung, in ZStW 63 (1951), S. 199

Nöldeke, Werner: Zum Wiedererkennen des Tatverdächtigen bei Gegenüberstellung und Bildvorlage, in NStZ 1982, S. 193

Nomos Kommentar Strafgesetzbuch: hrsg. von Urs Kindhäuser, Ulfrid Neumann, Hans-Ulrich Paeffgen, 2. Aufl., 2005

Nothhelfer, Martin: Die Freiheit vom Selbstbezichtigungszwang, 1987

Oberlies, Dagmar: Genetischer Fingerabdruck und Opferrechte, in: Die Genomanalyse im Strafverfahren, hrsg. von Jürgen Taschke und Felix Breidenstein, 1995, S. 181

Odenthal, Hans-Jörg: Die Gegenüberstellung im Strafverfahren, 3. Aufl., 1999

- *ders.:* Die Gegenüberstellung zum Zwecke des Wiedererkennens, in NStZ 1985, S. 433

Ossenbühl, Fritz: Grundsätze der Grundrechtsinterpretation, in: Handbuch der Grundrechte (HGR), hrsg. von Detlef Merten und Hans-Jürgen Papier, Band I – Entwicklung und Grundlagen, § 15, 2004

Pache, Eckhard: Das europäische Grundrecht auf einen fairen Prozess, in NVwZ 2001, S. 1342

Paeffgen, Hans-Ullrich: Vorüberlegungen zu einer Dogmatik des Untersuchungshaftrechts, 1986

Pauly, Jürgen: Das Wiedererkennen im Straf- und Bußgeldverfahren, in StraFo 1998, S. 41

Pawlik, Michael: Verdeckte Ermittlungen und das Schweigerecht des Beschuldigten, in GA 1998, S. 378

Peters, Anne: Einführung in die Europäische Menschenrechtskonvention, 2003

Peters, Karl: Strafprozeß, 4. Aufl., 1985

- *ders.:* Literaturbericht, in ZStW 91 (1979), S. 96

Pfeiffer, Gerd: Strafprozessordnung und Gerichtsverfassungsgesetz – Kommentar, 5. Aufl., 2005

Pfeiffer, Gerd/ Fischer, Thomas: Strafprozeßordnung, 1. Aufl., 1995

Pieroth, Bodo/ Schlink, Bernhard: Grundrechte Staatsrecht II, 21. Aufl., 2005

Plank, Julius Wilhelm : Systematische Darstellung des deutschen Strafverfahrens auf der Grundlage der neueren Strafprozeßordnungen seit 1848, 1857

Plöger, Rainer: Die Mitwirkungspflichten des Beschuldigten im deutschen Strafverfahren von den Anfängen im germanischen Rechtsgang bis zum Ende des gemeinen Inquisitionsprozesses, 1982

Prittwitz, Cornelius: Der Mitbeschuldigte im Strafprozeß, 1984

Puppe, Ingeborg: List im Verhör des Beschuldigten, in GA 1978, 289

Rademacher, Christine: Zur Frage der Zulässigkeit genetischer Untersuchungsmethoden im Strafverfahren, in StV 1989, S. 546

- *dies.:* Zulässigkeit der Gen-Analyse?, in: Die Genomanalyse im Strafverfahren, hrsg. von Jürgen Taschke und Felix Breidenstein, 1995, S. 156

Ranft, Otfried: Strafprozeßrecht, 2. Aufl., 1995

Ransiek, Andreas: Die Rechte des Beschuldigten in der Polizeivernehmung, 1990

Rau, Philipp: Schweigen als Indiz der Schuld, 2004

Reimer, Franz: Verfassungsprinzipien, 2001

Reiß, Wolfram: Besteuerungsverfahren und Strafverfahren, 1987

Reitberger, Leonhard: Der Beschuldigte als Beweismittel, in Kriminalistik 1968, S. 349

Remund, Max Hugo: Gerichtlich-Medizinische Erfahrungen und Probleme bei Automobilunfällen, 1931

Rieß, Peter: Der Beschuldigte als Subjekt des Strafverfahrens in Entwicklung und Reform der Strafprozeßordnung, in: Vom Reichsjustizamt zum Bundesministerium der Justiz, hrsg. vom Bundesministerium der Justiz, 1977, S. 373

- *ders.:* Die Vernehmung des Beschuldigten im Strafprozeß, in JA 1980, S. 293

- *ders.:* Prolegomena zu einer Gesamtreform des Strafverfahrensrechts, in: Festschrift für Karl Schäfer, 1979, S. 155

Rixen, Stephan: Anmerkung zu BVerfG, 2. Kammer des 2. Senats, Beschl. v. 15.9.1999 – 2 BvR 2360/95 (abgedruckt u.a. in StV 2000, S. 1), in NStZ 2000, S. 381

Rogall, Klaus: Die Vergabe von Vomitivmitteln als strafprozessuale Zwangsmaßnahme, in NStZ 1998, S. 66

- *ders.:* Rezension zu Hartmut Schneider, Grund und Grenzen des strafrechtlichen Selbstbegünstigungsprinzips auf der Basis eines generalpräventiv-funktionalen Schuldmodells, in StV 1996, S. 63

- *ders.:* Buchbesprechung zu Wenskat, Wolfgang: Der richterliche Augenschein im deutschen Strafprozeß, in ZStW 105 (1993), S. 588

- *ders.:* Der Beschuldigte als Beweismittel gegen sich selbst, 1977

Röger, Ralf: Die Verwertbarkeit des Beweismittels nach § 81 a StPO bei rechtswidriger Beweisgewinnung, 1994

Röhl, Klaus F.: Allgemeine Rechtslehre, 2. Aufl., 2001

Roggan, Frederik: „Etwas von Folter ...“, in Bürgerrechte & Polizei/ Cilip 71 (1/2002), S. 59

Rosenfeld, Ernst Heinrich: Deutsches Strafprozeßrecht, Band II: Der Strafprozeß als Handlungskomplex, 1926

Rosenfeld, Ernst Heinrich: Der Reich-Strafprozeß, 1912

Rosenmeyer, A.: Der menschliche Körper als Beweisobjekt, in Der Gerichtssaal Band LXIII (1904), S. 41

Rossmanith, Werner: Die Verfassungsmäßigkeit von körperlichen Eingriffen nach Paragraph 81 a StPO, 1969

Roxin, Claus: Strafverfahrensrecht, 25. Aufl., 1998

- *ders.:* Die Rechtsprechung des Bundesgerichtshofs zum Strafverfahrensrecht – Ein Rückblick auf 40 Jahre, in Othmar Jauernig und Claus Roxin, 40 Jahre Bundesgerichtshof, 1991, S. 66

- *ders.:* Zur Tatbestandsmäßigkeit und Rechtswidrigkeit der Entfernung von Leichenteilen (§ 168 StGB), insbesondere zum rechtfertigenden strafrechtlichen Notstand (§ 34 StGB) – OLG Frankfurt, NJW 1975, 271, in JuS 1976, S. 505

Ruderisch, Dagmar: Rechtliche und rechtspolitische Fragen der Humangenetik, ZRP 1992, S. 260

Rüping, Hinrich. Das Strafverfahren, 3. Aufl., 1997

- *ders.:* „Auflockerung" im Strafverfahrensrecht, in: Recht, Rechtsphilosophie und Nationalsozialismus, hrsg. von Hubert Rottleuthner, 1983, S. 65

- *ders.:* Der Schutz der Menschenrechte im Strafverfahren – Wesentliche Erfordernisse eines gerechten Strafverfahrens, in ZStW 91 (1979), S. 351

- *ders.:* Zur Mitwirkungspflicht des Beschuldigten und Angeklagten, in JR 1974, S. 135

Rüping, Hinrich/ Jerouschek, Günter: Grundriß der Strafrechtsgeschichte, 4. Aufl., 2002

Rüthers, Bernd: Rechtstheorie, 2. Aufl., 2005

Rzepka, Dorothea: Zur Fairneß im deutschen Strafverfahren, 2000

Sachs, H.: Die gerichtliche Verwertbarkeit der Blutgruppenbestimmung, in DJZ 1929, S. 542

Sachs, Michael: Grundgesetz – Kommentar, 3. Aufl., 2003

- *ders.:* Verfassungsrecht II - Grundrechte, 2. Aufl., 2003

Sautter, Bruno: Die Pflicht zur Duldung von Körperuntersuchungen nach § 372a ZPO, in AcP 161, S. 215

Sax, Walter: Grundsätze der Strafrechtspflege, in: Die Grundrechte Dritter Band, 2. Halbband, hrsg. von Karl August Bettermann, Hans Carl Nipperdey und Ulrich Scheuner, 1959, S. 909

Schäfer, Hans Christoph: Effektivität und Rechtsstaatlichkeit der Strafverfolgung - Versuch einer Grenzziehung, in NJW 1997, S. 2437

Schäfer, Leopold/ Wagner, Otto/ Schafheutle, Josef: Das Gesetz gegen gefährliche Gewohnheitsverbrecher und über Maßregeln der Sicherung und Besserung mit dem dazugehörigen Ausführungsgesetz, 1934

Schaffrath, Walter: Die körperliche Durchsuchung und Untersuchung im geltenden Strafprozeß und ihre Regelung in den Entwürfen, 1928

Schilling, Theodor: Rang und Geltung von Normen in gestuften Rechtsordnungen, 1994

Schlaich, Klaus: Das Bundesverfassungsgericht, 4. Aufl. 1997

Schlüchter, Ellen: Das Strafverfahren, 2. Aufl., 1983

Schmidt, Eberhard: Der Strafprozeß, in NJW 1969, S. 1137

- *ders.:* Deutsches Strafprozeßrecht, 1967

- *ders.:* Einführung in die Geschichte der deutschen Strafrechtspflege, 3. Aufl., 1965

- *ders.:* Lehrkommentar zur Strafprozeßordnung und zum Gerichtsverfassungsgesetz,
Teil II – Erläuterungen zur Strafprozeßordnung und zum Einführungsgesetz der Strafprozeßordnung, 1957
Nachträge und Ergänzungen zu Teil II, Nachtragsband I (StPO), 1967

- *ders.:* Kritische Bemerkungen zu dem Beschluß des Großen Senats für Strafsachen vom 8.12.1958, betreffend das Untersuchungsverweigerungsrecht nach StPO § 81 c, in JR 1959, S. 369

Schmidt, Torsten Ingo: Grundpflichten, 1999

Schmidt-Bleibtreu, Bruno/ Klein, Franz: Kommentar zum Grundgesetz, 10. Aufl., 2004

Schmitter, Hermann/ Herrmann, Sigrid/ Pflug, Werner: Untersuchung von Blut- und Sekretspuren mit Hilfe der DNA-Analyse, in MDR 1989, S. 402

Schnapp, Friedrich E.: Die Verhältnismäßigkeit des Grundrechtseingriffs, in JuS 1983, S. 850

Schneider, Hartmut: Grund und Grenzen des strafrechtlichen Selbstbegünstigungsprinzips, 1990

Schöch, Heinz: Verdachtslose Atemalkoholkontrolle und Grenzwertdiskussion, in DAR 1996, S. 44

Schönke, Adolf/ Schröder, Horst: Strafgesetzbuch – Kommentar, 26. Aufl., 2001

Schohe, Gerrit: Muß die Berufung auf Grundrechte zweckmäßig sein? Zur Aussageverweigerung im europäischen Kartellrecht, in NJW 2002, S. 492

Schorn, Hubert: Der Schutz der Menschenwürde im Strafverfahren, 1963

Schorn: Die zwangsweise Blutprobenentnahme im Strafprozeß, in DRiZ 1931, S. 89

Schroeder, Friedrich-Christian: Die Gesamtprüfung durch den EGMR, in GA 2003, S. 293

Schubert, Werner (Hrsg.): Quellen zur Reform des Straf- und Strafprozeßrechts, I. Abteilung Weimarer Republik (1918-1932), Band 4 - Von dem Entwurf eines Gesetzes über den Rechtsgang in Strafsachen (1919/20) bis zu der Verordnung über Gerichtsverfassung und Strafrechtspflege (lex Emminger) vom 4.1.1924, 1999

Schubert, Werner: Entwürfe einer Strafprozessordnung und Novelle zum Gerichtsverfassungsgesetz nebst Begründung – Bundesratsvorlage von 1908 (einschließlich der vom Bundesrat beschlossenen Änderungen), Reichstagsvorlage von 1909, neu herausgegeben, 1991

- *ders.:* Protokolle der Kommission für die Reform des Strafprozesses (1903 - 1905), neu herausgegeben und mit den Namen der Antragsteller versehen, 1991,
  Erster Band: Erste Lesung
  Zweiter Band: Zweite Lesung und Zusammenstellung der Beschlüsse

Seebode, Manfred: Über die Freiheit, die eigene Strafverfolgung zu unterstützen, in JA 1980, S. 493

Seebode, Manfred/ Sydow, Fritz: „Hörensagen ist halb gelogen“ – Das Zeugnis vom Hörensagen im Strafprozeß, in JZ 1980, S. 506

Sellert, Wolfgang: Die Bedeutung und Bewertung des Inquisitionsprinzips aus rechtshistorischer Sicht, in: Festschrift für Hans Ulrich Scupin, 1983, S. 161

Sieckmann, Jan-Reinard: Regelmodelle und Prinzipienmodelle des Rechtssystems, 1990

Solbach, Günter: Körperliche Untersuchungen bei Verdacht intrakorporalen Drogenschmuggels, in MedR 1987, S. 80

Sperl, Hans: Der Abstammungsbeweis durch Blutgruppenvergleichung, in DJZ 1927, S. 1523

Stein, Ekkehart/ Frank, Götz: Staatsrecht, 19. Aufl., 2004

Steiner, Dirk: Das Fairneßprinzip im Strafprozeß, 1995

Steinke, Wolfgang: DNA-Analyse gerichtlich anerkannt, in MDR 1989, S. 407

Stenglein, M.: Haussuchung und Durchsuchung, in Der Gerichtssaal Band LVII (1898), S. 1

- *ders.:* Zur Reform der Strafproceßordnung, in Der Gerichtssaal Band LXII (1903), S. 241

Stern, Klaus: Das Staatsrecht der Bundesrepublik Deutschland
Band I – Grundbegriffe und Grundfragen des Staatsrechts, Strukturprinzipien der Verfassung, 2. Aufl., 1984
Band III/1. Halbband – Allgemeine Lehren der Grundrechte, 1988
Band III/2. Halbband – Grundrechtstatbestand, Grundrechtsbeeinträchtigungen und Grundrechtsbegrenzungen, Grundrechtsverluste und Grundpflichten, Schutz der Grundrechte, Grundrechtskonkurrenzen, Grundrechtssystem, 1994

- *ders.:* Qualität und Bedeutung der Prozeßgrundrechte für die Grundrechtsbindung der Rechtsprechung, in: Festschrift für Carl Hermann Ule,1987, S. 359

Sternberg-Lieben, Detlev: „Genetischer Fingerabdruck" und § 81 a StPO, in: Die Genomanalyse im Strafverfahren, hrsg. von Jürgen Taschke und Felix Breidenstein, 1995, S. 69

Straßmann, Georg: Anmerkung zu OLG Königsberg, in JW 1930, S. 82

Stuckenberg, Carl Friedrich: Untersuchungen zur Unschuldsvermutung, 1997

Stürner, Rolf: Strafrechtliche Selbstbelastung und verfahrensförmige Wahrheitsermittlung, in NJW 1981, S. 1757

Systematischer Kommentar zum Strafgesetzbuch: hrsg. von Hans-Joachim Rudolphi; Eckhard Horn, Erich Samson, Hans-Ludwig Günther, Andreas Hoyer, Gereon Wolters, Klaus Rogall, Ulrich Stein und Jürgen Wolter, 7., teilweise 8. neubearbeitete Auflage, Stand Okt. 2005

Taschke, Jürgen/ Breidenstein, Felix (Hrsg.): Die Genomanalyse im Strafverfahren, 1995

Teyssen, Johannes: Legislative und Judikative im Strafverfahren, 1992

Thronicker, Werner: Verhindert der Datenschutz neue kriminaltechnische Methoden zur Täteridentifizierung?, Der Kriminalist 1989, S. 187

Tiedemann, Klaus: Verfassungsrecht und Strafrecht, 1991

Tröndle, Herbert/ Fischer, Thomas: Strafgesetzbuch, 53. Aufl., 2006

Ullmann, Emanuel. Lehrbuch des Deutschen Strafprocessrechts, 1893

Vargha, Julius: Die Vertheidigung in Strafsachen, 1879

Verrel, Torsten: Die Selbstbelastungsfreiheit im Strafverfahren, 2000

- *ders.:* Nemo tenetur – Rekonstruktion eines Verfahrensgrundsatzes,
1. Teil in NStZ 1997, S. 361,
2. Teil in NStZ 1997, S. 415

Vetter, Detlef: Problemschwerpunkte des § 81 a StPO, 2000

Vogt, Thomas: Das DNA-Fingerprinting-Verfahren – Wahrheitsforschung um jeden Preis?, in: Die Genomanalyse im Strafverfahren, hrsg. von Jürgen Taschke und Felix Breidenstein, 1995, S. 213

Volk, Klaus: Strafprozeßrecht, 3. Aufl., 2002

Vormbaum, Thomas: Aktuelle Bezüge nationalsozialistischer Gesetzgebung, in: Festschrift zum 125jährigen Bestehen der Staatsanwaltschaft Schleswig-Holstein, hrsg. von Heribert Ostendorf, 1992, S. 71

Vitzthum, Wolfgang Graf: Die Menschenwürde als Verfassungsbegriff, in JZ 1985, S. 201

Wachinger: Zur Frage der Erzwingbarkeit der Blutentnahme für die Blutgruppenbestimmung. Bedeutung und Grenzen richterlicher Interessenabwägung, in JW 1932, S. 3041

Wagner, Albrecht: Die Umgestaltung der Gerichtsverfassung und des Verfahrens- und Richterrechts im nationalsozialistischen Staat, in: Die Deutsche Justiz und der Nationalsozialismus – Teil 1, hrsg. von Hermann Weinkauff, 1968

Wagner, Heinz: Strafrecht im Nationalsozialismus, in: Recht und Rechtslehre im Nationalsozialismus, hrsg. von Franz Jürgen Säcker, 1992, S. 141

Walder, Hans: Die Vernehmung des Beschuldigten, 1965

Waldschmidt, Helmut: Zwangsweise Verbringung eines Beschuldigten zur Blutentnahme, in NJW 1979, S. 1920

Walter, Christian: Die Europäische Menschenrechtskonvention als Konstitutionalisierungsprozeß, in ZaöRV 1999, S. 961

Weiß, Wolfgang: Der Schutz des Rechts auf Aussageverweigerung durch die EMRK, in NJW 1999, S. 2236

Wellbrock, Rita: Genomanalysen und das informationelle Selbstbestimmungsrecht, in: Die Genomanalyse im Strafverfahren, hrsg. von Jürgen Taschke und Felix Breidenstein, 1995, S. 217

Welp, Jürgen: Anmerkung zu BGHSt 39, 96, in JR 1994, S. 37

Werle, Gerhard: Justiz-Strafrecht und polizeiliche Verbrechensbekämpfung im Dritten Reich, 1989

Wessels, Johannes: Schweigen und Leugnen im Strafverfahren, in JuS 1966, S. 169

Weßlau, Edda: Zwang, Täuschung und Heimlichkeit im Strafverfahren, in ZStW 110 (1998), S. 1

- *dies.:* Anmerkung zu OLG Frankfurt a.M. (StV 1996, S. 651), in StV 1997, S. 341

Wiegmann, Barbara: Das Wiedererkennen im Straf- und Bußgeldverfahren, in StraFo 1998, S. 37

Wintrich, Josef M.: Zur Problematik der Grundrechte, 1957

Wolfslast, Gabriele: Beweisführung durch heimliche Tonbandaufzeichnung, in NStZ 1987, S. 103

Wolter, Jürgen: 35 Jahre Verfahrensrechtskultur und Strafprozeßverfassungsrecht in Ansehung von Freiheitsentziehung, (DNA-)Identifizierung und Überwachung, in GA 1999, S. 158

- *ders.:* Verfassungsrecht im Strafprozeß- und Strafrechtssystem, in NStZ 1993, S. 1

- *ders.:* Aspekte einer Strafprozeßreform bis 2007, 1991

Zippelius, Reinhold/ Würtenberger, Thomas: Deutsches Staatsrecht, 31. Aufl., 2005

FRANKFURTER KRIMINALWISSENSCHAFTLICHE STUDIEN

Band 1 Peter Böning: Die Lehre vom Unrechtsbewußtsein in der Rechtsphilosophie Hegels 100 S., 1978.

Band 2 Wolfgang Schneider: Kriminelle Straßenverkehrsgefährdung (§ 315c Abs. 1 Ziff. 2, Abs. 3 StGB). Eine kriminologische und strafrechtliche Untersuchung zur Problematik dieser Verkehrsstraftaten unter Berücksichtigung ausländischer Rechte. 342 S., 1978.

Band 3 Lothar Kuhlen: Die Objektivität von Rechtsnormen. Zur Kritik des radikalen labeling approach in der Kriminalsoziologie. 178 S., 1978.

Band 4 Günther Grewe: Straßenverkehrsdelinquenz und Marginalität. Untersuchungen zur institutionellen Regelung von Verhalten. 148 S., 1978.

Band 5 Dieter Haberstroh: Strafverfahren und Resozialisierung. Eine Studie über Verstehen und Nicht-Verstehen, über Verstanden-Werden und Nicht-Verstanden-Werden und deren Bedingungen in der Hauptverhandlung. 202 S., 1979.

Band 6 Thomas Vogt: Die Forderungen der psychoanalytischen Schulrichtungen für die Interpretation der Merkmale der Schuldunfähigkeit und der verminderten Schuldfähigkeit (§§ 51 a.F., 20, 21 StGB). 182 S., 1979.

Band 7 Andreas Michael: Der Grundsatz in dubio pro reo im Strafverfahrensrecht. Zugleich ein Beitrag über das Verhältnis von materiellem Recht und Prozeßrecht. 214 S., 1981.

Band 8 Ilias G. Anagnostopoulos: Haftgründe der Tatschwere und der Wiederholungsgefahr (§§ 112 Abs. 3, 112 a StPO). Kriminalpolitische und rechtssystematische Aspekte der Ausweitung des Haftrechts. 1984.

Band 9 Helga Müller: Der Begriff der Generalprävention im 19. Jahrhundert. Von P.J.A. Feuerbach bis Franz v. Liszt. 1984.

Band 10 Frowin Jörg Kurth: Das Mitverschulden des Opfers beim Betrug. 1984.

Band 11 Martin J. Worms: Die Bekenntnisbeschimpfung im Sinne des § 166 Abs. 1 StGB und die Lehre vom Rechtsgut. 1984.

Band 12 Jong-Dae Bae: Der Grundsatz der Verhältnismäßigkeit im Maßregelrecht des StGB. 1985.

Band 13 Helmut Fünfsinn: Der Aufbau des fahrlässigen Verletzungsdelikts durch Unterlassen im Strafrecht. 1985.

Band 14 Christoph Krehl: Die Ermittlung der Tatsachengrundlage zur Bemessung der Tagessatzhöhe bei der Geldstrafe. 1985.

Band 15 Walter-Hermann Kiehl: Strafrechtliche Toleranz wechselseitiger Ehrverletzungen - Zur ratio legis der §§ 199, 233 Strafgesetzbuch -. 1986.

Band 16 Matthias Krahl: Die Rechtsprechung des Bundesverfassungsgerichts und des Bundesgerichtshof zum Bestimmtheitsgrundsatz im Strafrecht (Art. 103 Abs. 2 GG). 1986.

Band 17 Patrick Carroll Campbell: § 220a StGB. Der richtige Weg zur Verhütung und Bestrafung von Genozid? 1986.

Band 18 Winfried Hassemer (Hrsg.): Strafrechtspolitik. Bedingungen der Strafrechtsreform. 1987.

Band 19 Felix Herzog: Prävention des Unrechts oder Manifestation des Rechts. Bausteine zur Überwindung des heteronom-präventiven Denkens in der Strafrechtstheorie der Moderne. 1987.

Band 20 Astrid Michalke-Detmering: Die Mindestanforderungen an die rechtliche Begründung des erstinstanzlichen Strafurteils. Zur Auslegung des § 267 StPO. 1987.

Band 21 Lothar Kuhlen: Die Unterscheidung von vorsatzausschließendem und nichtvorsatzausschließendem Irrtum. 1987.

Band 22 Michael Buttel: Kritik der Figur des Aufklärungsgehilfen im Betäubungsmittelstrafrecht (§ 31 BtMG). 1988.

Band 23 Matthias Kögler: Die zeitliche Unbestimmtheit freiheitsentziehender Sanktionen des Strafrechts. Eine vergleichende Untersuchung zur Rechtslage und Strafvollstreckungspraxis in der Bundesrepublik Deutschland und den USA. 1988.

Band 24 Klaus Lüderssen/Cornelius Nestler-Tremel/Ewa Weigend(Hrsg.): Modernes Strafrecht und ultima-ratio-Prinzip. 1990.

Band 25 Jürgen Taschke: Die behördliche Zurückhaltung von Beweismitteln im Strafprozeß. 1989.

Band 26 Daniela Westphalen: Karl Binding (1841-1920). Materialien zur Biographie eines Strafrechtsgelehrten. 1989.

Band 27 Sigrid Jans: Die Aushöhlung des Klageerzwingungsverfahrens. 1990.

Band 28 Dimitris Spirakos: Folter als Problem des Strafrechts. Kriminologische, kriminalsoziologische und (straf-)rechtsdogmatische Aspekte unter besonderer Berücksichtigung der Folterschutzkonvention und der Pönalisierung der Folter in Griechenland. 1990.

Band 29 Stephan Moll: Strafrechtliche Aspekte der Behandlung Opiatabhängiger mit Methadon und Codein. 1990.

Band 30 Stefan Werner: Wirtschaftsordnung und Wirtschaftsstrafrecht im Nationalsozialismus. 1991.

Band 31 Xanthi Bassakou: Beiträge zur Analyse und Reform des Absehens von Strafe nach § 60 StGB. 1991.

Band 32 Rainer Runte: Die Veränderung von Rechtfertigungsgründen durch Rechtsprechung und Lehre. Moderne Strafrechtsdogmatik zwischen Rechtsstaatsprinzip und Kriminalpolitik. 1991.

Band 33 Olaf Hohmann: Das Rechtsgut der Umweltdelikte. Grenzen des strafrechtlichen Umweltschutzes. 1991.

Band 34 Klaus Jochen Müller: Das Strafbefehlsverfahren (§§ 407 ff. StPO). Eine dogmatisch-kriminalpolitische Studie zu dieser Form des schriftlichen Verfahrens unter besonderer *Berücksichtigung der geschichtlichen Entwicklung – zugleich ein Beitrag zum* StVÄG 1987. 1993

Band 35 Sang-Don Yi: Wortlautgrenze, Intersubjektivität und Kontexteinbettung. Das strafrechtliche Analogieverbot. 1991.

Band 36 Birgit Malsack: Die Stellung der Verteidigung im reformierten Strafprozeß. Eine rechtshistorische Studie anhand der Schriften von C. J. A. Mittermaier. 1992.

Band 37 Rüdiger Schäfer: Die Privilegierung des "freiwillig-positiven" Verhaltens des Delinquenten nach formell vollendeter Straftat. Zugleich ein Beitrag zum Grundgedanken des Rücktritts vom Versuch und zu den Straftheorien. 1992.

Band 38 Cornelius Nestler-Tremel: AIDS und Strafzumessung. 1992.

Band 39 Christine Gutmann: Freiwilligkeit und (Sozio-)Therapie – notwendige Verknüpfung oder Widerspruch? 1993.

Band 40 Walter Kargl: Der strafrechtliche Vorsatz auf der Basis der kognitiven Handlungstheorie. 1993.

Band 41 Jürgen Rath: Zur strafrechtlichen Behandlung der aberratio ictus und des error in objecto des Täters. 1993.

Band 42 Martin Fischer: Wille und Wirksamkeit. Eine Untersuchung zum Problem des *dolus alternativus*. 1993.

Band 43 Regina Harzer: Der Naturzustand als Denkfigur moderner praktischer Vernunft. Zugleich ein Beitrag zur Staats- und Rechtsphilosophie von Hobbes und Kant. 1994.

Band 44 Helmut Pollähne: Lockerungen im Maßregelvollzug. Eine Untersuchung am Beispiel der Anwendung des nordrhein-westfälischen Maßregelvollzugsgesetzes im Westfälischen Zentrum für Forensische Psychiatrie (Lippstadt). 1994.

Band 45 Hans-Joachim Leonhardt: Rechtsmittelermessen der Staatsanwaltschaft. Eine Gegenüberstellung von § 296 StPO mit Nummern 147 und 148 Richtlinien für das Strafverfahren und das Bußgeldverfahren (RiStBV). 1994.

Band 46 Rolf Grünebaum: Zur Strafbarkeit des Therapeuten im Maßregelvollzug bei fehlgeschlagenen Lockerungen. 1996.

Band 47 Barbara Bialas: Promille-Grenzen, Vorsatz und Fahrlässigkeit. 1996.

Band 48 Christine Pott: Die Außerkraftsetzung der Legalität durch das Opportunitätsdenken in den Vorschriften der §§ 154, 154a StPO. Zugleich ein Beitrag zu einer kritischen Strafverfahrensrechtstheorie. 1996.

Band 49 Wolfgang Köberer: *Iudex non calculat.* Über die Unmöglichkeit, Strafzumessung sozialwissenschaftlich-mathematisch zu rationalisieren. 1996.

Band 50 Institut für Kriminalwissenschaften Frankfurt a.M. (Hrsg.): Vom unmöglichen Zustand des Strafrechts. 1995.

Band 51 Petra Kamberger: Treu und Glauben (§ 242 BGB) als Garantenstellung im Strafrecht? 1996.

Band 52 Anastassios Triantafyllou: Das Delikt der gefährlichen Körperverletzung (§ 223a StGB) als Gefährdungsdelikt. (Zugleich ein Beitrag zur Dogmatik der Gefährdungsdelikte). 1996.

Band 53 Norbert Kissel: Aufrufe zum Ungehorsam und § 111 StGB. Grundrechtlicher Einfluß bei der Feststellung strafbaren Unrechts. 1996.

Band 54 Susanne Ehret: Franz von Liszt und das Gesetzlichkeitsprinzip. Zugleich ein Beitrag wider die Gleichsetzung von Magna-charta-Formel und Nullum-crimen-Grundsatz. 1996.

Band 55 Stefan Braum: Geschichte der Revision im Strafverfahren von 1877 bis zur Gegenwart. Zugleich eine Kritik der Kontinuität politischer Macht im Recht. 1996.

Band 56 Katja Diel: Das Regreßverbot als allgemeine Tatbestandsgrenze im Strafrecht. 1997.

Band 57 Christoph Koller: Die Staatsanwaltschaft – Organ der Judikative oder Exekutivbehörde? Die Stellung der Anklagebehörde und die Gewaltenteilung des Grundgesetzes. 1997.

Band 58 Frank Schößler: Anerkennung und Beleidigung. Rechtsgut und Strafzweck des § 185 StGB. 1997.

Band 59 Regina Engelstädter: Der Begriff des Unfallbeteiligten in § 142 Abs. 4 StGB. Zugleich eine Kritik an aktuellen Zurechnungslehren. 1997.

Band 60 Jörg Reinhardt: Der Ausschluß und die Ablehnung des befangen erscheinenden Staatsanwaltes. 1997.

Band 61 Jens Christian Müller-Tuckfeld: Integrationsprävention. Studien zu einer Theorie der gesellschaftlichen Funktion des Strafrechts. 1998.

Band 62 Peter Maria Rohe: Verdeckte Informationsgewinnung mit technischen Hilfsmitteln zur Bekämpfung der Organisierten Kriminalität. Zugleich eine rechtsvergleichende Analyse der polizeilichen Abhörbefugnisse in den U.S.A. 1998.

Band 63 Dirk Fabricius: Was ein Lehrbuch lehrt ... Eine exemplarische Untersuchung von Jakobs *Strafrecht – Allgemeiner Teil.* 1998.

Band 64 Stefan Sinner: Der Vertragsgedanke im Strafprozeßrecht. 1999.

Band 65 Sebastian Schattenfroh: Die Staatsphilosophie Giovanni Gentiles und die Versuche ihrer Verwirklichung im faschistischen Italien. 1999.

Band 66 Athanassia Dionyssopoulou: Der Tatbestand der Geldwäsche. Eine Analyse der dogmatischen Grundlagen des § 261 StGB. 1999.

Band 67 Klaus von Lampe: *Organized Crime.* Begriff und Theorie organisierter Kriminalität in den USA. 1999.

Band 68 Christian Hanssen: "Trennung der Märkte". Rechtsdogmatische und rechtspolitische Probleme einer Liberalisierung des Drogenstrafrechts. 1999.

Band 69 Institut für Kriminalwissenschaften und Rechtsphilosophie Frankfurt a.M. (Hrsg.): Irrwege der Strafgesetzgebung. 1999.

Band 70 Konstantinos Chatzikostas: Die Disponibilität des Rechtsgutes Leben in ihrer Bedeutung für die Probleme von Suizid und Euthanasie. 2000.

Band 71 Bettina Wirmer-Donos: Die Strafrechtstheorie Karl Christian Friedrich Krauses als theoretische Grundlage des spanischen Korrektionalismus. 2001.

Band 72 Christine Löw: Die Erkundigungspflicht beim Verbotsirrtum nach § 17 StGB. 2001.

Band 73 Florian Ufer: Der Verwertungswiderspruch in Theorie und Praxis. Prozessuale Obliegenheiten des Verteidigers und ihre Bedeutung für die Rechtsposition des Beschuldigten. 2002.

Band 74 Katja Melzer: Psychisch kranke Straftäterinnen. Frauen im Maßregelvollzug. 2001.

Band 75 Gregor Kuntze-Kaufhold: Lebenswelt und Unparteilichkeit. Kriterien für eine Rechtsanwendungslehre am Beispiel der Analyse von fünf Hauptverhandlungen in Strafverfahren. 2002.

Band 76 Iris Kristina Passek: Die erstinstanzliche Zuständigkeit der Oberlandesgerichte in Staatsschutzstrafsachen. Historische Entwicklung und aktuelle Probleme. 2002.

Band 77 Michael Krebs: Die Weisungsgebundenheit des Staatsanwalts unter besonderer Berücksichtigung des rechtstatsächlichen Aspekts. 2002.

Band 78 Kerstin Degenhardt: Europol und Strafprozeß. Die Europäisierung des Ermittlungsverfahrens. 2003.

Band 79 Domenico Siciliano: Das Leben des fliehenden Diebes: Ein strafrechtliches Politikum. 2003.

Band 80 Marc Colussi: Produzentenkriminalität und strafrechtliche Verantwortung. 2003.

Band 81 Thilo Lars Hild: Grenzen einer strafrechtlichen Regulierung des Kapitalmarktes. Eine kriminalrechtliche Untersuchung von Börsengängen und Aktienhandel in Deutschland und den USA. 2004.

Band 82 Philipp Rau: Schweigen als Indiz der Schuld. Ein Vergleich des deutschen und englischen Rechts zur Würdigung des Schweigens des Beschuldigten. 2004.

Band 83 Alexandra Pfeiffer: Die Regelung der Lebendorganspende im Transplantationsgesetz. 2004.

Band 84 Elena Fischer: Recht auf Sterben?! Ein Beitrag zur Reformdiskussion der Sterbehilfe in Deutschland unter besonderer Berücksichtigung der Frage nach der Übertragbarkeit des Holländischen Modells der Sterbehilfe in das deutsche Recht. 2004.

Band 85 Jörg Ziethen: Grundlagen probabilistischer Zurechnung im Strafrecht. 2004.

Band 86 Stefanie Schork: Ausgesprochen schuldig. Dogmatische und metadogmatische Untersuchungen zum Schuldspruch. 2005.

Band 87 Claudia Schubert: Verbotene Worte? Versuch einer Neubestimmung im Umgang mit rassistischen Äußerungen jenseits des Strafrechts. 2005.

Band 88 Ulfrid Neumann / Cornelius Prittwitz (Hrsg.): Kritik und Rechtfertigung des Strafrechts. 2005.

Band 89 Denis Basak: Die Zuständigkeitsregeln internationaler Strafgerichte und Art. 101 GG. Zum Verhältnis der deutschen Strafgerichtsbarkeit zu den Internationalen Tribunalen für Jugoslawien und Ruanda sowie zum Ständigen Internationalen Strafgerichtshof. 2005.

Band 90	Hsiao-Wen Wang: Der universale Strafanspruch des nationalen Staates. Eine Untersuchung über das Weltrechtsprinzip im Internationalen Strafrecht. 2005.
Band 91	Leonie Frenz: Faktizität des Rechts in der forensischen Psychiatrie. Eine Untersuchung im LKH Moringen. 2005.
Band 92	Eva-Maria Unger: Schutzlos ausgeliefert? Der Europäische Haftbefehl. Ein Beispiel für die Missachtung europäischer Bürgerrechte. 2005.
Band 93	Marcus Bastelberger: Die Legitimität des Strafrechts und der *moralische Staat*. Utilitaristische und retributivistische Strafrechtsbegründung und die rechtliche Verfassung der Freiheit. 2006.
Band 94	Marc Reiß: Rechtliche Aspekte der Präimplantationsdiagnostik. Unter besonderer Berücksichtigung der Rechte der von einem Verbot betroffenen Paare. 2006.
Band 95	Alexander Kolz: Einwilligung und Richtervorbehalt. 2006.
Band 96	Vasco Reuss: Eine Kritik der juristischen Vernunft. Rezeptionsversuche der Negativen Dialektik Adornos für die Dogmatik des Strafrechts. 2007.
Band 97	Lutz Eidam: Die strafprozessuale Selbstbelastungsfreiheit am Beginn des 21. Jahrhunderts. 2007.
Band 98	Christiane Rüdiger: Schutzinteresse und Deliktsstruktur der „Bestechungsdelikte" (§§ 331 ff. StGB). 2007.
Band 99	Urte Eisenhardt: Das nemo tenetur-Prinzip: Grenze körperlicher Untersuchungen beim Beschuldigten. Am Beispiel des § 81a StPO. 2007.
Band 100	Institut für Kriminalwissenschaften und Rechtsphilosophie Frankfurt a. M. (Hrsg.): Jenseits des rechtsstaatlichen Strafrechts. 2007.
Band 101	Nils Möckelmann: Die rechtliche, psychiatrische und gesellschaftliche Beurteilung jugendlicher Straftäter in der jüngeren deutschen Geschichte. Eine Analyse anhand zweier Strafverfahren mit Gutachten des Psychiaters Ernst Rüdin aus den Jahren 1915/1917 unter Berücksichtigung der Entwicklungen bis zur Gegenwart. 2007.
Band 102	Alexa Albrecht: Zur Erosion der Menschenrechte im demokratischen Rechtsstaat. Reaktionen der Systeme und der Zivilgesellschaft. 2007.
Band 103	Dirk Lange: Die politisch motivierte Tötung. 2007.
Band 104	Ulfrid Neumann / Cornelius Prittwitz (Hrsg.): „Personale Rechtsgutslehre" und „Opferorientierung im Strafrecht". 2007.

www.peterlang.de

www.ingramcontent.com/pod-product-compliance
Ingram Content Group UK Ltd.
Pitfield, Milton Keynes, MK11 3LW, UK
UKHW021908290926
8980IPUK00015B/1131

9 783631 559833